THE REFORMED PASTOR

참된 목자

KB192252

세계
기독교
고전

19

THE REFORMED PASTOR

참된 목자

리처드 백스터 | 고성대 옮김

CH북스
크리스천
다이제스트

세계 기독교 고전을 발행하면서

한국에 기독교가 전해진 지 벌써 100년이 넘었습니다. 그동안 수많은 기독교 서적들이 간행되어 한국의 교회와 성도들에게 많은 공헌을 해 왔습니다. 그러나 기독교 역사 100년을 넘어선 우리의 교회와 성도들에게 더 큰 영적 성숙과 진정한 신앙을 심어주기 위해서는 가치있는 기독교 서적들이 많이 나와야 한다고 생각합니다. 그리하여 영혼의 양식이 될 수 있는 훌륭한 기독교 서적들이 모든 성도들의 가정뿐만 아니라 믿지 아니하는 가정에도 흘러 넘쳐야만 합니다.

믿는 성도들은 신앙의 성장과 영적 유익을 위해서 끊임없이 좋은 신앙 서적들을 읽고 명상해야 하며, 친구와 이웃 사람들의 구원을 위하여 신앙 서적 선물하기를 즐기고 읽도록 권해야 할 것입니다. 이것은 하나님의 백성으로서 살기 원하는 사람은 누구나 마땅히 해야 할 의무라고도 하겠습니다.

존 웨슬리는 "성도들이 책을 읽지 않는다면 은총의 사업은 한 세대도 못 가서 사라져 버릴 것이다. 책을 읽는 그리스도인만이 진리를 아는 그리스도인이다"라고 말했습니다. 우리는 이제 한국에서 최초로 세계의 기독교 고전들을 총망라하여 한국의 교회와 성도들에게 소개하고자 합니다. 전세계의 기독교 고전은 모든 기독교인들에게 영원한 보물이며, 신앙의 성숙과 영혼의 구원을 위하여 이보다 더 귀한 것은 없을 것입니다.

이러한 취지로 어언 2천여 년의 세월이 지나는 동안 세계 각국에서 저술된 가장 뛰어난 신앙의 글과 영속적 가치가 있는 위대한 신앙의 글만을 모아서 세계 기독교 고전 전집으로 편찬하고자 합니다.

우리는 이 세계 기독교 고전 전집을 알차고, 품위있게 제작하여 오늘날 한국의 교회와 성도들에게 제공하고 후손들에게도 물려줄 기획을 하고 있습니다. 우리는 다시 한번 다니엘 웹스터가 한 말을 깊이 생각해 보아야 할 것입니다.

"만약 신앙 서적들이 우리 나라 대중들에게 광범위하게 유포되지 않고, 사람들이 신앙적으로 되지 않는다면, 우리나라가 어떤 나라가 될지 걱정스럽다 ⋯ 만약 진리가 확산되지 않는다면, 오류가 지배할 것이요, 하나님과 그의 말씀이 전파되고 인정받지 못한다면, 마귀와 그의 궤계가 우세할 것이요, 복음의 서적들이 모든 집에 들어가지 못한다면, 타락하고 음란한 서적들이 거기에 있을 것이요, 우리나라에서 복음의 능력이 나타나지 못한다면, 혼란과 무질서와 부패와 어둠이 끝없이 지배할 것이다."

독자들의 성원과 지도 편달을 바라마지 않습니다.

CH북스
발행인 박명곤

차례

추천의 글/필립 도드리지 ·············· 18

소개의 글/J. Ⅰ. 패커 ······················ 19

편집자 서문/윌리엄 브라운 ··········· 35

저자의 헌사 ································· 40

저자의 드리는 말씀 ···························· 57

제1편

자아 성찰

제1장 자아 성찰의 본질

1. 구원하는 은혜의 사역이 여러분의 영혼 속에
   온전히 역사하고 있는지 살펴보십시오. ·· 61

2. 여러분이 은혜 가운데 거할 뿐 아니라,
   이 은혜가 활기차고 생명력 있게
   발휘되고 있는지 살펴보십시오. ··· 73

3. 여러분의 행동이 여러분의 가르침과
   모순되지 않는지 살펴보십시오. ·· 76

4. 여러분이 다른 사람들에게 설교하며 비판했던
   그 죄 가운데 살고 있지 않은지 살펴보십시오. ······························· 83

5. 이 사역에 필요한 자질을 여러분이
   과연 원하고 있는지 살펴보십시오. ··· 84

제2장 자아 성찰의 이유들

1. 여러분도 다른 사람들처럼
   천국을 얻을 수도 있고
   잃을 수도 있습니다. 89
2. 여러분도 다른 사람들처럼
   타락한 본성을 가지고 있습니다. 91
3. 여러분은 다른 사람들보다
   더 큰 유혹에 노출되어 있습니다. 93
4. 많은 눈들이 여러분을 지켜보고 있으며 여러분이
   실족하는 것을 지켜볼 많은 사람들이 있습니다. 95
5. 여러분이 짓는 죄는 다른 사람들이 짓는 죄보다
   더 끔찍한 진노를 부를 것입니다. 96
6. 여러분이 행하는 위대한 사역에는
   다른 사람들보다 더 큰 은혜가 요구됩니다. 98
7. 그리스도의 영광과 관련된 문제는
   다른 사람들보다
   여러분에게 더 많이 달려 있습니다. 99
8. 여러분이 하는 수고의 성공 여부는 실질적으로
   여러분이 자신을 살피는데 있습니다. 101

제 2 편 # 양 떼를 돌봄

제1장 목양의 본질

1. 우리는 회심하지 않은 자들의
   회심을 위해서 노력해야 합니다. ················ 123
2. 우리는 죄책감에 시달리는
   구도자들에게 조언을 해야 합니다. ················ 125
3. 우리는 하나님의 은혜에 이미 참여한 자들을
   든든히 세우기 위해 연구해야 합니다. ················ 127
4. 우리는 각 가정들을 세심하게 돌봐야 합니다. ················ 131
5. 우리는 환자들을 부지런히 심방해야 합니다. ················ 133
6. 우리는 죄 지은 자들을 꾸짖고
   훈계하는데 신실해야 합니다. ················ 137
7. 우리는 교회의 권징을 시행할 때 주의해야 합니다. ················ 137

제2장 목양의 자세

1. 순전히 하나님과 영혼 구원을 위하여 ················ 147
2. 부지런하고 열심히 ················ 148
3. 신중하고 질서 있게 ················ 149
4. 가장 중요하고 필요한 일들을 강조하면서 ················ 150
5. 간단하고 명료하게 ················ 153
6. 겸손하게 ················ 154
7. 엄격함과 관대함이 조화를 이루도록 ················ 155

8. 신중하고 진지하며 열정적으로 ……………………………………… 155

9. 부드러운 사랑으로 ………………………………………………………… 156

10. 오래 참음으로 …………………………………………………………… 158

11. 경건하게 ……………………………………………………………………… 159

12. 영적으로 ……………………………………………………………………… 160

13. 성공에 대한 진지한 바람과 기대를 가지고 …………… 162

14. 우리의 부족함을 깊이 깨닫고 그리스도를 의지함으로 ………… 164

15. 다른 목회자들과 하나가 되어 ……………………………………… 164

제3장 목양의 이유들

1. 우리는 양 떼를 돌보는 감독자이기 때문입니다. ……………… 167

2. 이 관계를 효과적으로 이끄시는 분은
   성령이시기 때문입니다. ………………………………………………… 174

3. 우리에게 책임을 맡기신 대상은
   위엄 있는 하나님의 교회이기 때문입니다. ……………………… 175

4. 이 교회를 그리스도께서
   그의 피로 값 주고 사셨기 때문입니다. ………………………… 176

제 3 편 # 적 용

제1장 겸손의 의무

1. 우리의 교만 때문에 ·· 186

2. 우리가 진지하고 거리낌 없는 열정으로

　사역에 헌신하지 않고 있기 때문에 ···························· 199

　⑴ 연구를 게을리함으로써 ·· 200

　⑵ 지루하고 졸리게 설교함으로써 ······························ 201

　⑶ 궁핍한 회중들을 불쌍히

　　여기지 않고 돕지 않음으로써 ····························· 205

3. 그리스도의 관심과 반대되는 세상의 관심에

　우리가 전적으로 주목하기 때문에 ···························· 206

　⑴ 세상풍조를 따름으로써 ·· 206

　⑵ 세상적인 일들에 너무 신경을 씀으로써 ··············· 208

　⑶ 자선 행위에 인색함으로써 ···································· 209

4. 교회의 하나 됨과 평화의 가치를

　우리가 평가절하하기 때문에 ···································· 215

5. 교회의 권징 시행을 우리가 게을리했기 때문에 ············ 225

제2장 개인별 교리문답 교육의 의무

제1절 이 의무를 이행해야 하는 이유들 ··························· 240

　제1항 이 사역이 유익한 이유들 ································· 240

1. 이 사역은 죄인들을 회심시키기에
가장 기대할 만한 수단이 될 것입니다. 241

2. 이 사역은 본질적으로 성도들의 덕을 세울 것입니다. 244

3. 이 사역은 우리가 하는 대중 설교를
성도들이 잘 이해하게 할 것입니다. 246

4. 이 사역은 성도들과 우리를 더욱더 친하게 해줄 것이며,
우리가 그들의 사랑을 얻는데 도움을 줄 것입니다. 246

5. 이 사역은 성도들의 영적 상태에 대해 더 잘 알게 해주며,
우리가 그들을 잘 돌보도록 해줄 것입니다. 247

6. 이 사역은 성도들의 성례식 허용 문제에 관해
도움을 줄 것입니다. 247

7. 이 사역은 성도들에게 목회직의
참된 본질을 보여줄 것입니다. 248

8. 이 사역은 목회자에 대한 성도들의 의무가 무엇인지
그 본질을 성도들에게 보여줄 것입니다. 251

9. 이 사역은 나라를 다스리는 자들에게 기독교 목회에 대한
좀 더 바른 견해들을 제공하여,
그들로부터 많은 지원을 얻어낼 것입니다. 253

10. 이 사역은 다음 세대를 위한 목회 사역을
수월하게 해 줄 것입니다. 258

11. 이 사역은 가정을 좀 더 정돈된 가정이 되게 하고,
주일을 좀 더 잘 보낼 수 있도록 도와줄 것입니다. 259

12. 이 사역은 많은 목회자들이 게을러지거나 시간을
제대로 선용하지 못하는 것을 방지해 줄 것입니다. 260

13. 이 사역은 우리의 타락을 억제하고,
우리가 받은 은혜를 활용하는데 도움을 줄 것입니다. 260

14. 이 사역은 우리와 성도들을 헛된 논쟁과 중요하지 않은
    논쟁에 휘말려들지 않도록 할 것입니다. ·············· 261
15. 이 사역은 우리가 맡고 있는 교구의 모든 성도들에게
    다양한 유익을 끼칠 것입니다. ····················· 262
16. 이 사역은 여기서 그치지 않고
    나라 전역으로 퍼져 나갈 것입니다. ················ 263
17. 우리가 추천하는 이 의무는 비중 있고 탁월한 것입니다. ·········· 264

제2항 이 사역이 어려운 이유들 ····························· 267
1. 우리 안에 있는 어려움들 ······························· 268
2. 성도들 안에 있는 어려움들 ··························· 270

제3항 이 사역이 필요한 이유들 ························· 271
1. 이 사역은 하나님께 영광을 돌리기 위해 필요합니다. ·········· 271
2. 이 사역은 우리 성도들의 안녕을 위해 필요합니다. ··········· 275
3. 이 사역은 우리 자신의 안녕을 위해 필요합니다. ············· 278

제4항 이 이유들의 적용 ································· 279

제2절 이 의무 이행의 반론들 ························· 296
제3절 이 의무 이행의 지침들 ························· 324

제1항 성도들이 이 훈련에 임하도록 하는 지침들 ··········· 326
1. 목회자가 자신의 일상생활과 목회사역에서 스스로 모범을
   보여서, 성도들에 대한 목회자의 능력과 신실함과
   가식 없는 사랑을 성도들에게 납득시키는 것입니다. ·········· 326

2. 이 훈련의 유익과 필요를 성도들에게 납득시키는 것입니다. ········ 328

3. 교리문답서를 빈부에 관계없이
   성도들의 각 가정에 배부하십시오. ································ 331

4. 성도들을 온유함으로 대하고,
   그들을 낙심케 하는 일은 최선을 다해 피하십시오. ············ 332

5. 완고하고 불순종하는 사람들은 훈계하십시오. ················ 333

제2항 이 훈련을 성공적으로 실행하기 위한 지침들 ············ 334

1. 성도들의 마음을 안심시키고 모든 거부감을 없애기 위해
   일상적인 대화를 간단하게 나누십시오. ······················ 335

2. 성도들을 한 사람씩 안내한 다음,
   각 사람을 따로 면담하십시오. ······························ 337

3. 각 성도들이 교리문답에서 무엇을 배웠는지 확인하십시오. ········ 338

4. 성도들이 배운 바를 어느 정도로 이해하고 있는지
   추가 질문을 통해 점검하십시오. ···························· 338

5. 성도들의 지식을 점검한 다음,
   계속해서 목회자가 직접 성도들을 가르치십시오. ·············· 343

6. 성도들이 회심하지 않은 것 같으면, 그들의 상태를
   파악하기 위해 몇 가지 신중한 질문을 하십시오. ·············· 346

7. 성도들이 자신이 처한 비참한 상태를 자각하도록
   그들의 마음에 감동을 주도록 노력하십시오. ················ 350

8. 성도들이 그리스도를 믿고 은혜의 외적인 수단들을
   부지런히 사용하도록 말함으로써 권면을 끝내도록 하십시오. ······ 353

9. 성도들이 떠날 때는, 혹시라도 기분을 상하게
   한 것에 대해 용서를 구하는 말로 그들의 마음을 달래주고,
   여러분이 시작한 이 사역이 지속되도록

각 가정의 가장들이 참여하도록 노력하십시오. ································ 357

10. 성도들 각 개인의 특성과 필요들을
메모한 교인명부를 작성하십시오. ···································· 358

11. 이 훈련의 전체 과정을 통하여, 내용뿐만 아니라
태도도 그 목적에 합당하도록 유의하십시오. ·················· 359

12. 하나님께서 재정적으로 감당할 능력을 주셨다면,
가장 불쌍한 성도들에게는 헤어지기 전에
자선을 베풀도록 하십시오. ·· 361

번역자의 일러두기

1. 책 제목(The Reformed Pastor, 참된 목자)에 대하여

기존에 우리말로 번역된 책 제목은 '참된 목자', '참 목자상' 등으로, 리폼드 (Reformed)란 단어를 '참'으로 번역하였다. 그런데 같은 한자권 나라인 중국과 일본의 번역을 살펴보면, '신목인'(新牧人), '개혁종적목사'(改革宗的牧師), '심의갱신적목사'(心意更新的牧師), '개혁적목자'(改革的牧者) 등으로 '참'과는 거리가 있다. 더욱이 백스터가 사용하는 '리폼드'라는 말은 '종교개혁'(Reformation)이라는 말에서 연상되듯이, 루터와 칼빈의 종교개혁적 신학적 배경과는 달리, 영국성공회(Anglican)적 전통에서 언급된 말이다. 종교개혁이 1500년대라면, 백스터는 1600년대를 배경으로 하고 있다. 이런 상황에서 이 책에 포함된 '소개의 글'(Introduction)을 쓴 제임스 패커(James I. Packer)는 이 '리폼드'라는 말이 교리적으로 칼빈파(개혁파)라는 뜻이 아니라, 실제 사안에 있어서 'renewed'(다시 새로워진, 갱신된)이라는 뜻을 담고 있다고 말한다. '갱신된'은 한자어이고, '다시 새로워진'은 제목의 간결성에서 미흡한 것처럼 보인다. 따라서 'renewed'에 해당하는 우리말로 '새로워진'이란 말을 사용하는 것이 옳게 보인다. 그러나 백스터의 시대가 지난 현대의 상황을 고려해 볼 때, 백스터가 말하는 목자상은 더 이상 새로운 것이라고 할 수 없다. 그런 측면에서 본다면, '새로워진'보다는 '참된'으로 제목을 정하는 것이 합당해 보인다.

다음으로 '패스터'(Pastor)에 대해 살펴보면, 패스터의 사전적 의미인 '목사'는 적합해 보이지 않는다. 주교, 사제, 부제의 세 성직을 받아들이는 영국성공회의 성직제도는 한국 개신교와는 차이가 있으며, 백스터가 생각한 교회형태와 성직제도 등을 고려해 봐도, 패스터는 한국교회에서 통용되는 '목사'의 의미가 아니기 때문이다. 백스터는 그 당시 베자식의 개혁파, 알미니안파, 아미랄디즘(Amyraldism), 로마 가톨릭 등 여러 신학적 입장들 가운데서 절충적인 노선을 모색했다. 그러한 백스터의 신학적 입장을 고려한다면, 이 모든 진영들을 아우를 수 있는 '목자'가 더 타당해 보인다. 따라서 결론적으로 이 책의 제목을 '참된 목자'로 정하게 되었다.

2. 이즘(-ism)을 '주의'나 '론'보다 '파'로 번역한 것에 대하여

동일한 '-ism'임에도 불구하고 커뮤니즘(communism)은 '공산**주의**'로 번역되고, 듀얼리즘(dualism)은 '이원**론**'으로 번역되는 복잡한 인문학적 상황이 존재하고 있다. 이런 측면에서 보자면, 퓨리타니즘(puritanism)은 '청교도주의'나 '청교도론'이 되어야 한다. 이 '-ism'의 우리말 번역문제는 이정석의 「개혁파정통교의학」(하인리히 헤페, 이정석 역, 크리스챤다이제스트 역간)에서도 언급된 바와 같이, 리폼드(reformed)가 개혁파로 번역된다면, 퓨리타니즘은 청교도파로 번역되는 것이 타당해 보인다. "개혁파라는 말이 분파적 인상을 준다는 이유로 회피되기도 하지만, 우리 개혁파는 정직하게 하나의 교파임을 인정해야 한다"(위의 책, 역자 서문)고 말한 이정석의 제안을 염두에 두고서, 우리말 표현에 어색하지 않도록 가능하면 "-파"라는 용어를 사용하였다.

3. 항번 붙이기(numbering)에 관하여

1656년에 출판된 이 책에서 백스터가 사용한 항번과 현대 출판물에서 사용되는 항번 간에는 차이가 있다. 백스터는 자신의 이 글을 '논문'(treatise)이라고 말할 정도로 엄밀하게 글을 쓰려고 애썼다. 특히 제목을 정할 때나 목차를 구성할 때 더욱 그러하였다. 백스터는 Chapter, Section, Part, Article 등을 사용하고 있다. 이러한 항번(項番)을 우리말로 번역하면서 장절식(章節式)을 채택하였다. 장절식이란 제1편 제1장 제1절 제1항 등과 같이 항차는 문자로, 항순은 숫자로 나타내는 방법을 말한다.

4. 경어체 사용에 관하여

백스터의 권고는 거의 책망에 가까운 어조이다. 논문처럼 논리적인 글쓰기를 추구하면서도, 뜨거운 감정으로 글이 전개되고 있다. 논문이라면 당연히 평어체를 사용해야겠지만, 백스터가 권하는 내용 자체가 무겁기 때문에 평어체를 쓸 경우 백스터에 대해 과격한 인상을 줄 부담이 있어 경어체를 선택하였다.

추천의 글 /

필립 도드리지 *Philip Doddrige**

이 책은 가장 뛰어난 작품으로서, 젊은 목회자들이라면 교인들을 대하는 목회사역을 시작하기 전에 모두가 꼭 읽어야 할 책이다. 그리고 이 책에서 언급되는 실천적인 부분은 적어도 삼사 년을 주기로 다시 읽어야 한다고 생각한다. 이 책에 드러난 저자의 열정으로 인해 목회자의 영성이 다시 깨어나기 때문이다. 목회자의 영성을 깨우는데 있어서, 이 책에 나타난 저자의 열정보다 더 큰 영향력을 발휘할 수 있는 것은 아마 없을 것이다. 이 논문 형태의 책에는 그 어떤 것과도 비교될 수 없을 만큼 훌륭한 금언들과 방법들이 담겨져 있다. 그러나 아무리 이 금언들과 방법들을 열심히 추구한다고 해도, 그 안에 열정이 없다면, 많은 선한 사람들은 하나님의 은혜로 말미암아 마땅히 감당해야 할 일들을 제대로 하지 못한 채, 그저 감당하는 척만 하고 마는 허깨비로 남게 될 것이다.

---

* 1702-1751, 영국 비국교도 지도자로서 '주의 말씀 받은 그 날' (찬송가 285장)의 작사자이기도 하다 — 역주.

소개의 글 /

J. I. 패커 James I. Packer*

"리처드 백스터: 영국의 젠트리 귀족 출신으로 1615년 11월 12일 샐럽 로우턴에서 출생했다. 록스터의 도닝턴 독립 학교에서 수학하고 그 후 가정에서 교육을 받았다. 1638년 대림절에 우스터 지역의 주교 집전 하에 부제(Deacon) 서품을 받았다(백스터의 신학은 장로교파에 가까운 신학이었지만, 그 당시는 장로교파 직제가 정착되기 이전이었기 때문에 직제에 있어서는 여전히 영국 성공회의 직제를 따를 수밖에 없었다 ― 역주). 1639년 더들리에 있는 리처드 폴리 학교에서 교장, 1639-40년 브릿지노스에서 보좌신부, 1641-42년 키더민스터에서 설교(성경봉독)직 보좌신부, 1642-45년 코벤트리에서 군종 신부, 1645-47년 웰리 장군 휘하의 신형군(The New Model Army, 청교도혁명 기간 중인 1645년에 창설되어 왕정복고 후인 1660년 해체된 군대로서, 한 지역에 기반을 두지 않고 전 지역에 걸쳐 전쟁에 나가도록 조직되었다 ― 역주)에서 군종 신부, 1647-61년 키더민스터에서 교구 신부, 1661년 사보이 회의 참석(성공회 기도서에 대한 찬반 조정을 목적으로 사보이 궁전에서 4월 14일부터 7월 24일까지 개최된 영국 성공회와 장로교파 간의 종교회의로, 장로교파의 백스터는 새로운

---

*제임스 패커(James I. Packer. 1926-), 영국 저교회파와 개혁파 전통에 서 있는 영국 태생의 기독교 신학자이다 ― 역주.

예배모범을 제시했지만 기각되었다 — 역주), 1662-91년 은둔 생활(1662년 런던 근교, 1662-63년 무어필드, 1663-69년 악턴, 1669-73년 토터리지, 1673-85년 블룸스베리, 1686-91년 핀스베리). 1662년 마가릿 찰턴(Margaret Chalton, 1636-1681)과 결혼, 1669년 클라켄웰에서 일주일간 투옥, 1685-86년 서더크에서 21개월 간 투옥, 1691년 12월 8일에 사망했다. 저서로는 「성도들의 영원한 안식」(*The Saints's Everlasing Rest*[1650]), 「참된 목자」(*The Reformed Pastor*[1656]), 「회심하지 않은 자들을 부르심」(*A Call to the Unconverted*[1658]), 「기독교 생활지침서」(*A Christain Directory*[1673]) 등이 있고, 생전에 발표된 인쇄물로 131종이 있으며, 「백스터 유고집」(*Reliquiae Baxterianae*, 자서전으로 1696년 실베스터 [M. Sylvester]가 편집했다)과 5종의 기타 유고 서적과 많은 미발표 논문들이 있다. 그의 특별 관심 분야는 목회적 돌봄(심방 — 역주)과 양의 통합이었으며, 의학, 과학, 역사 분야에 취미가 있었다."

이와 같이 후즈후(Who's Who. 세계적으로 유명한 인명사전 — 역주)에 나오는 방식대로 리처드 백스터를 소개해 보았다. 이처럼 리처드 백스터는 가장 탁월한 목자였고 전도자였으며, 청교도파를 낳게 한 실제적인 주제들과 경건한 신학적 주제들에 대해 글을 쓴 저술가였다.

백스터는 큰 사람이었다. 큰 사람이었던 만큼 한편으로는 실수와 허물도 컸던 사람이었다. 그는 즉각적으로 분석하고 논증하며 호소하는데 탁월한 재능이 있었을 뿐 아니라 광범위한 학식까지 갖추고 있었던 명석한 두뇌의 소유자로서 중립적인 입장을 견지한 인물이었다. 논쟁의 상황에서는 어떤 상대를 만나더라도 여지없이 상대방을 누를 수 있었지만, 그가 그러한 자신의 뛰어난 재능을 항상 최선의 방식으로 사용할 수 있었던 것은 아니다. 예를 들어, 신학적 주제인 은혜의 문제에 있어서 그는 개혁파, 아르미니우스파, 로마 가톨릭파 사이에서 절충적인 중간노선을 모색하였고, 하나님 나라를 그 당시의 정치적인 개념으로 해석했으며, 그리스도의 죽음을 보편적인 구속행위(그리스도의 죽음은 하나님의 공의 때문에 어쩔 수 없이 죄인을 대신해서 죄의 형벌을 받은 처벌적이고 대리적인 행위였을 뿐, 그리스도의 자발적인 사랑의 대속은 아닌 행위)로 설명했기 때문이다. 다시 말해, 백스터는 그리스도의 죽음으로 인해 하나님이 죄를 회개하는 자를 용서하고 사면을 베푸는 새로운 율법을 제정하셨다고 설명했으며, 회개와 믿음이라는 이 새 율법을 준수함으로써 신자는 개인의 의를 이루어 구원받게 된다고 말했던 것이다. 보수적 청교도파인 백스터는 이런 기이한 해석을 청교도파의 핵심 사안이자 신약성경이 제시하는 복음이라고 강조했을 뿐 아니라, 은혜 개념을 둘러싸고 백스터 당대를 지배하며 논쟁 중이던 삼위일체 중심의 신학들과의 공통 기반으로 삼고자 했다. 이런 '백스터주의'(Baxterianism), 또는 그가 주장하는 핵심 개념인 '새로운 율법'(회개와 믿음 ― 역주)으로 인해 '신율법주의'(Neonomianism)라고도 불리는 이 입장은 청교도파의 복음 내용을 변경한 것으로 평가 받고 있으며, 좀 더 솔직하게 말하면 이런 식의 해결은 '정치적인 방법'면에서도 합리적이지 않았던 것으로 보인다. 이에 대해서는 역사가 증명해 주었다. 백스터가 뿌린 씨앗들은 스코틀랜드에서 신율법주의적 온건주의(neonomian Moderatism, 18세기 초 스코틀랜드에서 대중적이었던 신학사조로 관용을 강조하며 전도의 열심을 거부했다 ― 역주)로, 영국에서 도덕주의적 유니테리언주의(moralistic Unitarianism, 삼위일체 하나님을 거부하는 신학적 분파로, 백스터가 그렇게 열정을 쏟았던 키더민스터 교회 역시 오늘날 유니테리언 교회가 되었다 ― 역주)로 열매를 맺었기 때문이다.

그리고 백스터는 공적인 생활에서도 서투른 기획가였다. 그는 경건한 생활과 목회적 기량으로 인해 항상 존경을 받았고, 교리 문제나 교회 문제에서 항상 평화를 모색했지만, 동료들과의 관계에서 호전적이고 비판적이며 가르치려고 드는 태도로 인해 기정사실들마저도 매번 결론을 맺지 못하고 말았다. 비록 그가 이십년이 넘도록 비국교도 쪽의 최고 대변인을 지냈고, 또 그가 투쟁했던 종합주의자로서의 이상들이 정치가다운 면모를 보여주기는 했어도, 백스터가 자신을 정치가로 부르기에는 역부족이었다고 할 수 있다. 설사 백스터가 감당했던 사역과 관련된 모든 사안들에 있어서, 그가 완전히 직설적으로 거리낌 없이 '허심탄회하게' 말하는 이런 기질은 양심에서 우러나왔던 것일 뿐, 이런 태도로 자신의 열등감을 보상받으려고 한 것이 아니었다고 해도(사실, 이 두 가지 측면 모두 조금씩 그에게 영향을 미쳤을 것이다), 대등한 관계 속에서 자기 혼자 기세등등한 태도를 취하면 그것이 역효과라는 사실을 평생토록 보지 못했다는 것은 납득하기 힘든 백스터의 맹점이다. 예를 들어 보자. 1669년에 백스터는 장로교파와 독립교파(the Independents. 교황 대신 교회의 머리를 국왕으로 삼고, 국왕이 감독들을 앞세워 교회를 다스리는 영국 성공회에 대해 비판한 청교도파는, 국교회에 남아 있으면서 칼빈의 장로제도만 채택하자는 장로교파[Presbyterian]와 청교도에 남아 있기는 하되 외부의 간섭을 일체 받지 않겠다는 독립교파로 나뉘어졌다 — 역주) 사이에 '평화를 추구하는 한 사람'으로서 그 위대한 존 오웬(John Owen. 1616-1683, 영국 비국교도 교회 지도자로서 백스터 당시에는 비타협적 독립교회의 지도자였다. 국교회와 장로교회, 양쪽 모두로부터 동시에 배척을 당한 비타협적 원칙론자였다 — 역주)을 찾아갔다. 오웬과 백스터는 과거에 신학적으로나 정치적으로 서로 칼을 겨누었음에도 불구하고, 백스터가 찾아간 것은 상징적인 일이고 칭찬할 만한 일이었다. 오웬을 만난 것에 대해 백스터는 이렇게 회고하였다. "나는 그에게 스스럼없이 대하겠다고 말했다. 그런데 그 때 오웬이 지금까지 거부했던 회담들이 생각났다. 그렇게 많은 회담을 결렬시킨 사람이 이번 회담에서는 치유의 도구가 되어야할 텐데 하는 생각으로 나는 마음을 졸였다." 백스터는 그 당시 오웬이 쓴 최근 저서에서 그가 '대중적인 지침들 가운데 가장 나쁜 것 두 가지'를 버렸다고 쓴 부분을 보고서 기뻐했으면서도 그런 생각을 했던 것이다. 백스터의 이런 모습도 전형적인 일이었다. 그러나 이것은 그다지 칭찬할 만하다고는 할 수 없을 것이다. 오웬이 긍정적인 의사를 밝혔음에도 불구하고 그 후에 아무런 행동도 취하지 않은 것에 대해서, 백스

터가 자신의 맹점은 간파하지 못한 채 당황하고 실망하고 상처를 받았다고
하는 사실은 분명히 주목할 만한 일이다.

만약 백스터 측에서 다르게 대응했거나 아예 가만히 있었다면, 왕정복고
(Restoration, 1660. 청교도 혁명에 의한 공화제가 끝나고 잉글랜드의 찰스 2세가
의회의 지지를 얻어 왕위에 올라 군주제를 부활시킨 일이다 ― 역주)와 관용법
(Toleration, 1689. 영국국교회의 반대자인 신교도 백성에게 법률이 정한 형벌을
면제해 주기 위해 마련된 법이다 ― 역주)의 기간 동안에 일어났던 그 형편없는
형국이 좀 달라졌을지는 확실하지 않다. 왜냐하면 그 시기에는 모두가 열정
과 관심과 불신이 아주 대단했기 때문이다. 하지만 백스터가 개입할 때마다
매번 분열이 심화되었던 것만은 사실이다. 1690년에 백스터는 그 당시에 문
제가 되었던 크리스프(Tobias Crisp, 1600-1643. 도덕률폐기론자로 회개가
칭의의 조건이 될 수 없다고 주장한 자로서, 그의 아들에 의해 1689년에 설교집이 재
출간되었다 ― 역주)의 설교들을 비판하기 위해「성경적 복음을 옹호함」(*The
Scripture Gospel Defended*)이라는 책을 출판하였다. 이 책의 출판으로 인
해, 장로교도와 독립교도 사이에 결성된 '행복한 연합'(the 'Happy Union'.
1690년에 공동기금을 조성하는 것으로 시작된 장로교도와 독립교도 간의 협력사업
이다 ― 역주)은 제대로 시작도 해보지 못한 채 파국을 맞아야만 했었다.

하지만 목자로서 백스터의 능력은 타의 추종을 불허했다. 지금 우리의 관
심을 끄는 것은 그의 이런 능력이다.

키더민스터 도시에서 그가 거둔 성과는 놀랄 만한 것이었다. 그런 성과를
달성한 목회자는 백스터 이전에 영국에는 없었다. 키더민스터 지역은 약
800가구와 2,000명의 주민이 사는 곳이었다. 백스터가 그 도시에 처음 도착
했을 때, 그곳의 주민들은 '무식하고 교양 없이 흥청대며 시간을 보내는 사
람들'이었다. 그러나 이런 상황이 극적으로 변화되었던 것이다. "내가 그곳
에서 처음 사역을 시작할 때는 겸손하든 개혁적이든 회심한 사람이든 그런
사람들을 특별히 찾아다녀야만 했었다. 그런데 사역을 계속하다보니, 하나

님께 참으로 감사하게도, 회심하는 자들이 매우 많아져서 그 많은 성도들을 개인적으로 살필 시간적 여력도 없게 되었고, … 많은 가정들과 엄청난 수의 성도들이 한꺼번에 … 등록하고 성장하게 되었다. 어떻게 이런 일들이 일어나게 되었는지 나는 알 수 없었다." "천 명을 수용할 수 있었던 그 교회는 항상 성도들로 가득차기 때문에, 성도들이 앉을 수 있는 발코니 5개를 부득불 증축해야만 했다. … 주일에 … 거리를 지나다보면 백여 가정이나 되는 많은 가정들에서 시편을 찬송하고 설교를 되새기는 소리가 들려왔고 … 이곳에 처음 내가 왔을 때는 이렇게 하나님을 예배하고 하나님의 이름을 부르는 소리를 들을 수 있는 가정은 이 거리에서 한 가정밖에 없었지만, 이곳을 떠나게 될 시점에는 이렇게 하나님을 예배하고 하나님의 이름을 부르지 않는 가정이 하나도 없었다. 이런 예배 소리를 듣지 않고서는 이 거리를 지나갈 수 없을 정도였다. 이런 모습이 진지한 경건의 모습이라고 딱 잘라 말할 수는 없어도, 그들의 믿음에 대한 소망을 우리가 갖게 된 것은 분명하다."

후에 백스터는 이렇게 쓸 수 있었다. "이제 내가 그들을 떠난 지 6년이 되었고, 비록 그동안에 강단을 중상 모략하는 자들로부터 공격을 받고 감옥에 처넣겠다는 위협과 온갖 협박을 받으며 유혹하는 것들이 많았을지라도, 그들은 그들의 신실함을 견고하게 지켰던 것이다. 많은 사람들이 하나님께로 갔고 일부는 파직되고 일부는 감옥에 있고 대부분은 여전히 집에 머물고 있다. 그러나 그들 중에 어느 누구도 타락했다거나 그들의 신실함을 포기했다는 소리를 듣지 못했다"(백스터는 여기에서 1662년에 발포된 대추방령[Great Ejection]때의 상황을 설명하고 있다. 1660년에 찰스 2세가 왕위에 오르자, 국교회주의자들이 권한을 잡고 비국교도들을 성직자 명단에서 퇴출시켰다. 백스터는 주교 제도를 선택하도록 촉구 받지만 거절했다. 그리하여 성직을 박탈당하고 만다. 1662년에 통일령[The Act of Uniformity. 영국국교회의 예배와 기도 그리고 의식 등을 통일하기 위하여 영국 의회가 1549년부터 1562년까지 4차에 걸쳐 제정 · 공포한 법률로 '예배통일법'이라고도 한다]이 공포되고, 이 통일령에 불복하는 청교도 목회자

2,000여명에 대해 대추방령[The Great Ejection, 1662]이 내려진다. 1660년 4월 12일 백스터가 키더민스터 교회를 사임한 이유에 대해서는 자세히 알려지지 않았지만, 1658년 크롬웰이 죽은 이후, 백스터는 정치적인 공적 활동을 염두에 두었던 것으로 추정된다 — 역주).

1743년 12월에 조지 휫필드가 키더민스터를 방문했을 때, 그는 한 친구에게 다음과 같은 편지를 보냈다. "나는 오늘날까지 남아 있는 백스터의 가르침과 저술들과 신앙훈련이 내뿜는 좋은 향기로운 냄새(고후 2:15, KJV)를 맡는 매우 신선한 은혜를 받았다."

천부적인 교사의 재능을 가진 백스터는 자신을 항상 성도들의 교사라고 생각했으며, 목회자의 주된 임무는 가르치는 일이라고 생각했다. 매 주일과 목요일에 한 시간 정도 진행되는 설교 시간에 백스터는 기독교의 기본진리를 가르쳤다. "성도들의 마음에 새겨지기를 바라면서 내가 날마다 가장 끈질기게 요구한 것은 그들이 세례받을 때 약속했던 기독교의 가장 기본적인 원리들이었다. 다시 말해 성부, 성자, 성령 하나님을 사랑하고 그분께 순종하며 그분을 믿고 제대로 이해하는 것과, 모든 성도들을 사랑하며, 교회와 서로 간에 한마음이 되는 것이었다. … 신앙고백을 한 대다수의 성도들이 우선적으로 이해해야 할 신조(즉, 믿음의 교리)와 주기도문(즉, 우리가 바라는 것들에 대한 문제) 그리고 십계명(즉 실천법) 등에 대한 바르고도 유익한 체계를 전하는 데는 오랜 시간이 걸렸다. 그들을 인도하는 이런 교육과정은 … 약한 자들을 내버려 둔 채 진행해서는 안 되며, 조용히(즉, 항상 끊임없이) 되풀이해서 가르쳐야 할 모든 것의 시작이자 마침이 되어야 하는 믿음, 소망, 사랑, 거룩함, 연합이라는 이 위대한 주제들에 참으로 도움이 되어야 비로소 그 교육은 끝나게 된다."

이것이 바로 백스터가 강단에서 행한 교육 프로그램이었다. 이와 더불어 일주일에 한 번씩 목자들을 대상으로 한 토론과 기도 모임을 주선하기도 하였다. 백스터는 성경책과 기독교 서적들을 주위 사람들에게 나누어주었다

(백스터 자신이 펴낸 책들에 대해 저자로서 인세를 받는 대신, 책이 열다섯 권이 팔릴 때마다 한 권을 무상으로 받았다). 그리고 그는 개인 상담과 교리 문답 교육을 통해 개인들을 가르쳤다. 그리스도인들은 자신의 문제를 정기적으로 목자에게 가지고 가야 하고, 목자는 그들의 영적인 건강상태를 점검해야 하며, 목회자들은 회중 전체를 대상으로 정기적으로 교리문답 교육을 해야 한다고 백스터는 생각했다. 어린이를 위한 예비 교육으로 인식되던 개인 교리문답 교육을 나이에 상관없이 모든 연령대를 위한 목회적 돌봄의 지속적인 과제로 격을 높여 행한 것이야말로 청교도의 목회 이념 발전에 크게 공헌한 일이었다. 그리고 이런 교리문답 교육에 대한 관심이 「참된 목자」를 낳았던 것이다.

백스터가 주축이 된 목회자 단체인 우스터셔 협회(Worcestershire Association)의 회원들은 백스터가 계획한 대로 교구 성도들을 위한 체계적인 교리문답 교육 방침을 자원해서 채택하였다. 그들은 하루를 정해 금식하고 기도하면서 자신의 목회 사역에 하나님의 은혜를 구했으며 백스터에게 설교를 부탁하였다. 그런데 정해진 그 날만 되면, 백스터는 몸이 너무 아파 참석할 수가 없었다. 그래서 백스터는 예전부터 준비해온 사도행전 20장 28절 말씀("여러분은 자기를 위하여 또는 온 양 떼를 위하여 삼가라 성령이 그들 가운데 여러분을 감독자로 삼고 하나님이 자기 피로 사신 교회를 보살피게 하셨느니라")에 대한 방대한 분량의 강해와 적용들을 다룬 자료들을 출판하였다. 그 책은 동료 목회자들을 단도직입적으로 꾸짖기도 하면서 타이르는 책이었기 때문에, 백스터는 그 책의 제목을 「길다스 살비아누스」(*Gildas Salvianus*)라고 지었다. 이 제목은 5세기와 6세기에 활동했던 두 명의 저술가들 이름을 따서 지은 것이었다. 이 두 명의 저술가들(길다스[Gildas]는 현자로 알려진 6세기의 영국 성직자이고, 살비아누스[Salvianus]는 독일의 쾰른 태생으로 추정되는 5세기의 기독교 저술가이다 — 역주) 역시 죄에 대해서 에둘러 듣기 좋게 말하는 사람들이 아니었다. 그런데 초판의 제목이 인쇄된 쪽을 보면,

‘새로워진’이란 뜻의 ‘R E F O R M E D’(리폼드)라는 단어가 부제목의 다
른 글씨들보다 더 크고 굵은 글씨체로 두드러지게 인쇄되어 있었다. 이것은
분명히 백스터가 원한 것이었다. 백스터가 사용한 이 ‘리폼드’라는 말은 교
리적으로 칼빈파라는 뜻이 아니라, 실제 사안에 있어서 새로워졌다는 뜻이
다. “만약 하나님께서 목회자를 새롭게 하시고, 그들로 하여금 그들의 임무
를 열정적으로 신실하게 수행하게 하신다면, 성도들 또한 분명히 새로워질
것이다. 모든 교회들이 부흥하거나 쇠하는 것은 목회자의 부흥과 쇠함에 달
려 있다. 여기서 말하는 부흥과 쇠함은 재정이나 세속적인 대단함이 아니라,
그들의 목회사역을 위한 능력과 지혜와 열성을 말한다.” 백스터가 추구한 것
은 이런 의미에서 목회사역의 ‘부흥’이었다.

「참된 목자」는 과거나 지금이나 폭발력이 있는 책이다. 이 책은 출판되자
마자 주목을 받았다. 토머스 워즈워스(Thomas Wadsworth)는 이 책이 출
판된 바로 그 다음 달에 백스터에게 이런 편지를 보냈다. “오 얼마나 좋은 책
인지 모르겠어요! 하나님께서 자신의 은밀한 것들을 당신에게 드러내 보이
셔서, 잉글랜드에 있는 수천 명의 영혼들이 소생케 되어, 당신으로 인해 하
나님께 영광을 돌리게 되었습니다.” 백스터가 받은 편지 중 날짜 표시가 없
는 한 익명의 편지에는 이렇게 적혀 있다. “백스터 씨의 「길다스 살비아누
스」는 비범한 책이었습니다. 그 책에 대해 저는 하나님을 찬양하고 백스터
씨에게 감사하지 않을 수 없습니다. 진심으로 제가 바라는 것은 목회 사역에
임하는 젊은 목회자들이 부지런히 그리고 때마다 이 책을 따라 사역했으면
하는 것입니다.”

올리버 헤이우드(Oliver Heywood. 1662년 대추방령 때 퇴출당한 영국 비국
교도 목회자이다 — 역주)의 일기에는 이렇게 기록되어 있다. “한 3–4년 전에
갑자기 몸이 아파서 쉴 때, 나는 「참된 목자」라고도 불리는 백스터 씨의 「길
다스 살비아누스」를 끝까지 다 읽게 되었다. 읽고 난 후 나는 그 책으로 인해
확신을 얻게 되었고 다시 새 힘을 얻게 되었다. 그래서 만약 내가 다시 회복

된다면, 나는 성도들에게 개인적으로 이것을 가르쳐야겠다고 결심하였다. … 그러다가, 오늘 1661년 6월 23일부터 나는 화요일마다 집집마다 방문하기로 했다 ….” 1665년경에 백스터는 “수천 명의 영혼들이 이 책으로 인해 유익을 얻기를 바란 그 소망대로, 이 책의 성공으로 하나님께 감사할 이유들이 아주 많이 생겼다. 많은 목회자들이 내가 그 책에서 권한 사역의 방식대로 행하는 것이 대세가 되었다. 심지어 해외에서도 자신들을 지도해 달라고 요청하는 편지들을 받게 되었다 ….”

백스터는 죽었지만, 그의 책은 여전히 살아 있다. 18세기의 증거들을 보면 모두 이 책에 푹 빠져 있었던 것 같다. 존 웨슬리(John Wesley)의 아버지 사무엘 웨슬리(Samuel Wesley, 1662-1735)는 한때 비국교도였다. 그는 이런 글을 남겼다. “나는 「길다스 살비아누스」를 다시 소장하고 싶다. 교회 성도들을 목사가 어떻게 대해야 하는지를 다룬 목사 지침서인 이 책을, 나는 예전에 집에 불이 났을 때 잃어버렸기 때문이다. … 그는(백스터는) 기이할 정도로 정열적인 힘과 불을 지닌 사람으로 ….” 존 웨슬리 자신도 감리교 총회에서 다음과 같이 말했다. “순회하는 모든 설교자들은 집집마다 방문하면서 사람들을 가르쳐야만 합니다. … 이를 실행하는데 있어서 백스터 씨의 지침보다 더 좋은 것이 어디 있겠습니까? 그보다 더 좋은 방법이 없다면, 주저하지 말고 백스터 씨의 방식을 채택하도록 합시다. 「길다스 살비아누스」라는 제목의 이 책은 처음부터 끝까지 정독할 만한 가치를 지닌 책입니다.”

또 다른 기회에 존 웨슬리는 설교자들에게 이렇게 요구하기도 하였다. “백스터 씨의 방식을 따라 누가 성도들을 방문해야 하겠습니까?’ 존 웨슬리의 동생인 찰스 웨슬리(Charles Wesley, 1707-1788)와 하워스의 윌리엄 그림쇼(William Grimshaw of Haworth, 1708-1763. 1700년대 중반 영국 복음주의 운동에 깊이 관여했으며 감리교의 선구자로 간주된다 — 역주)는 설교자들은 반드시 ‘백스터 씨의 방식대로 집집마다 방문’해야 한다고 이구동성으로 서로 동의하였다. 필립 도드리지(Philip Doddridge)의 찬사도 이 책 어딘가에 인용되어 있다.

　그 시대부터 지금까지 「참된 목자」는 고전으로서 그 위치를 확보하고 있
다. 1810년 8월 19일 미국 감리교의 감독인 프란시스 애즈베리(Francis
Asbury, 1745-1816)는 자신의 일기에서 이렇게 적고 있다. "오, 이 얼마나
대단한 일인가. 백스터의 「참된 목자」가 오늘 아침에 내 수중에 들어오게 되
다니." 버밍엄에 있는 카스래인 교회의 목회자이자, 「시대가 원하는 열성적
인 목회」(*An Earnest Ministry the Want of the Times*, 책 제목부터 얼마
나 백스터의 분위기를 자아내고 있는가!)라는 책의 저자인 존 엔젤 제임스
(John Angell James, 1796-1859. 영국의 비국교도 목사로서, 2시간 분량의 설
교원고를 작성한 후에 토씨까지 다 암기하고 나서 강단에 올라간 것으로 유명하다
— 역주)는 1859년 자신의 임종을 몇 시간 앞두고서 이렇게 썼다. "나는 성경
다음으로 백스터의 「참된 목자」를 목회의 목표 지침으로 삼았다. 우리 모
든 목사들이 이 책을 자주 읽는다면 매우 유익할 것이다." 제임스 자신도 주
일 설교를 준비하기 위해서 토요일 저녁마다 이 책을 즐겨 읽었으며, 스펄전
(Spurgeon)도 주일설교를 마친 저녁에 아내에게 이 책을 자주 읽어달라고
부탁하곤 했다. 감리교도, 독립교도, 침례교도, 그리고 영국 국교도들 또한
이 책에 대한 칭송을 아끼지 않았다.

　이 책의 초판은 윌리엄 브라운(William Brown)이 편집하였다. 현재 이 책
에도 윌리엄 브라운의 서문이 실려 있다. 1830년에는 이스링턴의 다니엘 윌
슨(Daniel Wilson of Islington, 1778-1858)의 서문과 함께 출판되었다. 그
서문은 이 책을 이렇게 소개하고 있다. 「참된 목자」는 "백스터가 쓴 귀한 논
문들 가운데 최고의 것이며, 신학의 전체 영역들 중에서도 이 책보다 더 뛰
어난 책은 찾아보기 어렵다. 특히 그리스도의 사역자로서 감당해야 할 주요
사명과 그리스도의 사역자들의 양심에 열정적으로 호소하는 면에서는 타의
추종을 불허한다." 그 후 1925년에 더럼의 주교인 헨슬리 헨슨(H. Hensley
Henson, 1863-1947)은 "이 「참된 목자」는 목사의 사명에 대해서 말로 표

현된 지침서로는 최고의 지침서라고 할 수 있다. 왜냐하면 이 책을 읽는 독자들은 이 책에서 영적 사역의 숭고함과 경외심에 대한 지울 수 없는 인상을 그 마음에 받기 때문이다."

일개 목회자인 백스터가 쓴 이 책은 오늘날의 목회자들에게도 영향을 끼칠 수 있겠는가? 이 책이 지닌 세 가지 특징으로 인해 그 질문에 '예'라고 정당하게 대답할 수 있다. 첫 번째 특징은 이 책이 지닌 **열정**이다. 루터가 쓴 「노예의지론」(*Bondage of the Will*, 1525)에 대해서 언급된 모든 말들이 이 「참된 목자」에 대해서도 언급될 수 있다. 즉, 이 책에 담긴 단어 하나하나가 손과 발을 가지고 살아 있다는 뜻이다. 실베스터(M. Sylvester. 「백스터 유고」의 편집자)는 백스터가 사물을 꿰뚫는 눈을 가졌을 뿐 아니라 마음을 꿰뚫는 말솜씨까지 가지고 있었다고 분명히 말하였다. 백스터는 자기가 말한 대로 기록했으며, 그가 한 말들은 단순히 감정에 치우친 말들이 아니었다. 왜냐하면 그 말들은 머리에서만 나온 것이 아니라, 머리뿐만 아니라 가슴에서 우러 나온 것이었기 때문에 열정적이었다. 그의 책은 정열적인 열심과 전도에 대한 열정과 뜨거운 확신으로 불타오르고 있다. 스펄전은 "리처드 백스터야말로 여러 작가들 중에서 가장 강력한 작가이다. 만약 변론의 기술을 배우기 원한다면, … 그의 「참된 목자」를 읽으라"고 말하였다. 한 사람의 그리스도인으로서 백스터 자신의 마음을 기록한 최고의 책이 「성도의 영원한 안식」(*The Saints's Everlasting Rest*)이라면, 한 사람의 목회자로서 백스터 자신의 마음을 기록한 최고의 책은 「참된 목자」이다. 이 책은 백스터의 정열적인 마음에서 나온 것이기에 열정과 흡인력을 지닌다. 그리기에 300년이 지난 지금도 여전히 백스터의 마음이 독자의 마음에 와 닿을 수 있는 것이다.

이 책이 지닌 두 번째 특징은 이 책의 **솔직함**이다. 이 책은 정직하고 꾸밈 없는 책이다. 다음과 같은 생각들은 종종 너무 노골적이라는 평까지 듣기도 한다. 그리스도가 없는 인생은 실패한 인생이라는 사실을 진지하게 생각하고 그의 이웃을 진지하게 사랑하는 그리스도인이라면 누구나, 자신의 주변에 있는 모든 사람들이 지금도 지옥으로 떨어지고 있다는 생각에 가만히 있지 못할 것이고, 다른 사람들의 회심을 자신의 일생의 사명으로 삼고서 그 일에 자원하여 무조건 매진할 것이다. 그리고 그렇게 살지 못하는 그리스도인이라면 누구나 자신의 믿음이 신뢰할 만한 것이 아니라고 생각할 것이다. 왜냐하면 그리스도인 자신도 그 믿음을 인생의 지침으로 진지하게 생각하지 않는데 어떻게 다른 사람들이 그런 생각을 할 수 있겠는가? 우리 신앙생활의 이런 모순점들을 「참된 목자」보다 더 강력하게 노출시킨 책은 없을 것이다. 왜냐하면 이 책에서 우리는 열정적인 사랑과 끔찍할 정도로 정직하고 진지하며 올곧은 그리스도인 한 사람을 만나기 때문이다. 그 사람은 잃어버린 자에 대해서 너무나 솔직하게 생각하고 말하며, 영혼들을 구원하기 위해서는 어느 정도의 불편과 가난과 수고와 물질의 손해를 감수해야만 하고, 이를 위해 우리의 인품이 변화되고 우리 자신이 놀랄 만한 생생한 모범이 되어야 한다고 주장한다.

자신이 곧 참수형을 당할 것을 안다면, 그 마음이 엄청난 집중력을 보인다는 존슨 박사(Dr Samuel Johnson, 1709-1784. 영국 문학에 큰 공헌을 한 저술가이다 — 역주)의 말대로, 동시대의 대다수 사람들과는 달리 살았던 백스터처럼, 사람이 한 발을 관 안에 넣고서 살아간다면, 무엇이 중요하고 중요하지 않은지에 대한 균형 감각은 물론 자신의 삶이 자신의 신앙고백과 일관된 삶인지 아닌지에 대한 감각도 놀라우리 만큼 분명해질 것이다. 키더민스터의 목사는 동료 목회자들에게 외쳤다. "오, 사랑하는 목회자 여러분, 만약 여러분 모두가 저만큼 자주 죽음이라는 이웃과 대화하고, 저만큼 자주 사형선고를 받게 된다면, 여러분의 양심도 동요될 것입니다. 여러분의 삶이 새로워져서 여러분이 성실하고 신실하게 목회하지 않는 한 말입니다. 그리고 이런 질문들이 여러분 안에서 자주 제기될 것입니다. '잃어버린 죄인들에 대해 내가 가진 연민의 마음이 이게 전부인가? 이제는 더 이상 그들을 찾아 구원하려고 애쓰지 않는단 말인가? … 그들에게 진지한 말 한 마디라도 해주었다면, 그들이 죽어 지옥에 갔겠는가? 시간이 있었지만 그들을 구원할 아무런 행동도 하지 않았다고 영원히 거기서 그들이 나를 저주하지 않겠는가?' 이러한 양심의 소리들이 매일 내 귀에 들려왔지만, 주님께서 아시는 바와 같이, 나는 그 양심의 소리에 별로 귀를 기울이지 않았습니다. … 여러분이 죽어 몸이 무덤에 눕게 될 때, 여러분은 이런 생각을 하지 않을 수 있겠습니까? '여기에 내 몸이 누워 있다. 그런데 내 영혼은 어디 있는가? 내 영혼이 떠나기 전에, 나는 내 영혼을 위해 무엇을 했던가? 영혼 또한 내가 돌봐야 할 내 몸의 일부분이었다. 영혼에 대해 내가 무슨 변명을 할 수 있을까?' 오, 사랑하는 목회자 여러분, 이러한 질문들이 하찮아 보입니까? 지금은 작은 문제처럼 보이겠지만, 그렇게 보이지 않는 그 때가 다가오고 있습니다." 어느 누구도 백스터가 솔직하지 않았다고 말할 수는 없다. 오늘날 대부분의 목회자들 가운데서 이 정도로 솔직하게 우리에게 필요한 질문을 제기할 수 있는 사람이 누가 있겠는가?

세 번째로 이 책은 **합리성**의 모범이 되는 책이다. 백스터는 자신의 목적을 위해 이에 맞는 수단들을 아주 철저히 활용하였다. 휫필드와 스펄전처럼 백스터 또한, 인간들은 죄에 대해서 눈멀고 귀먹어 죽었으며, 오직 하나님만이 인간들을 회심시킬 수 있음을 알고 있었다. 그러나 다시 휫필드와 스펄전과 마찬가지로 백스터는, 하나님이 수단들을 통해 역사하시고, 합리적인 사람들에게는 합리적인 방식으로 접근해야 하며, 은혜는 이해를 통해 주어지고, 모든 복음 전도자가 신뢰를 주지 못한다면 그가 전하는 메시지 또한 큰 신뢰를 주지 못할 것이라는 이런 사실들도 알고 있었다. 그래서 백스터는, 목회자들은 영원이라는 말을 사람들이 제대로 느끼도록, 즉 삶과 죽음의 문제들을 최고로 진지하게 설교해야 하고, 하나님이 죄를 용납하지 않으신다는 사실을 목회자들이 진지하게 전하고 있음을 보이기 위해 교회가 정한 권징을 실천해야 하며, 설교만으로는 때로 일반 사람들이 신앙을 제대로 이해하기 힘들기 때문에 '일대일 사역'을 하면서 각 개인들을 한 사람 한 사람씩 대해야 한다고 주장했다. 백스터는 이 점에 있어서 매우 분명했다.

"성도들로 인해 큰 고통을 겪고 있는 목회자들이 있다면 그 성도들을 한 번 살펴보십시오. 그리고 그 대중들 중에 많은 사람들이 마치 복음을 한 번도 들어본 적이 없는 것처럼 무식하고 복음에 관심이 없는 사람들이지는 않은가 알아보십시오. 제 경우에는 나름대로 제가 할 수 있는 한 최대로 평이하면서도 감동적으로 그들에게 말하려고 연구합니다. … 그럼에도 불구하고, 제 설교를 8년이나 10년씩 들었지만 여전히 그리스도가 하나님인지 인간인지도 모르는 사람들도 있고, 제가 그리스도의 탄생과 생애와 죽음에 대한 역사를 말해 주면, 예전에 전혀 들어보지 못한 것처럼 어리둥절해하는 사람들도 자주 봅니다. … 그런데 그런 사람들은 대부분 마음을 세상에 두고 육신이 원하는 대로 살면서도, 그리스도가 자신들을 용서하고 의롭다고 하며 구원해 주시기를 막연히 바라고 있습니다. 그리스도에 대한 근거 없는 믿음을 가지고 있는 것입니다. 그들은 이런 믿음을 칭의의 믿음이라고 오해하고 있습니다. 오랫동안 설교를 듣고서도 전혀 설교가 도움이 되지 못했던 그런 무식한 사람들에게는 10년간의 대중 설교보다는 30분간의 개인 면담을 통해서 더 많은 지식과 양심의 찔림을 줄 수 있다는 것을 저는 경험을 통해 알게 되었습니다. 물론 대중 설교는 가장 탁월한 수단입니다. 많은 사람들에게 한꺼번에 복음을 전할 수 있기 때문입니다. 그러나 개별 죄인들에게 개인적으로 복음을 전하는 것이 항상 더 큰 효력이 있습니다."

그러므로 설교와 더불어 개인적으로 교리문답 교육과 상담을 하는 것이 모든 목회자들의 임무이다. 왜냐하면 이것이야말로 최상의 합리적인 신앙과정이며, 원하는 목표를 달성하는 최선의 수단이기 때문이다. 과거인 백스터 당시에는 그랬다. 그렇다면 지금은 어떠한가?

「참된 목자」는 오늘날의 목회자들에게 적어도 이러한 질문들을 제기하고 있다. (1) 백스터(와 휫필드와 스펄전과 바울)가 믿었던 그 복음을 나도 믿고 있는가? (2) 믿고 있다면, 회심이 필수적이라는 백스터의 입장에 나도 공감하고 있는가? (3) 공감한다면, 이 입장을 중심으로 나의 인생과 나의 목회활동을 조정할 정도로 그렇게 실제적으로 나는 이 입장을 받아들이고 있는가? (4) 내가 원하고 또 찾아야 할 책임이 있는 그 목표를 달성할 수단을 선택하는데 있어서, 나는 합리적인가? 백스터가 한 것처럼, 정기적으로 성도들의 영적인 삶에 대해 그들과 개인적으로 이야기를 나눌 수 있는 상황을 만드는 최선의 방법을 찾고자 노력하는가? 어떻게 실천해야 하는가의 문제는 현재의 상황과 관련해서 다루어져야 할 것이다. 오늘날의 상황은 백스터가 알고 설명한 그 시대 상황과는 아주 다르다. 하지만 우리에게 제기하는 백스터의 질문은, 어느 시대든 항상 실천이 요구되는 것처럼, 우리가 뭔가 실천하려고 하는 시도를 해야 하지 않겠는가 하는 것이다. 백스터를 통해 우리도 이런 시도를 해야겠다는 확신이 선다면, 우리 상황에 적합한 실천 방법을 찾는 것은 우리의 능력을 벗어나는 일이 아닐 것이다. 뜻이 있는 곳에 길이 있다! 이것으로 이 소개의 글을 마치고 백스터 자신이 말하도록 하는 것이 더 좋을 것 같다.

편집자 서문 /

윌리엄 브라운 William Brown

저자가 이 책을 출판했을 때의 제목은 다음과 같았다.

"길다스 살비아누스(*Gildas Salvianus*), 「참된 목자」는 우리가 너무나 공공연하게 범하는 죄악들을 공개적으로 고백하고, 특별히 개인적인 신앙 교육과 교리문답 교육을 통하여 목회 사역의 본질을 제시한다. 이 책은 교리문답 교육과 개인적인 신앙 교육 사역을 함께 시작하기로 결의하며 서약한 우스터 지역의 목회자들이 통회의 날로 지정한 1655년 12월 4일을 위해 준비했으며, 그 목회자들의 동료이자 무익한 종인 키더민스터 교회의 교사인 리처드 백스터가 작성했다."

이 작품의 탁월함에 대해서는 그 어떤 찬사로도 표현할 수 없다. 이 책은 목회 사역의 다양한 분야들을 총망라한 핸드북이 아니다. 그러기에 어떤 사람들은 이 점을 이 책의 결점으로 생각하기도 한다. 그러나 목회 사역을 다루는 책들 중에서 이 책만큼이나 강력하고도 공감이 가며 신랄하고도 가슴을 꿰뚫는 것 같은 내용을 담은 책을 우리는 본 적이 없다. 천사나 혹은 타락하지 않은 본성을 지닌 어떤 다른 존재가 이 책을 읽는다 해도, 우리의 저자가 주장하는 추론이나 설명들을 전혀 반박할 수 없을 것이며, 어떤 목회자라도 이 책을 읽은 후에는 자신의 부족함을 깨닫게 될 것이다. 혹시 이 책을 읽고서 전혀 감동도 없고 뉘우침도 없고 압도되지도 않는다면, 그 목회자의 마음은 분명 완악하다고 볼 수 있다. 이 책을 읽고서 영혼들을 그리스도에게로 인도하려는 신실함과 근면함과 적극적인 마음이 크게 생기지 않는다면, 그런 마음도 완악한 마음임에 틀림없다. 이 책은 금으로 글씨를 인쇄한다 해도 아깝지 않을 정도로 가치가 있으며, 적어도 모든 목회자들의 마음에 새겨야 할 만큼 가치 있는 작품이다.

그런데 이 책이 지닌 이 모든 탁월성에도 불구하고, 우리의 저자가 처음에 출판한 형태의 「참된 목자」는 상당한 결함을 지니고 있었다. 다시 말해, 오늘날에도 여전히 이 책이 유익한 책인지의 여부와 관련되어 특히 문제가 있었다.

그 초판의 불완전한 점들을 보완하고자, 1766년 해크니 지역의 사무엘 팔머 목사(Rev. Samuel Palmer, 1741-1813. 영국 독립교회파의 성직자로 회고록 작가이다 — 역주)가 이 책의 축약본을 출판하였다. 백스터의 이 책은 어떤 형태로 출판되든지 간에, 분명히 목회자들의 양심에 몹시 강한 인상을 주었을 것이다. 그러나 원본을 개선하는 축약본을 만들려고 했던 팔머 목사의 목표는 본질적으로 실패하고 말았다. 실제로 이 책의 원본은 그 모든 결함에도 불구하고 팔머 목사의 축약본보다 독자들로부터 더 많은 사랑을 받았다. 왜냐하면 축약본이 원본 자체의 몇몇 결점들을 제거하기는 했지만, 이 과정에서 원본이 지닌 탁월한 점들도 많이 잃어버렸기 때문이다. 때로는 백스터의 글들 중에서 이질적인 내용들을 제거할 수도 있을 것이다. 어쩌면 그렇게 하는 것이 더 유익할 수도 있다. 그러나 사람이 쓴 작품들 중에는 축약본이 전혀 필요 없는 책들도 더러 존재한다. 축약본에서는 원본이 지닌 풍성한 예화의 완성도가 떨어지고, 원본에서 드러난 열정이 반감되며, 그 힘과 파토스(pahtos, 정열) 또한 사라져 버리기 때문이다.

이제 대중들에게 공개되는 이 책은 원본에 비해 분량이 상당히 줄었지만,

엄격히 말해 축약본은 아니다. 이 책의 초판이 출판될 당시에는 유용했을지 몰라도, 오늘날의 상황에서는 대체로 적용될 수 없는 이질적이고 논란의 여지가 있는 내용들은 주로 생략하였기 때문이다. 또 어떤 경우에는 특정 부분들의 순서를 바꾸기도 하였다. 저자가 제3편의 적용 부분에 배치한 "양 떼를 돌봐야 할 이유들"은 제2편 양 떼를 돌봄 부분에 넣었다. 이와 마찬가지로 "목회자 자신을 돌봐야 할 이유들"은 이 논문(Treatise. 학위를 위한 글은 아니지만, 백스터는 이 단어의 사전적인 의미대로 '한 특정 주제에 관한 다소 길고도 진지한 글쓰기' 라는 뜻에 충실하게 이 책을 기록했으며, 이 책의 목차도 논문의 단계화 체계인 편(Chapter), 장(Section), 절(Article), 항(Part) 등을 사용하고 있다 — 역주)의 앞부분에 배치하였다. 저자가 "이유들"이라는 제목 아래에 배치했던 특정 글들은 제3편의 적용 부분 앞에 넣는 것이 자연스러울 것 같아서 그렇게 배치하였다. 그러나 나는 어느 정도 자유롭게 글을 배치하면서도, 단순히 글의 논리적인 배열만 따지다가 저자가 든 예화들이 갖는 그 힘과 완성도가 손상되지 않도록 노력하였다. 예를 들어, 제3편의 적용 부분에는 제1편과 2편에서 언급되었던 동일한 주제들이 상당수 다시 언급된다. 그럼에도 나는 대가(大家)의 손길이 스친 부분이라는 생각에 그대로 적용 부분에 배치하였다. 만약 이 중복되는 주제들을 그 특정한 맥락에서 떼어내어 다른 부분으로 옮겨 놓는다면, 그 내용이 갖는 적실성(適實性)과 글의 힘을 상당 부분 잃을 것이기 때문이다. 나는 또한 저자가 사용한 어투를 교정하였다. 하지만 저자가 사용한 고어들을 하나하나 세세히 현대어로 바꾸지는 않았다. 과거 당대의 저자들이 사용한 문체와 어투를 현대의 작가가 그대로 사용하는 것은 미련한 집착처럼 보이기도 하지만, 그래도 당대의 작가들이 사용하던 어투 안에는 간결하지만 장엄하며 강렬한 인상을 주는 그 무언가가 들어 있기 때문이다.

　원본에 이런 변화들을 주었다고 해서, 내가 원본을 손상시켰다고는 생각하지 않는다. 오히려 원본을 개선했다고 생각한다. 이 위대한 저자의 정신이

고스란히 유지되고 있으므로, 저자가 쓴 저술에 아주 익숙한 독자라도, 이 책에서 변경된 부분들을 말해 주지 않는 이상, 그 개정된 부분들을 거의 알아채지 못할 것이다.

이 서문을 끝내기 전에, 나는 믿음의 교우들에게 꼭 제안하고 싶은 것이 하나 있다. 전국에 흩어져 있는 그리스도의 목회자들에게 이 책을 한 권씩 건네는 것이야말로 큰 돈 들이지 않고도 꽤 좋은 일을 하는 셈이 될 것이다. 교회 공동체의 구성원 가운데 목회자들만큼 그리스도 교회의 성장을 좌지우지하는 사람은 없다. 목회자들의 열정과 활기가 시들해진다면, 기독교에 대한 일반인들의 관심도 열정이 식은 목회자들을 닮아 시들해질 것이다. 반면에, 목회자들이 열정과 활기가 넘친다면 그에 비례하여 기독교에 대한 일반인들의 관심 역시 고취될 것이다. 어느 나라에서든 목회자는 하나님이 선하게 사용하시는 주된 도구이다. 그러므로 구세주를 위해 목회자들이 거룩한 열정과 활기를 갖도록 북돋우는 것이 얼마나 중요한 일인지 모른다! 불량한 사람에게 건네는 한 권의 소책자는 그로 하여금 회심하게 하는 수단이 되겠지만, 목회자에게 전해지는 이런 책 한 권은 목회자에게 신실함과 열정을 더하게 하여 많은 사람들을 회심하게 하는 확실한 수단이 될 수 있다. 아마도 목회자들은 스스로 이런 부류의 책들은 선뜻 구입하려고 하지 않을 것이다. 목회자들은 자신의 사역을 **자극하는** 이런 책보다도, 자신의 사역을 **돕는** 책들을 더 사려고 할 것이기 때문이다. 그러므로 영국 전역에 있는 여러 교파들의 모든 목회자들에게 이 책을 한 권씩 전하는 계획이 추진된다면, 이보다 더 유익한 일은 아마도 없을 것이다! 이런 책을 20권, 50권, 또는 100권 정도 구입해도 그리 큰 부담이 되지 않을 사람들이 많은 줄 안다. 부담이 된다면 몇몇 사람들이 힘을 모아서, 이 나라의 각처에 있는 목회자들에게 이 책을 보내는 사역을 감당할 수도 있을 것이다. 이보다 더 유익한 일은 아무리 생각해봐도 없는 것 같다.

나는 이 사역을 다른 선교 기관들에도 제안하고 싶다. 「참된 목자」, 이 책을 모든 선교사들이 한 권씩 소지하거나 적어도 각 선교지부마다 한 권씩 구비하게 된다면, 이 책은 그리스도의 위대한 선교사명을 진작시키는 강력한 도구가 될 것이라고 믿어 의심치 않는다. 선교사들의 복음 전파 사역에 있어서 이 책만큼 거룩한 열정과 활기를 불어넣는 책은 결코 없다고 확신한다.

에든버러에서
1829년 3월 12일

저자의 헌사

/

브리튼과 아일랜드에 있는 그리스도의 신실한 종들인, 존경하고 지극히 사랑하는 목회자들에게 예수 그리스도 안에서 은혜와 평강이 넘치기를 기원합니다.

존경하는 목회자 여러분,

이 논문의 주제는 여러분 자신과 또 여러분이 헌신적으로 돌보고 있는 교회와 매우 밀접히 연관되어 있기에, 비록 제가 이 주제를 다루기에는 불완전한 사람이고, 또 여러분에게 충고자가 될 만한 자격이 전혀 없는 사람인 줄 제 자신도 알고 있지만, 그래도 감히 이렇게 말씀드리게 되었습니다.

제가 사명으로 삼고 있는 주요 논의를 시작하기에 앞서, 아래의 연구를 하게 된 이유들과 어쩌면 몇몇 분들이 불쾌하게 여기실 수도 있는 저의 거침없는 말투에 대해서 여러분에게 몇 말씀 드려야 할 것 같습니다.

주님은 우스터셔(Worcestershire)와 그 인근 지역들에 있는 주님의 목회자들을 깨우셔서, 목회자의 도움을 완강히 거부하는 자들을 제외한 그 교구의 모든 성도들에게 목회자가 개인적인 신앙 교육과 교리문답 교육을 하는 것이 자신의 사명임을 알게 하셨습니다. 그래서 그 목회자들은 앞으로 이 사역을 감당하리라는 자신의 결심을 담은 결의문을 작성하고 거기에 서명하였습니다. 그리고 이처럼 위대하고 필수적인 사명을 그토록 오랫동안 게을리해온 것 때문에, 그들은 주님 앞에서 자신들의 영혼이 엄숙하게 통회하지 않고서 이 사역을 시작한다는 것은 적절하지 않다고 판단하였습니다. 그리하여 그들은 1655년 12월 4일 우스터셔에 다 같이 모여 통회하면서 자신들이 이 사명을 게을리한 것을 용서해 주시고, 우리가 맡은 이 사역을 하나님이 특별히 도와주시며, 우리가 신앙교육을 하기로 한 성도들에게 좋은 결과가 있도록 하나님께 간절히 기도하기로 결의하였습니다. 그리고 그날의 설교순서는 여러 목회자들 가운데서 제가 맡았으면 좋겠다고 다른 목회자들이 원했습니다. 저는 그들의 요청을 받아들여 아래와 같은 내용들을 준비하였습니다.

제가 준비한 말씀의 분량은 한두 번의 설교로는 다 전할 수 없을 만큼 많은 내용이어서, 다 함께 모이기로 한 그날은 그 대회에 가장 절실한 말씀만 전하고, 나머지 말씀은 또 다른 기회에 전하려고 계획했었습니다. 그런데 막상 그날이 다가오자, 늘 조금씩 아프던 몸이 그날따라 통증도 심해지고 기력도 없어지면서, 결국 그 모임에 참석할 수 없게 되었습니다.

여러 목회자들은 부득이하게 취소된 그 설교를 대신하여, 제가 준비한 말씀들을 빠른 시일 내에 책으로 출판해서 그들이 그날 듣지 못했던 말씀을 읽기라도 했으면 좋겠다고 저에게 요청하였습니다. 저는 흔쾌히 그 요청을 받아들였습니다. 책으로 출판하는 것에 대해서 반대하는 사람들은 아마 다음과 같은 이유가 있었을 것입니다. 목회자들의 죄악에 대해서 그렇게 노골적으로 신랄하게 말해서는 안 된다거나, 세상 사람들이 다 보도록 그렇게 책으로 출판해서는 안 되고, 부득불 책으로 출판해야 한다면 일상 언어가 아닌 라틴어로 출판해서 일반인들의 귀에 들리지 않도록 해야 하며, 특히 지금처럼 퀘이커교도와 교황주의자들이 개신교 목회자들의 흠을 잡으려고 혈안이 되어있고 게다가 일반인들도 저들의 얘기에 솔깃해서 귀를 기울이는 이런 때에, 이런 책을 출판해서는 안 된다고 말입니다. 사실 저는 이 책의 출판을 반대하는 이 모든 이유들을 아주 진지하게 고민했습니다. 하지만 이 모든 이유들에도 불구하고, 이 책을 출판하려는 제 결심을 바꾸지 않게 된 이유들이 몇 가지 있습니다. 그 몇 가지 이유는 다음과 같습니다.

1. 우리가 동의해서 발의한 것이 바로 이 엄숙한 통회이며, 이 책은 이러한 통회를 위해 준비되고 의도된 것입니다. 그런데 우리가 범한 죄에 대해 분명한 고백도 없이 어떻게 우리가 통회할 수 있겠습니까?

2. 우리가 고백해야 할 것은 기본적으로 우리가 범한 죄악들입니다. 우리가 우리 자신의 죄악들을 고백하고 그 죄에 따르는 비난과 수치를 받아들일 것입니다. 이 모든 일들은 우리가 마땅히 해야 할 일이라고 우리의 양심이 말하고 있는데, 우리가 이런 일을 한다고 해서 누가 불쾌해하겠습니까?

3. 이 책은 당연히 영어로 준비했었으며, 이를 라틴어로 번역할 시간이 없었습니다.

4. 이미 죄는 세상 사람들이 다 볼 수 있도록 공개되었기 때문에, 이제 와서 죄를 숨기려 해도 아무 소용이 없습니다. 죄를 숨기려는 모든 시도 자체가 우리를 더 부끄럽게 하고 상황을 악화시킬 뿐입니다.

5. 숨김없는 고백이야말로 완전한 죄용서의 전제조건입니다. 그리고 공적으로 죄를 범했다면, 고백도 공적으로 해야 합니다. 만약 영국의 목회자들이 라틴어로만 죄를 지었다면, 아예 저는 그들에게 라틴어로 훈계하거나 아니면 아무 말도 하지 않았을 것입니다. 그러나 그들이 영어로 죄를 범했다면, 그들은 영어로 훈계를 들어야 합니다. 우리가 죄를 덮으려고 아무리 주의하고 많은 대가를 치른다 해도, 우리에게 용서받지 못한 죄가 남아 있다면 우리는 평안하고 형통하지 못할 것입니다. 우리가 죄를 찾아내지 못한다 해도, 죄는 기필코 우리를 찾아낼 것입니다. 고백이란 행위는 의도적으로 자신의 죄를 알리는 것이고, 그 부끄러움을 기꺼이 자신에게 돌리는 것입니다. 따라서 "자기의 죄를 숨기는 자는 형통하지 못하나 죄를 자복하고 버리는 자는 불쌍히 여김을 받으리라"(잠 28:13)는 것은 당연합니다. 만약 우리가 우리 자신에게 너무 관대해서 고백하기를 싫어한다면, 하나님은 우리를 관대히

대하지 않으시고 우리에게 죄를 고백하도록 명령하실 것입니다. 하나님은 우리의 양심을 압박하여 죄를 고백하게 하시거나, 죄를 심판하셔서 이 세상에 우리의 허물이 드러나도록 하실 것입니다.

6. 목회 사역을 감당하는 많은 목회자들이 자기의 유익을 구하고 게으르고 교만할 뿐 아니라 다른 여러 죄들도 너무 완고하게 범해 왔기 때문에, 그런 목회자들을 훈계하는 것이 우리의 필수적인 사명이 되었습니다. 그들이 이런 책망을 듣지 않고서도 새로워지는 모습을 보였더라면, 그들의 허물을 책으로 출판하는 일은 기꺼이 자제했을 것입니다. 그러나 책망 그 자체로는 그렇게 효과가 없었습니다. 그들은 자신이 지은 죄에 대해서 화를 내기보다는 오히려 우리가 책망하는 것에 대해서 더 많이 화를 냈고, 자신이 죄 짓는 것을 멈추기보다는 오히려 우리가 꾸짖지 않기를 더 원하고 있는 이상, 지금이야말로 근본적인 치료를 해야 할 때라고 생각했습니다. 이 외에 우리가 달리 무슨 일을 할 수 있겠습니까? 손써볼 수 있는 더 나은 치료법이 있는데도 우리의 형제들을 불치병으로 진단하고 방치해 버리는 것은 너무 잔인한 일입니다. 그들을 미워해서는 안 됩니다. 오히려 그들을 단호히 꾸짖어서 계속 죄를 짓지 않도록 해야 합니다. 목회자들이 저지른 악을 용납하는 것은 교회의 파멸을 사주하는 것입니다. 하나님의 백성들을 타락시키고 파멸시키고자 할 때, 그들의 지도자를 타락하게 하는 것보다 더 빠른 방법이 어디 있겠습니까? 마찬가지로 교회를 새롭게 하려고 할 때, 교회의 지도자들을 새롭게 하려는 노력보다 더 효과적인 방법이 또 어디 있겠습니까? 저는 제 자신에게도 이런 원칙을 그대로 적용하였습니다. 형제 같은 목회자들을 제가 감히 꾸짖는 것은 교회의 안전을 위해서이며, 그들을 진정으로 사랑하기 때문입니다. 결코 그들을 경멸하거나 증오해서가 아니라, 그들을 그렇게 만든 악들을 치유해서, 원수들이 이 문제에 관해서는 우리 가운데서 아무런 흠도 찾을 수 없도록 하기 위해서입니다. 특히 우리의 이러한 신실한 노력들은 교회의 안녕과 성도들의 영혼 구원에 지극히 필수적인 일입니다. 그러므로 우리 자신

이 나태해지거나, 또는 다른 사람들의 나태에 대해 조용히 넘어가는 것은 우리 자신을 사랑하는 것도 아니고 다른 사람들을 사랑하는 것도 아닐 것입니다.

여러분과 함께 수천 명의 승객들이 물이 새고 있는 배에 타고 있다고 가정해 봅시다. 물을 퍼내고 물이 새는 구멍을 막아야 할 사람들이 노닥거리거나 자고 있다면, 또는 모두를 위험에 처하게 한 채로 자기가 좋아하는 일들만 그저 하고 있다면, 여러분은 그들이 해야 할 직무의 중요성을 깨닫게 해서 여러분의 생명을 구조하도록 그들을 부르지 않겠습니까? 그 게으른 자들에게 여러분은 거칠게 말하기도 하고 또 끈질기게 졸라대기도 할 것입니다. 그로 인해 그 게으른 자들이 여러분에 대해, 자존심이 강하고 교만하며 무례하다고 비난과 험담을 하고, 또 여러분의 친구들에게도 여러분이 정말 그렇게 건방지게 말한 것처럼 생각하도록 하고, 더 나아가 그 게으른 자들의 품위까지 손상시키는 나쁜 일을 여러분이 행했다고 말했다 합시다. 그런 사람들이 과연 제정신입니까? 여러분은 이렇게 말하지 않겠습니까? "이 일은 꼭 해야만 합니다. 그렇지 않으면 우리 모두 죽게 됩니다. 배는 이미 가라앉기 시작했는데, 여러분은 품위만 따지고 있습니까? 여러분의 게으름을 탓하는 소리를 듣기 싫다고 해서, 여러분 자신과 우리를 위험에 빠뜨릴 작정입니까?"

친애하는 목회자 여러분, 이것이 바로 우리가 처한 상황입니다. 하나님의 사역은 행해져야만 합니다! 영혼들이 멸망해서는 안 됩니다. 그런데 여러분은 세상일과 세상의 즐거움에만 정신을 팔면서 느긋하게 쉬고 있거나 여러분의 형제들과 말다툼이나 하고 있습니다! 성도들이 여러분들로 인해 파멸로 치닫고 있고 교회는 크나큰 위험과 혼란으로 빠져들고 있는데도, 혹시 우리가 여러분에게 무례하고 버릇없어 보이지는 않을까 하는 우려나 또는 참을성 없는 여러분의 영혼을 불쾌하게 하지는 않을까 하는 두려움 때문에, 우리가 그저 잠자코 있어야 하겠습니까! 여러분은 우리의 이런 책망을 참지 못할 것입니다. 이와 마찬가지로 여러분이 자신이 범한 죄에 대해서도 참을 수 없었다면, 여러분은 이런 책망을 더 이상 들을 필요도 없었을 것이고, 여러분과 우리는 한마음이 되었을 것입니다! 그러나 하나님뿐 아니라 조금이라도 선한 것을 생각하는 사람들이라면 여러분을 그런 죄악의 상태에 그대로 내버려 두지 않을 것입니다. 만약 여러분이 다른 직업에 종사하면서 여러분 혼자 죄를 짓다가 혼자만 멸망하고 만다면, 이렇게 여러분을 괴롭힐 필요도 없었을 것입니다. 그러나 여러분이 목회 사역에 들어선 이상, 이러한 책망은 우리 모두를 보호하기 위해 필수적입니다.

여러분을 죄악의 상태에 그냥 내버려 두는 것은 교회가 해를 입고 위험에 처하도록 내버려 두는 것과 같습니다. 그러므로 여러분이 우리에게 실제로 행했던 것보다 더 노골적으로 우리가 여러분에게 말한다 해도, 우리를 비난하지는 마십시오. 만약 여러분이 몸이 아픈데도 치료받기를 거부한다거나, 여러분의 집이 불에 타고 있는데도 여러분이 길거리에서 노래를 부르거나 말다툼이나 하고 있다면, 저는 그저 참고 여러분을 그냥 내버려 둘 수도 있습니다. 물론, 인정상 저는 그렇게 쉽게 내버려 두지는 못할 것 같습니다. 하지만 만약 여러분이 병원의 의사인데 마을 전체가 전염병에 감염될 위험이 있다거나, 또는 여러분이 마을에 난 모든 화재를 진압해야 할 직책을 맡고 있는 사람인데 마을에 불이 났다고 한다면, 우리가 하는 책망 때문에 여러분의 기분이 아무리 상한다 하더라도, 여러분의 이런 게으름에 대해서 우리는 참을 수가 없을 것입니다. 이런 말들이 어떻게 들리든지 간에, 여러분은 이 말을 들어야만 합니다. 혹시 이런 말이 통하지 않는다면, 틀림없이 여러분은 더 심한 말을 듣게 될 것입니다. 그 심한 말도 여러분에게 통하지 않는다면, 그리하여 이런 훈계를 듣고서도 결국 축출된다면, 그렇게 된 것은 모두 여러분 자신 때문입니다. 제가 지금 드리고 있는 이 모든 말씀은 오직 죄인들에게만 해당되는 말씀입니다.

이런 이유들로 인해 저는 목회자들의 많은 죄악을 다룬 논문을 다음과 같이 평이한 영어로 출판할 수밖에 없었음을 말씀드립니다. 겸손히 회개하는 마음이 많으면 많을수록 그 사람은 교회의 참된 개혁을 더욱더 바라게 될 것이고, 이러한 숨김 없는 고백과 훈계들을 일체의 반발 없이 전적으로 인정하게 될 것입니다. 그러나 죄를 짓고도 당장 회개하지 않은 사람들은 이러한 고백과 훈계들로 인해 불쾌한 마음을 피할 수 없을 줄 압니다. 왜냐하면 그들이 불쾌해지지 않으려면, 우리가 침묵하든지 아니면 그들이 이런 책망을 참든지 하는 두 가지 방법 외에는 달리 방법이 없기 때문입니다. 그런데 우리는 하나님으로부터 명령을 받았기 때문에 침묵할 수 없습니다. 그리고 그들 역시 자신의 죄악과 회개하지 않음으로 인해 우리의 책망을 참아낼 수 없을 것입니다. 하지만 솔직한 사람이 항상 막판에는 인정받기 마련입니다. 솔직한 사람이 가장 좋은 친구였다고 여러분이 고백하게 될 그런 때가 다가오고 있습니다.

그러나 제가 해야 할 주요한 일이 아직 남아 있습니다. 친애하는 목회자 여러분, 아래의 글에서도 말씀드리겠지만, 몇 가지 필수적인 임무에 관해서 이제 제가 감히 여러분의 충고자가 되려고 합니다. 마치 제가 여러분의 게으름을 비판하면서 제 자신은 여러분에게 이렇게 충고할 자격이 충분하다고 여기는 듯해서, 제가 오만하고 무례하다는 생각이 드신다면, 여러분 가운데 누구라도 저의 **뻔뻔함**에 대해 솔직히 지적해 주시기 바랍니다. 여러분에게 분명히 말씀드립니다. 저는 육체의 소욕을 따라 이 일을 하는 것이 아닙니다. 여러분과 마찬가지로 저 또한 마음이 괴롭기는 마찬가지입니다. 제가 편히 입 다물고 가만히 있는 것이 제 사명에도 맞고 교회에도 유익을 끼치는 일이라면, 저는 그렇게 했을 것입니다. 그러나 이 일이 인간 영혼들에게 꼭 필요한 일이고, 저 또한 그들이 구원을 받는 것과 교회의 번영을 바라고 있기에 이렇게 오만하고 무례하다는 비난(분명히 이렇게 말하는 사람들이 있을 것입니다)도 감수하게 된 것입니다. 하나님의 영광을 위한 일이고, 하나님의 교회의 번영을 위한 일이며, 수많은 영혼들의 영원한 행복을 위한 일인데, 혀를 가진 사람이라면 감히 누가 잠잠할 수 있겠습니까?

교리문답교육과 신앙교육

제가 여러분에게 제시하고자 하는 **첫 번째** 주요 쟁점은 바로 이것입니다. 이 세 나라(1707년에 내려진 합병령 이전의 잉글랜드, 웨일스, 스코틀랜드를 말한다. 아일랜드 섬을 제외한 현재 그레이트 브리튼 지역이다 — 역주)의 대다수 목회자들에게 있어서, 목회자들이 돌보도록 맡겨졌고 목회자들로부터 장차 확신을 얻고 순종하게 될 모든 성도들을 개인적으로 신앙 교육을 하고 교리문답교육을 하는 것이 목회자들의 당연한 사명이지 않은가 하는 것입니다. 이 사명에 대해서는 아래에서 충분히 논의되었으므로, 더 이상의 설명은 필요치 않으리라 생각합니다. 이 사명이 거룩한 지혜와 맞지 않다고 여러분은 생각하십니까? 하나님을 위한 열심과 그분을 섬기는 기쁨과 인간 영혼을 위한 사랑이 이 사명과 맞는다고 생각하지 않습니까?

1. 성도들은 신앙의 원리와 구원의 필수 주제들에 관해 교육을 받아야 한다는 사실에 대해서는 우리 가운데 이견이 없습니다.
2. 성도들은 가장 유익하고 유리한 교육방식으로 교육받아야 한다는 사실에 우리 모두 동의할 것이라 기대합니다.
3. 성도들과의 개인적인 토의 및 시험과 교육 등이 성도들의 신앙적인 유익을 위한 많은 장점들을 가지고 있다는 사실에 대해서는 논란의 여지가 없습니다.
4. 개인적인 신앙교육은 성경에서도 추천하는 방식이고, 그리스도의 종들도 실천하신 방식이며, 모든 세대의 거룩한 자들도 인정한 방식이라는 사실에 대해서는 아무런 모순도 없는 것으로 알고 있습니다.
5. 우리가 힘이 닿는 데까지 모든 성도들을 대상으로 이 위대한 사명을 감당해야 한다는 사실에는 이견이 없습니다. 왜냐하면 성도들의 영혼을 위한 우리의 사랑과 돌봄은 모든 성도들을 대상으로 확대되어야 하기 때문입니다. 여러분의 교구나 회중들 가운데 500명이나 1000명

의 무지한 성도들이 있다면, 이것은 여러분이 사명을 잘 감당하지 못한 결과입니다. 여러분은 이들 중 몇몇 성도들에게만 이따금씩 말을 건넸을 뿐이며, 여러분이 도울 수 있는데도 불구하고 그 성도들을 무지 가운데 그냥 내버려 둔 것입니다.

6. 이처럼 위대한 사역에 우리가 많은 시간을 쏟아부어야 한다는 사실은 의심의 여지가 없는 확실한 것입니다.

7. 마지막으로, 모든 사명들은 가능한 한 질서정연하게 이뤄져야 합니다. 그러므로 모든 사명들은 지정된 시간을 정해야 합니다. 그리고 이렇게 통상적으로 인정되는 원칙에 준해서 실천하기로 우리가 합의한다면, 어떤 애매한 상황에서도 한 목소리를 낼 수 있을 것입니다.

이제 그리스도를 대신하여, 그리고 그의 교회와 인간 영혼의 영생을 위하여, 저는 그리스도의 모든 신실한 목회자들에게 간구합니다. 즉시 효과적으로 이 사역에 서둘러 착수해 주십시오. 한마음으로 이 사역을 수행할 수 있도록 연합하십시오. 그래야 성도들이 좀 더 쉽게 복종하게 될 것입니다. 이 사역은 하나님의 은혜로 말미암아 수행되는 사역임을 체험을 통해 알게 되었습니다. 다시 말해, 이 사역은 실제로 반드시 새롭게 하는 사역이고, 우리 가운데 널리 퍼져 있는 무지를 반드시 몰아내는 사역이며, 완악한 죄인의 마음을 반드시 굴복시키는 사역이고, 공허한 반대에 대답해서 사람들의 편견을 반드시 제거하는 사역이며, 성도들의 마음과 신실한 목회자들의 마음을 하나로 일치시키고 목회자들의 대중설교가 성공을 거두는데 분명히 도움이 되는 사역이며, 참된 경건이 더욱 일상적인 것이 되게 하는 사역입니다. 우리는 지금까지 어둠의 왕국을 무너뜨리기 위한 최선책을 마련하지 않았습니다. 어떻게 이 확실하고 탁월한 사명을 그토록 오랫동안 등한시하고 있었는지 저 자신도 놀랐습니다. 제가 보기에 이런 상황은 저만 그런 것이 아니었습니다. 저는 오래 전부터 이 사역의 필요성을 확신하고 있었지만 이 사역을 감당하기는 어렵다는 생각만 많이 했을 뿐, 그것이 내가 감당해야 할 사명이라는 생각은 상대적으로 많이 하지 못했습니다. 그래서 이 사역을 예전부터 수행하지 못했던 것입니다. 저는 성도들이 이 사역을 비웃을 것이라 생각했고, 이 사역을 조금이라도 필요로 하는 사람은 그야말로 소수이지 않을까 하고 생각했습니다. 그리고 예전부터 제게 큰 부담이 되어 온 제 건강 상태로 과연 이 사역을 감당해 낼 수 있을까 하는 생각까지 겹쳐, 저는 이 사역을 오랫동안 미뤄두고 있었습니다. 이 점에 대해 긍휼의 주님께 용서를 빕니다. 그런데 막상 이 사역을 시작해 보니, 육체적으로 특별히 허약한 것만 제외하고는 제가 염려했던 어려움들은 거의 일어나지 않았고, 오히려 이러한 사역을 통해 유익과 위로를 받았기 때문에, 이 세상의 모든 보화를 준다 해도 저는 이 사역과 바꾸지 않을 것입니다.

우리는 월요일과 화요일에 아침부터 거의 밤늦게까지 이 사역을 감당하는 데 시간을 씁니다. 이렇게 하면 일주일에 교구 내에서 15가정 내지 16가정을 돌볼 수 있으며, 일 년으로 환산하면 거의 800가정 이상을 돌보게 됩니다. 아직까지 한 가정도 제게 오지 못하겠다고 거절한 가정은 없었으며, 다만 몇몇 가정들이 제게 양해를 구하고서 일정을 연기했을 정도입니다. 제가 이 성도들 앞에서 공적으로 설교하는 것보다 이렇게 각 가정별로 오게 하는 것이 훨씬 성공적이라는 외적인 증거들을 저는 많이 발견하였습니다. 만약 여러분 중에 이런 사역은 다른 지역에는 잘 맞지 않는다고 하는 분이 있다면, 그렇게 되는 책임이 목회자 자신에게 있지 않기를 바랍니다. 몇몇 성도들이 여러분의 도움을 거절한다고 해도, 이 도움을 받아야 할 성도들을 생각할 때 그런 거절은 이 사역을 중단해야 할 구실이 되지 못합니다. 만약 여러분이 제가 어떤 요구와 어떤 과정으로 이 사역을 시행해 왔는지 교육과정에 대해 물으신다면, 여기서 몇 말씀 드리겠습니다. 저는 교리문답서를 교부하면서, 교구 내에 이해력이 있는 모든 사람들의 명단을 작성하였습니다. 그리고 나서 성도들을 만나기 일주일 전에 교회 직원을 각 가정에 보내어 가정별로 교회에 올 날짜와 시간을 말해 주도록 하였습니다. 한 가정은 8시, 다음 가정은 9시, 그 다음 가정은 10시, 이런 식으로 시간을 정하였습니다. 많은 사람들이 일가친척은 한꺼번에 만나라고 종용하였지만, 특별한 일이 없는 한 저는 다른 가정이 동석하는 것을 허락하지 않았습니다.

　친애하는 목회자 여러분, 이 사역이 하나님의 권위에도 어긋나고 고대의 모든 전통과 개혁과 신앙에도 맞지 않으며 또 여러분의 양심적인 신념과도 맞지 않는데, 제가 지금 여러분을 이 사역으로 초대하겠습니까? 웨스트민스터 총회에서 결의된 환자 심방에 관한 예배모범에서 이런 취지로 말한 부분을 살펴보십시오.

　"목사는 자기에게 맡겨진 양 떼들을 공적으로 뿐 아니라 또한 사적으로 가르칠 의무가 있다. 그의 시간과 능력과 개인적인 안전이 허락하는 한 모든 경우에 그들을 권고하고 권면하며 책망하고 위로해야 한다. 그는 그들이 건강할 때 죽음을 예비하도록 충고해야 하고, 그 목적으로 그들은 자주 자기의 심령 상태에 관하여 목사와 상담을 해야 한다"(가정예배모범, 1647년 8월 24일 에든버러에서 열린 웨스트민스터 제10회기 총회에서 마련되었다 — 역주)

이 예배모범을 다시 읽어보고 곰곰이 생각해 보십시오. 여러분이 하나님과 화평하려면 하나님의 말씀에 청종하십시오. 여러분이 양심의 평화를 얻으려면, 여러분의 양심의 소리에 청종하십시오. 제가 드리는 말씀이 여러분의 마음을 상하게 한다 해도, 저는 여러분에게 거리낌 없이 말씀드리고자 다짐을 했습니다. 하나님께 신실하게 헌신할 마음을 가진 사람이 이런 주의와 권고를 들었다면, 이렇게 명확하고도 위대한 사명을 감당할 결심을 하지 않을 사람은 없을 것입니다. 성화된 모든 성도들에게서 볼 수 있듯이, 약간이라도 구원의 은혜를 맛보고 하나님을 향한 사랑을 가지고서 그분의 뜻을 행하는데 기뻐한 사람이라면, 이 대단한 사역을 반대하거나 거절하지 못할 것입니다. 베드로가 그리스도를 부인했을 때 베드로가 받았던 그 정도의 유혹이나, 또는 그리스도가 받을 고난을 만류하고자 했을 때 "사탄아 내 뒤로 물러가라 너는 나를 넘어지게 하는 자로다 네가 하나님의 일을 생각하지 아니하고 도리어 사람의 일을 생각하는도다"(마 16:23)라는 거의 파문에 가까운 꾸중을 들었을 때 받았던 그 정도의 유혹을 받지 않고서는, 이 사역을 반대하거나 거절하지 못할 것입니다.

여러분은 손에 쟁기를 잡고 있습니다(눅 9:62). 여러분은 성도로서 그리고 목자로서 이중으로 그리스도에게 헌신하고 있습니다. 그런데 지금도 여러분은 감히 몸을 사리면서 이 사역을 거절하고 있습니까? 여러분은 현재 이 개혁적인 사역이 답보상태에 있는 것을 알고 있습니다. 이 개혁을 추진할 많은 의무들이 우리에게 부과되어 있습니다. 그런데도 지금 여러분은 반드시 실행해야 할 수단들을 게을리하고 있지 않습니까? 여러분은 복음을 맡은 목회자로서 여러 성도들 앞에 얼굴을 내밀고 그곳에서 개혁을 위해, 여러분이 맡은 성도들의 회심과 구원을 위해, 교회의 발전을 위해 기도하지 않습니까? 여러분은 이런 기도를 하면서도, 이 목표에 효과적으로 도달할 수 있는 수단들을 사용하지 않겠다고 거부하고 있지는 않습니까? 육신의 생각들은 진리와 사명을 부정하려 하기에 항상 이유를 대고 변명을 한다는 것을 저는 알고 있습니다. 사명을 수행하기보다는 사명에 대해 억지스러운 변명을 늘어놓기가 더 쉬운 법입니다. 그러나 여러분이 최종 판단을 내리기 전에 끝까지 기다리십시오.

여러분은 그러한 게으름에 대해서 스스로도 마음 편하게 회고하거나, 하나님 앞에서도 여러분의 게으름에 대해서 마음 편하게 설명할 수 있을 것이라 생각하십니까? 은혜로운 만물로부터 얻은 지식으로 제가 감히 예언하자면, 영국에 있는 경건한 목회자들 중 특별한 사고로 장애를 입었거나, 위에서 언급한 바와 같은 그런 유혹에 빠진 목회자들이 아니라면, 모든 경건한 목회자들은 이 사명을 양심적으로 받아들이고 이 사명에 착수할 것입니다. 이 사명에 대한 아무런 소망도 없이 제가 무조건 여러분에게 이 사명을 감당하라고 설득하는 것이 아닙니다. 이 사명은 분명히 행해질 것이라고 저는 확신합니다. 만일 게으르고 시기와 악의에 찬 위선자들이 이 사명에 대해 쓸데없이 반대를 하거나 이 사명을 감당하지 못하게 막는다 해도, 이들을 제외한 다른 사람들은 그러지 않을 것입니다. 이들은 주님의 경고의 말씀을 기회로 삼고서 주님의 경고에 저항하지 않을 것입니다. 그리고 머지않아 하나님은 그 위선자들의 위선을 벗기실 것이며, 슬프게도 그들이 어떻게 하나님을 희롱한 것인지 알게 하실 것입니다. 화 있을진저, 하나님이 그 영혼들의 피를 여러분의 손에서 찾으실 것입니다(겔 33:8, 9). 지금은 그들이 사명을 감당하지 않은 것에 대해 핑계를 댈 수 있겠지만, 그때에는 그 핑계가 통하지 않을 것입니다. 오히려 그 핑계들은 그들의 어리석음에서 나온 결과이며, 근본적으로 그들의 타락한 의지와 육적인 이해관계로부터 비롯되었음이 드러나게 될 것입니다. 그들의 양심이 지금은 그 핑계들을 허용하지만, 그들이 죽는 순간에는 그 동일한 핑계들을 양심이 허용하지 않을 것입니다. 그들의 영혼이 떠나갈 때 그들은 자신이 게을리했던 그 사명을 돌이켜보면서, 애석하게도 자신은 주님께 온전히 헌신했던 사람들이 받는 그 위로를 받을 수 없음을 느끼게 될 것입니다. 확신하건대, 이 사명에 대한 저의 논변은 마지막 날, 즉 죽음의 때와 심판의 날에, 특히 영원의 빛으로 이 논변을 검토하게 될 그날에 최종적으로 강력한 힘을 발휘하게 될 것입니다.

그러므로 이제 저는 하나님의 이름으로 여러분이 맡고 있는 성도들의 영혼을 위하여 친애하는 목회자 여러분에게 간청합니다. 이 사역에 게으르지 말고 여러분의 온 힘을 다해 열정적으로 이 사명을 감당하십시오. 이 사명을 여러분이 해야 할 위대하고도 진지한 일로 삼으십시오. 이 사역을 시행하는 데는 많은 주의가 요구됩니다. 그러므로 이 사역을 어떻게 실행할 것인지 사전에 연구하십시오. 마치 여러분이 설교 준비를 위해 연구하는 것과 똑같이 말입니다. 저는 지난번 의회에서 몇몇 동료들과 아주 열심히 애를 써서 교리문답을 가르치는 자들을 임명했던 일이 기억납니다. 그러나 실제로 이 방식은 몇몇 큰 교회들을 제외하고는 별 효과가 없었습니다. 이런 결과에 대해 큰 유감은 없습니다. 저는 이 일을 통해, 하나님의 인도 아래 이 사역이 생명력을 갖기 위해서는, 인간의 마음을 헤아리고 이 진리가 그들의 마음속에 견고히 뿌리를 내리도록 이 사역을 신중하고도 효과적으로 실천해야 한다는 것을 알게 되었기 때문입니다. 능력 있는 목회자들도 이런 사역에는 역부족인데, 하물며 별 능력도 없는 교사들이 도대체 어떻게 이 일을 감당할 수 있단 말입니까.

제가 우려하는 것은 설교를 잘하는 많은 목회자들이 이런 사역에는 아직 자질이 부족하다는 점입니다. 특히 나이 많고 무식하며 무감각한 마음을 가진 죄인들을 상대하기에는 더욱 부족하기만 합니다. 실제로 목회자가 성도들로부터 존경을 받지 못하면, 그 목회자는 성도들로부터 무시를 당하게 됩니다. 성도들은 겸손히 순종하여 배우기보다는 오히려 목회자와 논쟁을 합니다. 목회자에게도 이렇게 대하는 사람들인데, 하물며 목회자보다 능력도 없는 교사들에게는 어떻게 하겠습니까? 아래의 사실들을 염두에 두십시오. 이제 우리에게는 이 사역이 맡겨졌습니다. 이 사역을 행해야 할 사람이 바로 우리인 것입니다. 우리가 이 사역을 감당하지 않는다면 이 사역은 미완성인 채로 그냥 방치될 것입니다. 우리의 온 힘을 다해 이 사역을 위해 뛰고 달립시다. 여러분이 성도들에게 말할 때는 최고로 신중하고 진지하게 말하십시오. 여러분의 생사가 달린 문제처럼 그들의 문제를 진심으로 대하십시오. 여러분이 설교단 위에서 공적으로 권면하듯이 아주 면밀하게 이 사역을 감당하십시오. 한 번 더 제 경우에 대해 말씀드리자면, 제가 지금까지 해온 사역 중에서 대중 설교 다음으로 제 마음에 드는 사역이 바로 이 사역입니다. 대중설교가 많은 성도들을 대상으로 전할 수 있다고는 해도, 성도 각 개인들에게는 그리 큰 유익이 없습니다. 이 사역을 신실하게 수행하기만 한다면, 여러분도 저처럼 이 사실을 알게 될 것이라 저는 믿어 의심치 않습니다.

교회의 신앙훈련

이 나라의 목회자들에게 요구하는 **두 번째** 사항은 그들이 감당해야 할 사역이자 교회에 반드시 필요한 신앙훈련에 해당하는 일들을 이제라도 더 이상 지체하지 말고 한마음으로 시행하라는 것입니다. 훌륭한 사람들이 이 엄청난 사명을 그렇게 오랜 기간 지속적으로 방치해 왔다는 것은 서글픈 일입니다. 그들은 이구동성으로 이렇게 말합니다. "우리 교회 성도들은 이 사역에 대한 준비가 아직 덜되었습니다. 이들은 이 사역을 감당하지 못할 것입니다." 그러나 실은 이 사역이 불러올지도 모를 불화와 혐오감을 여러분이 감당할 자신이 없는 것은 아닙니까? 우리의 교회들이 그리스도의 명령과 지배를 감당할 수 없다고 여러분이 선언해 버린다면, 다시 말해 우리의 말을 듣지 않는 사람들을 가망 없는 사람으로 단념해 버리고, 이 신앙훈련이 기여할 좀 더 나은 사회를 성도들이 추구하도록 장려하는 사명을 여러분이 감당치 않는다면, 이 일 외에 여러분은 도대체 무슨 일을 하려고 합니까? 경우에 따라 적절한 때가 무르익기까지 설교와 성례전이 시행되지 않을 수 있듯이, 신앙훈련도 그럴 수 있습니다. 그러나 이 사역이 절대적으로 불가능한 사역이 아니라면, 우리가 그렇게 오랜 세월 동안 지속적으로 방치했기 때문에, 앞으로도 계속 방치해도 괜찮을 것이라고 생각해서는 안 됩니다. 이 사역이 정말로 방치된다면, 그것은 우리가 무능한 인재(人材. 백스터는 이 사역과 이 직책에 적합한 자질을 갖춘 사람을 '인재'로 말하고 있다 ― 역주)들이기 때문입니다. 그러므로 우리가 모두 모여서 우리의 규정을 고치는 것이 당연합니다. 이렇게라도 해서 이 사역이 가능하도록 해야 합니다. 이 개정에 대해서는 뒤에 분명하게 말씀드렸으니, 여러분이 이에 대해 양심적으로 살펴봐 주시기를 기대합니다. 자, 앞으로 여러분이 목자장 되신 주님을 만났을 때 마음 편안하게 대답하고, 하나님의 집에 이르렀을 때 여러분이 신실한 자로 드러나기를 원한다면, 이 사역을 쓸데없는 것처럼 여기지 말고 고의로 혹은 게으름 때문에 지연시키지 말기를 여러분에게 당부드릴 뿐입니다. 또한 이 사역을 시행하면서 수반되는 육체적인 수고 때문에 이 사역을 피해서도 안 될 것입니다. 이 사역을 피하는 것은 안타깝지만 위선자가 될 조짐이며, 가장 많은 희생이 요구되는 사명을 감당했을 때 일반적으로 가장 마음 편하게 대답할 수 있기 때문입니다. 그리고 그리스도께서 이 희생에 대한 상급을 주신다는 사실을 여러분은 확신해야 합니다.

몸의 연합

저의 **마지막** 요구는 이것입니다. 그리스도의 모든 신실한 목회자들은 더 이상 이 사역을 지체하지 말고, 주님의 이 사역을 시행하는데 있어서 더욱 서로 간에 연합하고 협력해야 하며, 주님의 교회들 간에도 연합과 일치를 유지해야 합니다. 그리고 이런 목적을 위해 형제들 간에 만나는 것을 게을리하지 말아야 하며, 그 모임을 무익한 모임으로 존속시켜서도 안 됩니다. 이 모임을 통해 덕을 세우며, 이 사역이 효과적으로 계속 시행되도록 이 모임이 사용되어야 합니다. 캔터베리 대주교인 에드먼드 그린달(Edmund Grindal. 엘리자베스 1세 치하에서 활동했던 영국 교회의 지도자이다 ― 역주)이 엘리자베스 여왕에게 쓴 목회자들의 모임과 실천을 강조한 탁월한 편지를 읽어보십시오. 여러분은 이 편지를 「풀러의 영국 교회사」(*Fuller's History of the Church of England*. 영국 교회의 성직자이며 역사가인 토머스 풀러가 1655년에 저술한 책으로서, 이 책은 고교회파로부터 극심한 비난을 받았다 ― 역주)에서 볼 수 있을 것입니다.

친애하는 목회자 여러분, 제 말이 너무 어눌한 것을 양해해 주시기 바랍니다. 저는 여러분의 목회사역이 성공하기를 간절히 바라고 있습니다. 저는 날마다 하나님께 간구할 것입니다. 제가 이 자리에서 여러분에게 권해드린 이 사명에 대해 하나님이 여러분 마음을 감동시키고, 이제부터 여러분을 반대하고 방해하려는 뱀의 모든 교활함과 맹위로부터 여러분을 보호하셔서, 이 사역으로 인해 여러분의 믿음이 더욱 자라기를 기도할 것입니다.

1656년 4월 15일
여러분의 무익한 종이자 동료
리처드 백스터

저자의

드리는

말씀

/

"여러분은 자기를 위하여 또는 온 양 떼를 위하여 삼가라 성령이 그들 가운데 여러분을 감독자로 삼고 하나님이 자기 피로 사신 교회를 보살피게 하셨느니라"(행 20:28).

어떤 사람들은 에베소 장로들을 향한 사도 바울의 이 권고의 말씀을 통해, 사도 바울이 이 장로들을 다스리는 자였다는 사실을 입증합니다. 그러나 오늘날에도 주님으로부터 명령을 받아 여러분에게 말해야 하는 우리는, 사도 바울이 했던 것과 동일한 권고의 말씀을 거리낌없이 하고 싶습니다. 하지만 바울이 장로들을 다스렸다고 하는 그런 결론과는 달리 우리는 여러분에 대해 그럴 의도가 조금도 없습니다. 우리에게 맡겨주신 성도들을 감독하는 직분을 주님 안에서 받은 우리는 우리 성도들을 가르치지만, 우리는 믿음 안에서 또한 형제의 직분을 얻어 피차 가르치기도 합니다. 우리에게 맡겨진 성도들을 "매일 피차 가르치며 권면"(골 3:16; 히 3:13)해야 한다면, 틀림없이 성도들을 가르치는 자들도 능력이나 자질의 고하를 따지지 말고 서로 간에 피차 가르치고 권면해야 할 것입니다. 우리도 성도들과 마찬가지로 용서받아야 할 동일한 죄를 지었으며, 우리의 영혼이 소생되고 힘을 얻기 위해서는 동일한 은혜가 필요합니다. 우리는 성도들보다 해야 할 일도 더 크고, 극복해야 할 어려움도 더 많습니다. 그러므로 우리가 성도들처럼 가르침을 받을 필요까지는 없다 해도, 우리 역시 경고를 받고 깨어야 할 필요는 있습니다. 사실 이렇게 함께 모이는 것 외에 별다른 뾰족한 수가 없다면, 좀 더 자주 모여야 할 것이라고 저는 생각합니다. 우리 가운데 가장 진지한 사람이 양 떼들을 대하듯이, 우리도 그렇게 서로 간에 솔직하고 친밀하게 대해야 합니다. 성도들과 마찬가지로 우리 또한 모진 훈계와 책망을 통해서만 건전하고 살아 있는 믿음을 가질 수 있기 때문입니다. 이것이 바로 사도 바울의 판단이었음은 분명합니다. 사도 바울은 에베소 장로들을 향해 완악한 마음을 녹이고 각성시키라는 권고를 하였습니다. 비록 짧은 설교 말씀이지만, 쉽게 이해할 수 있는 말씀은 아닙니다. 교회의 감독과 교사들이 이 세상으로부터 큰 찬사를 받을 만한 많은 책들을 읽는 대신 이 짧은 권고의 말씀이라도 철저히 이해했더라면, 교회와 자신에게 얼마나 큰 유익과 기쁨이 되었겠습니까! 앞으로 본문에서 저는 다음의 방식을 따라 더 심도 있는 논의를 하고자 합니다.

첫째, 우리가 우리 자신에 대해 성찰한다는 것이 무엇인지를 살펴보겠습니다.

둘째, 우리가 왜 우리 자신에 대해 성찰해야 하는지 그 이유를 제시하겠습니다.

셋째, 모든 양 떼들에 대해 주의를 기울인다는 것이 무엇인지를 질문하겠습니다.

넷째, 모든 양 떼들을 돌보는 자세를 예시하겠습니다.

다섯째, 우리가 왜 모든 양 떼들에 대해 주의를 기울여야 하는지 이에 대한 몇 가지 이유를 언급하겠습니다.

마지막으로, 전체적인 내용을 몇몇 부분에 적용해 보겠습니다.

제1편

자아 성찰

The oversight of ourselves

제 1 장

자아 성찰의 본질

우리가 우리 자신에 대해 성찰한다는 것이 무엇인지 살펴보겠습니다.

1. 구원하는 은혜의 사역이 여러분의 영혼 속에
온전히 역사하고 있는지 살펴보십시오.

여러분은 다른 사람들에게 하나님의 구원하는 은혜를 전하면서도, 정작 여러분 자신은 그 은혜를 놓치고 있는 것은 아닌지, 여러분은 그 복음의 효과적인 사역을 전하면서도, 정작 여러분 자신은 그 사역에 이방인이 된 것은 아닌지, 여러분은 구세주가 필요하다고 세상에 선포하면서도, 정작 여러분의 마음은 그분을 무시하고 그분에 대한 관심과 그분이 주시는 구원의 은혜를 놓치고 있는 것은 아닌지 여러분 스스로 주의하십시오. 여러분은 다른 사람들에게 멸망하지 않도록 주의하라고 하면서, 정작 여러분 자신은 멸망하고 있지는 않은지, 여러분은 다른 사람들에게 양식을 준비하라고 하면서, 정작 여러분 자신은 기아에 허덕이고 있지는 않은지 여러분 스스로 주의하십시오. "많은 사람을 옳은 데로 돌아오게 한 자는"(단 12:3 ― 역주) 별과 같이 빛나리라 하는 약속의 말씀이 있지만, 이 말씀은 자신이 먼저 옳은 곳으로 돌아와야 한다는 것을 전제로 하고 있습니다. 간단히 생각해 보십시오. 목회자들이 행하는 큰 수고야말로 그들에게 더 큰 영광을 약속해 주는 조건일 것입니다. 하지만 목회자 자신이 먼저 신실한 믿음을 가지는 것이 그 영광의 조건이 됩니다. 많은 목회자들이 다른 사람들에게는 고통의 자리인 지옥에 가지 말라고 경고를 했으면서도, 정작 목회자 자신이 그곳으로 치닫고 있습니다. 또 많은 설교자들이 청중들에게는 지옥에 가지 않도록 온 힘을 다해 수백 번 주의하고 노력하라고 말했으면서도, 정작 그렇게 말한 많은 설교자들은 지금 지옥에 가 있습니다. 자신은 구원을 거부하면서 다른 사람들에게는 구원을 제공한 사람들, 다시 말해 자신은 그 구원의 진리를 무시하고 능욕하면서 다른 사람들에게는 구원의 진리들을 말해준 그 대가로, 하나님이 그들을 구원하실 것이라고 생각하는 것은 이성을 가진 사람이라면 도저히 상상할 수 없는 일이지 않습니까? 마치 많은 재봉사들이 다른 사람들에게는 아주 귀한 옷들을 지어주지만 정작 자신들은 누더기를 입고 지내는 식입니다. 많은 요리사들이 다른 사람들을 위해서는 가장 귀한 음식들을 장만하지만, 정작 자신은 자기 손가락만 빨고 있는 셈입니다.

친애하는 목회자 여러분, 제 말을 믿으십시오. 하나님은 어떤 사람이 설교자라고 해서, 다시 말해 그 사람이 유능한 설교자라는 사실 하나로 그를 구원하지 않으십니다. 오히려 칭의를 얻고 성화된 사람으로서 자신이 주인으로 삼은 그분의 사역에 신실한 사람을 하나님은 구원하십니다. 그러므로 우리 자신이 먼저 주의해야 합니다. 여러분의 청중들처럼 여러분이 먼저 확신을 가져야 하며, 여러분이 청중들에게 믿도록 한 것을 여러분이 먼저 믿어야 하고, 여러분이 청중들에게 전한 구세주를 여러분이 먼저 진심으로 받아들여야 합니다. "네 이웃을 네 자신과 같이 사랑하라"(마 19:19 — 역주). 구세주께서 명령하신 이 말씀의 뜻은 여러분이 여러분 자신을 사랑해야 한다는 것이며, 여러분 자신과 이웃을 미워하거나 멸망에 이르도록 해서는 안 된다는 의미입니다.

신앙을 고백하면서도 성화되지 못했다는 것은 끔찍한 일입니다. 하지만 이보다 더 끔찍한 일은 설교자이면서도 성화되지 못했다는 사실입니다. 여러분이 성경을 펼 때마다 그 성경에서 혹시라도 여러분 자신에 대한 유죄판결문을 읽게 되지는 않을까, 마음 조리지는 않습니까? 설교를 준비하며 설교문을 작성할 때마다, 여러분은 여러분 자신의 영혼을 고발하는 기소장을 쓰고 있다는 생각이 전혀 들지 않습니까! 여러분이 죄를 비판할 때, 오히려 그것이 여러분의 죄를 더 가중시키고 있지는 않습니까! 여러분은 청중들에게 그리스도의 은혜와 측량할 수 없는 그리스도의 풍성함(엡 3:8 — 역주)을 전하면서도, 정작 여러분은 그 풍성한 은혜를 거부함으로써 은혜 없는 메마른 상태가 되어 여러분의 불행과 부정을 드러내고 있지는 않습니까! 여러분은 성도들에게 세상과 구별되어 믿음으로 거룩한 삶을 살면서 그리스도에게 다가가도록 권하면서도, 정작 여러분 자신은 그렇게 사는 것이 뭔지도 모르면서 말만 하고 있다는 양심의 — 양심이 깨어 있다면 — 소리가 들리지는 않습니까? 만약 그런 상태에서 여러분이 지옥에 관해 말한다면, 여러분은 자신이 받을 기업에 대해 말하고 있는 것입니다. 그리고 만약 천국의 기쁨에 대해 설명한다면, 여러분은 자신의 비참한 상태를 설명하고 있는 셈입니다. 여러분은 "빛 가운데서 성도의 기업의 부분을 얻기에"(골 1:12 — 역주) 합당한 권리가 없기 때문입니다. 도대체 여러분이 자신의 영혼을 대적하지 않는 말을 할 수 있을까요? 오 가련한 인생이여! 자신을 대적하기 위해 연구하고 설교하고, 자기 인생을 자기를 정죄하는 과정에 쓰고 있는 인간이라니!

하나님께 버림받고, 하나님의 은혜를 체험하지 못한 설교자야말로 이 땅에서 가장 불행한 피조물입니다. 그러나 그런 설교자들은 보통 자신의 불행을 느낄 수도 없습니다. 왜냐하면 그런 설교자들은 금보다 귀한 하나님의 구원하는 은혜에 상응한다고 여기는 많은 것들을 가지고 있으며, 또한 그리스도께서 주시는 보석과 비슷한 빛나는 귀금속들을 많이 가지고 있기 때문에(고전 3:12 — 역주), 그들은 자신이 가난하다는 생각으로 전혀 고민하지 않습니다. 오히려 그들은 자신이 곤고한 것과 가련한 것과 가난한 것과 눈먼 것과 벌거벗은 것을 알지 못하기에, 나는 부자라 부요하여 부족한 것이 없다고 생각합니다(계 3:17 — 역주). 그들은 성경 말씀에 정통하고, 거룩한 사명들을 감당하면서, 공공연한 수치스러운 죄를 짓고 살지도 않으며, 하나님의 제단에서 봉사하면서, 성도들의 허물을 질책하고, 성도들의 마음과 생활이 모두 거룩해지도록 소리 높여 설교합니다. 이러한 설교자들은 오로지 거룩한 것들만 선택하지 않겠습니까? 그런데 이런 거룩함이 철철 넘치는 가운데 멸망하게 되다니, 이 얼마나 더 처참한 일입니까! 생명의 빵을 다른 사람들에게 나누어주고 먹기를 강권하면서도, 정작 우리 자신은 손에 생명의 빵을 움켜쥔 채로 굶어죽다니! 우리의 확신과 구원을 위한 수단으로 제정된 하나님의 그 규례들이 우리를 기만하는 계기가 되다니!

우리는 복음의 거울을 들고서 다른 사람들의 얼굴과 영혼의 상태들을 비추어 볼 수 있게 하면서도, 정작 우리 자신에 대해서는 아무것도 볼 수 없는 거울의 뒷면만을 본다거나, 아니면 거울을 옆으로 들고서는 우리의 모습이 제대로 비치지 않도록 하고 있습니다. 만약 그러한 가련한 사람이 나의 충고를 받아들인다면, 그는 처음엔 반발하겠지만 차츰 자신의 마음과 생활에 책임질 각오를 하고서, 다른 사람들에게 설교하기 이전에 우선 자기 자신에게 먼저 설교하기 시작할 것입니다. 그는 입 안에는 가득하지만 자신의 배 속으로 들어가지 않는 이 음식들이 과연 자기 몸에 영양으로 섭취될 것인지를 고민하게 될 것이며, 또한 주의 이름을 부르는 자마다 불의에서 떠나야 하는데(딤후 2:19), 정작 자신은 떠나지 못하고 있는 것은 아닌지, "내가 나의 마음에 죄악을 품었더라면 주께서 듣지 아니하시리라"(시 66:18)는 말씀이 자신의 기도에 해당되는 것은 아닌지, 또는 심판 날에 "주여 주여 우리가 주의 이름으로 선지자 노릇하지 … 아니하였나이까"라고 대답해도, "내가 너희를 도무지 알지 못하니 불법을 행하는 자들아 내게서 떠나가라"(마 7:22, 23) 하는 이 무서운 말씀을 듣게 되지는 않을지 생각하게 될 것입니다. 가룟 유다가 자기 직무를 버리고 제 곳으로 갔을 때(행 1:25), 전에 다른 사도들과 함께 자기가 복음을 전했던 기억을 떠올린다거나, 또는 그리스도와 함께 앉아 있을 때 그리스도께서 "친구여"라고 자기를 부르신 것(마 26:50)을 기억하는 것이 도대체 가룟 유다 자신에게 무슨 위로가 되겠습니까?

이런 생각들이 자기 영혼에 들기 시작하고, 잠시라도 자기 양심을 움직이게 한다면, 저는 오리겐(Origen)이 시편 50편 16절과 17절, 즉 "악인에게는 하나님이 이르시되 네가 어찌하여 내 율례를 전하며 내 언약을 네 입에 두느냐 네가 교훈을 미워하고 내 말을 네 뒤로 던지며"라는 말씀을 본문으로 행한 설교를 회중들에게 가서 다시 설교해 보라고 권하고 싶습니다(오리겐이 설교한 내용은 다음과 같다. "자신의 입술이 부정한 사람들은 다른 사람들을 가르치지 않도록 세심한 주의가 필요합니다. 혹시라도 이렇게 생각하지 않는 사람은, 이사야 선지자가 백성들에게 왜 예언을 하지 않으려고 했는지를 살펴보기 바랍니다. 이사야 선지자는 입술이 부정한 백성 중에 거주하면서, 자신의 입술도 부정한 입술이 되었다고 생각했기 때문입니다. 그러나 이사야의 입술은 제단의 핀 숯에 그 입술을 댄 후로 깨끗하게 되었습니다. 이를 통해, 즉 구약의 성례를 통해 그 입술의 죄가 사해졌다는 용서가 그에게 선포된 것입니다." Jacques-Paul Migne(1862), *Patrologiae cursus completus*, 제12권 *Exegetica in Psalmos*, 1451쪽 — 역주).

그리고 이 성경 구절을 읽을 때는 차분히 자리에 앉아서 말씀을 자세히 살피고, 눈물을 흘리며 이 말씀을 삶에 적용해 보기를 권면합니다. 그런 다음, 자신이 지은 죄를 온전히 낱낱이 고백하고 전체 회중 앞에서 자신의 상태에 대해 통회하며, 회중들의 간절한 기도제목인 죄용서와 새롭게 하는 은혜를 하나님께 간구하기 바랍니다. 이후에야 비로소 자신이 알고 있는 구세주를 전하게 되고, 자신이 말하는 것을 느끼게 되며, 자신이 체험한 복음의 풍성함을 권할 수 있을 것입니다.

아아! 그리스도인이 되기도 전에 설교자들이 된 목자들, 마음을 헌신하여 그리스도의 제자로 성화되기 이전에 하나님의 제사장으로 제단에 헌신하여 성화된 목자들, 이런 중생 받지 못하고 체험 없는 목자들이 교회에 있다는 사실 자체가 교회의 일반적인 위험과 재난입니다. 그러므로 그들은 알지 못하는 하나님을 예배하고, 알지 못하는 그리스도를 설교하며, 알지 못하는 성령을 통하여 기도하고, 거룩한 삶과 하나님과의 교통을 권하지만, 영광과 기쁨에 대해서는 전적으로 모르고 있는 자들이며, 또 영원히 모를 것 같습니다. 그들이 전하는 그리스도와 영광을 자기 마음에 간직하는 못한 자는 다만 냉담한 설교자가 되고 말 뿐입니다.

우리의 대학들: 신학적인 맥락을 고려한 교육

대학에 다니는 모든 학생들도 이 점에 대해 잘 생각해 보아야 할 것입니다! 그들은 대학시절 동안 하나님이 행하신 사역에 대해서는 거의 배운 게 없으면서도, 각기 다른 민족의 언어들이 하나님의 사역에 끼워 맞춘 명칭들에 대해서만 조금 배울 뿐, 하나님에 대해서는 전혀 알지도 못하고, 마음으로 하나님을 찬양하지도 않으며, 자신에게 기쁨이 될 하나의 새로운 사역에 대해서도 제대로 알지 못하고 있습니다. 이 얼마나 서글픈 일입니까! 대학생들은 "헛된 모습 속에서 걸어다니고"(시 39:6, KJV — 역주) 있을 뿐이며, 몽상가처럼 자신의 인생을 허비하고 있을 뿐입니다. 그들에게 과다하게 부과되는 명칭들과 개념들로 인해 그들의 두뇌와 혀는 분주하지만, 그러는 동안 그들은 하나님으로부터, 그리고 성도의 삶으로부터 멀어져 가고 있습니다. 만약 하나님이 구원의 은혜를 통해 그들을 깨우신다면, 그들은 성화되지 못한 연구와 논쟁들을 다룰 때보다 더 진지하게 사고하고 노력하게 될 것입니다. 그래서 자신들이 과거에 행한 일들은 그저 비몽사몽간에 했던 일일 뿐이라고 고백하게 될 것입니다. 그들이 만유 안에 계신 본원적이고 독립적이며 필연적인 존재에 대해 고의적으로 멀어지는 동안, 그들은 아무것도 아닌 세상 일로 분주합니다. 하나님을 모른다면, 그 어떤 것도 바르게 알 수 없습니다. 하나님을 연구하지 않는다면, 그 어떤 연구도 제대로 진행될 수 없으며, 학문의 위대한 업적도 기대할 수 없습니다. 창조자와 연결된 피조물의 관계를 우리가 알기 전까지, 우리는 피조물에 관해 거의 알 수 없습니다. 서로 연결되지 않은 문자나 음절들은 아무런 의미를 지니지 못합니다. "알파와 오메가"(계 1:8 — 역주)이며, "처음이요 마지막"(계 1:17 — 역주)이신 분을 무시하고, "만유시요 만유 안에 계신"(골 3:11 — 역주) 그분을 보지 않는 자는 누구든지 아무것도 보지 못합니다. 하나님을 보지 않는 이러한 피조물들은 모두 단절된 음절과 같습니다. 하나님과 단절되어서는 아무런 의미가 없습니다. 실제로 그들이 하나님과 분리된다면, 그들은 존재할 수 없게 됩니다. 분리는 무(無)입니다. 그래서 우리가 피조물은 하나님과 분리된다고 생각하는 순간, 우리와 피조물과는 아무 관계도 없게 됩니다. 아리스토텔레스(Aristotle)가 피조물을 아는 것과 그리스도인이 피조물을 아는 것은 서로 다른 것입니다. 오직 그리스도인만이 아리스토텔레스의 「자연학」(Physics)을 한 줄이라도 바르게 이해하며 읽을 수 있습니다. 자연학은 고상하고 뛰어난 학문이며, 많은 사람들이 생각하는 것보다 더 유익한 학문입니다. 그러나 아리스토텔레스는 자연학의 아주 작은 일부분만을 우리에게 가르쳐줄 수 있을 뿐입니다.

인간이 완전하게 만들어졌고, 만물이 완전한 질서 속에 존재하던 완전한 세계에서 인간이 살고 있었을 때, 그때 천지 만물은 인간의 책이었습니다. 그 책 안에서 인간은 인간을 만드신 위대한 창조주의 성품과 뜻을 읽을 수 있었습니다. 모든 자연 만물들은 자기 안에 새겨져 읽을 수 있는 하나님의 이름을 지니고 있었습니다. 그래서 인간은 하나님의 이름을 "달려가면서도 읽을 수"(합 2:2 — 역주) 있었습니다. 인간은 눈만 뜨면 어디서든 하나님 형상의 일부를 볼 수 있었습니다. 그러나 그 하나님의 형상 전체가 생생하게 드러나도록 새겨진 피조물은 바로 인간 자신이었습니다. 그러므로 자연이라는 책 전체를 연구하는 것이 인간의 일이었지만, 가장 먼저 중요하게 연구해야 하는 것은 바로 인간 자신에 관한 연구였습니다. 만약 인간이 이 연구만 계속해서 진행했다면, 인간은 하나님과 인간에 관한 지식을 지속적으로 증가시킬 수 있었을 것입니다. 그러나 인간이 하나님으로부터 분리되는 방식으로 자기 자신과 피조물만을 사랑하고 알려고 했을 때, 인간은 창조주와 피조물 양자에 관한 지식을 잃게 되었습니다. 이제 지식이라는 이름에 합당한 고귀하고 가치 있는 지식은 사라져 버렸습니다. 그 대신 인간은 자기가 주도하는 불행한 지식들을 얻게 되었습니다. 즉, 하나님과 분리된 결과로 자신과 피조물에 대한 공허한 관념들과 환상적인 지식들 말입니다. 그로 인해 창조주를 위해 살았고 창조주를 의지하던 인간이 이제는 다른 피조물들을 위해 살면서 다른 피조물과 자신을 의지하게 되었습니다. 그러므로 "모든 사람은 (학식이 있든 없든) 최선의 상태에서도 헛될 뿐이니이다. 분명히 모든 사람은 헛된 모습 속에서 걷나니 분명히 그들은 헛되이 소동하나이다"(시 39:5-6, KJV). 우리는 다음의 사실을 눈여겨보아야 합니다. 하나님이 우리의 구속자가 되셨다고 해서 하나님이 창조주로서 우리와 맺은 관계를 끊으신 것이 아닙니다. 그 관계 속에 있는 우리에 대한 그분의 소유권과 통치권을 내려놓으신 것도 아닙니다. 구속 사역은 지속되고 있으며, 어떤 면에서 구속 사역은 창조 사역에 종속되고, 구속주의 법칙도 창조주의 법칙에 종속됩니다. 이와 마찬가지로, 창조주 하나님께 감당해야 할 우리의 사명도 종결된 것이 아닙니다. 오히려 우리가 구속주에게 감당해야 할 사명이 창조주를 향한 사명에 종속됩니다.

그리스도의 사역은 우리를 하나님께로 돌아오게 하는 사역이며, 우리가 온전히 거룩하고 순종하도록 회복시키는 사역입니다. 그리스도가 아버지에게 이르는 길인 것과 마찬가지로, 그리스도를 믿는 믿음이야말로 우리가 예전에 누렸던 그 자리에 복직되어 하나님과 함께 기쁨을 누리도록 인도하는 길입니다. 이 모든 말들을 통해 제가 전하고자 하는 바를 여러분이 잘 깨달았으면 좋겠습니다. 피조물들 가운데서 하나님을 바라보고, 하나님을 사랑하고, 하나님과 대화하는 것이 (타락 이전에 에덴동산에 거하던 ― 역주) 올바른 상태의 인간이 해야 할 일이었습니다. 이러한 우리의 의무가 이제 종결된 것은 아닙니다. 사실, 종결과는 거리가 멉니다. 믿음으로 말미암아 우리를 이 올바른 상태로 되돌리는 것이 바로 그리스도의 사역입니다. 그러므로 가장 거룩한 사람이야말로 하나님의 사역에 가장 뛰어난 학생이며, 거룩한 자만이 하나님의 사역을 바르게 연구하고 알 수 있습니다. "주께서 행하시는 일들이 위대하므로 그것들을 기뻐하는 모든 자가 그것들을 탐구하는도다"(시 111:2 KJV ― 역주). 그들은 자신을 위해서 탐구하는 것이 아니라, 오히려 자신을 만드신 그분을 위해 탐구합니다. 여러분이 연구하는 자연학이나 다른 과학들 안에서 찾고자 하는 것이 하나님이 아니라면, 여러분의 탐구는 쓸모가 없습니다. 하나님의 사역 가운데 드러난 대로 하나님을 바라보고 감탄하며 경외하고 존경하며 사랑하고 기뻐하는 것이 바로 참된 철학이며, 유일한 철학입니다. 그렇지 않은 것은 어리석은 짓일 뿐입니다. 하나님도 친히 거듭해서 그렇게 말씀하셨습니다. 여러분이 행하는 연구가 하나님께 바쳐지고, 하나님이 그 모든 연구의 목표이자 대상이며 생명이 될 때, 여러분이 행하는 연구가 성화되는 것입니다.

  그러므로 이와 더불어 저는 감히 여러분에게 한 말씀드리고자 합니다. 말할 자격도 없는 사람이 하는 비판을 양해해 주시기 바랍니다. 불가피한 사안이기에 부득불 하는 것입니다. 기독교 학교에서 구속주에 대해 배우기 전에 먼저 피조물에 관해 배우고, 신학에 전념하기 전에 먼저 자연학과 형이상학과 수학에 전념하는 것은 크나큰 실수이며, 위험한 결과를 초래할 것입니다. 신학의 핵심을 알지 못하는 사람은 철학을 제대로 이해할 수 없습니다. 신학은 모든 학문들의 토대가 되어야 하며, 이 학문들을 인도해야 합니다. 피조물에 대한 우리의 연구를 통해 하나님이 추구되어야 한다면, 우리는 하나님에 대한 지식과 피조물에 대한 지식을 따로 분리해서 가르쳐서는 안 되며, 교사들은 모든 피조물 안에서 하나님을 읽는 법을 학생들에게 가르쳐야 합니다. 신적인 것이 학생들이 배우는 학문의 시작이 되고 중간과정이 되고, 끝이 되고, 생명력이 되고, 모든 것이 되어야 합니다. 자연학과 형이상학은 신학으로 환원되어야 합니다. 자연은 하나님께서 자신을 계시하기 위한 목적으로 기록된 하나님의 책들 중 하나로 읽혀져야 합니다. 그 책들 가운데 성경책이 가장 쉬운 책입니다. 여러분이 성경을 통해 처음으로 하나님과 하나님의 뜻을 인생에 있어서 가장 필요한 것으로 인식하게 되었을 때, 그때 여러분은 한 사람의 그리스도인으로서 그리고 한 사람의 신학자로서 하나님의 사역을 연구하고 모든 피조물들을 읽어보려는 마음이 생기게 됩니다.

만약 여러분이 여러분 자신과 모든 만물이 "그를 힘입어 살며 기동하며 존재"(행 17:28)하는 것을 알지 못한다면, 그때 여러분은 비록 여러분이 무언가를 알고 있다고 생각해도, 사실은 아무것도 알지 못하고 있는 것입니다. 피조물에 대한 여러분의 연구를 통해, 하나님은 "만유시요 만유 안에 계시니"(골 3:11), "만물이 주에게서 나오고 주로 말미암고 주에게로 돌아감이라"(롬 11:36) 하는 이런 말씀을 여러분이 알지 못한다면, 아마도 여러분은 "무엇을 아는 줄로 생각하면 아직도 마땅히 알 것을 알지 못하는 것이요"(고전 8:2)라는 말씀에 해당하는 자라고 할 수 있습니다. 하나님이 만드신 것들에 대해 연구하는 자연학을 어린아이들이나 공부하는 초보적이고 열등한 학문으로 생각하지 마십시오. 자연학은 거룩함을 추구하는 가장 고귀하고 고상한 학문의 하나로서, 하나님이 만드신 모든 만물 가운데 위대한 창조주를 바라보고 기리며 사랑하는 학문입니다. 지금까지 얼마나 많은 하나님의 종들이 이런 고귀하고도 거룩한 연구에 헌신해 왔는지 모릅니다! 욥기와 시편이 우리에게 보여주는 것이 무엇입니까? 어떤 사람들이 생각하듯 우리가 배우는 자연학이 신학과 별 관계가 없는 것이 아니라는 사실을 말해 주고 있습니다.

그러므로 저는 교회의 유익을 바라고 교사가 자신에게 가장 필요한 사역에서 성공하기를 바라는 열망으로, 모든 경건한 교사들에게 다음의 질문들을 진지하게 생각해 보도록 부탁하는 바입니다. 교사들은 다른 학문들과 마찬가지로, 실제적으로 신학에서 제일 중요한 부분들(오직 이 부분만)을 학생들에게 시의적절하게 부지런히 읽어주거나 혹은 학생들이 스스로 읽도록 권하고 있습니까? 그리고 교사들은 학습 초기부터 신학과 다른 학문들이 동행해야 하는 것을 고려하고 있습니까? 교사들이 설교를 듣는 것도 물론 좋습니다. 하지만 그것만으로는 충분하지 않습니다. 교사들이 자기가 가르치는 학생들에게 구원의 교리를 알게 하고, 학생들의 마음속에 그 구원교리가 새겨지도록 노력하는 것을 자기의 주요 업무로 여기게 된다면, 이외의 다른 학문들은 그 자체의 경중에 따라서 학생들의 마음속에 수용될 것입니다. 학생들의 머리뿐 아니라 마음에도 전해지도록 그렇게 읽어주십시오. 그 외의 교육들도 이와 마찬가지로 행하십시오. 그러면 틀림없이, 학생들은 다른 학문들을 신학에 종속된 것으로 여기게 될 것이며, 교사들이 그들에게 의도한 바를 느낄 수 있을 것입니다. 이렇게 해서 교사들은 모든 철학을 신학적인 연관성 가운데서(in habitu theologico) 가르칠 수 있게 되며, 이것이야말로 교회와 나라를 행복하게 하는 행복한 수단이 될 것입니다. 그러나 교사들은 언어와 철학을 가르치는데 거의 모든 시간과 노력을 기울이고, 신학자들이 철학을 읽는 것처럼 읽는 것이 아니라 오히려 철학자들이 신학을 읽는 것처럼 그렇게 신학을 읽습니다. 영생의 교리는 음악 수업이나 산수공부만큼의 중요성만 지닌 것처럼 받아들입니다. 이런 생각이야말로 수많은 새싹들을 자르는 일이며, 성화되지 않은 교사와 더불어 교회에 해악을 끼치는 생각입니다! 이런 생각을 가지고 수많은 사람들이 눈에 보이지 않는 축복을 설교하고, 수많은 육적인 사람들이 성령의 신비한 것들을 설명하고 있습니다. 제가 이런 말까지 하고 싶지는 않습니다만, 이런 생각을 가지고 신앙 없는 많은 사람들이 그리스도를 설교하고, 많은 무신론자들이 살아 계신 하나님을 설교하고 있습니다. 신앙을 배우기 전에 철학을 배우거나 신앙 없이 철학을 배우게 된다면, 철학이 신앙의 모든 것이 되거나 철학이 신앙의 대부분이 되어버리는 것은 그리 이상한 일이 아닙니다!

우리의 학교들: 가르칠 뿐 아니라 설교하는 학교

그러므로 저는 청소년 교육을 맡은 담당자들과 특히 목회자 준비과정을 교육하는 담당자들 모두에게 다시 한 번 말씀드리겠습니다. 학교 선생님과 개인 교사이신 여러분은 하나님의 일로 시작해서 하나님의 일로 마치도록 하십시오. 여러분이 가르치는 학생들의 마음에 새겨져야 할 것들을 그 학생들의 마음에 날마다 이야기해 주십시오. 그렇지 않으면 그 학생들은 방치될 것입니다. 하나님에 대해, 학생들의 영적 상태와 장래의 내세 등에 대해 가슴을 파고드는 얘기들을 자주 여러분의 입으로 말해 주십시오. 학생들이 이런 주제들을 이해하고 받아들이기에는 너무 어리다고 말하지 마십시오. 그들이 어떤 인상을 받게 될지 여러분은 잘 모릅니다. 시의적절한 말과 여러분의 열정과 근면을 통해 실로 그 학생의 영혼뿐 아니라 많은 영혼들이 하나님을 찬양하게 될 것입니다. 여러분은 학생들에게 유익을 끼치는데 있어서, 다른 사람들보다 아주 유리한 위치에 있습니다. 여러분은 학생들이 성인이 되기 전에 만났기 때문에, 다른 사람들의 말은 듣지 않아도 여러분의 얘기는 들을 것입니다. 만약 학생들 가운데 목회를 할 사람이 있다면, 여러분은 하나님의 특별한 사역을 위해 그 학생들을 준비시키고 있는 것입니다. 그런 학생들은 장차 자신이 섬기고자 하는 분에 대한 지식을 우선적으로 가져야 합니다. 그런데 여러분, 한번 생각해 보십시오. 그런 학생들이 여러분에게서 통속적이고 육적인 교육을 받고 그런 마음을 가진 채로 자라서 나중에 위대하고 거룩한 영적인 사역을 감당하게 된다면, 이것은 그들의 영혼에도 슬픈 일일 뿐 아니라 하나님의 교회에도 얼마나 큰 해가 되겠습니까! 우리 학교에 있는 100명의 학생들 중에 신중하고 신앙의 체험을 가진 경건한 젊은 청년들이 과연 몇이나 되겠습니까? 자질이 없는 전체 학생들 중에 절반이라도 사역에 뛰어든다면, 교회와 나라에 그 얼마나 안타까운 일이겠습니까! 이와는 반대로 교사 여러분이 그 학생들의 회심과 성화의 도구가 된다면, 얼마나 많은 영혼들이 여러분을 칭송할 것이며, 여러분이 교회에 끼치는 유익은 얼마나 대단하겠습니까? 그들이 자기가 공부하고 설교하는 교리에서 자기를 구원하는 은혜를 체험하기만 한다면, 그들은 그 교리를 더욱 진심으로 공부할 것이고 더욱 진심으로 설교할 것입니다. 그들은 자신의 체험을 최고의 주제와 설교재료로 삼게 될 것이며, 그 체험은 청중들의 양심에 새겨지게 될 것입니다. 그러므로 여러분은 교회가 탄식하고 비탄할 만한 가슴 아픈 일을 겪지 않도록, 영혼들을 죽이는 자들에 의해 큰 고통스러운 일들이 일어나지 않도록 주의하십시오.

2. 여러분이 은혜 가운데 거할 뿐 아니라, 이 은혜가 활기차고 생명력 있게 발휘되고 있는지 살펴보십시오.

여러분이 은혜 가운데 거하는 것으로 스스로 만족하지 말고, 여러분이 받은 은혜가 활기차고 생명력 있게 발휘되고 있는지, 그리고 여러분이 연구한 설교들을 다른 사람들에게 전하기 전에 여러분 자신에게 먼저 전하고 있는지도 주의하십시오. 여러분이 자신의 유익만을 위해서 이런 일을 한다고 해도, 결코 헛수고는 아닐 것입니다. 그러나 저는 지금 대중의 유익을 위해 여러분에게 말씀드리는 것입니다. 여러분은 교회를 위해 이런 일을 해야만 합니다. 여러분 자신이 먼저 거룩하고 천국에 합당한 마음을 가지고 있을 때, 여러분의 성도들도 그 열매에 참여하게 될 것입니다. 그럴 때에야 여러분의 기도와 찬송과 가르침도 성도들에게 천국을 맛보는 감미로운 것이 될 것입니다. 여러분이 어디에서든 하나님과 함께할 때, 성도들도 그것을 느낄 것입니다. 여러분의 마음에 가장 강하게 와 닿은 것이, 성도들의 귀에도 가장 강하게 들릴 것입니다. 솔직히 말씀드리면 저도 제 자신의 영적 상태를 양 떼들에게 드러내 보인 비참한 경험이 있습니다. 제 마음이 냉랭할 때는 제 설교도 냉랭합니다. 제 마음이 혼란스러울 때는 제 설교도 혼란스럽습니다. 제 설교를 최고로 열심히 듣는 자들에게서 저는 이런 결과를 종종 보게 됩니다. 제가 설교를 냉랭하게 했을 때, 그 성도들 또한 냉랭해졌습니다. 설교 다음에 대표기도 순서를 맡은 자들의 기도 소리 역시 제가 듣기에는 제 설교처럼 냉랭했습니다.

우리는 그리스도의 어린 아이들을 양육하는 유모들입니다. 우리가 먼저 음식을 섭취하지 않는다면, 우리는 양육할 기운이 없어 그 어린 아이들도 굶어죽게 할 것입니다. 어린 아이들이 야위어가고, 그 아이들이 해야 할 것들을 잘하지 못하는 모습을 보면 그들이 굶고 있다는 것을 곧 알 수 있습니다. 그들을 향한 우리의 사랑이 식는다면, 그들을 잘 키울 수는 없을 듯합니다. 그들을 향한 우리의 거룩한 돌봄과 염려가 줄어든다면, 그런 낌새는 우리가 행하는 설교를 통해 드러날 것입니다. 혹 설교 내용에서는 드러나지 않는다 해도, 설교하는 태도에서 드러날 것입니다. 우리가 상한 음식을 먹는다면, 다시 말해 우리가 잘못을 범한다거나 무익한 논쟁을 일삼는다면, 우리의 설교를 듣는 자들은 우리가 먹는 음식보다 더 질이 떨어지는 음식을 먹게 될 것입니다. 반면에 우리가 믿음과 사랑과 열정으로 충만하다면, 이 충만함이 회중들에게도 활력소가 되어 흘러넘칠 것이며, 그들 가운데서도 동일한 은혜가 왕성하게 나타날 것입니다!

오 친애하는 목회자 여러분, 그러므로 여러분의 마음을 먼저 돌보십시오. 정욕과 격정과 세상에 대한 미련을 버리십시오. 믿음과 사랑과 열정의 삶을 계속 유지하십시오. 이런 삶에 더욱 친숙해지십시오. 하나님과 더욱 함께 하십시오. 여러분의 마음을 살펴서 부패한 마음을 복종시키며 하나님과 동행하는 것을 여러분의 매일의 과제로 여기지 않는다면, 다시 말해 이 일을 여러분이 쉬지 않고 해야 할 일로 여기지 않는다면, 모든 것이 잘못될 것이고, 그로 인해 여러분은 여러분의 설교를 듣는 자들을 굶어죽게 할 것입니다. 혹시라도 여러분이 왜곡된 열심을 가지고 있다면, 여러분은 하늘로부터 내려오는 축복을 기대할 수 없을 것입니다. 무엇보다도 개인 기도와 말씀 묵상에 더욱 힘쓰십시오. 이런 기도와 묵상을 통해 여러분은 여러분의 희생 제물에 불을 붙이는데 필요한 하늘의 불을 가지고 와야 합니다. 기억하십시오. 여러분이 여러분의 사명을 거절하거나 게을리하면, 여러분 자신만 다치는 것이 아닙니다. 여러분의 거절과 태만으로 인해, 다른 많은 사람들 또한 멸망하게 됩니다. 그러므로 여러분의 성도들을 위해서라도 여러분의 마음을 돌보십시오. 영적 교만에 대한 가책이 엄습한다거나, 어떤 위험한 잘못에 빠진다거나, 또는 제자들을 끌어내어 여러분을 따르게 하려고(행 20:30, KJV ― 역주) 여러분이 꾸며낸 것들이 들통나기라도 한다면, 이 모든 일들로 인해, 여러분이 지금까지 돌봐오던 교회에 얼마나 큰 해가 되겠습니까. 여러분은 그 성도들에게 축복이 되기는커녕 재앙이 될 것입니다. 그리고 성도들은 여러분의 얼굴을 다시는 보고 싶지 않을 것입니다. 그러므로 오, 여러분 자신이 지닌 판단과 감정에 주의를 기울이십시오. 허영과 오류는 교묘하게 마음속에 들어옵니다. 전혀 유혹하는 척하지 않고 다가옵니다. 크나큰 타락과 배교도 항상 작은 것들로부터 시작합니다. 어둠의 왕자들은 종종 광명의 천사로 가장(고후 11:14)해서 빛의 자녀들을 또다시 어둠 속으로 끌어당깁니다. 우리의 감정과 우리의 첫 사랑도 얼마나 쉽게 슬그머니 타락해 버리는지! 그런 타락을 두려워하고 주의하는 마음 또한 얼마나 쉽게 사라져 버리는지! 그러므로 여러분 자신과 다른 사람들을 위해서 조심하십시오!

그러나 이러한 일반적인 주의사항 외에도, 목회자는 회중 앞에 서기 전에 자신의 마음에 대해 특별히 고심(苦心)한 흔적이 있어야 한다고 저는 생각합니다. 자신의 마음이 냉랭한데, 어떻게 청중들의 마음을 녹일 수 있겠습니까? 그러므로 이럴 때는 제일 먼저 하나님께 살려 달라고 뜨겁게 매어 달리십시오. 마음을 뜨겁게 하고 깨우는 책들을 읽거나, 여러분이 전하려는 주제의 중요성과 이 주제가 성도들의 영혼에 꼭 필요하다는 사실에 대해 묵상하십시오. 그러면 여러분의 마음은 주님의 열정으로 가득한 채, 하나님의 집에 들어갈 수 있을 것입니다. 이런 식으로 은혜의 생명력이 여러분 안에 유지되도록 하십시오. 그래야 그 생명력이 강단에서 행하는 여러분의 모든 설교에서 나타날 것이며, 그로 인해 냉랭한 마음을 가지고 모임에 참석했던 모든 성도들은 각자 자신의 마음에 전해진 따뜻함을 가지고 집으로 돌아가게 될 것입니다.

3. 여러분의 행동이 여러분의 가르침과 모순되지 않는지 살펴보십시오.

여러분의 행동이 여러분의 가르침과 모순되지 않도록, 눈먼 자들을 멸망하게 할 수도 있는 "걸려 넘어지게 하는 것"(고전 8:9)을 눈먼 자들 앞에 여러분이 놓지 않도록, 여러분이 여러분의 혀로 말한 것을 여러분의 삶에서 철회하지 않도록, 그래서 여러분이 노고의 결실을 얻는데 있어서 여러분 자신이 가장 큰 훼방꾼이 되지 않도록, 여러분 스스로 주의하십시오. 가난한 자에 대한 하나님의 말씀을 들은 성도들이 한 주간 내내 그 말씀과는 개인적으로 모순된 행동을 하게 되면 우리의 사역에 큰 방해가 됩니다. 우리가 그들의 어리석은 행동을 지적하기 위해 성도들 옆에 붙어 있을 수는 없기 때문입니다. 그러나 여러분 자신이 모순된 행동을 한다면, 다시 말해 여러분이 하는 행동으로 여러분의 혀를 거짓말쟁이로 만들고, 여러분이 여러분의 입으로 한두 시간 동안 세운 것을 그 다음 한 주 내내 여러분의 손으로 허물어 버린다면, 이런 행동들이 여러분의 사역에 훨씬 더 큰 방해가 될 것입니다! 이런 방해들로 인해, 하나님의 말씀은 헛된 이야기가 되고 설교는 시시한 이야기로 전락하고 맙니다. 자신이 하는 말을 중요하게 여기는 사람은 자신이 말한 대로 분명히 행할 것입니다. 교만하고 퉁명스럽고 도도한 말, 불필요한 논쟁, 탐욕스러운 행동 등은 많은 설교를 무용지물로 만들고, 여러분이 지금까지 가꾸어 온 모든 열매들을 망쳐 버릴 것입니다.

친애하는 목회자 여러분, 하나님을 두려워하는 마음으로 제게 대답해 주십시오. 여러분은 여러분이 수고하고 있는 일들이 성공하기를 바랍니까, 아니면 실패하기를 바랍니까? 여러분의 수고가 여러분의 설교를 듣는 성도들의 영혼에 역사하기를 갈망하고 있습니까? 만약 이런 것들을 바라지 않는다면, 여러분은 무엇을 위해 설교하고, 무엇을 위해 연구하고, 무엇을 위해 그리스도의 목회자들로 자처합니까? 그러나 여러분이 성공하기를 바란다면, 여러분의 사역을 부질없도록 망쳐놓는 것들이 여러분의 마음에 있어서는 분명히 안 될 것입니다. 그런데 도대체 어찌된 영문입니까! 여러분은 여러분의 수고가 성공하기를 원하면서도, 가난한 자들에게 작은 것 하나라도 내놓으려고 하지 않고, 사람들로부터 받는 상처와 억울한 말들을 참지도 않으며, 비천한 자들에게 몸을 굽히지도 않고, 여러분의 급한 성격이나 도도한 태도를 자제하지도 않습니다. 영혼들을 얻으려는 마음이 전혀 없으면서도, 여러분은 자신이 애써 수고한 그 목표를 이루려 하고 있습니다! 여러분이 이루려고 하는 그 목표에 대해 너무 헐값을 매긴다거나, 그 목표를 이루는데 중요한 아주 작은 것조차 여러분이 행하려고 하지 않는다면, 여러분은 그 목표에 대한 성공을 하찮은 것으로 여기는 것이 분명합니다.

　어떤 목회자들은 그들이 행하는 설교와 삶이 잘 맞지 않습니다. 설교를 정확히 하려고 많은 연구를 하지만, 정작 설교대로 정확히 살기 위한 연구는 거의 하지 않거나 전혀 하지 않는 그런 목회자들은 명백히 오류를 범하고 있는 자들입니다. 그런 목회자들은 두 시간의 설교를 위해서 일주일 내내 연구해도 부족하다고 느끼지만, 정작 일주일을 어떻게 살아야 하는가를 연구하는 시간은 한 시간으로도 아주 충분하다고 여깁니다. 그들은 설교 중에 한 마디라도 적절하지 않은 말이 튀어나오면 질색을 하고, 분명한 결점이라도 드러나게 되면 죄악처럼 여기기까지 합니다. 그렇다고 해서, 제가 그런 분들을 비난하는 것은 아닙니다. 왜냐하면 설교는 그 만큼 거룩하고 비중 있는 사역이기 때문입니다. 하지만 그들은 자신들이 살아가면서 행하는 적절하지 않은 영향력이나 말이나 행동들에 대해서는 그리 중요하게 생각하지 않습니다. 안타깝게도, 설교는 아주 세심하게 하면서도 삶은 아주 경솔하게 살아가는 그런 분들을 저는 보았습니다! 그런 분들은 아주 정확하게 설교를 준비하기 때문에, 좀 더 공손한 언어로 설교하는 것을 그다지 미덕으로 여기는 것 같지도 않습니다. 수사학적인 저술가들조차도 그들의 설교를 들어보고는 그 목회자의 언어 구사에 감탄해 마지않았는데, 이런 미사여구들은 종종 그 목회자들의 주요한 장신구들이었습니다. 그들은 다른 사람의 말을 들을 때도 아주 까다로워서, 상대방이 생각나는 대로 그냥 말한다거나, 막 흥분한 상태에서 말한다거나, 신랄하게 말한다거나, 아니면 굉장히 재치 있게 말을 잘해서 듣는 이의 마음을 편안하게 해주지 않는 한, 그들을 말로 기쁘게 할 만한 사람은 아무도 없습니다. 그러나 일단 교회 밖으로 나가서 실천의 문제와 관련되면, 이 사람들은 얼마나 사악한지 모르며, 그들이 말하거나 행한 것에 대해 얼마나 대수롭지 않게 여기는지 모릅니다. 이런 일들은 그들의 명예를 손상시킬 정도로 분명히 비열한 행위입니다! 설교는 정확히 하는 사람들이 정확하게 살려고 하지는 않습니다! 이들이 강대상에서 행하는 설교와 일상생활에서 하는 얘기 사이에 얼마나 큰 차이가 있습니까! 설교에서는 야만적이거나 예의에 어긋나거나 앞뒤가 잘 안 맞는 것들에 대해 참지 못하는 사람들이, 일상생활이나 대화에서는 이런 것들을 잘도 참아냅니다.

친애하는 목회자 여러분, 우리가 말뿐 아니라 행위도 조심해서 해야 할 중요한 이유가 분명히 있습니다. 우리가 진정으로 그리스도의 종이 되기 원한다면, 우리는 혀로만 종이 되어서는 안 됩니다. 우리는 행동으로도 그리스도를 섬겨야 합니다. "실천하는 자니 이 사람은 그 행하는 일에 복을 받으리라"(약 1:25). 우리의 성도들이 "말씀을 행하는 자가 되고 듣기만"(약 1:22) 하는 자가 되어서는 안 되듯이, 우리 또한 행하는 자가 되어야지, 오직 말만 하는 자들이 되어서는 안 됩니다. 따라서 우리는 "자신을 속이는 자가 되지"(약 1:22) 말아야 합니다. 실천적인 교리는 실천적으로 설교되어야만 합니다. 우리는 설교를 잘하는 방법을 찾기 위해 열심히 연구하듯이, 삶을 잘 살아가는 방법을 찾기 위해서도 열심히 연구해야 합니다. 성도들의 영혼 구원이 최고의 관심사라면, 목회자들은 설교를 구성하는 법에 대해 심사숙고하듯이, 자기의 인생을 구성하는 법에 대해서도 심사숙고해야 합니다.

여러분이 성도들에게 무슨 말을 해야 할지 연구할 때, 성도들의 영혼에 관심이 있는 목회자라면, 종종 속으로 이런 생각을 할 것입니다. '어떻게 해야 내가 그들의 마음속에 들어갈 수 있을까? 그들에게 확신을 주고 그들을 회심시키며 그들이 구원을 얻도록 촉진하려면 나는 무슨 말을 해야 할까?' 그리고 이와 똑같이 여러분은 자신에 대해서도 부지런히 생각해야 하지 않겠습니까? '성도들의 영혼 구원이 최고의 관심사라면, 나는 어떻게 살아야 할까, 나는 무엇을 해야 할까, 그리고 내가 가진 모든 것을 어떻게 사용해야 할까?'

친애하는 목회자 여러분, 영혼 구원이 여러분의 목적이라면 여러분은 강단 위에서 뿐만 아니라 강단 밖에서도 이 목적을 붙들어야 합니다! 영혼 구원이 여러분의 목적이라면, 여러분은 이 목적을 위해 살아야 하고 이 목적을 이루기 위해 모든 노력을 기울여야 합니다. 여러분은 여러분의 입에서 나오는 말씀뿐 아니라, 여러분의 지갑 안에 있는 돈에 대해서도 이렇게 물을 수 있을 것 같습니다. "가장 큰 이득을 얻기 위해서, 특히 인간의 영혼을 위해서 어디에 이 돈을 투자해야 할 것인가?" 이런 것들이 매일의 연구과제가 되도록 하십시오. 여러분의 혀뿐 아니라 여러분의 재물과 친구와 여러분이 가진 모든 것을 하나님을 위해 어떻게 선용할지 말입니다! 이렇게 한다면, 이전에는 볼 수 없었던 여러분이 행한 수고의 열매들을 볼 수 있을 것입니다. 만약 여러분이 목회의 목적을 강대상 위에서만 성취할 작정이라면, 여러분은 오직 강대상 위에서만 자신을 목회자로 여기는 사람처럼 보일 것입니다. 만약 그렇다면, 여러분은 존경받는 목회자가 될 자격이 전혀 없는 사람이라고 저는 생각합니다.

그러므로 친애하는 목회자 여러분, 여러분에게 간청합니다. 잘 말할 뿐만 아니라 잘 행하십시오. "선한 일을 열심히 하는"(딛 2:14) 자가 되십시오. 우리 주님의 사역을 감당하기 위해서라면 그 어떤 희생도 감수하십시오.

(1) 순결을 지키고 허물 없이 행하십시오. 여러분의 삶을 통해 죄가 정죄되고, 성도들이 사명을 감당하려는 마음이 들도록 하십시오. 여러분은 자신의 영혼에 대해서는 주의하지 않으면서, 성도들에게는 자신의 영혼에 좀 더 주의를 기울이라고 말하고 있지는 않습니까? 여러분이 성도들에게 세월을 아끼라(엡 5:16)고 말한다면, 여러분도 시간을 허비해서는 안 됩니다. 여러분이 성도들에게 헛된 말은 하지 말고 덕을 세우는 말을 해야 한다고 말한다면,

여러분 또한 덕을 세우는 말과 "듣는 자들에게 은혜를 끼치는"(엡 4:29) 말을 하도록 주의하십시오.

만약 여러분이 성도들에게 자기 집을 잘 다스리라(딤전 3:4)는 말씀을 한다면, 여러분의 가정도 이 말씀대로 잘 다스려져야 합니다. 여러분이 성도들에게 겸손하라고 말한다면, 여러분도 교만하거나 오만해서는 안 됩니다. 적어도 성도들이 목사에 대해 가지고 있는 편견을 없애기 위해서는, 여러분이 스스로 겸손과 온유와 자기 부정의 본을 보이는 것보다 더 효과적인 방법은 없을 것입니다. 받은 상처를 용서하고, "악에게 지지 말고 선으로 악을 이기십시오"(롬 12:21). "욕을 당하시되 맞대어 욕하지 아니하신"(벧전 2:23) 우리 주님처럼 그렇게 행하십시오. 죄인들이 완고하고 호전적이며 오만방자하다면, 혈과 육은 여러분도 무기를 들고 육신의 방법으로 그들을 제압하도록 설득하겠지만, 그 방법은 바른 방법이 아닙니다. 그런 방법은 최소한 자기를 정당방위하거나, 아니면 공익을 목적으로 할 때나 필요한 것입니다. 이런 방법 대신, 우리는 오래 참음과 자비와 온유(갈 5:22, 23)로 그들을 능가해야 합니다. 육신의 방법을 취하면, 여러분이 그들보다 더 많은 세속적인 힘을 가지고 있다는 사실을 보여줄 수 있겠지만(신실한 자들이 그런 육신의 방법을 취하기란 일반적으로 너무 어려운 일입니다), 우리가 그들보다 영적으로 더 뛰어나다는 것을 보여주기에는 오래 참음과 자비와 온유로 그들을 제압하는 방법밖에 없습니다. 그리스도를 닮는 것이 카이사르나 알렉산더를 닮는 것보다 더 가치 있는 일이며, 정복자가 되는 것보다 한 사람의 그리스도인이 되는 것이, 다시 말해 동물(때로는 인간보다 훨씬 힘이 세기는 하지만)이 되는 것보다 인간이 되는 것이 더욱 영광스러운 일이라고 여러분이 믿는다면, 폭력으로 싸우지 말고 사랑으로 싸우십시오. 완력에 대항해 온유와 사랑과 오래 참음으로 맞서고, 완력을 완력으로 맞서지 마십시오. 기억하십시오. 여러분은 모든 사람의 종이 되어야 합니다(막 9:35, KJV). "낮은 처지의 사람들에게 겸손히 행하십시오"(롬 12:16 KJV). 여러분의 양 떼 가운데 가난한 자를 외면하지 마십시오. 여러분이 그들을 멀리하면, 그들은 여러분이 자기들을 경멸한다고 오해하기 쉽습니다. 거룩한 목적을 이루기 위해서는 허물 없이 대하는 것이 많은 유익이 됩니다. 누구에게든지 싸우거나 무례한 어투로 말하지 마십시오. 가장 미천한 자라도 그리스도 안에서 여러분과 동등한 사람처럼 여기고 공손히 대하십시오. 친절하고 호감을 주는 태도야말로 돈 들이지 않고도 사람들에게 유익을 끼치는 방법입니다.

　(2) 사랑과 자선의 행동들을 많이 하십시오. 가난한 자들에게 가서 필요한 것이 무엇인지 살피고, 그 즉시 그들의 영혼과 육체를 불쌍히 여기는 마음을 보여주십시오. 교리문답서와 유익이 될 만한 다른 소책자들을 그들에게 사주고, 그들이 이 책들을 꼼꼼히 집중해서 읽겠다는 약속을 받으십시오. 힘닿는 대로 여러분의 지갑을 열어서, 할 수 있는 모든 선한 일을 행하십시오. 부자가 되려는 생각을 하지 말고, 여러분이나 여러분의 자녀들을 위해 위대한 무언가를 추구하지 마십시오. 그보다 더 위대한 선한 일을 하다가 여러분이 가난해진들 어떻습니까? 이것이 손해이겠습니까, 아니면 이득이겠습니까? 하나님이 가장 든든한 지갑을 지닌 물주(物主)이심을 믿는다면, 그리고 그분을 섬기는데 쓰는 비용이 가장 큰 이윤을 낳는 투자라는 것을 믿는다면, 여러분이 믿고 있는 이 사실을 그들에게 나타내 보이십시오. 혈과 육은 먹잇감을 놓치지 않으려고, 또 자신의 이익에도 맞지 않는 이런 의무에 대해서 말도 꺼내지 말라고 생트집을 잡을 것입니다. 그러나 제가 말하는 것을 염두에 두십시오. 주님께서 이 말씀을 여러분의 마음에 새겨 주셨으면 좋겠습니다. 세상에 있는 것들을 너무 사랑해서 그리스도께서 요구하시는데도 그리스도를 위해 내놓을 수 없는 사람은 참 그리스도인이 아닙니다. 그리고 육신의 마음을 가진 사람은 자신이 소중히 여기는 것을 내놓을 수 없을 때도, 그리스도께서 그것을 요구하신다는 사실을 믿으려 하지 않기 때문에, 자신을 기만하며 공허한 변명만 늘어놓습니다. 한 번 더 말씀드립니다. 사명을 감당하기 위해 필요한 것을 그리스도를 위해 내놓지 못해서 사명을 사명으로 받

아들이지 않는 사람은 참된 그리스도인이 아닙니다. 거짓된 마음이 이해력을 부패시키고, 이것이 다시 헛된 마음을 부추깁니다. 비록 이 땅에 많은 것을 유산으로 남기지는 못해도 천국에 보화를 쌓아두기 위해서 불의한 재물로 여러분을 위한 친구들을 사귀십시오(눅 16:9, KJV), 가난해진다고 해서 천국 가는데 큰 지장이 있는 것은 아닙니다. "인생길을 갈 때는 짐이 가벼울수록 더 나은 여행을 합니다."

세속적이고 탐욕적인 마음을 지닌 사람이라면, 이런 몇 마디 말로 손에 있는 돈을 내놓으려 하지 않는다는 것을 저도 알고 있습니다. 세속적이고 탐욕적인 사람들은 이보다 더한 말들도 남들에게 할 수 있습니다. 하지만 말하는 것과 믿는 것은 서로 별개의 문제라고 생각하는 사람들입니다. 그러나 참된 신자들은 제가 앞서 말한 그런 생각들을 받아들일 수 있을 것입니다. 목회자들이 세상의 부귀영화를 경멸하고, 주님을 섬기기 위해 자신이 가진 모든 것을 사용하며, 육체를 혹사하면서까지 살아간다면, 그들은 무언가 유익을 끼칠 수 있을 것입니다. 오, 그로 인한 유익이 얼마나 대단하겠습니까! 목회자들의 이런 행동을 통해 마음을 여는 성도들의 숫자가 목회자들의 설교를 통해 가르침을 받아 마음을 여는 성도들의 숫자보다 훨씬 더 많을 것입니다. 이러한 행동들이 없다면 기독교의 독특함은 위선으로만 비쳐질 것이며, 실제로도 위선일 것입니다. 미누키우스 펠릭스(Minucius Felix,「옥타비우스」[Octavius]라는 책의 저자로 2-3세기에 살았던 인물-원주)는 이렇게 말합니다. "이렇게 사심 없이 행동하는 사람만이 주님께 기도드릴 수 있습니다. 위기에 처한 사람을 구해낸 사람만이 풍성한 희생제사를 드릴 수 있습니다. 이러한 행동들이 우리의 희생제사이며, 이러한 행동들이 하나님께 거룩한 것입니다. 그러므로 우리 가운데 더욱더 경건한 사람은 자기를 더욱더 부정하는 사람입니다." 우리는 자기의 재산을 버리고 수도원으로 들어가는 가톨릭 신자들처럼 그렇게 행동할 필요는 없지만, 우리가 가진 모든 것은 하나님을 위해 사용해야 합니다.

4. 여러분이 다른 사람들에게 설교하며 비판했던
그 죄 가운데 살고 있지 않은지 살펴보십시오.

여러분이 성도들에게 비판하며 설교했던 그 죄 가운데 여러분이 살아가지 않도록, 그리고 여러분이 매일 정죄했던 그 죄를 여러분이 범하지 않도록, 여러분 스스로 주의하십시오. 여러분은 하나님을 찬양하는 것을 자신의 일로 삼으면서도, 막상 이 일을 감당하면서는 다른 사람들과 마찬가지로 하나님의 이름을 더럽히려고 합니까? 여러분은 그리스도의 통치권을 선포하면서도, 이를 경멸하고 여러분 스스로 반역하려고 합니까? 여러분은 그리스도의 법을 선포하면서도, 의도적으로 그 법들을 어기려고 합니까? 죄가 악한 것이라면서, 여러분은 왜 그 안에 살고 있습니까? 죄가 악한 것이 아니라면, 여러분은 왜 사람들에게 죄짓지 말라고 합니까? 죄가 위험한 것인데도, 어떻게 감히 여러분은 죄짓는 모험을 합니까? 죄가 위험한 것이 아니라면, 여러분은 왜 성도들에게 죄가 위험한 것이라고 말합니까? 하나님의 경고가 사실이라면, 여러분은 왜 그 경고들을 두려워하지 않습니까? 그 경고가 사실이 아니라면, 여러분은 왜 쓸데없이 그런 경고로 사람들을 괴롭히고, 이유도 없이 사람들을 두려워 떨게 만듭니까? 여러분은 "이 같은 일을 행하는 자는 사형에 해당한다"(롬 1:32)는 것을 알고도 그런 일을 계속 행할 것입니까? "다른 사람을 가르치는 네가 네 자신은 가르치지 아니하느냐 … 간음하지 말라 말하는 네가 간음하느냐"(롬 2:21, 22). 술 취하지 말고 탐심을 버리라고 말하면서 여러분은 그런 일을 행하고 있지 않습니까? "율법을 자랑하는 네가 율법을 범함으로 하나님을 욕되게 하느냐"(롬 2:23). 도대체 어떻게 그럴 수 있습니까! 같은 입으로 악을 비판하기도 하고 악을 말하기도 합니까? 같은 입술로 여러분의 이웃을 비난하고 중상모략하고 헐뜯기도 하다가, 또 다른 사람에게는 그렇게 하는 사람을 비판하기도 합니까? 여러분은 성도들이 죄로부터 벗어나도록 애쓰되, 정작 여러분이 죄에 굴복하여 스스로 죄의 종이 되지 않도록, 그리고 죄를 이기지도 못하면서 죄에 대해 함부로 말하지 않도

록, 여러분 스스로 주의하십시오. "누구든지 진 자는 이긴 자의 종이 됨이
라"(벧후 2:19). "너희 자신을 종으로 내주어 누구에게 순종하든지 그 순종함
을 받는 자의 종이 되는 줄을 너희가 알지 못하느냐 혹은 죄의 종으로 사망
에 이르고 혹은 순종의 종으로 의에 이르느니라"(롬 6:16).오, 친애하는 목회
자 여러분! 죄를 꾸짖기는 쉬워도, 죄를 이기기는 힘듭니다.

5. 이 사역에 필요한 자질을 여러분이 과연 원하고 있는지 살펴보십시오.

마지막으로, 여러분은 사역에 필요한 필수적인 자질이 부족하지 않도록
스스로 주의하십시오. 구원받기 위해 알아야 하는 신비로운 모든 것들을 성
도들에게 가르쳐야 할 사람은 지식에 있어서 어린 아이가 되어서는 안 됩니
다. 우리처럼 이렇게 뭔가를 책임지고 있는 사람에게는 얼마나 많은 자질이
필수적으로 요구되는지 모릅니다! 신학에는 풀어야 할 난제들이 얼마나 많
습니까! 또 기독교의 근본 원칙들은 얼마나 많은 것들이 서로 관련되어 있습
니까! 해석되어야 하는 성경의 애매한 본문들 또한 얼마나 많습니까! 우리가
감당해야 할 여러 사명들 중에는, 우리가 잘 알지 못하면 우리나 다른 사람
들이 그 사명의 주제와 방식과 목표에 있어서 잘못 행할 수 있는 것들이 얼
마나 많습니까! 마땅히 피해야 할 죄이지만, 미처 파악하지 못하거나 예상하
지 못해서 피하지 못하는 죄들은 또 얼마나 많습니까! 우리가 성도들로 하여
금 직시하도록 해야 벗어날 수 있는 그런 교활하고도 미묘한 유혹들은 또 얼
마나 많습니까! 우리가 거의 날마다 해결해야 하는 중대하고도 복잡한 양심
의 문제들은 또 얼마나 많습니까! 그런데 이렇게 많은 사역들을 미숙하고 자
질도 없는 사람들이 감당할 수 있겠습니까? 오, 우리가 쳐부수어야 할 요새
는 어떠하며, 그 수는 또 얼마나 많은지요! 우리가 대하는 모든 영혼들로부
터 우리가 받게 되어 있는 그 교묘하고도 완강한 저항을 우리는 얼마나 받아
야 하는지 모릅니다! 그들의 편견이 우리를 가로막기 때문에, 우리는 좀처럼
그들이 인내하면서 끝까지 듣게 할 수도 없습니다. 우리는 그들의 근거 없는

소망과 육신의 평화를 뚫고 들어갈 수도 없습니다. 그들의 소망과 평화에 틈이 생기면, 그들은 그 틈을 다시 메우기 위해서 수많은 이유들과 공허한 변명들을 늘어놓으며, 그들을 도울 준비가 된 그럴듯한 친구들도 다수 가지고 있습니다. 우리는 그들과 대등하게 논쟁하지도 못합니다. 우리는 우리를 이해하지 못하는 자녀들도 설득해야 합니다. 우리는 영적으로 제정신이 아닌 자들과도 언쟁을 해야 하는데, 그들은 미친 듯이 날뛰면서 말도 안 되는 얘기로 우리를 녹초로 만들기도 합니다. 우리는 제멋대로 하려고 하고 말이 통하지 않는 사람들도 대해야 합니다. 그런 사람들이 말하지 않고 조용히 있을 때는, 그들이 뭔가 확신하고 있는 것입니다. 그리고 그들이 확신하는 이유를 우리에게 제시할 수 없을 때는 오히려 자기들의 신념을 강요하기도 할 것입니다. 이런 사람들은 살비아누스(Salvianus, 5세기경 마르세이유에 살았던 기독교 작가─원주. 이 책의 원제목은 Gildas Salvianus이다 ─ 역주)가 대해야 했던 사람과 비슷합니다. 어떤 가난한 자의 재산을 삼키기로 결심한 그 사람은 조금만 참아 달라는 살비아누스의 간청을 듣고서도, "그 재산을 취하기로 이미 맹세했기 때문에 살비아누스의 요구를 들어줄 수 없다"고 대답했습니다. 맹세했기 때문에 지켜야 한다는 가장 종교적이면서도 정말 악한 이 이유 때문에, 그 설교자는 떠날 수밖에 없었습니다. 우리는 인간의 이해력뿐만 아니라, 인간의 의지와 감정에 대해서도 논쟁을 합니다. 그런데 이런 사람들은 이성도 없고 들을 귀도 없습니다. 이들이 주장하는 최고의 논변은 이것입니다. "나는 이런 일들에 관해서 당신을 믿지 못하겠습니다. 그 뿐만 아니라, 나는 이 세상에 있는 모든 설교자들을 믿지 못하겠습니다. 나는 내 생각이나 삶을 바꾸지 않을 것입니다. 나는 내 죄에서 떠나지 않을 것입니다. 무슨 일이 있어도, 이 생각은 절대 변하지 않을 것입니다." 우리가 죄인들의 회심을 위해 죄인들과 교제할 때마다, 우리가 상대해야 할 것이 한 둘이 아닙니다. 떼를 지어 날뛰며 울분을 토하기도 하고, 즉시 반박하며 반대하기를 좋아하는 원수들도 있습니다. 마치 시장이나 난장판이나 또는 욕설이 난무하는 폭도들 속에서 말싸움 하는 사람 같습니다. 도대체 무슨 공정함을 바라고 무슨 성공을 바랄 수 있겠습니까? 그런데 이런 일이 바로 우리의 일이며, 우리가 성취해야 할 일이 바로 이런 일입니다.

오, 친애하는 목회자 여러분! 이 모든 일을 우리가 감당하려면, 우리가 얼마나 강인한 결단력과 지치지 않는 근면함과 노련함을 지녀야 하겠습니까? 그래서 사도 바울도 "누가 이 일을 감당하리요?"(고후 2:16)라고 외치지 않았습니까? 그런데도 우리는 참으로 충분한 자질을 갖춘 사람인양, 교만하고 경솔하며 게으르지 않습니까? 사도 베드로도 우리에게 앞으로 닥칠 큰 변화를 염두에 두고서 모든 그리스도인들에게 "너희가 어떠한 사람이 되어야 마땅하냐 거룩한 행실과 경건함으로!"(벧후 3:11) 하여야 한다고 말합니다. 이와 마찬가지로 저는 모든 목회자들에게 말씀드립니다. "그런즉 이 모든 것이 우리의 손에 달려있을진대 너희가 어떤 사람이 되어야 마땅하냐? 우리의 사역을 위해 모든 거룩한 열심과 결심으로!" 하여야 한다고 말입니다.

이것은 어린이가 어깨에 짊어질 수 있는 짐이 아닙니다. 우리가 행하는 사역 하나하나에는 엄청난 노련함이 요구됩니다! 모든 사역들이 얼마나 중요한지 모릅니다! 저는 설교를 전하는 것이 가장 어려운 것이라고는 생각하지 않습니다. 그러나 진리를 분명히 드러내고, 회중들에게 확신을 주며, 불가항력적인 빛이 청중들의 양심에 비치게 하고, 마음에 머물도록 하여, 마음에 새기도록 하고, 진리가 그 마음에 박혀서 그리스도가 그들의 감정에 역사하시게 하며, 모든 반대들에 직면해서도 명확하게 해결하며, 죄인들로 하여금 회개를 하든지 아니면 정죄를 받든지 양자택일하는 것 외에는 소망이 전혀 없다는 것을 알도록 하기 위해서는 엄청난 노련함이 필요합니다. 이 모든 사역에 적합한 말투와 방법과 관련해서도 엄청난 기술이 필요하고, 우리의 설교를 듣는 회중들의 이해력에 비추어서 우리의 설교가 적절한지 여부를 살피는 데도 엄청난 기술이 필요합니다. 설교할 때마다 행해져야 하는 이런 일들과 이보다 더한 일들을 감당하는 데도 분명히 더 많은 거룩한 기술들이 요구됩니다.

우리가 전하는 메시지의 대상인 하나님은 위대한 하나님이시므로, 우리가 전하는 설교를 통해서 영광을 받으셔야 합니다. 하늘에 계신 하나님, 즉 영원한 순간 속에 계신 하나님께서 인간 영혼에게 주시는 메시지를 받고서도, 우리가 연약하고 무관심하고 무례하고 경솔하게 행하여, 이 모든 사역이 우리 손에서 실패해 버린다면, 하나님께서 영광을 받는 것이 아니라 도리어 하나님의 이름이 더럽혀지고, 하나님의 사역이 망신을 당하며, 죄인들이 회심하기보다는 완악해지고 말 것입니다. 이 모든 것이 우리의 연약함과 게으름에서 생겨나다니, 이 얼마나 통탄할 만한 일입니까! 영혼의 귀가 아닌 육체의 귀로 말씀을 듣는 성도들이 얼마나 자주 설교자가 범하는 분명하고도 수치스러운 범죄를 조롱하면서 집으로 돌아가는지 모릅니다! 우리의 마음과 혀가 잠들어 있기 때문에, 그리고 우리에게는 이 마음과 혀를 깨울 수 있는 기술과 열심이 없기 때문에, 얼마나 많은 성도들이 강대상 아래에서 잠을 자고 있는지 모릅니다!

게다가, 진리를 거부하는 사람들에게 맞서서 진리를 변호하고, 다양한 방식과 상황에서 진리에 이의를 제기하며 반대하는 사람들을 상대하는 데도 기술이 필요합니다! 만약 우리가 연약해서 실패한다면, 그들이 얼마나 의기양양해하겠습니까! 그런데 이보다 더 중요한 문제가 있습니다. 우리의 연약함으로 인해 얼마나 많은 연약한 사람들이 잘못된 길로 빠져서 스스로 멸망의 길로 인도되고, 교회의 걱정거리가 될지 도대체 누가 알겠습니까? 불쌍하고 무지한 영혼을 회심시키기 위해 개인적으로 대하는 데도 당연히 기술이 필요합니다!

오, 친애하는 목회자 여러분! 이 모든 사역을 생각할 때, 두렵고 떨리지 않습니까? 평범한 수준의 기술과 능력, 분별력과 기타 자질 등으로 이런 사명을 감당해 낼 수 있겠습니까? 교회는 필연적으로 연약한 자들을 용납해야 한다는 것을 저도 알고 있습니다. 하지만 우리가 우리 자신의 연약함을 용납하고 방관한다면, 우리에게 화가 있을 것입니다! 여러분이 감히 이와 같은 고귀한 사역을 감당하려고 한다면, 이 사역을 수행할 자질을 갖추기 위한 고통도 감수해야 한다는 사실을, 여러분의 양심과 이성이 여러분에게 말하고 있지 않습니까? 가끔씩 하는 맛보기식 공부나 게으른 벼락치기식 공부는 능력 있고 건전한 성직자가 되는데 전혀 도움이 되지 않을 것입니다. 게으른 자들은 우리가 행하는 모든 연구들이 헛되다고 주장한다는 사실을 저는 알고 있습니다. 또한 사역에 합당한 자질들은 전적으로 성령께서 주셔야 하고, 성령이 우리의 사역을 도우셔야 한다는 사실도 저는 알고 있습니다.

그러나 이런 사실들은, 하나님이 우리에게 여러 수단들을 사용하도록 명령해 놓고서는 우리가 그 수단들을 무시하는 것을 허용하신다는 그런 의미가 아닙니다. 우리가 게으른데도 번성하도록 하는 것이 하나님의 방식도 아니며, 우리가 잠자는 동안에 꿈으로 지식을 전해 주시는 것도 아니며, 우리가 이런 문제들에 대해 전혀 생각하지도 않고 이 땅에서 빈둥거리며 시간을 보내는데, 우리를 하늘로 데리고 올라가서 하나님의 뜻을 보여주시는 것도 아닙니다! 오, 그런 사람들은 그들의 게으름으로 "성령을 소멸하지 말며"(살전 5:19)라는 말씀을 어기고도, 그 탓을 성령께 돌립니다! "이 얼마나 터무니없고 수치스러우며 부자연스러운 행동입니까!" 하나님께서 우리에게 요구하시는 것이 바로 이 말씀입니다. "일을 게을리하지 말고 영이 뜨거운 가운데 주를 섬기라"(롬 12:11, KJV).

우리는 우리의 설교를 듣는 청중들이 이 말씀대로 살도록 일깨워야 하며, 이와 똑같이 우리 자신도 그렇게 살아야 합니다. 그러므로 친애하는 목회자 여러분, 시간을 허비하지 마십시오! 연구하고 기도하고 토론하고 실천하십시오. 왜냐하면 여러분의 능력은 이 네 가지 방법으로 향상될 것이기 때문입니다. 여러분 자신의 게으름으로 여러분이 연약해지지 않도록, 그리고 여러분의 연약함으로 하나님의 사역이 지장을 받지 않도록 스스로 주의하십시오.

제 2 장

자아 성찰의 이유들

우리 스스로 성찰해야 할 것들에 관해 제시했으므로, 다음으로 여러분이 이 사명을 자각하게 되는 몇 가지 이유들에 대해 이야기하고자 합니다.

1. 여러분도 다른 사람들처럼
천국을 얻을 수도 있고 잃을 수도 있습니다.

여러분은 여러분 자신도 천국을 얻을 수도 있고 잃을 수도 있으며, 또한 여러분은 영원히 기뻐할 영혼이나 영원히 불행해질 영혼들을 맡고 있으므로 여러분 스스로 주의하십시오. 그러므로 이러한 일은 가정에서부터 시작하는 것이 중요합니다. 다른 사람들에 대해서도 주의할 뿐만 아니라 여러분 자신에게도 주의하십시오. 여러분 자신은 마음과 삶이 거룩하지 않으면서도 설교를 잘해서 다른 사람들을 구원하는 좋은 결과를 얻을 수도 있을 것입니다. 이런 일이 일어날 수는 있겠지만, 이것은 아주 드문 경우입니다. 하지만 이런 일로 여러분 자신을 구원하기란 불가능합니다. "많은 사람이 나더러 이르되 주여 주여 우리가 주의 이름으로 선지자 노릇 … 하지 아니하였나이까?" 이 질문에 주님께서 대답하십니다. "내가 너희를 도무지 알지 못하니 불법을 행하는 자들아 내게서 떠나가라"(마 7:22, 23).

오, 친애하는 목회자 여러분, 얼마나 많은 사람들이 그리스도를 전하면서도, 구원하는 그리스도에 대한 관심이 없어서 멸망하고 있습니까! 지금은 지옥에 있지만 예전에는 사람들에게 지옥의 고통을 말하면서 지옥에 가지 않도록 경고했던 사람들이 얼마나 많습니까! 예전에는 죄인들을 향한 하나님의 진노를 전했으나 지금은 그 진노를 자신이 받고 있는 사람들이 얼마나 많습니까! 구원 선포를 바로 자신의 일이자 천직으로 삼고서 사람들이 천국에 가도록 돕던 사람인데, 정작 자신은 천국에 들어가지 못한다면, 오, 세상에 이보다 더 서글픈 일이 또 어디 있겠습니까! 참으로 애석한 일입니다!

천국으로 가는 길을 말해주는 수많은 책들을 도서관에 비치하고서, 이 책들을 읽고 영생에 관한 가르침들을 연구하는데 그 많은 세월들을 보내고서도, 우리는 결국 영생을 놓쳐 버렸습니다! 구원에 관한 그 수많은 설교들을 연구했지만, 우리는 구원에 이르지 못하였습니다! 저주에 관한 그 수많은 설교들을 전했지만, 그 저주가 바로 우리에게 임했습니다! 그렇지 않습니까? 이 모든 것은 우리 자신은 그리스도를 무시하면서 우리가 그리스도에 관한 수많은 설교들을 전했기 때문이며, 우리 자신은 성령을 거역하면서 우리가 성령에 관한 수많은 설교들을 전했기 때문이며, 우리 자신은 믿지도 않으면서 우리가 믿음에 관한 수많은 설교를 전했기 때문이며, 우리 자신은 회개하지도 않고 회심하지도 않은 상태이면서 우리가 회개와 회심에 대해 설교했기 때문이며, 우리 자신은 육적이고 세속적인 사람이면서 우리가 천국 생활에 대해 설교했기 때문입니다. 우리가 말과 직함으로만 하나님의 사람일 뿐, 우리 영혼에는 하나님의 형상도 없고 하나님의 영광과 뜻을 위하여 우리 자신을 포기하지도 않는다면, 우리가 하나님과 교제하지 못하고 하나님이 주시는 열매를 영원히 맺지 못한다 해도, 그리 이상한 일이 아닙니다.

친애하는 목회자 여러분, 이 말씀을 믿으십시오. "하나님께서 외모로 사람을 취하지 아니하심이라"(롬 2:11). 하나님은 인간이 입고 있는 겉옷이나 직업을 보고서 인간을 구원하지 않으십니다. 거룩하지 않은 사람이 거룩한 직업을 가졌다고 해서 그 사람을 구원하지는 않으십니다. 만약 여러분이 은혜의 나라로 들어가는 문 앞에 서서 다른 사람들은 들어가게 하고서 정작 여러분 자신은 들어가지 않으려고 한다면, 나중에 영광의 문 앞에 서서 그 문을 두드려봐야 아무 소용이 없을 것입니다. 왜냐하면 여러분은 은혜의 문에 들어가려고 하지 않았기 때문입니다. 만약 여러분이 설교했던 그 영광에 여러분이 참여하고자 한다면, 여러분이 들고 있는 등(마 25:1-13, 열 처녀의 비유)에는 가르침이나 경건 같은 목회적 은사의 기름뿐만 아니라 은혜의 기름도 채워져야 하는 것이었음을 여러분은 알게 될 것입니다. 복음을 설교한 자들도 복음에 의해 분명히 심판을 받을 것이며, 그 동일한 심판대 앞에 서서 그 동일한 기준으로 다른 사람들과 똑같이 엄격하게 취급될 것이라는 사실을 제가 또 말할 필요가 있을까요? 여러분이 목회자이기 때문에 당연히 여러분은 구원받을 것이라고 생각할 수 있을까요? "그는 자신을 그리스도인으로 믿고 살았다"라는 증거가 여러분에게 없는데도, "그는 목회자로 통했다"라는 항변만으로 여러분이 석방될 수 있을까요? 아쉽게도, 그럴 수 없습니다! 그럴 수 없다는 사실을 여러분도 알고 있습니다. 그러므로 여러분 자신을 위해서라도 여러분 스스로 주의하십시오. 여러분은 다른 성도들의 영혼을 구원하거나 잃게 할 뿐만 아니라, 여러분 자신의 영혼도 구원하거나 잃을 수 있기 때문입니다.

2. 여러분도 다른 사람들처럼
타락한 본성을 가지고 있습니다.

여러분도 다른 사람들과 똑같이 타락한 본성과 죄악의 경향성을 지니고 있으므로, 여러분 스스로 주의하십시오. 주의하지 못해 자신도 잃고 우리도 잃게 만든 그 순결했던 아담도 주의할 필요가 있었다면, 하물며 우리 같은 사람들이야 얼마나 더욱더 주의해야 하겠습니까! 죄에 대항하는 설교를 그렇게 많이 해도, 죄는 우리 가운데 거하고 있습니다. 한 가지 죄를 지으면 또 다른 죄를 짓고 싶은 마음이 생깁니다. 그리고 한 가지 죄를 지으면 더 많은 죄를 짓고 싶은 마음이 생깁니다. 만약 집안에 도둑 한 사람이 들어오면, 그

도둑은 다른 도둑들도 데리고 들어올 것입니다. 왜냐하면 도둑들은 같은 성향과 의도를 지니고 있기 때문입니다. 한 번의 스파크가 큰 불을 일으키고, 작은 질병이 중병으로 악화됩니다. 자신의 시력이 약시인 줄 아는 사람은 자신의 발걸음을 주의해야 합니다.

안타깝게도, 우리의 마음은 우리의 설교를 듣는 청중들의 마음과 마찬가지로, 하나님을 싫어하고 어색해합니다. 그리고 무분별하고도 거의 제멋대로인 격정이 우리 마음 가운데 있습니다! 우리 안에는 기껏해야 자존심과 불신앙과 자기 추구와 위선과 그 밖에 증오로 가득한 치명적인 죄악들의 자취만 남아 있습니다. 그런데도, 우리가 우리 스스로 주의하는 것이 중요하지 않습니까? 활활 타오르는 지옥의 그 불도, 처음에는 우리 안에서 점화된 채 꺼지지 않았던 불입니다. 이래도 우리가 주의할 필요가 없습니까? 우리의 이 마음속에는 수많은 반역자들이 들어 있습니다. 이래도 우리가 주의할 필요가 없습니까? 만약 여러분의 어린 자녀들이 연약한 상태라면 밖에 나갈 때 넘어지지 않도록 꼭 조심시키고 내보낼 것입니다. 그런데 애석하게도, 우리 중에 어떤 이들은 보기에는 아주 강해보이지만 실제로는 얼마나 연약한지요! 지푸라기 하나에도 걸려 넘어질 정도입니다! 아주 사소한 것 하나에도 우리는 어리석게 유혹을 받기도 하고, 우리의 감정과 무절제한 욕구들이 발동하기도 하며, 우리의 판단력이 왜곡되기도 하고, 우리의 결심이 약해지기도 하며, 우리의 열정이 식기도 하고, 우리의 열심이 줄어들어 낙담하기도 합니다.

목회자들도 다른 성도들과 마찬가지로, 아담의 후손일 뿐만 아니라 그리스도의 은혜를 대적하는 죄인들이기도 합니다. 그래서 목회자들은 근본적으로 죄가 더 많은 사람들입니다. 만약 여러분이 조심하지 않는다면, 여러분의 이 믿을 수 없는 마음이 적어도 한 번은 여러분을 속일 것입니다. 지금은 완전히 죽은 듯이 보이는 그 죄악들도 다시 살아날 것입니다. 그 뿌리째 뽑혔다고 생각했던 여러분의 자존심, 세속적 성향, 많은 더러운 악행들도 다시

고개를 쳐들 것입니다. 그러므로 이렇게 많이 허약한 사람들은 스스로 조심하고, 자신의 영혼을 주의해서 돌보는 것이 가장 필요합니다.

3. 여러분은 다른 사람들보다
더 큰 유혹에 노출되어 있습니다.

사탄이 다른 사람들보다 여러분을 더 집요하게 유혹할 것이기 때문에, 여러분은 스스로 조심하십시오. 만약 여러분이 어둠의 왕자를 대적하는 지도자라면, 하나님께서 사탄에 대해 참지 않으시는 것 못지않게, 사탄 또한 여러분을 가차없이 대할 것입니다. 사탄은 자신에게 치명적인 해악을 끼치기로 약속한 사람들에 대해 마음에 사무치는 원한을 품고 있습니다. 사탄은 우리를 미워합니다. 하지만 사탄은 그리스도를 더 증오합니다. 왜냐하면 그리스도는 전쟁터의 장군이고, 우리 구원의 대장이며, 세상에 있는 그 어떤 것보다도 사탄의 나라를 대적하시기 때문입니다. 그러므로 사탄은 그리스도 휘하에 있는 일반 사병들보다 그리스도 군대의 지도자들을 더 싫어합니다. 사탄이 보는 앞에서 그리스도의 지도자들이 쓰러진다면, 그리스도의 군사들도 섬멸할 수 있다는 것을 사탄도 알고 있습니다. 사탄은 그런 전술을 오랫동안 시도해 왔습니다. 사탄은 (상대적인 개념이지만) 큰 양이든 작은 양이든 양을 공격하지 않고, 목자들만 쳐서 양 떼들을 흩으려고 합니다. 이런 식으로 사탄은 지금까지 큰 성과를 얻었기 때문에, 사탄은 할 수만 있다면 이 방식을 계속해서 고수할 것입니다.

그러므로 친애하는 목회자 여러분, 조심하십시오. 원수가 특히 여러분에게 눈독을 들이고 있습니다. 사탄은 가장 은밀하게 교묘한 방식으로 여러분의 환심을 사려고 하면서, 끊임없이 애걸복걸하다가 여러분을 급습할 것입니다. 여러분이 아무리 똑똑하고 많이 배웠다 하더라도, 사탄의 약삭빠른 잔꾀에 넘어가지 않도록 스스로 조심하십시오. 사탄은 여러분보다 훨씬 더 박식한 학자이며 더 영민한 논객입니다. 사탄도 자기를 광명의 천사로 가장(고후 11:14)하여 속일 수 있습니다. 사탄은 여러분 안에 들어와서 여러분이 미처 알아채기도 전에 여러분의 발을 걸어 넘어뜨릴 것입니다. 사탄은 아무도 모르게 여러분에게 마술을 걸어서, 여러분의 믿음과 순결함을 기만할 것이며, 여러분은 속았다는 사실도 알지 못할 것입니다. 설상가상으로, 실제로 여러분은 믿음을 잃었음에도 불구하고, 사탄은 여러분의 믿음이 더 강하고 커진 것처럼 여러분이 믿도록 할 것입니다. 사탄이 여러분에게 낚시 미끼를 주는 동안에는, 여러분은 그 교활한 낚시꾼은 말할 것도 없고, 낚시 바늘이나 낚싯줄도 전혀 보지 못할 것입니다. 사탄이 주는 미끼는 여러분의 기질과 성향에 딱 들어맞는 것이어서, 여러분은 사탄에게 확실한 약점을 잡혀 여러분의 원칙과 성향들을 저버리게 될 것입니다. 사탄이 여러분을 넘어뜨릴 때마다, 사탄은 여러분을 다른 사람들을 넘어뜨리는 도구로 삼을 것입니다.

사탄이 어떤 목회자를 게으르고 신실하지 않게 만들기만 해도, 아니면 어떤 목회자를 탐욕적인 사람으로 혹은 실족하도록 유혹하기만 해도, 사탄은 대단한 승리를 했다고 크게 으스댈 것입니다! 사탄은 교회를 대적하는 것을 영광으로 알고서 이렇게 말할 것입니다. "이 사람들이 너희들의 거룩한 설교자라고? 경건한 이들이 어떻게 되었는지, 경건한 결과가 어떠한지 한번 살펴보라." 사탄은 예수 그리스도를 친히 대적하는 것을 영광으로 알고서 이렇게 말할 것입니다. "이 사람들이 당신네를 위해 싸우는 자들인가? 나는 당신네 최고의 종들이 당신을 욕하게 만들 수도 있고, 당신네 집에 있는 청지기들도 신실하지 않은 자로 만들 수 있다." 사탄이 이런 잘못된 망상으로 하나님을 모욕하면서, 욥이 하나님의 면전에서 하나님을 저주하도록 할 수도 있다고 사탄이 하나님께 말했다면("이제 주의 손을 펴서 그의 모든 소유물을 치소서 그리하시면 틀림없이 주를 향하여 욕하지 않겠나이까"[욥 1:11]), 사탄이 여러분을 실제로 넘어뜨리고 나서는 정말 하나님께 무슨 행동인들 못하겠습니까? 결국 사탄은 여러분을 모욕한 것과 같이 하나님을 모욕할 것입니다. 사탄은 여러분의 위대한 믿음을 신실하지 못하게 하고, 여러분의 거룩한 직분

을 더럽히며, 과거에는 여러분의 원수였던 사탄 자신을 이제는 극진히 섬기
도록 할 것입니다. 오, 이 정도로 사탄의 요구를 들어주지 마십시오. 사탄이
여러분을 조롱하지 않도록 하십시오. 블레셋 사람들이 삼손을 이용한 것처
럼 그렇게 사탄이 여러분을 이용하지 않도록 하십시오. 처음에는 여러분에
게서 힘을 **빼놓고**, 그 다음에는 여러분의 눈을 뽑고서, 마지막에는 여러분을
사탄 자신의 승리와 조롱거리로 삼을 것입니다(삿 16:21–25).

4. 많은 눈들이 여러분을 지켜보고 있으며,
여러분이 실족하는 것을 지켜볼 많은 사람들이 있습니다.

많은 눈들이 여러분을 지켜보고 있으며, 더구나 여러분이 실족하는 것을
지켜보는 눈들이 많을 것이기 때문에, 여러분은 스스로 조심하십시오. 여러
분이 실족하면 세상에 곧바로 알려질 것입니다. 낮에 일식이 일어나면 못 보
는 사람이 없을 것입니다. 여러분은 스스로를 교회의 빛으로 자처하기 때문
에, 사람들의 시선이 여러분에게 집중될 것을 여러분도 예측하고 있습니다.
다른 사람들은 눈에 띄지 않게 죄를 지을 수 있다 해도, 여러분은 그럴 수 없
습니다. 많은 눈들이 여러분을 지켜보고 있고, 많은 사람들이 여러분의 허물
에 대해 기꺼이 말해주는 것이 얼마나 큰 은혜인지 생각하고 감사하십시오.
이런 식으로 여러분은 다른 사람들보다 죄를 억제하는데 많은 도움을 받게
됩니다. 비록 사람들이 악한 마음에서 이런 일을 한다 해도, 어쨌든 여러분
은 이로부터 유익을 얻는 셈입니다. 우리는 공개적으로 모든 사람이 보는 가
운데 악을 행할 정도로 그렇게 **뻔뻔해서는** 안 된다고 하나님께서 말씀하셨
습니다. "자는 자들은 밤에 자고 취하는 자들은 밤에 취하되"(살전 5:7). 여러
분은 항상 공개된 빛 가운데 있다고 스스로 생각하십시오. 여러분이 가르친
빛마저도 여러분의 악행을 드러낼 것입니다. 여러분은 언덕 위에 세워진 등
불입니다. 숨을 생각을 하지 마십시오. 그러므로 여러분은 스스로 조심하십
시오. 세상이 우리를 보고 있음을 기억하면서 여러분의 사역을 감당하십시

오. 세상은 악의에 찬 예리한 눈으로 모든 일을 최악의 상황으로 만들고, 아주 작은 허물이라도 발견하고자 노려보며, 혹 발견되면 악화시켜서 폭로하여 이 허물을 자신의 목적에 맞게 이용하며, 혹시라도 허물이 발견되지 않으면 허물을 조작까지 할 작정으로 우리를 노려보고 있습니다. 그러므로 나쁜 마음을 가진 수많은 사람들이 지켜보는 앞에서 우리는 얼마나 조심하며 행해야겠습니까!

5. 여러분이 짓는 죄는 다른 사람들이 짓는 죄보다
더 끔찍한 진노를 부를 것입니다.

하나님은 다른 사람이 짓는 죄보다 여러분이 짓는 가증스러운 죄에 대해 더 격노하시므로, 여러분은 스스로 조심하십시오. 알폰수스 왕(영국의 극작가인 로버트 그린[Robert Greene, 1558-1592]이 1590년경에 발표한 「아라곤의 왕, 알폰수스의 희극사」[*The Comical History of Alphonsus, King of Aragon*]에 나온다 ― 역주)은 이렇게 말했습니다. "위대한 사람은 작은 죄는 지을 수 없다." 흔히 배운 사람, 즉 다른 사람들의 선생인 자들은 작은 죄를 지을 수 없다고들 말합니다. 같은 죄를 지어도 배운 사람들이 범하면, 적어도 다른 사람이 지은 죄보다 더 큰 죄가 됩니다.

(1) 여러분은 다른 사람들보다 더 많이 배웠기 때문에, 다시 말해 적어도 지식의 빛이나 지식의 수단들을 거스르는 죄를 더 많이 크게 범할 것이기 때문에, 알고서도 저지르는 죄를 다른 사람들보다 더 많이 범하게 될 것입니다. 한번 생각해 보십시오! 탐욕과 자만심이 죄라는 것을 여러분은 알고 있지 않습니까? 여러분은 자기가 믿고 있는 것에 신실하지 않으며, 게으름과 자아를 추구함으로써 성도들의 영혼이 기대하는 바를 저버리는 것이 어떤 것인지를 알고 있지 않습니까? "주인의 뜻을 알고도 준비하지 아니하고 그 뜻대로 행하지 아니한 종은 많이 맞을 것이요"(눅 12:47)라는 말씀을 여러분은 알고 있습니다. 많이 알면 알수록, 더욱더 제멋대로 행동할 가능성이 많

습니다.

(2) 여러분은 다른 사람들보다 위선적인 죄를 더 많이 짓습니다. 왜냐하면 여러분은 죄에 대해서 더 많이 비판하기 때문입니다. 어떻게 하면 죄를 가장 신랄하게 비판할 수 있을지, 어떻게 하면 성도들의 눈에 죄가 역겨운 것으로 보일지 연구하지만, 정작 우리 자신이 그 죄를 행하고 그 죄 안에 살면서 우리가 공개적으로 비판한 것들을 은밀히 간직하고 있다니, 이 얼마나 가증스러운 일입니까! 죄를 비난하는 일을 우리가 매일 해야 할 일로 알면서도, 여전히 죄에서 손을 떼지 못하다니, 공개적으로는 죄와 아무런 관계가 없다고 하면서도, 사적으로는 죄와 예상치 못한 친분을 맺고 있으며 또한 동료로 삼고 있다니, 다른 사람에게는 무거운 짐을 메게 하지만, 그들에게 손가락 하나도 까딱하지 않다니, 이 얼마나 야비한 위선입니까!("또 무거운 짐을 묶어 사람의 어깨에 지우되 자기는 이것을 한 손가락으로도 움직이려 하지 아니하며"[마 23:4]). 이런 행태들에 대해 여러분은 어떻게 판단하겠습니까? 여러분은 여러분이 말한 대로 죄를 나쁜 것으로 생각하지 않았습니까? 그런데 왜 실제로는 나쁜 것으로 여기지 않습니까? 죄를 나쁜 것으로 생각하지도 않았으면서, 여러분은 왜 죄를 비판하면서 여러분의 진심을 숨겼습니까? 죄를 나쁜 것으로 생각했다면, 여러분은 왜 죄에서 손을 떼지도 않고 죄를 지어왔습니까? "그들은 말만 하고 행하지 아니하며"(마 23:3)라는 말씀처럼 이 위선적인 바리새인의 징표를 여러분은 지니지 마십시오. 이 무거운 위선의 짐 때문에, 많은 복음의 사역자들이 수치를 당하고 차마 고개도 들지 못할 것입니다.

(3) 여러분은 다른 사람들보다 배신의 죄를 더 많이 짓습니다. 왜냐하면 여러분은 스스로 그 죄들에 대해 대적하겠다고 다른 사람들보다 더 많이 약속했기 때문입니다. 여러분은 그리스도인으로서 지켜야 할 일반적인 모든 약속 외에도, 목회자로서 지켜야 할 약속이 많이 있습니다. 여러분은 얼마나 자주 죄의 사악성과 위험성에 대해 선포했으며, 죄인들의 회개를 촉구했습

니까? 여러분은 얼마나 자주 죄에 대한 주님의 경고를 단호히 전했습니까? 이 모든 것들은 여러분이 스스로 죄 짓기를 그만두었다는 사실을 확실히 암시하는 것입니다. 죄를 비판하며 여러분이 선포했던 모든 설교와 모든 권면, 그리고 회중 가운데서 행한 죄의 고백은 여러분 자신에게 죄에 대한 포기라는 의무를 지웠던 것이라고 볼 수 있습니다. 여러분이 세례식을 집례한 모든 유아들과 여러분이 집례한 모든 성찬식은 여러분 자신이 세상과 육신에 대해 포기했음을 확증하고 그리스도를 향한 여러분의 약속을 확증하는 것이었습니다. 여러분은 얼마나 자주, 그리고 얼마나 공개적으로 죄가 지닌 그 가증스럽고도 저주받을 만한 본성에 대해 증언했습니까? 여러분 자신이 행한 이 모든 고백과 증거에도 불구하고, 여전히 여러분은 이 죄를 즐기고 있습니까? 강대상에서는 죄에 대해 그렇게 흥분하며 비판하더니, 그 모든 비판에도 불구하고 결국엔 여러분 자신이 마음으로 죄를 즐기고, 급기야 하나님께 돌려드려야 할 자리를 죄에게 넘겨주면서 심지어 성도들의 영광보다 죄를 더 좋아하다니, 오, 이보다 더 큰 배신이 어디 있겠습니까!

6. 여러분이 행하는 위대한 사역에는
다른 사람들보다 더 큰 은혜가 요구됩니다.

우리가 하는 위대한 사역은 다른 사람들이 하는 사역보다 더 큰 은혜가 필요하므로, 여러분은 스스로 조심하십시오. 은사와 은혜가 적은 사람은 좀 더 평탄한 인생살이를 할 수 있지만, 이러한 은사와 은혜로는 큰 시련을 감당할 수 없습니다. 능력이 적다면 좀 가벼운 사역과 짐들을 감당하면 될 것입니다. 그러나 만약 여러분이 위대한 사역을 감당해 보려 한다면, 만약 여러분이 사탄과 그의 부하들에 대항하는 그리스도의 군대를 이끌려고 한다면, 만약 여러분이 하늘의 처소에 있는 정사들과 권능들(엡 3:10, KJV)과 사악한 영들에 대항하려 한다면, 만약 여러분이 마귀의 발톱에 사로잡힌 죄인들을 구해내려 한다면, 부주의하고 경솔한 방식으로 대처해서는 이런 위대한 사역을 감당할 수 없다는 것을 기억하십시오. 만약 여러분이 이와 같은 중요한 일들을 경솔한 마음으로 실행하게 된다면, 여러분은 그냥 평범하게 살 때보다 더 큰 수치와 더 깊은 양심의 가책을 받게 될 것입니다. 이 사역도 주의를 요하는 일이지만, 이 사역을 감당하는 사람도 이런 비중 있는 일에 적합한 사람인지 주의가 요구됩니다. 많은 그리스도인들이 한 개인으로는 자기가 맡은 직분에 성실하고 경건하여 좋은 평판을 들으면서 살아가지만, 자기의 재능을 넘어서는 관직이나 군대 업무를 맡았다거나 혹은 자기 힘에 부대끼는 유혹들을 받게 되면, 스캔들에 휩싸이거나 수치를 당하는 사람들을 많이 봅니다. 한 개인으로는 좋은 자질을 가졌지만, 자신의 역할을 너무 과대평가해서 목회에 투신하더니 곧 자신의 연약함과 공허함을 드러내는 사람들도 가끔 보게 됩니다. 이런 사람들은 우리가 쫓아내려고 애썼던 사람들보다 교회에 더 부담스러운 짐이 되었습니다. 그들은 목회자가 되어 가장 미약한 가운데서 하나님을 섬기기보다는 가장 뛰어난 평신도로서 하나님을 섬겼더라면 더 잘 섬겼을 사람들입니다. 만약 여러분이 적들의 진지에 뛰어들어 고생을 감수하고 한낮의 찌는 열기를 감내하려 한다면, 여러분은 스스로 조심해야 합니다.

7. 그리스도의 영광과 관련된 문제는 다른 사람들보다 여러분에게 더 많이 달려 있습니다.

여러분의 선생님이며 주님이신(요 13:13) 그분의 명예와 그분의 거룩한 길과 진리에 대한 명예가 다른 사람들보다 여러분에게 더 달려 있으므로, 여러분은 스스로 조심하십시오. 여러분은 다른 사람들보다 그분에게 더 많은 봉사를 하기 때문에, 다른 사람들보다 더 많은 해악을 그분에게 끼칠 수도 있습니다. 하나님께 가까이 서 있는 사람일수록, 그들의 잘못으로 인해 하나님의 이름을 더 크게 더럽힐 수도 있고, 어리석은 사람일수록 자신의 잘못을 하나님 탓으로 돌리기도 합니다. 엘리 제사장과 그의 집에 내려진 맹렬한 심판은 그런 어리석은 사람들이 제사와 희생을 무시했기 때문입니다. "이 소년들의 죄가 여호와 앞에 심히 큼은 그들이 여호와의 제사를 멸시함이었더라"(삼상 2:17). "여호와의 원수가 크게 비방할 거리를 얻게 하였으니"(삼하 12:14). 하나님께서 다윗을 특히 심하게 대하셨던 일도 바로 다윗이 이런 '비방할 거리'를 만들었을 때였습니다. 만약 여러분이 참된 그리스도인이라면, 여러분의 삶보다 하나님의 영광이 여러분에게 더 귀중하게 여겨질 것입니다. 그러므로 여러분이 여러분의 삶에 해가 되는 것을 조심하듯이, 하나님의 영광에 해가 되지 않도록 조심하십시오. 하나님의 이름과 진리가 여러분 때문에 비난을 받는다는 얘기를 듣는다면, 그리고 사람들이 여러분을 지목하며 "저기 탐욕스런 성직자가 간다. 몰래 술을 즐기고 소문이 나쁜 사람이다. 자기는 다른 사람들과 똑같이 문란하게 살면서도 설교는 엄격하게 하는 그런 사람이다. 그 사람은 설교로 우리를 정죄하지만, 정작 본인은 생활로 정죄를 받고 있다. 그 사람이 아무리 선한 말을 해도, 악하기는 우리와 매한가지다"라고 말한다면, 여러분 마음에 상처가 되지 않겠습니까?

오, 친애하는 목회자 여러분, 여러분이 저지른 악행의 배설물을 사람들이 거룩하신 하나님의 면전에, 복음의 면전에, 그리고 주님을 경외하는 모든 성도들 면전에 던지고 있다는 말을 듣고서도, 여러분은 참아낼 수 있겠습니까? 여러분 주위의 모든 경건한 그리스도인들이 여러분의 비행으로 인해 비난을 받아야 한다는 생각을 하면, 여러분의 마음은 찢어지는 것 같지 않습니까? 양 떼들의 지도자인 여러분 중의 한 사람이 단 한 번이라도 어떤 수치스러운 죄악에 빠졌다면, 이런 얘기를 듣고서, 비록 자기 주변에 있는 경건하지 않은 자들 때문에 내색은 하지 않겠지만, 구원을 얻기 위해 노력하려는 사람은 아무도 없을 것입니다. 더구나 성도들이 목회자의 죄악을 아무리 혐오하고 개탄한다 해도, 성도들의 마음속에는 여러분의 죄악에 대한 슬픔이 있습니다. 경건하지 않은 남편이 자기 아내에게, 경건하지 않은 부모들이 그 자녀에게, 경건하지 않은 이웃들과 동료 하인들이 목회자의 죄악에 대해서 서로 이렇게 말합니다. "이런 사람이 당신네들의 경건한 설교자라고? 당신네들이 무슨 짓거리들을 하고 있는지 한번 봐라! 당신네들이 다른 사람들보다 나은 게 뭐가 있나? 당신네들도 다른 사람들과 다 똑같다고." 이런 말들을 이 나라에 있는 모든 경건한 자들이 여러분 때문에 분명히 듣게 될 것입니다. "실족하게 하는 일이 없을 수는 없으나 실족하게 하는 그 사람에게는 화가 있도다"(마 18:7).

오, 친애하는 목회자 여러분, 여러분은 주님의 언약궤를 운반하고 있고 여러분에게 주님의 영광이 맡겨져 있으므로, 여러분이 하는 말 한 마디 한 마디, 여러분이 걷는 발걸음 하나하나도 조심하십시오. 만약 여러분이 "율법의 교훈을 받아 하나님의 뜻을 알고 지극히 선한 것을 분간하며 맹인의 길을 인도하는 자요 어둠에 있는 자의 빛이요 … 어리석은 자의 교사요 어린 아이의 선생이라고 스스로"(롬 2:18-20) 믿고 있으면서, 여러분이 가르친 것과 반대로 살아간다면, 여러분은 율법을 범함으로 하나님을 욕되게 하는 것이며, 하나님의 이름이 여러분 때문에 무지한 자들과 경건하지 않은 자들 중에서 모독을 받는 것입니다(롬 2:23, 24). 그리고 여러분은 다음과 같은 하늘나라의 불변의 법칙을 잘 모르고 있습니다. "나를 존중히 여기는 자를 내가 존중히 여기고 나를 멸시하는 자를 내가 경멸하리라"(삼상 2:30). 하나님의 이름을 더럽히는 사람은 분명히 그보다 더할 수 없는 수치로 자기 이름을 더럽힐 수밖에 없는 사람입니다. 하나님은 자신에게 던져진 그 어떤 치욕이라도 충분히 제거할 수 있는 방법을 알고 계시겠지만, 여러분은 여러분이 성도들에게 끼친 그 수치와 슬픔을 쉽게 제거할 수 없을 것입니다.

8. 여러분이 하는 수고의 성공 여부는 실질적으로 여러분이 자신을 살피는데 있습니다.

마지막으로 말씀드립니다. 여러분이 행하는 모든 사역의 성공 여부가 전적으로 여러분이 조심하느냐 하지 않느냐에 달려 있으므로, 여러분은 스스로 조심하십시오. 하나님은 자신의 위대한 사역을 성취하는데 사람들을 도구로 들어 사용하십니다. 그리고 도구로 쓰시기 전에, 하나님은 사람들을 이 위대한 사역에 적합한 사람으로 만들어 사용하십니다. 자, 그런데 한번 생각해 보십시오. 사역에 적합한 사람으로 만드는 주님의 이 일이 여러분 자신의 마음속에서도 제대로 이루어지지 않는다면, 성도들이 열매를 맺도록 하는 여러분의 사역을 과연 하나님이 축복하시리라 기대할 수 있을까요? 물론 하나님이 원하신다면 여러분의 사역을 축복하실 수도 있겠지만, 하나님이 과연 축복하실지 여부는 여전히 미지수입니다. 저는 이와 관련하여, 성도들을 구원할 도구가 되고 싶은 자는 왜 스스로 조심해야 하는지, 그리고 성화되지 않은 자들의 수고를 왜 하나님은 좀처럼 축복하지 않으시는지에 대해 여러분이 만족할 만한 몇 가지 이유들을 언급하고자 합니다.

(1) 다른 목회자들과 비교해 볼 때 하나님을 위해 일하지 않고, 자신을 위해 일하는 일꾼들을 하나님이 축복해 주시리라 기대할 수 있겠습니까? 성화되지 못한 사람들이 바로 그런 경우입니다. 회심한 사람들만이 하나님을 자신의 최고 목적으로 삼으며, 하나님의 영광을 위해 모든 일에서든 특정한 일에서든 진심으로 행합니다. 다른 사람들은 목회를 먹고 살기 위한 생계수단으로 생각합니다. 이런 목회자들은 다른 직업보다 이 목회직을 택한 이유가 있습니다. 바로 부모들이 자녀를 목사로 만들겠다고 서원을 했거나, 아니면 목사직이 적절한 수입을 보장해 주기 때문입니다. 또 다른 이유들도 있습니다. 목사로 살아가면 다양한 학문으로 자신의 지식을 채울 수 있는 기회도 많고, 몸을 쓰기를 싫어하는 사람들에게는 힘든 일도 덜할 수 있으며, 사람들로부터 어떤 형태로든 경의와 존경도 받을 수 있고, 지도자와 선생이 되어 다른 사람들이 자신의 "입에서 법을 받고"(욥 22:22, KJV) 사는 것을 좋은 일로 생각하기 때문입니다. 이러한 목적으로 그들은 목회자가 되었으며, 이러한 목적을 위해 그들은 설교를 합니다. 이러한 목적 또는 이와 유사한 목적이 없었다면, 그들은 당장 목회를 그만두었을 것입니다. 이런 목회자들이

행하는 수고에 하나님께서 크게 축복하시리라 기대할 수 있겠습니까? 그들이 설교하는 것은 하나님을 위한 것이 아니라 자신을 위한 것이며, 자신의 명성이나 이득을 위한 것입니다. 그들이 추구하고 섬기는 대상은 하나님이 아니라 바로 자기 자신입니다. 그러므로 하나님께서 그들이 성공하든 말든 그들을 내버려 두시고, 그들이 수고한 만큼만 열매를 거두게 할 뿐 그들의 수고에 더 큰 축복을 베풀지 않으시며, 그들이 전하는 말도 그 말이 가진 능력만큼만 영향을 끼치게 할 뿐 그 이상의 능력은 발휘되지 않도록 하시는 것은 그리 이상한 일은 아닙니다.

(2) 자신의 일을 진심으로 신실하게 행하지 않고 자기가 한 말을 믿지도 않으며, 성실하게 일하는 것처럼 보여도 실은 전혀 진지하지 않은 그런 사람이 남들처럼 그렇게 성공할 수 있으리라고 여러분은 생각하십니까? 그리고 성화되지 못한 사람이 목회 사역을 진심으로 진지하게 수행할 수 있으리라고 여러분은 생각하십니까? 물론 그도 하나님의 말씀이 진리라는 입장이나 일반적인 믿음에서 나오는 진지함을 가지고 있을 수도 있고, 아니면 타고난 열정이나 이기적인 목적으로 열심을 낼 수도 있습니다. 그러나 그에게는 하나님의 영광과 인간의 구원을 궁극적으로 지향하는 건전한 신자라면 지녀야 할 진지함이나 신실함이 없습니다. 오, 목회자 여러분, 여러분이 성도들을 대상으로 하는 모든 설교와 권유는 여러분의 마음속에서 철저히 체화되기 전까지는 한갓 몽상이며 비열한 위선에 불과할 뿐입니다. 여러분의 마음이 그토록 싫어하는 사역을 어떻게 밤낮으로 감당할 수 있겠습니까? 여러분 자신은 회개하지도 않고 하나님께 돌아오지도 않으면서, 어떻게 가련한 죄인들에게 회개하고 하나님께 돌아오라고 진지한 열정으로 외칠 수 있겠습니까? 여러분은 죄를 악한 것으로 여기지도 않고 거룩함의 가치를 중히 여기지도 않으면서, 어떻게 진심으로 가련한 죄인들을 쫓아다니면서, 죄를 조심하고 거룩한 삶을 살아가도록 끈질기게 권유할 수 있겠습니까?

이런 것들은 자신이 느끼기 전까지는 전혀 알 수 없는 것들이며, 자신이 완전히 사로잡히기 전까지는 전혀 느낄 수 없는 것들입니다. 이런 것들을 스스로 느끼지 못하는 사람은 다른 사람에게 이것을 실감나게 말해 줄 수도 없고, 다른 사람이 이것을 느끼도록 도울 수도 없습니다. 자신의 영혼도 불쌍히 여기지 않는 사람이, 어떻게 죄인들을 불쌍히 여기는 마음을 갖고 눈물을 흘리며 죄인들을 따라다니면서, 그들이 가던 인생길을 멈추고 돌아와서 생명을 얻기를 주님의 이름으로 간구할 수 있겠습니까? 도대체 여러분은 여러분 자신보다 다른 사람들을 더 사랑할 수 있다는 말입니까? 여러분은 여러분 자신도 불쌍히 여기지 않으면서 그들을 불쌍히 여길 수 있습니까? 목회자 여러분, 여러분은 지옥이 있다는 것을 진심으로 받아들이지 않는 사람이 지옥으로부터 성도들을 구해내기 위해 진심으로 열심을 낼 수 있다고 생각하십니까? 또는 천국이 있다는 사실을 진정으로 믿지 않는 사람이 성도들을 천국으로 인도할 수 있겠습니까? 제가 본문으로 삼은 구절에 대해 칼빈이 말한 대로 "자기 자신의 구원에 게으른 사람은 다른 사람의 구원을 위해 열심히 애쓸 수 없습니다"(칼빈의 「사도행전 주석」 20장 28절 — 역주). 하나님의 말씀과 내생(來生)에 대한 강한 확신이 없어 이 세상의 헛된 것들에 마음이 연연하여 자신의 구원을 위한 거룩한 열심을 기뻐하지 않는 사람이 다른 사람의 구원을 위해서는 신실하게 애쓸 것이라고는 기대할 수 없습니다. 자기가 저주를 받아도 담대히 자신을 내놓은 사람은 저주받을 길로 들어선 다른 사람들도 담대히 홀로 내버려 둘 것이 분명하기 때문입니다. 가룟 유다처럼 자기 스승을 은화 몇 푼에 파는 사람은 양 떼도 주저 없이 팔아 치울 것입니다. 세상의 육신적인 기쁨을 내려놓기보다는 오히려 하늘의 소망을 포기할 사람이 다른 사람을 구원하기 위해 세상의 기쁨을 내려놓지는 않을 것입니다. 의도적으로 자신에게 잔인한 사람은 다른 사람에 대해서도 연민의 정이 없을 것이고, 자신의 영혼에 신실하지 못한 사람에게 다른 사람의 영혼을 맡길 수는 없습니다. 다른 사람의 영혼을 죄가 주는 순간적인 쾌락을 위해 악마에게 팔아버릴 것이기 때문입니다. 이런 사실들은 자연스럽게 예상할 수 있는 것들입니다. 정말 상황이 어쩔 수 없다거나, 별 다른 뾰족한 수가 없을 때가 아니라면, 저는 스스로 조심하지 않고 자신의 영혼을 돌보지 않는 사람이 다른 사람의 영혼을 맡아서 그 영혼들의 구원을 위해 돌볼 수 있다는 것에 결코 동의할 수 없습니다. 이것이 저의 솔직한 심정입니다.

(3) 여러분은 스스로 사탄의 종 된 사람이 온 힘을 다해 사탄과 대항해 싸울 수 있다고 생각하십니까? 스스로 마귀의 왕국의 일원이며 하수인인 자가 그 마귀의 왕국에 큰 해를 입힐 수 있겠습니까? 그리스도의 원수에게 충성을 맹세한 자가 그리스도에게 충성하겠습니까? 바로 이 경우가 지위고하를 막론하고 성화되지 못한 사람들의 모습입니다. 그들은 사탄의 종들이며 사탄 왕국의 신민(臣民)입니다. 그들의 마음을 지배하는 자가 바로 사탄입니다. 이렇게 마귀의 지배를 받는 자들이 그리스도에게 충성할 수 있겠습니까? 세상에 어떤 왕자가 원수의 친구들과 종들을 뽑아서 그 원수를 치기 위한 전쟁에서 자기 군대의 지도자로 삼겠습니까? 이 행태가 바로 수많은 복음 설교자들이 그들이 설교하는 복음 사역에 원수 노릇을 하고 있는 모습입니다. 그런 자들이 신실한 자들의 거룩한 순종을 조롱하는 것은 이상한 일이 아닙니다. 그들은 거룩한 삶을 설교할 책임을 맡고 있지만, 정작 그런 거룩한 삶을 살아가는 자들에 대해서는 비난을 퍼붓습니다! 예나 지금이나 그리스도의 교회 안에는 그러한 배신자들이 얼마나 많이 있었는지 모릅니다. 그들은 공개된 접전지역보다는 그리스도의 깃발 아래서 더 많이 그리스도를 공격하였습니다! 그들은 평상시에는 그리스도와 신앙에 대해서 좋게 말하다가도, 그리스도와 신앙에 누가 되는 것들을 교활하게 행하며, 전심으로 하나님을 찾고자 애쓰는 사람들을 모두 광신도들 아니면 위선자들로 몰아붙입니다. 그들은 이러한 행태에 대해 차마 부끄러워 강단 위에서는 말할 수 없겠지만, 친한 사람들 사이에서는 개인적으로 이에 관해 이야기할 것입니다. 통탄할 노릇입니다! 이러한 수많은 늑대들이 지금까지 양을 지켜왔으니 말입니다! 그리스도의 가족인 열두 명 중에서도 배신자가 있었는데, 오늘날에도 그런 배

신자가 많다고 해서 그리 놀랄 일은 아닙니다. "그들의 신은 배요 … 땅의 일을 생각하는 자"(빌 3:19)인 사탄의 종이 "그리스도의 십자가의 원수"(빌 3:18)보다 조금이라도 더 나은 게 뭐가 있겠습니까? 사탄의 종이라도 예의바르게 살면서, 그럴듯하게 설교하고 외형적으로는 종교인의 직업을 유지하면서 살 수 있지 않겠습니까? 성도들은 술 취함과 불결함 같은 수치스러운 죄들로 마귀의 올무에 빠지지만, 목회자들은 세속적인 것과 교만과 경건에 힘쓰기를 은밀히 싫어하는 것과 믿음에 뿌리내리지 않고 그리스도에게 전적으로 헌신하지 않는 그런 건전하지 않은 마음으로 마귀의 올무에 빠지게 됩니다. 세리들과 창녀들이 바리새인들보다 먼저 하나님의 나라에 들어갈 수 있는 것은(마 21:31), 그들이 자신들의 죄와 비참함을 바리새인들보다 먼저 깨달았기 때문입니다.

이런 사람들 중에 대다수는 탁월한 설교자처럼 보이고, 다른 사람들처럼 죄에 대해 강하게 비판하는 것 같아도, 이것은 모두 열심인 척하는 것이며 대개는 쓸데없이 호통을 치는 것에 불과합니다. 자기 마음속에 죄를 간직하고 있는 사람은 다른 사람의 죄를 진지하게 공격할 수 없기 때문입니다. 사악한 사람은 자신이 개혁되기보다는 다른 사람들이 개혁되는 것을 더 보고 싶어합니다. 그래서 그 사악한 사람은 다른 사람들에게 악한 길에서 떠나도록 설득하는 일에 열심을 내고 다닐 것입니다. 왜냐하면 자신이 악한 길을 포기하는 것보다는 죄에 대해 비판하는 설교를 하는 것이 더 쉽고, 다른 사람이 개혁되는 모습을 보면서 남들이 자기 말을 듣는다는 일종의 쾌감을 느끼기 때문입니다. 따라서 많은 사악한 목회자들이나 부모들은 자기 성도들이나 자녀들의 행동을 개선시키려고 무지 애를 씁니다. 성도나 자녀가 개혁된다고 해서 목회자와 부모 자신들이 누리는 악한 이익이나 쾌락을 잃는 것도 아니고, 목회자와 부모 자신들의 자기부인이 요구되는 것도 아니기 때문입니다. 그러나 이 모든 것에도 불구하고, 그들에게는 신실한 그리스도인들에게서 볼 수 있는 열정, 결단, 근면 등이 없습니다. 그들은 죄를 그리스도의 원수로 여기지도 않고 죄가 성도들의 영혼을 위험에 빠뜨린다고도 생각하지 않기 때문에 스스로 죄에 맞서지 않습니다. 배신한 지휘관은 권총에 공포탄만 넣고서 적을 겨냥해 쏘아대기 때문에, 소음만 크게 나고 무성한 소문만 만들어낼 뿐, 적에게는 아무런 해도 입히지 못합니다. 이와 마찬가지로 이런 목회자들은 큰 소리만 치고 입으로는 열심인 척하며 자기주장을 떠벌리지만, 정작 죄와 사탄에 대해서는 어떤 위협적인 공격도 하지 못합니다. 사람은 누구든지 자기가 싫어하는 대상이나 화나는 대상이 아니라면 잘 싸우지 못합니다. 그런데 하물며 사랑하는 대상, 그것도 무엇보다도 가장 사랑하는 대상과 어찌 싸울 수 있겠습니까. 거듭나지 못한 모든 사람은 결코 죄를 미워할 수 없습니다. 왜냐하면 그는 죄를 가장 귀한 보물로 생각하기 때문입니다. 그러므로 원수를 사랑하는 성화되지 못한 사람은 그리스도의 군대에 지도자로 적합하지 않으며, 더구나 다른 사람들로 하여금 세상과 육신을 포기하도록 인도하기에도 더욱 적합하지 않다는 사실을 여러분은 알 수 있을 것입니다. 그 사람 자신이 세상과 육신을 가장 귀한 것들로 여기고 이것들에 집착하고 있기 때문입니다.

(4) 목회자들이 설교한 대로 살지 않는다는 것을 성도들이 안다면, 성도들은 그런 목회자의 가르침에 대해 깊은 존경을 표하지 않을 것입니다. 만약 목회자가 자기가 말한 대로 살지 않는다면, 성도들은 목회자 본인도 자기가 말한 것을 중요하게 여기지 않는다고 생각할 것입니다. 성도들은 허투루 말하는 것 같은 사람을 믿을 수 없을 것입니다. 만약 어떤 사람이 여러분에게 곰이나 원수가 여러분을 뒤따라오고 있으니 목숨을 구하려면 뛰라고 말해놓고는 정작 자신은 평소대로 걷는다면, 여러분은 그 사람이 농담으로 한 말이거나 아니면 실제로는 그가 말한 것만큼 그렇게 위험한 상황이 아니라고 생각할 것입니다. 설교자가 성도들에게 거룩함의 필요성에 대해 말하면서 "이것이 없이는 아무도 주를 보지 못하리라"(히 12:14)고 선포했다고 합시다. 그런데 정작 설교자가 거룩하게 살지 않는다면, 성도들은 목회자가 시간을 때

우거나 돈을 뜯어내려고 하는 말이며, 목회자가 하는 말은 모두 말뿐이라고 생각할 것입니다. 성도들이 목회자에게도 목회자가 비판하는 그런 악과 위험이 있다는 것을 알게 된다면, 여러분은 언성을 높여서 죄를 비판할 수 없을 것입니다. 그동안 성도들은 죄를 비판하던 바로 그 사람이 그 죄를 마음에 품기도 하며 죄짓기를 기뻐하는 모습까지 봐 왔기 때문입니다. 오히려 여러분은 성도들로 하여금 죄 안에는 뭔가 특별한 좋은 것이 있어서 목회자가 죄에 대해 그렇게 예민하게 반응하는 것처럼 생각하도록 만들었습니다. 마치 음식에 욕심이 있는 사람이 자기가 좋아하는 음식을 모두 다 먹기 위해서 그 음식이 별로인 것처럼 말하는 것과 같습니다. 사람들은 귀뿐 아니라 눈도 있기 때문에, 여러분이 중시하는 것을 귀로 듣고자 할 뿐만 아니라 눈으로 보고도 싶어합니다. 사람들은 듣는 것보다 보는 것을 더 신뢰하는 경향이 있습니다. 시각과 청각 중에서 시각이 더 정확하다고 생각하기 때문입니다.

목회자가 행하는 모든 것이 설교라고 할 수 있습니다. 만약 여러분이 탐욕스럽고 경솔하게 산다면, 여러분은 실제 이렇게 사는 것으로 성도들에게 죄를 설교하고 있는 것입니다. 만약 여러분이 술을 마시고 노름을 하며 쓸데없는 얘기로 시간을 보낸다면, 성도들은 여러분의 모습을 보고 이렇게 받아들일 것입니다. "이웃에 계신 여러분, 여러분 모두는 바로 이렇게 살아야 합니다. 여러분이 과감하게 이런 식으로 산다 해도 전혀 위험하지 않습니다." 만약 여러분이 경건하지 않아서 가족들에게 하나님 경외하는 법을 가르치지 않고, 여러분이 속한 모임에서 죄에 대해 반박하지도 않으며, 모임에 오는 사람들이 주로 쓸데없는 얘기만 계속하게 하면서 그들의 구원에 대해서 분명하게 대화하지 않는다면, 그들은 여러분이 이런 것들은 필요 없다고 설교하는 것처럼 받아들일 것입니다. 그리고 그들도 여러분과 마찬가지로 대담하게 행동할 것입니다. 아니, 이런 행동을 통해 여러분은 이 모든 것보다 더 악한 일을 하게 됩니다. 여러분은 여러분보다 더 훌륭한 사람들을 성도들이 여러분보다 더 악한 사람으로 생각하도록 가르치고 있기 때문입니다. 이런 여러분 때문에 얼마나 많은 신실한 목회자와 무명의 그리스도인들이 미움과 비판을 받고 있는지 모릅니다. 사람들이 그들에게 뭐라고 말하는지 아십니까? "목사님은 매우 엄격하시고 우리에게 죄와 사명에 대해서 너무 자주 말씀하십니다. 이런 주제에 대해서 너무 유별나신 것 같습니다. 그런데 아무개 목사님은 목사님 못지않게 설교도 잘하고 유명한 학자인데도, 우리와 같이 재미있게 웃기도 하고 농담도 잘하십니다. 우리를 간섭하지도 않고, 죄나 사명과 문제들로 우리나 자기 자신을 절대 괴롭히지 않으십니다. 그런데 목사님은 가만히 있지 않고 필요 이상으로 유별나신 것 같습니다. 건전하고 학식 있고 유순한 성직자들은 조용하게 다른 사람들처럼 우리와 함께 잘 지내는데, 목사님은 유난히 저주의 말로 사람들에게 겁주기를 좋아하는 것 같습니다."

사람들이 이렇게 생각하고 말하는 것은 여러분의 게으름 때문입니다. 여러분이 설교를 마친 후에 돌아와서 그들이 말하는 것처럼 말하고 그들이 행하는 대로 살고 여러분의 대화도 그들과 다르지 않으며, 추후에도 그들에게 간섭하지 않고 그들과 친하게 재미만을 추구한다면, 그들은 여러분이 강대상에서 마음껏 경건에 대해 말하고 그들의 죄에 대해 설교하도록 할 것입니다. 왜냐하면 그들은 강대상을 연극무대로 생각하기 때문입니다. 설교자 자신이 쇼(show)를 하고 맡은 배역을 감당하는 연극 무대에서, 여러분은 여러분이 말하고 싶은 것들을 한 시간 동안 말할 자유를 가지는 것입니다. 그러나 여러분이 개인적으로 그들의 얼굴을 대면해서 정말 아주 귀한 것에 대해 열심을 가지고 말하지 않는다면, 그들은 여러분이 강대상에서 말하는 것을 귀하게 여기지 않을 것입니다. 안식일에 한 시간만 그리스도를 위하는 말로 설교를 하고, 나머지는 일주일 내내 그리스도를 거스르는 생활로 설교를 하여, 실제로 자신이 한 공적인 말들을 거짓말로 만들어 버리는 사람이 그리스도의 사역자로서 적합하고 훌륭한 사람이겠습니까? 설령 몇몇 현명한 성도들이 그런 목회자들의 본을 따르지 않는다 해도, 목회자들이 보여준 역겨운 목회자의 생활모습으로 인해 그 현명한 성도들의 가르침은 별 영향력을 끼치지 못할 것입니다. 여러분도 알다시피, 고기가 맛있고 건강에 좋은 음식이어도, 음식을 손질하는 요리사나 하인이 전염병에 걸렸거나 더러운 손으로 만졌다면, 비위가 약한 사람들은 복통을 겪게 될 것입니다. 그러므로 여러분이 성도들에게 유익을 끼치려는 마음이 조금이라도 있다면, 여러분은 스스로 조심하십시오.

　마지막으로, 여러분이 행하는 수고의 성공 여부는 주님의 도우심과 축복에 달려 있음을 깊이 생각하십시오. 주님께서 경건하지 않은 자들에게 그분의 도우심과 축복을 약속하신 적이 한 번이라도 있었습니까? 주님이 그런 경건하지 않은 자들을 통해서라도 주님의 교회를 축복하신다는 약속을 하셨다 해도, 이런 경건하지 않은 사람들 개인에게는 어떤 축복도 결코 약속하지 않으셨습니다. 주님의 신실한 종들에게는 주님께서 그들과 함께 하시고, 주께서 그들 위에 자신의 영을 두시며(민 11:29, KJV), 주님의 말씀을 그들의 입에 두고(사 51:16), 그들 앞에서 사탄이 하늘로부터 번개 같이 떨어지게 하겠다고(눅 10:18) 약속하셨습니다. 그러나 성경 어디에도 경건하지 않은 목회자들에게 이런 약속을 하셨다는 말씀은 나오지 않습니다. 한 구절도 없습니다. 여러분의 위선과 하나님에 대한 모욕이 하나님을 격분하게 하여, 하나님께서 여러분을 버리고 여러분이 행하는 모든 수고를 헛되게 하실 것입니다. 하나님은 그 택한 백성들을 위해서는 여러분의 수고를 축복하실지 몰라도, 여러분 자신을 위해서는 축복하지 않으실 것입니다. 하나님은 사악한 사람들을 통해서도 그의 교회에 유익을 끼치기도 하신다는 사실을 부인하지는 않겠습니다. 그러나 하나님은 일반적으로 그렇게 하지는 않으십니다. 혹 그럴 경우가 있다해도 하나님의 종들을 통해 행하시는 것처럼 그렇게 탁월하게 행하시지도 않습니다. 지금까지 사악한 자들에 대해 말한 것들은 부분적으로 경건한 자들에게도 해당됩니다. 경건한 자들이라도 나쁜 소문에 휩싸이고 타락한다면, 그들이 지은 죄악에 비례하여 적용될 것입니다.

제2편

양떼를 돌봄

The oversight of the flock

제1장

목양의 본질

지금까지 목회자의 자아 성찰에 대해 여러분에게 말씀드렸습니다. 다음으로는 "모든 양 떼에게 주의를 기울이라"(행 20:28, KJV)고 하신 말씀이 뜻하는 바를 말씀드리고자 합니다.

우리가 다른 사람을 위하여 무엇을 행하기 이전에, 우리 자신의 영혼을 위해서 우리가 무엇을 해야 할지, 그리고 우리가 어떤 사람이 되어야 할지 우선적으로 숙고할 필요가 있습니다. "스스로 게을러서 자신의 상처를 낫게 할 수 없는 사람은 다른 사람의 상처도 낫게 할 수 없습니다. 그런 사람은 자신뿐 아니라 자신의 이웃에게도 전혀 유익을 끼치지 못합니다. 다른 사람을 일으켜 주기는커녕 자신이 먼저 넘어지고 맙니다"(NPNF[*Nicene and Post-Nicene Fathers*] 12권에 실린 대 그레고리우스[Saint Gregory the Great]의 「목회 지침서」 제4부[*The Book of Pastoral Rule*, Part IV], "설교자가 자신의 삶과 자신이 행하는 설교를 일으켜 세우며 자신의 사역을 바르게 감당하기 위해서는 마땅히 자기 자신을 돌아보아야 한다"). 참으로 자신의 마음과 삶으로 사역을 감당하지 않으면, 자기가 행하는 모든 사역들은 물거품이 되고 맙니다. "영적인 사역에는 전문가이지만, 그 사역을 감당하는 방식에서 자기방식만을 고집하는 사람들이 있습니다. 지혜롭게 행동하기는 하지만, 그로 인해 그들이 행하는 유익한 것들을 뭉개 버리기도 합니다. 그들은 묵상을 통해서만 전달될 수 있는 거룩한 것들을 너무 성급하게 가르칩니다. 그들이 공개적으로 선포했던 것들을 그들의 행동으로 반박하기도 합니다. 그런 목자들은 양 떼들이 따라가기에 너무 험한 길로 인도하며 걸어가고 있습니다"(대(大) 그레고리우스 의

「목회지침서」 제1부 제2장, "연구로 알게 된 것을 삶에 실천하지 않는 자는 절대로 다스리는 직을 맡아서는 안 된다" — 역주). 우리가 양 떼들을 생명 물가로 인도한다 해도, 우리의 더러운 삶으로 인해 그 물을 흙탕물로 만들어 버린다면, 우리의 사역은 망치게 되고, 양 떼들도 결코 개선되지 않을 것입니다. 우리는 사역 그 자체에 대해 말하기 전에, 사역에 전제된 몇 가지 사실에 주목하고자 합니다.

이 돌봄은 모든 양 떼들을 대상으로 합니다.

1. 모든 양 떼들은 자신의 목자가 있어야 하고, 모든 목자는 자신의 양 떼들이 있어야 한다는 사실이 사역에 전제되어 있습니다. 군대 조직을 보면, 모든 군 병력들은 자체적으로 대장과 여러 장교들이 있고, 모든 군사들은 자신의 상사와 군기를 알고 있습니다. 이와 마찬가지로 모든 교회에는 자신의 목자가 있어야 하고, 모든 그리스도의 제자들은 "주 안에서 너희를 다스리며 권하는 자들을 너희가"(살전 5:12) 알아야 합니다. 이것이 하나님의 뜻입니다. 목회자는 보편교회에 속한 한 사람의 장교이면서, 동시에 자기에게 맡겨진 특정 교회를 감독하는 특별한 방식의 사명을 감당해야 합니다. 만약 우리가 어떤 특정한 직무 없이 목회자로 임직을 받았다면, 우리의 모든 은사들을 발휘할 기회로 알고서, 모든 일에 우리의 최선을 다하도록 자격이 주어졌고 명령을 받았다고 생각하십시오. 그러나 우리가 어떤 특정한 직무를 맡게 되었다면, 그 특정한 회중만을 위해서 우리의 은사들을 발휘하는 것으로 제한하십시오. 그래서 공공의 유익이 요구되는 상황을 제외하고는(공공의 유익이 최우선으로 고려되어야만 합니다), 우리의 시간과 돕는 여력을 다른 사람들에게 쏟아서는 안 됩니다. 목자와 양 떼에 대한 이런 관계에서, 목자와 양 떼 양자가 상호간에 져야 할 모든 의무가 생기게 됩니다.

2. "모든 양 떼에게 주의를 기울이라"(행 20:28, KJV)는 명령을 우리가 받

앉을 때, 이 명령에는 양 떼들보다 우리가 감독의 능력, 즉 "주의를 기울이는" 능력이 일반적으로 더 뛰어나다는 사실이 분명히 함축되어 있습니다. 하나님은 우리의 본성에 불가능한 일은 우리에게 시키지 않으십니다. 하나님은 인간에게 달까지 뛰어올라 별을 따가지고 오라거나 바다의 모래를 헤아려 보라고는 시키지 않으십니다. 목회 사역이 모든 양 떼를 두루 살피는 일이라면, 지금 각각의 목자가 돌봐야 할 영혼들의 숫자는 위에서 말한 대로 목자가 주의를 기울이도록 요구된 숫자, 즉 모든 양 떼보다는 분명히 더 많지 않을 것입니다. 하나님께서 한 명의 주교에게 다 알지도 못하고 또 감독도 할 수 없을 정도로 많은 주(county)를 맡긴다거나, 또는 수많은 교구들이나 수천 명의 영혼들을 맡으라고 요구하시겠습니까? 양 떼를 돌봐야 할 특정한 선생들이 모두 그 직무를 소홀히 하고 있는데, 한 사람에게만 그들을 모두 맡으라고 정말 그러시겠습니까? 열 명, 스무 명, 백 명, 아니 삼백 명이 힘을 모아도 할 수 없는 일을 한 사람이 못한다고 해서, 하나님이 그 수많은 교구 성도들의 피값을 그 손에서 찾으시겠습니까?(겔 3:18). 하나님께서 정말 그런 능력을 요구하신다면, 저는 산이라도 옮길 수 있을 것입니다. 만일 그렇다면 이 불쌍한 감독들은 화를 면치 못할 것입니다! 학식 있고 진지한 사람들이 이 감독직을 특권으로 여겨 선호하고, 이런 짐을 자원해서 지고자 하면서도, 이렇게 위대한 직무를 떠맡을 생각에 두려워하지 않는다면, 이 얼마나 서글픈 일이겠습니까? 사도로부터 시작된 이 교구 운영방식이 계속 준수되어서, 교구의 크기가 장로들이나 감독들이 다스리고 감독할 수 있을 정도가 되어 모든 양 떼에게 주의를 기울일 수 있게 되거나, 혹은 교회가 성장함에 따라 목자들의 숫자도 증가하여, 감독자들의 숫자도 돌봐야 할 영혼들의 숫자와 비례해서 늘어난다면, 교회뿐만 아니라 감독들 자신에게도 그 얼마나 다행한 일이겠습니까? 이렇게만 된다면 무의미한 직함만 가지고서 할 수도 없는 일을 떠맡은 채, 진정으로 감당해야 할 사역을 내팽개쳐 두는 일은 없었을 것입니다! 이 모든 일을 혼자서 떠맡지 말고, 사역에 필요한 더 많은

일꾼들을 기대하면서, "추수하는 주인에게 청하여 추수할 일꾼들을 보내 주
소서"(눅 10:2)라고 기도했다면 더 좋았을 것입니다. 한 주(county)의 모든
추수를 혼자서 거두려고 하다가 죽을 고통은 물론이고 심지어 욕까지 먹으
면서도, 이런 특권을 얻기 위해 열렬히 다투는 자들이 있습니다. 그런 일꾼
에게는 그가 맡은 직무의 고하를 막론하고 신중하다거나 겸손하다고 칭찬할
수 없습니다.

　그런데 이렇게 말할 수도 있을 것 같습니다. 다스리는 사람은 한 명이지
만, 가르치는 사람이 많지 않느냐고 말입니다. 이에 대해 제가 답변하겠습니
다. 정말 이렇게만 된다면 하나님께 감사해야 할 일이지, 가르치는 사람들에
게 감사할 일은 아닙니다. 그러나 다스리는 것도 설교 못지않게 우리 영혼의
유익을 위해 대단히 중요한 일이지 않습니까? 다스리는 것이 중요하지 않다
면, 교회를 치리하는 사람들은 무슨 소용이 있겠습니까? 그러나 교회의 치리
가 중요하다면, 할 수도 없는 일(교회 치리 — 역주)을 떠맡고서 그 일을 아무
쓸모없이 만드는 사람들은 교회와 자기 자신들을 망하게 하는 일에 착수한
것입니다. 오직 설교만 필요하다면, 오직 설교자들만 있도록 합시다. 정말
그렇다면, 이렇게 교회의 치리를 위해 소란해야 할 이유가 무엇입니까? 그러
나 제대로 된 신앙훈련이 필요하다고 한다면, 이 훈련을 배제하는 것은 성도
들의 구원을 훼방하겠다는 마음이 아니고 무엇이겠습니까? 그러나 본성적으
로 이런 훈련을 수행할 수 없는 사람이 사역을 감당해야 하는 상황이라면,
이런 신앙훈련은 불가피하게 배제될 수밖에 없을 것입니다. 이것은 혼자서
군대를 명령하는 장군이 이렇게 말하는 것과 같습니다. "명령하지 말고 멸망
하도록 내버려 두라." 또 그 주(county)에 있는 모든 학교들을 혼자서 감독
하는, 즉 치리하는 교육감이 이렇게 말하는 것과 같습니다. "치리하지 말고
모두 가만히 내버려 두라." 이것은 또한 한 나라나 한 주 안에 있는 모든 아
픈 환자들을 돌봐야 하는 의사가 돌봐야 할 환자들 중 백분의 일밖에 진료를
할 수 없을 때, 그 의사가 이렇게 말하는 것과 같습니다. "환자들을 죽도록

내버려 두라." 물론 꼭 필요하기는 한데 달리 뾰족한 수가 없을 때는 한 사람이 개인적으로 감독할 수 있는 것보다 더 많은 영혼들을 책임질 수도 있다는 사실을 우리는 여전히 인정해야 합니다. 하지만 그럴 경우에도, 일반적으로 한 목자가 모든 일을 다 감당하려고 해서는 안 되며, 자기가 그 영혼들을 위해 할 수 있는 일만 맡도록 해야 합니다.

우리 중에 어떤 분들은 이런 경우도 있습니다. 주에서 교구 성도들에게 좀 더 특별히 주의를 기울이라는 요구와 함께 자신이 돌볼 수 있는 역량 이상의 큰 교구들을 맡게 되는 경우입니다. 제 경우를 솔직히 말씀드리자면, 저는 혼자서 한 주를 다 다스릴 수 있을 정도로 그렇게 담대한 사람이 못됩니다. 영국 전역을 위해 일한다고 하면서 정작 제가 맡은 교구에서는 하나님이 요구하시는 목회 사역의 반도 감당하지 못하면 어떡하나 하는 것이 저의 마음입니다. 이렇게 생각하면 제 양심이 편했기 때문에 저는 그렇게 했습니다. 교회가 필요로 한다고 해서, 제가 더 많은 사역을 감당할 수는 없습니다. 제대로 감당하지도 못하고 방치하기보다는 감당할 수 있는 일만 해야 합니다. 이유는 간단합니다. 제가 그 모든 일을 다 할 수 없기 때문입니다. 그러나 목자의 역량을 넘어서서 목자에게 많은 사역을 요구할 수밖에 없는 경우는 교회에서 일반적으로 일어나는 상황은 아닙니다. 적어도 그런 상황은 바람직한 상황이 아닙니다. 능력 있고 신실한 사역자들의 수가 영혼들의 수에 비례해서 적당하기만 한다면, 그리하여 목자들의 숫자가 충분하거나 혹은 지교회들의 숫자가 적어서, 우리가 "모든 양 떼에게 주의를 기울이라"(행 20:28, KJV)는 이 말씀을 실천할 수만 있다면, 이 얼마나 그리스도의 교회에 기쁜 일이겠습니까. 우리 앞에 놓인 상황들에 대해 살펴보았으므로, 이제부터 "모든 양 떼에게 주의를 기울이라"는 말씀이 제안하는 사명에 대해 살펴보고자 합니다.

여러분도 알다시피, 우리는 모든 양 떼, 즉 성도 한 사람 한 사람에 대한 책임을 맡고 있습니다. 이들을 잘 돌보기 위해서는 우리에게 맡겨진 모든 성도들에 대해 반드시 알아야 합니다. 그들에 대해 알지도 못하면서 어떻게 우리가 그들에게 주의를 기울일 수 있겠습니까? 우리는 우리가 맡고 있는 모든 성도들의 생김새는 물론이고, 그들의 형편과 성향과 관심거리도 알려고 노력해야 합니다. 그들이 직면한 가장 위험한 죄는 어떤 것인지, 그들이 가장 게을리하는 의무는 무엇인지, 그들이 어떤 유혹에 잘 넘어가는지 알아야 합니다. 우리가 그들의 기질이나 질병에 대해 알지 못한다면, 우리는 성공적으로 그들의 의사 역할을 감당할 수 없기 때문입니다.

이렇게 모든 양 떼를 알게 되었다면, 그 다음으로 그들에게 주의를 기울여야 합니다. 이성이 있는 자라면 누구나 이렇게 하는 것이 옳다고 인정할 것이며, 이에 대해서는 더 이상 설명할 필요가 없을 것 같습니다. 세심한 목자라면 모든 양들을 개별적으로 살피지 않겠습니까? 그리고 선한 교사라면 모든 학생들을 개별적으로 살피지 않겠습니까? 선한 의사는 모든 환자들을 개별적으로 살피고, 선한 장군은 모든 병사들을 개별적으로 살피지 않겠습니까? 그렇다면 목자들, 교사들, 의사들과 함께 그리스도 교회의 지도자들도 그들이 맡고 있는 모든 성도들에게 개별적으로 주의를 기울이지 못할 이유가 어디 있겠습니까? 모든 양 떼를 돌보시는 위대하고 "선한 목자"(요 10:14)이신 그리스도께서도 친히 모든 양 떼를 개별적으로 돌보셨습니다. 복음서의 비유에 묘사된 대로 그리스도는 "아흔아홉 마리를 들에 두고 그 잃은 것을 찾아내기까지 찾아다니"(눅 15:4)는 분이십니다. 선지자들도 종종 개인들에게 보내심을 받았습니다. 에스겔 선지자는 개인들의 파수꾼으로 세워졌으며, 악인에게 "너는 꼭 죽으리라"(겔 3:18)고 말해야 하는 명령을 받기도 했습니다. 사도 바울은 "공중 앞에서나 각 집에서나"(행 20:20) 사람들을 가르쳤습니다. 그리고 다른 곳에서는 바울이 이렇게 말합니다. "각 사람을 권하고 모든 지혜로 각 사람을 가르침은 각 사람을 그리스도 안에서 완전한 자로 세우려 함이니"(골 1:28)라고 말입니다. 성경의 다른 많은 구절들도 모든 양 떼에게 개별적으로 주의를 기울이는 것을 우리의 의무로 분명히 말씀하고 있습니다. 고대 공의회의 많은 문서들도 이것이 초대 교회 때부터 행해져 오던 관습이었음을 분명히 보여주고 있습니다. 저는 이 문서들 가운데 이그나티우스(Ignatius)가 기록한 한 구절만 인용하고자 합니다. "종종 집회로 함께 모이도록 하십시오. 각 사람의 이름을 모두 부르도록 하십시오. 남종이나 여종들을 무시하지 마십시오"(*ANTE-NICENE FATHERS* 1권에 나오는 "폴리캅에게 보내는 이그나티우스의 편지" 제4장[THE EPISTLE OF IGNATIUS TO POLYCARP Chapter Ⅳ]에 나오는 내용이다 ― 역주).

가장 천한 남종이나 여종까지 모든 성도들을 예외 없이 이름을 부르면서 돌보는 것이 그 당시의 의무였습니다. 그래도 어떤 이들은 이렇게 반대할지도 모릅니다. "저는 감독해야 할 회중이 너무 많아서, 그들 모두를 알기는 불가능합니다. 더구나 성도들 모두에게 개인적으로 주의를 기울이기는 더더욱 불가능합니다." 이런 질문에 저는 이렇게 대답하겠습니다. "여러분이 그런 책임을 떠맡게 된 것은 불가피한 것이었습니까, 불가피한 것이 아니었습니까? 만약 어쩔 수 없이 그 사역을 맡은 것이 아니라면, 여러분은 자신의 죄에 대해 많은 사람들을 구실로 삼아 핑계를 대고 있는 것입니다. 어떻게 여러분은 자기가 감당할 수 없는 일인 줄 알면서도, 그리고 남들이 꼭 하라고 강요한 것도 아닌데 감히 그런 일을 떠맡을 수 있습니까? 그 일을 떠맡을 때 여러분에게는 아마도 몇 가지 다른 속셈이 있었던 것 같고, 여러분이 맡은 일을 신실하게 감당하겠다는 의도도 전혀 없었던 것 같습니다. 그러나 만약 여러분이 어쩔 수 없이 그 일을 맡게 되었다고 생각한다면, 저는 여러분에게 묻겠습니다. 그렇게 큰 책임을 감당하기 위해 도움을 받을 수도 있지 않습니까? 다른 사람들로부터 도움의 손길을 얻기 위해, 친구나 이웃들에게 여러분이 할 수 있는 모든 것을 해 보았습니까? 여러분에게 지급되는 사례비로 비록 여러분이 부하게 되지는 못해도, 여러분 자신과 다른 사람들을 위해 쓸 수 있을 만큼은 되지 않습니까? 여러분이 감당할 수 없을 정도의 일을 맡고서 그 수많은 양 떼들의 영혼을 돌보는 일을 게을리하는 것보다는, 여러분의 육체와 가족이 **빡빡한** 삶을 사는 것이 더 합당하지 않겠습니까? 제가 하는 이런 말씀이 어떤 분들에게는 듣기에 거북할 줄 압니다. 그러나 제게는 이런 선택이 의심할 바 없는 확실한 것입니다.

만약 여러분이 일 년에 100파운드를 사례비로 받는다면, 여러분의 의무는 그 사례비의 일부로 생활을 하고, 나머지는 능력 있는 동역자에게 주어 여러분의 사역을 돕도록 하는 것입니다. 여러분이 돌봐야 할 양 떼를 방치하는 것보다는 차라리 이 방법이 낫습니다. 만약 여러분이 이것은 너무 가혹하며, 이렇게 해서는 여러분의 부인과 자녀들이 살아갈 수 없다고 말한다면, 저는 이렇게 묻고 싶습니다. "여러분의 교구에 있는 많은 가정들이 이보다 더 적은 생활비로 살아가고 있지 않습니까?"(백스터가 살던 당시에 농부의 1년 임금은 14파운드였고, 목재선반공은 35파운드 정도였다 — 역주). 많은 유능한 목회자들이 고위성직자로 지내는 동안, 복음을 선포하는 자유로 인해 훨씬 더 적은 것으로도 기뻐하지 않았습니까? 복음을 설교할 자유만 가질 수 있다면, 보수를 받지 않고서라도 설교할 것이라면서 주교에게 제의했던 분들이 아직도 살아 계신다는 얘기를 들었습니다. 그래도 여전히 비천한 사람들이 사는 것처럼 그렇게 궁핍하게는 살 수 없다고 여러분이 말씀하신다면, 저는 또 묻겠습니다. "여러분이 궁핍과 가난을 견뎌내는 게 낫지, 여러분의 교구 성도들이 저주를 견뎌내는 게 더 낫겠습니까?" 어떻게 이럴 수 있겠습니까! 복음의 사역자로 자처하는 사람이 자신과 자신의 가족이 비천하고 열악한 환경에서 사는 게 두려워, 성도들의 영혼을 귀하게 여기지 않고 영원히 멸망하도록 내버려 두다니요. 그럴 수는 없습니다. 인간의 구원처럼 중차대한 문제를 위험하고 곤란한 상황에 처하도록 내버려 두느니, 차라리 여러분이 **빵**을 구걸하러 다니는 게 낫지 않겠습니까? 정말로, 단 한 영혼이라도 저주받을 위험에 처해져서야 되겠습니까?

오, 목회자 여러분, 사람들은 천국과 지옥에 대해서, 그리고 얼마나 적은 수가 구원받으며 구원받기가 얼마나 어려운지에 대해 공부하고 말하면서도,

정작 구원을 받기 위해서는 전혀 열심을 내지 않습니다. 이것은 참으로 통탄할 일입니다. 만약 여러분 자신이 바로 이런 사람이라면, 이런 주제들에 대해 주저하면서 말하지 못했을 것이 분명합니다. 그렇게 성도들이 지옥에 떨어지도록 내버려 두고서는, 여러분은 이 세상에서 좀 더 고상한 방식으로 살아갈 것입니다. 여러분이 다음번에 성도들에게 설교하게 될 때, 성도들에게 지식이 없으면 구원받을 수 없다는 내용을 꼭 잊지 말고 말씀해 주십시오. 그런 다음, 여러분의 양심이 여러분에게 이렇게 말하고 있지는 않은지 잘 들어보십시오. "만약 성도들에게 일대일로 만나 개인적으로 성실하게 가르치고 권면하기만 한다면, 성도들이 지식을 얻게 될 것 같은데…. 다른 목회자가 나를 도와주기만 한다면, 이런 일이 가능할 것 같은데…. 내가 조금만 검소하게 살면서 육체적인 요구를 자제한다면, 동역자를 둘 수도 있을 텐데…. 그러니 내 자신과 가족이 좀 빈곤하게 살아도, 내가 성도들에게 말했던 저주를 그들이 모른 채로 살아가도록 내버려 둬서야 되겠는가?"

제가 성경을 펼쳐서 한 인간의 영혼이 천하보다 더 귀하고(마 16:26), 당연히 연봉 100파운드보다 더욱더 귀하며, 많은 영혼들은 더욱더 귀하다고 적힌 성경구절을 여러 목회자들에게 보여드려야 하겠습니까? 우리와 우리가 가진 모든 것이 하나님의 것이기에, 우리는 하나님을 섬기는데 있어서 최대한으로 헌신해야 합니다. 제 처와 자녀들이 다소 변변치 않게 살아가는 것, 다시 말해 더 적은 수입으로 살아가는 것이 두려워서, 영혼들이 지옥으로 떨어지도록 하는 것은 비인간적이고 잔인한 행위입니다. 사람을 도구로 들어 쓰시는 하나님의 통상적인 사역 방식에 비추어볼 때, 그리스도의 사람들이 모두 그 정욕과 함께 십자가에 못 박은 육체를(갈 5:24) 조금만 불편하게 한다면, 여러 성도들이 비참한 상태에 처하는 것을 많이 막을 수 있을 것입니다. 모든 사람은 하나님의 것들을 하나님께 드려야 합니다. 하나님의 것에는 우리 자신과 우리가 가진 모든 것들이 포함된다는 사실을 우리 각자는 기억해야 합니다. 모든 것들을 하나님을 위해 구별하여 드리지 않고서야, 어떻게 그 모든 것들이 우리에게 거룩한 것이 되겠습니까? 그것들은 모두 하나님께서 주신 달란트이지 않습니까? 그러므로 하나님을 섬기는데 드려야 하지 않겠습니까? 모든 그리스도인들은 먼저 "내가 가진 것으로 어떻게 해야 최고로 하나님을 영화롭게 할 수 있을까?" 하고 물어야 하지 않겠습니까? 우리는 성도들에게 이렇게 하라고 설교하지 않습니까? 이런 것들은 성도들에게만 해당되고, 우리에게는 해당되지 않는 것입니까? 게다가 교회 유지비는 교회에서 특별한 방식으로 하나님을 섬기도록 드려진 것이 아닙니까? 그렇다면 그 헌금은 그 목적을 극대화하는데 사용되어야 하지 않겠습니까? 만약 연봉 200파운드를 받는 어떤 목회자가 그 중 100파운드를 양 떼의 구원을 위한 목적으로 한두 명 정도의 동역자 사례비로 사용하는 것보다는 오히려 자신과 처와 자녀들을 위해 쓰는 것이 더 하나님을 섬기는 것이라고 입증되기만 한다면, 저는 그의 돈 씀씀이에 대해서 감히 탓하지 않을 것입니다. 그러나 그것이 입증될 수 없다면, 결코 그런 관행을 정당화하지 마십시오.

이와 더불어 한 말씀 더 드려야겠습니다. 사실 이런 가난은 일반적으로 생각하듯이 그렇게 견딜 수 없을 만큼 위험한 것도 아닙니다. 여러분은 먹을 것과 입을 것이 있은즉 족한 줄로 알아야 하지 않겠습니까?(딤전 6:8). 하나님의 일을 하는데 이외에 무엇이 더 필요하겠습니까? 하나님의 일을 위해 필요한 것은 "자색 옷과 고운 베옷을 입고 날마다 호화롭게 즐기는 것"(눅 16:19)이 아닙니다. "사람의 생명은 그 소유의 넉넉한 데 있지 않습니다"(눅 12:15). 여러분이 따뜻한 옷을 입고 몸에 좋은 음식을 먹고 있다면, 하나님을 섬기는 이 일에 여러분의 몸은 최고의 만족한 상태로 전폭적인 후원을 받고 있는 것입니다. 기운 옷이라도 따뜻할 수 있으며, 빵과 물만으로도 좋은 음식이 될 수 있습니다. 이런 것들에 만족하지 않는 사람은 인간의 영혼을 위험에 처하게 하고서도 궁색한 변명만 늘어놓으며 사치스럽고 까다롭게 살 사람들입니다.

모든 양 떼에게 주의를 기울이는 것이 우리의 사명이기는 하지만, 그 중에서도 특별히 관심을 두어야 할 성도들이 있습니다. 많은 사람들이 이 점에 대해 제대로 이해하지 못하기 때문에, 이에 관해서 좀 더 말씀드리고자 합니다.

1. 우리는 회심하지 않은 자들의 회심을 위해서 노력해야 합니다.

회심하지 않은 자들을 회심시키기 위해서는 우리가 좀 더 특별한 방식으로 수고해야 합니다. 회심이라는 사역은 우리가 목표로 하는 첫 번째로 중요한 일입니다. 우리는 온 힘을 다해 이 목적을 위해 수고해야 합니다. 아, 얼마나 슬픈 일인지요! 회심하지 않은 자들의 상태가 너무나 비참하기 때문에, 그들을 진심으로 불쌍히 여기는 마음이 우리 속에 생기지 않을 수 없습니다. 진정으로 회심한 죄인은 용서받을 수 있는 죄만 짓게 되며, 회심하지 않은 사람이 받을 저주를 받을 위험에 처하지 않습니다. 하나님은 회심한 자들의 죄나 회심하지 않은 자들의 죄나 똑같이 미워하십니다. 그러나 회심한 자가 사악하게 살도록 내버려 두다가 천국으로 데리고 가지는 않으십니다. 오히려 회심한 사람 속에 거하는 성령께서 그 사람을 사악하게 살도록 놔두지 않으시며, 경건하지 않은 자들이 죄짓는 것처럼 그렇게 죄짓지 못하게 하십니다. 하지만 회심하지 않은 자들의 상황은 전혀 다릅니다. 그들은 "쓸개의 쓴 맛 가운데 있으며 불법에 매여 있습니다"(행 8:23, KJV). 그들은 자신이 지은 죄의 용서와도 관계가 없고, 영광의 소망과도 전혀 상관이 없습니다. 그러므로 우리는 그들이 "그 눈을 뜨게 하여 어둠에서 빛으로, 사탄의 권세에서 하나님께로 돌아오게 하고 죄 사함과 나를 믿어 거룩하게 된 무리 가운데서 기업을 얻도록"(행 26:18) 그들을 위해 더욱더 노력할 필요가 있습니다. 불치병에 걸린 사람과 치통을 앓고 있을 뿐인 사람을 보게 된다면, 우리는 치통 환자보다는 불치병에 걸린 환자를 더 불쌍히 여길 것입니다. 치통 환자가 우리 형제이거나 아들이며 불치병 환자는 낯선 사람이라 해도, 분명히 그 불치병 환자를 재빨리 도우려 할 것입니다. 죽어 영원히 멸망할 상태에 처한 사람들을 보는 것은 아주 슬픈 일입니다. 우리가 해야 할 다른 사역이 있다 하더라도, 공적으로든 사적으로든 그런 사람을 혼자 내버려두어서는 안 된다고 생각합니다. 솔직히 말해서, 저는 회심하지 않은 자들의 이런 슬픈 시급한 상황 때문에, 경건한 자들의 지식을 증진시키는 일을 종종 소홀히 할 수밖에 없었음을 고백합니다. 변화되지 않으면 저주받을 수밖에 없는 저 무지하고 육적이며 비참한 죄인들을 눈앞에 두고서, 훌륭하기는 하지만 불필요한 논쟁들과 심지어는 탁월하기는 해도 필연성의 정도가 떨어지는 진리들에 관해서 말할 수 있는 사람이 도대체 어디 있겠습니까? 저에게는 그들이 지금 최후의 재앙 속으로 들어가고 있는 것처럼 보이며, 신속히 도와달라는 그들의 요청소리가 들리는 것 같습니다! 그들이 더 비참해 보이는 것은 그들에게는 자기 자신을 위해 간청하고 싶은 마음조차 없기 때문입니다.

성도들 중에는 요상한 것들만 들으려고 하고, 기이한 것들만 찾아다니는 사람들이 있습니다. 제가 진기한 무언가를 그들에게 말해주지 않으면, 목회자를 무시하는 버릇이 몸에 밴 사람들이 있다는 것을 저는 몇 번의 경험을 통해 알게 되었습니다. 하지만 저는 그 완고한 사람들의 필요를 채워주기 위해 그들에게 재미있는 이야기나 하고 있을 마음이 전혀 없습니다. 믿음의 확증과 은혜 안에서 자라갈 필요가 있는 연약한 성도나 신기한 것을 찾는 자들에게 말하느라고, 정작 비참한 죄인들을 구원하기 위해서는 아무 말도 못한 채, 그들을 그냥 내버려 둘 수는 없기 때문입니다. "바울이 … 그 성에 우상이 가득한 것을 보고 마음에 격분"(행 17:16)했던 것처럼, 우리도 영원히 멸망할 수밖에 없는 극도의 위험한 상태에 놓인 수많은 사람들을 보게 된다면, 사도 바울의 그 발작과도 비슷한 격분을 하지 않을 수 없다고 생각합니다. 진정 우리가 믿음으로 지옥의 문턱에 서 있는 그들을 바라본다면, 크로이소스의 위험을 보고서 그 아들의 혀가 풀려 말문이 열렸던 것처럼, 우리의 혀도 풀려서 더 힘 있게 말문이 열릴 것입니다(크로이소스는 리디아 최후의 왕이

자 부호[富豪]로 역사가 헤로도토스 책에 기록된 사람이다. 크로이소스 왕[기원전 560년 경]에게는 두 아들이 있었는데, 한 아들은 뛰어난 전사였고 다른 아들은 벙어리였다. 사르디스 공격에 동행한 그 벙어리 아들은 아버지가 위험에 처한 것을 보자 갑자기 소리를 질렀고, 그래서 아버지의 목숨을 살렸다고 한다 ― 역주).

　죄인에게 말 한 마디 건네지 않아 지옥으로 떨어지게 한 사람은 영혼들의 구세주인 그리스도보다 사람들에게 더 무시당할 것이고, 또한 이웃들에게 원수보다 못한 대우를 받을 것입니다. 그러므로 친애하는 목회자 여러분, 여러분이 다른 사람들은 소홀히 하더라도 가장 비참한 자들은 절대로 소홀히 하지 마십시오! 다른 사람들은 지나치더라도 율법의 저주(갈 3:13)와 정죄 아래에 있는 불쌍한 영혼들은 잊지 마십시오. 우리가 그들을 변화시켜 그 저주를 막아내지 못한다면, 그들에게는 매순간 지옥의 형벌만이 기다리고 있을 것입니다. 오, 그 회심하지 않은 자들을 부르십시오. 여러분이 다른 일들은 제쳐두더라도, 영혼들을 회개시키는 이 위대한 사역에 힘쓰십시오.

2. 우리는 죄책감에 시달리는 구도자들에게 조언을 해야 합니다.

　우리는 양심의 문제로 조언을 구하는 자들에게 대답할 준비를 하고 있어야 합니다. 특히 베드로의 설교를 들은 유대인들(행 2:37)이나 바울과 실라를 찾아온 간수들처럼 "내가 어떻게 하여야 구원을 받으리이까"(행 16:30)라고 묻는 경우에는 더더욱 그러합니다. 목회자는 단순히 대중 앞에서 설교하는 자가 아닙니다. 마치 의사가 환자들의 몸을 돌보며 변호사가 의뢰인의 재산을 돌보듯이, 목회자는 성도들의 영혼을 돌보는 상담자로 인식되어야 합니다. 니고데모가 그리스도를 찾아오고, "제사장의 입술은 지식을 지켜야 하겠고 사람들은 그의 입에서 율법을 구하게 되어야 할 것이니 제사장은 만군의 여호와의 사자가 됨이거늘"(말 2:7) 하는 말씀에 의지하여 구약 시대에도 성도들이 제사장을 찾아왔듯이, 회의 가운데 어려움을 겪고 있는 성도는 누

구라도 자신의 문제를 해결하기 위해 목회자에게 올 수 있습니다. 그러나 성
도들도 목회자의 이런 직무에 대해서 잘 알지 못할 뿐 아니라, 목회자도 이
런 직무에 대한 자신의 의무와 필요성을 잘 알지 못하기 때문에, 목회자가
이런 직무를 맡고 있다는 것을 성도들로 하여금 알게 하고, 또 성도들이 영
혼의 문제에 대한 조언을 듣기 위해서 목회자들에게 나아오도록 공개적으로
말하는 것이 우리 목회자들의 할 일입니다. 우리는 기꺼이 수고를 감당해야
할 뿐만 아니라, 성도들이 우리에게 나아오도록 초청도 해야 합니다. 성도들
이 이렇게 우리에게 나아오도록 하기만 해도, 우리가 얼마나 많은 선한 일을
한 것인지 모릅니다. 우리가 우리의 사명을 감당하기만 했다면, 분명히 선한
일들을 더 많이 행했을 것입니다. 성도들에 대한 목회자의 이런 사명을 알고
진심으로 이 방향으로 사역을 추진했던 목회자에 대해서는 거의 들어본 적
이 없습니다!

오! 목회자들에게 이런 사명이 있다는 것을 성도들에게 알려서 성도들을
깨우려고 하지 않고, 이 위대한 사명을 전혀 감당하지 않음으로써, 성도들의
영혼이 상처받고 위험에 처하게 되는 것은 서글픈 경우입니다. 여러분의 설
교를 듣는 회중들이 이 일의 필요성과 중요성을 제대로 알기만 한다면, 여러
분은 그들이 여러분의 집을 자주 방문하도록 해서 그들이 가진 슬픈 사연들
을 여러분에게 털어놓고 조언을 구하도록 할 수 있을 것입니다. 그러므로 저
는 여러분에게 간청합니다. 미래를 위해 성도들에게 이렇게 하도록 강권하
십시오. 성도들이 여러분의 도움을 요청할 때 여러분은 주의해서 이 사명을
감당하도록 주의하십시오. 이 사명을 감당하기 위해서 여러분은 실제 사례
들을 충분히 알고 있어야 하며, 특별히 구원 하는 은혜의 본질에 대해서 반
드시 알고 있어야 합니다. 그래야 성도들의 신앙상태를 점검해 줄 수 있고,
영원한 생명이냐 아니면 영원한 죽음이냐 하는 주요 관심사에 대한 질문에
대답하면서 그들을 도와줄 수 있습니다. 목회자가 도움을 필요로 하는 성도
들에게 하는 시의적절한 말 한 마디, 신중한 조언 등은 많은 설교보다도 더

유익할 수 있습니다. 솔로몬이 말한 대로 말입니다. "때에 맞는 말이 얼마나 아름다운고"(잠 15:23).

3. 우리는 하나님의 은혜에 이미 참여한 자들을 든든히 세우기 위해 연구해야 합니다.

이미 진심으로 회심한 자들을 굳게 세우기 위해서도 우리는 연구해야 합니다. 이런 측면에서 볼 때 우리의 사역은 그리스도인들의 상태에 따라 각기 달라야 합니다.

(1) 우리의 양 떼 중에는 비록 오랫동안 신앙생활을 하기는 했지만, 여전히 미숙하고 힘이 없는 어리고 연약한 성도들이 많습니다. 사실 경건한 성도들의 대다수는 이런 상태라고 할 수 있습니다. 그들은 대부분 낮은 수준의 은혜에 만족하고 있으며, 그들이 높은 수준에 도달하기란 쉬운 문제가 아닙니다. 그들이 진리는 물론이고 오류에 대한 좀 더 고상하고 엄격한 견해를 갖도록 하는 것은 쉬운 일입니다. 좌우를 분간하는 것만큼이나 쉽습니다. 하지만 그들의 지혜와 은사를 증진시키는 것은 쉽지 않습니다. 그들의 은혜를 증진시키는 것은 이 모든 것 중에서 가장 어려운 일입니다. 그리스도인들이 연약해지는 것은 아주 슬픈 일입니다. 연약해진 우리는 위험에 노출되고, 하나님 안에 있는 우리의 위로와 기쁨이 줄어들며, 지혜의 길들을 가다가 맛보는 달콤함은 사라지고, 하나님과 사람을 섬기지 않게 되며, 그리하여 주님께 영광을 돌리지 못하게 되고, 주위에 유익을 끼치지도 못하게 됩니다. 연약해진 우리는 은혜의 수단을 사용해도 큰 유익을 얻지 못합니다. 우리는 너무나 쉽게 뱀의 미끼에 놀아나고 뱀의 간계에 빠집니다. 유혹자는 쉽게 우리를 뒤흔들어, 악이 선으로 보이게 하고 진리는 거짓으로 보이게 하며, 죄는 의무인 것처럼 보이게 합니다. 우리는 반항할 수도 없고 맞서 싸울 능력도 없습니다. 우리는 쉽게 넘어지지만, 어렵게 일어섭니다. 우리는 우리의 신앙과 관련된 추문이나 비난에 더 끌리는 경향이 있습니다. 우리는 우리 자신을 잘 모릅니

다. 우리는 자신의 상태에 대해 더 많이 오해할 수 있으며, 우리 자신이 부패해도 그것으로 우리가 유익을 얻는 한, 우리는 우리의 부패를 제대로 보지도 못합니다. 바로 그러한 우리의 연약함으로 인해 우리가 복음의 영광을 가리게 되며, 우리 주위에 있는 사람들에게 쓸모없는 사람이 되고 맙니다. 한 마디로 말해, 우리는 우리 자신에게도 유익이 되지 않고 다른 사람에게도 별 유익이 되지 않는 그런 삶을 살게 됩니다. 그럼에도 불구하고 우리의 자아는 전혀 죽을 마음이 없습니다.

자, 회심한 자들의 연약함이 얼마나 서글픈 일인지를 살펴보았으니, 이제 우리는 그들의 은혜를 귀한 것으로 여기고 그 은혜를 증대시키도록 노력해야 합니다! 그리스도인들의 강건한 모습은 바로 교회의 영광입니다. 성도들은 하나님의 사랑으로 불타올라야 하며, 살아 역사하는 믿음으로 살아야 하고, 세상의 유익과 영광을 별 게 아닌 것으로 여기며, 깨끗한 마음으로 서로 피차 뜨겁게 사랑하고, 잘못을 용납하고 진심으로 용서하며, 그리스도로 인한 고난은 기쁨으로 참으며, 선을 행하도록 연구하고, 세상에서 해를 끼치지 않고 악의 없이 행하며, 모든 사람의 유익을 쫓아 모든 사람에게 기꺼이 종이 되고(고전 9:19), 사람들을 그리스도께 인도하기 위해 여러 사람에게 여러 모습이 되며(고전 9:22), 악은 어떤 모양이라도 버리고(살전 5:22), 행동할 때마다 신중하고 겸손하며 열정적이고 경건한 마음이 한데 어우러진 다정한 행동을 해야 합니다. 성도들이 이렇게 행한다면, 그들의 신앙에 얼마나 큰 영광이 되겠습니까! 교회에는 얼마나 큰 자랑이 되며, 하나님과 사람을 섬기는데 얼마나 큰 도움이 되겠습니까! 복음을 믿는 성도들의 마음과 삶에서 이런 결과들이 나타나면 날수록, 사람들은 복음이 과연 하늘로부터 내려온 것인 줄 더욱 쉽게 믿을 수 있을 것입니다. 세상은 기독교의 본질을 성경보다 사람들의 삶에서 더 잘 읽을 수 있습니다. "말씀을 순종하지 않는 자라도 말로 말미암지 않고 … (경건에 뛰어난 자들의) 행실로 말미암아 구원을 받게 하려함이니"(벧전 3:1). 그러므로 성도들을 좀 더 갈고 다듬어 온전하게 하는 것이 우리의 가장 중요한 사역이라 할 수 있습니다. 이를 통해 성도들은 주 안에서 강해지고 주님을 섬기는데 합당한 자가 됩니다.

(2) 우리의 특별한 도움을 필요로 하는 또 다른 회심자들은 어떤 특정한 죄로 인해 타락해서 괴로워하는 사람들입니다. 그들은 비록 은혜 아래에 거하고 있지만, 그 죄로 인해 다른 사람들에게도 걱정거리가 되고, 자기 자신에게도 짐이 되어 버렸습니다. 안타깝게도! 이런 사람들이 너무나 많습니다. 어떤 사람들은 특별히 교만에 빠져 있고, 또 어떤 사람들은 세속적인 기질에 빠져 있으며, 그 외에도 육체적 욕망이나 완악함, 또는 기타 악한 욕정 등에 빠져 있기도 합니다. 이 모든 자를 돕는 것이 우리의 의무입니다. 때로는 죄로부터 마음을 돌리게도 하고, 죄의 가증스러움을 분명히 드러내기도 하며, 또 때로는 그 죄를 완전히 극복할 수 있도록 적절한 치유 지침들을 제공하기도 합니다. 우리는 지옥의 권세를 대적하는 그리스도 군대의 지도자들입니다. 흑암의 소행들은 어디서든 발견되는 즉시, 심지어 그 소행이 빛의 자녀들에게서 발견되는 것이라 해도 모두 무찔러야 합니다. 우리가 경건하지 않은 자들의 죄악에 대해 마음이 누그러져서는 안 되듯이, 경건한 자들의 죄악에 대해서도 마음이 누그러져서는 안 됩니다. 경건하지 않은 자들이 짓는 죄보다 경건한 자들이 짓는 죄에 대해서 정상 참작을 한다거나 그럴 수 있다고 생각해서도 안 됩니다. 우리가 그들을 사랑하면 할수록, 더욱더 그들의 죄에 맞서서 그 죄들을 드러내 보여야 합니다. 하지만 이런 사안에 대해서 우리는 민감한 사람들을 만나게 되리라고 예상해야 합니다. 특히 부정을 저지른 자들이 고개를 쳐들고 당파를 만들더니 여기에 많은 사람들이 열렬히 동조할 때는 더욱 그러합니다. 그들은 자기가 지은 죄보다 더 악랄한 죄를 지은 사람들처럼, 책망을 받을 때 성질을 부리고 못견뎌합니다. 그들은 그들이 지은 죄에 대해 자긍심을 주장하기도 합니다. 그래도 그리스도의 목회자들은 그들의 까다로움에도 불구하고 그 사명을 감당해야 합니다. 꾸짖기를 자제한다거나 죄가 그 형제의 영혼에 자리 잡는 것을 허용하는 식으로 그 형제를

아껴서는 안 됩니다. 분명히 이런 일들은 아주 신중하게 행해져야 합니다. 하지만 반드시 행해져야만 합니다.

(3) 우리의 특별한 도움을 필요로 하는 또 다른 회심자들은 퇴보하는 그리스도인들입니다. 그들은 어떤 추잡한 죄에 빠졌거나 열정과 성실성이 사라진 자로서, 처음 사랑을 버린 자들(계 2:4)입니다. 이렇게 타락한 자들의 경우도 너무 슬픈 일이기 때문에, 우리는 이들의 회복을 위해서 아주 열심히 노력해야만 합니다. 그들이 가졌던 생명과 평화를 잃고서 하나님마저 섬기지 않으며, 이제는 사탄을 섬기고 사탄의 하수인이 된 것은 슬픈 일입니다. 우리의 모든 수고에도 불구하고 그들이 이렇게 되는 것을 우리가 보는 것 또한 슬픈 일입니다. 우리는 그들 때문에 그 많은 고통들을 겪었고, 그들에 대한 수많은 기대들도 가졌지만, 결국 지금 모든 것이 이렇게 좌절되고 말았습니다. 하나님이 너무나 사랑하셔서 많은 것을 행하셨던 사람들이었는데, 그 친구들의 집에서 그리스도가 그렇게 상처를 받으셨습니다. 그런데 바로 그 사람들로 인해 하나님의 영광이 가려진다고 생각하니, 이것이 제일 마음 아픕니다. 한 말씀 더 드리자면, 부분적인 타락은 자연스럽게 총체적인 배교로 흐르는 경향이 있습니다. 따라서 특별한 은혜로 이 타락을 막지 않는다면 배교로 이어질 것입니다. 자, 이런 그리스도인들의 경우가 슬프면 슬플수록, 우리는 그들의 회복을 위해 좀 더 분발해야 합니다. 우리는 "온유한 심령으로 그러한 자를 바로"(갈 6:1) 잡아야 합니다. 아무리 심한 고통이 뒤따르더라도, 상처를 철저히 진단하고 치료해서 이음부가 다시 잘 재건되도록 우리는 유의해야 합니다. 우리는 특별히 복음의 영광을 염두에 두어야 합니다. 그들이 참된 회개의 증거를 보이고 자신이 지은 죄를 숨김없이 고백하며, 자신이 기독교에 가한 상처들에 대해서 교회와 자신의 거룩한 믿음에 어떤 형태로든 회복이 일어나도록 우리는 살펴야 합니다. 이 영혼의 회복을 위해서 많은 기술이 요구됩니다.

(4) 제가 여기서 주목하고자 하는 마지막 부류는, 우리가 주의해서 살펴보아

야 할 힘 있는 자들입니다. 그들도 우리의 도움을 필요로 하기 때문입니다. 어느 정도는 그들이 받은 은혜를 유지하고, 계속해서 앞으로 나아갈 수 있도록 도우며, 그리스도를 섬기고 형제들을 돕는 일에 그들이 더욱 힘을 낼 수 있도록 인도하고, 그들이 인내할 수 있도록 격려해서 면류관을 얻도록 도와야 합니다.

지금까지 언급한 모든 사람들이 목회 사역의 대상들입니다. 그들이 각자 처한 상태에 따라 우리는 "모든 양 떼에게 주의를 기울"(행 20:28, KJV)여야 합니다.

4. 우리는 각 가정들을 세심하게 돌봐야 합니다.

우리는 각 가정들이 잘 정돈되어 있는지, 가족들이 서로 자신이 해야 할 일들을 잘 감당하고 있는지 특별히 주목해야 합니다. 가정의 치리와 가정 내의 의무 이행 여부에 따라 기독교의 사활이 걸려 있고, 국가와 교회 이 양자의 안위와 영광이 크게 좌우됩니다. 우리가 이를 소홀히 한다면 우리는 모든 것을 망치고 말 것입니다. 회중을 개혁하는 모든 사역이 오직 목회자인 우리에게만 일임되고, 우리를 도와야 하는 각 가정의 가장들이 자신의 필수적인 의무를 소홀히 한다면, 우리가 행하는 이 사역은 도대체 어떻게 되겠습니까? 목회자가 영혼들을 위해 선한 일들을 시작하려고 해도, 경솔하고 기도하지 않고 세속적인 가정으로 인해 목회자는 시작할 엄두도 내지 못하거나 심지어 방해를 받기도 합니다. 반면에 여러분이 남겨둔 일을 각 가정의 가장들이 도맡아서 잘 감당하기만 한다면, 그 유익이 얼마나 풍성하겠습니까! 그러므로 여러분께 간청합니다. 여러분이 성도들의 개혁과 안위를 바란다면, 가정의 경건을 증진시키기 위해 여러분이 할 수 있는 모든 일을 행하십시오. 이 목적을 위해 다음과 같은 것들에 주목하기를 권합니다.

(1) 각 가정이 어떻게 치리되고 있는지 정보를 파악하십시오. 그래야 그 가족

구성원들의 유익을 위해 여러분이 어떻게 노력해야 할지 알 수 있을 것입니다.

(2) 그 가정에 시간적으로 가장 여유가 있을 것 같은 때 종종 그 가정을 찾아가십시오. 가서 그 가정의 가장에게 물으십시오. 가장이 식구들과 함께 기도하고 있는지, 함께 성경을 읽고 있는지, 그 외에 무엇을 하는지 말입니다. 이러한 것들을 소홀히 하는 것은 죄라는 것을 그들이 깨닫도록 하십시오. 그리고 기회가 되면, 여러분이 그 집을 떠나기 전에 그들과 함께 기도하고, 그들이 했으면 하고 바라는 것들을 그들에게 예를 들면서 말해 주십시오. 그들로부터 앞으로는 자신이 해야 할 일을 좀 더 성실하게 이행하겠다는 약속을 받는 것도 좋습니다.

(3) 만약 그들이 잘 알지 못하거나 습관이 되지 않아서 기도하지 않는다는 것을 여러분이 알았다면, 그들의 부족한 점을 그들이 알도록 하고, 그들의 마음의 짐을 함께 지도록 하십시오. 그러는 동안에도 완전히 기도하지 않는 것보다는 차라리 암기해 둔 기도문이라도 사용하도록 조언하십시오. 하지만 그들에게 이것만은 말해 주십시오. 그들은 자기에게 무엇이 필요한지 자기도 모를 정도로 그렇게 나태하게 살아왔으며, 거지들도 적선을 구할 때 무슨 말을 해야 하는지 알고 있는데, 하나님께 기도할 때 무슨 말을 해야 할지 모른다는 것은 바로 그들의 죄이고 수치라고 말입니다. 그러므로 다리가 불편한 자들이 먼 길을 걸어가야 할 때 없어서는 안 되는 목발처럼, 암기해 둔 기도문은 그렇게 꼭 필요할 때만 사용되어야 합니다. 그들은 그런 기도문에 만족해서는 안 되고 가능하면 빠른 시간 내에 더 나은 기도 법을 배우겠다고 결심해야 합니다. 왜냐하면 기도는 마음의 감정으로부터 우러나와야 하며, 우리의 필요와 상황에 따라 달라야 하기 때문입니다.

(4) 각 가정에 성경책 외에도 다소 유익하고 감동적인 책들이 있는지 살펴보십시오. 만일 없다면 그런 책을 구입하도록 권하십시오. 그들이 책을 구입할 만한 여력이 없다면, 여러분이 가능하면 몇 권을 주십시오. 만약 여러분이

줄 수 없다면, 이런 선한 일을 할 마음도 있고 여력도 있는 귀족이나 부유한 성도들이 이 일을 하게 하십시오. 그리고 책은 시간이 날 때 특히 주일 밤에 그들이 읽겠다는 약속을 하게 하십시오.

(5) 주일을 어떻게 보내야 하는지, 주일을 보내는데 방해가 되거나 마음이 산란해지지 않도록 적절한 시기에 세상 업무를 어떻게 마무리하는지, 교회에 와서는 가족들과 어떻게 시간을 보내야 하는지 등에 관해서 지도하십시오. 경건 생활은 이에 따라 크게 좌우됩니다. 왜냐하면 가난한 사람들에게는 주일 외에 다른 자유 시간이 없기 때문입니다. 그러므로 그들이 이 시간을 허비하게 된다면 그들은 모든 것을 잃고서 무지하고 세속적인 상태로 남게 될 것입니다. 집안의 자녀와 하인들이 주일 저녁마다 가장 앞에서 교리문답서를 암송하고, 주일 낮에 교회에서 들은 설교말씀에 대한 소감을 이야기하도록, 각 가정의 가장들을 설득하십시오. 저는 여러분에게 간청합니다. 가장으로서 여러분이 감당해야 할 이 중요한 사역을 소홀히 하지 마십시오. 각 가정의 가장들로 하여금 자신이 해야 할 일을 감당하도록 하십시오. 그러면 그 가장들로 인해 여러분이 해야 할 일들이 많이 줄어들 뿐만 아니라, 그 가장들로 인하여 여러분이 행하는 수고가 더 큰 성과를 얻을 것입니다. 여러 장교들을 자기 휘하에 두고 있는 대장이 장교들로 하여금 각자가 맡은 사명을 잘 감당하게만 한다면, 대장 혼자서 두 어깨에 짊어져야 했던 수고를 덜면서 군대를 통솔할 수 있습니다. 여러분이 성도들의 각 가정을 개혁하지 못한다면 어떤 형태로든 일반적인 개혁을 이룰 수 없을 것입니다. 여기저기에서 작은 경건의 모습들은 볼 수 있겠지만, 이 경건의 모습이 개인들에게 국한되어 가정으로 파급되지 않는 한, 이런 경건의 모습은 더 많아질 수도 없고 장래에 더 증가할 수도 없습니다.

5. 우리는 환자들을 부지런히 심방해야 합니다.

우리는 성실히 환자들을 심방해야 합니다. 환자들을 도와서 그들이 열매

맺는 삶을 살게 하든지 아니면 고통스럽지 않게 임종을 준비하도록 해야 합니다. 사실 삶과 죽음을 준비하는 이 일은 그들의 일일 뿐만 아니라, 모든 인생들의 일이기도 합니다. 그러나 생사의 기로에 있을 때는 그들에게나 우리에게나 아주 특별한 주의가 요구됩니다. 마지막 시간이 얼마 남지 않았을 때는 하나님과 화해해야만 합니다. 지금이 아니면 절대 못합니다. 오, 그들이 그 시간을 헛되이 보내지 않고 영생을 꼭 붙잡는 것이 얼마나 중요한 일인지 모릅니다! 그들에게 영생의 복에 대해 말할 수 있는 시간이 며칠이나 몇 시간밖에 남지 않은 것을 우리가 알게 되었다면, 멍청이나 믿음이 없는 자가 아니고서는 누구나 그들과 온전히 함께 하면서, 그 남은 짧은 시간에 그들이 구원을 받도록 자기가 할 수 있는 일이라면 뭐든지 하지 않을 사람이 누가 있겠습니까? 며칠 안에 그 사람의 영혼이 천국이나 지옥으로 간다고 생각하면, 그리고 쇠약해져가는 그를 지켜보게 된다면, 우리 안에 동정심이 일어나지 않겠습니까? 죽어가는 자들과 함께 해야 하는 목회자들은 이런 상황에서 분명히 자신의 믿음과 진지함을 시험할 수 있을 것입니다! 이를 통해서 목회자들은 내생(來生)의 문제에 관해 자신이 과연 얼마나 진지한 태도를 갖고 있는가를 확인할 수 있는 기회가 될 것입니다. 죽음으로 인해 야기되는 변화는 너무나 크기 때문에, 죽음에 임박한 사람을 보게 될 때 우리의 감수성은 대단히 예민해지며, 영혼이 육체와 분리되기 이전에 그 영혼을 위한 소(小)천사의 직무를 우리가 감당하고 싶은 연민이 우리 안에서 일어납니다. 소(小)천사는 대(大)천사가 호위하여 "빛 가운데서 성도의 기업"(골 1:12)으로 안내하도록 준비합니다(전통적인 "장례 예식서"에 따르면, 천사들이 성도들을 천상의 낙원으로 데려간다고 되어 있다. 천사들은 위계질서에 따라 분류되며 각 천사들의 역할도 서로 다르다. 아퀴나스의 「신학대전」 제1부 '피조물의 통치' 중 질문 112번에 나오는 천사들의 사명을 참조하라 — 역주). 한 사람의 인생여정이 거의 막바지에 다다라 천국과 지옥의 갈림길을 한 발자국 앞에 두고 있을 때, 우리가 그를 도울 수 있는 한, 소망이 있는 한, 바로 그 때가 그를 도와야 할 때입니다.

임종을 앞둔 자들의 필요로 인해 우리가 그들을 위해 뭔가를 할 수 있는 기회를 포착하는 것처럼, 질병과 죽음을 앞에 둔 상태는 우리에게 이득이 되기도 합니다. 예전에는 우리를 조롱하던 아주 완악한 죄인이라도 임종을 앞둔 침상에서는 우리의 말을 듣게 됩니다. 예전에는 격분하여 자제력을 잃은 사자처럼 다루기 힘들었던 사람들도 그때는 양처럼 온순해집니다. 제가 담당하는 교구의 성도들 중에 가장 완고하고 냉소적인 사람들도 죽음을 앞에 두고는 스스로 겸손해지지 않고 자기의 죄를 고백하지 않으며 회개한 자로 보이지 않는 사람은 열 명 중에 단 한 명도 없었으며, 자기가 병에서 낫기만 한다면 자기의 삶을 개혁하겠노라고 약속했습니다.

키프리아누스(Cyprian. 카르타고 주교로 초기 기독교의 중요한 저술가 — 역주)는 건강한 사람들에게 이렇게 말했습니다. "자신이 죽어가고 있음을 매일 자각하는 사람은 현재를 무시하고 장래 일을 서둘러 준비합니다. 자신이 바로 죽어가는 그 현장에 있다고 느끼는 사람은 더욱더 그러합니다." 죄인 중에 괴수라도 자신 앞에 죽음이 임박해 있고 자신이 지체없이 사라져야 한다는 것을 알게 될 때, 그 죄인도 자신의 죄를 벗어버리고 개혁을 약속하며 자신의 어리석음과 이 세상의 무상함을 결연히 절규하지 않겠습니까! 어쩌면 여러분은 이런 강제적인 변화들은 진심에서 우러나온 것이 아니며, 따라서 그 죄인들이 구원을 얻는데 유익을 끼칠 것이라 기대하지 않는다고 말할지도 모릅니다. 솔직히 말해서, 죄인들은 겁에 질린 나머지 아무 소용도 없는 뜻을 품는 경우가 아주 흔합니다. 하지만 그런 때 구세주에게 회심하는 것은 그렇게 흔한 경우가 아닙니다. 아우구스티누스(Augustinus)는 이렇게 말합니다. "선하게 산 사람이 악하게 죽는 경우는 절대 없으며, 악하게 산 사람이 선하게 죽는 경우는 거의 없습니다"(NPNF[*Nicene and Post-Nicene Fathers*]에 나온 아우구스티누스의 설교 249.2번 — 역주). 그런데 "거의"와 "절대"는 같은 말이 아닙니다. 그 죄인들이나 우리나 건강할 때 더욱 노력해야 합니다. 왜냐하면 악하게 산 사람이 선하게 죽는 경우는 "거의" 없기 때문입니다. "절대"가 아니라 "거의"이기 때문에, 우리는 가능성을 놓치지 말고 정신을 차려서 마지막까지 이 최선의 치료법을 사용해야 합니다.

그러나 저는 여기에서 목회사역 전반에 대한 지침서를 제공하려고 하는 것이 아니기 때문에, 마지막 임종을 맞는 성도들을 위해 구체적으로 행해야 할 것을 말씀드리는 대신, 여러분이 특별히 주의해야 할 것들을 서너 가지만 말씀드리고자 합니다.

(1) 그들의 기력이 쇠하고 정신이 혼미해질 때까지 기다리지 마십시오. 시간이 너무 위급하면, 여러분이 무엇을 해야 하는지 알지 못하기 때문입니다. 그들이 아프다는 소식을 들으면, 그들이 여러분을 청하지 않아도 곧장 그들에게 달려가십시오.

(2) 시간이 너무 위급하여 믿음의 원리들을 순서대로 가르칠 상황이 되지 않으면, 중요 핵심만 확실히 반복하고, 그들이 회심하기에 가장 적합한 진리들을 강조하십시오. 내생(來生)의 영광과 우리가 받을 영광을 위해 지불하신 희생의 방식과 그들이 건강했을 때 그것을 무시했던 그들의 큰 죄와 어리석음 등을 보여주십시오. 그러나 그들이 유일한 구세주이신 그리스도를 믿고서 자신들의 죄를 회개하기만 한다면, 그들이 회심할 가능성은 남아 있습니다.

(3) 만약 그들이 병에서 회복된다면, 그들이 병상에서 약속하고 결심했던 것들을 그들에게 확실히 상기시켜 주십시오. 일부러 그들을 찾아가서 이 약속과 결심을 그들의 양심에 각인시키십시오. 그 후에도 그들이 자신의 약속과 결심을 지키지 않는다면, 여러분은 그들을 찾아가서, 그들이 병상에 널브러져 있을 때에 그들이 했던 말을 상기시켜 주십시오. 병에서 회복된 자들을 찾아가는 것은 이처럼 유익하기 때문에 많은 영혼들을 회심하게 하는 수단이 되어 왔으며, 죽어가는 환자를 심방하는 것과 함께, 치명적이지는 않지만 아픈 환자를 찾아가는 것은 아주 필수적입니다. 이렇게 심방을 함으로써 여러분은 그들을 회개하게 만드는 이득을 얻을 수 있으며, 그 후에도 그들이 죄를 짓지 못하도록 할 수 있습니다. 지기스문트 황제(Emperor Sigismund. 신성

로마제국의 황제로 1387년부터 1437년까지 50년간 통치한 최장수 헝가리 왕이다
— 역주)가 쾰른의 한 주교에게 어떻게 해야 자기가 구원을 받을 수 있을지
질문하자, 주교는 이렇게 대답했습니다. "지난번에 담석과 통풍 때문에 고통
을 겪었을 때, 황제께서 결심하고 약속하신 바를 행하시면 됩니다."

6. 우리는 죄 지은 자들을 꾸짖고 훈계하는데 신실해야 합니다.

우리는 무례하며 회개하지 않고 사는 자들을 나무라고 꾸짖어야 합니다.
그들의 이런 문제를 교회 앞에, 즉 치리자들 앞에 내놓기 전에, 그 죄가 특별
히 모두가 다 알고 있는 범죄가 아니라면, 그 죄인이 굴복하여 회개하도록
하기 위해 개인적으로 할 수 있는 모든 일을 하면서 살피는 일은 일반적으로
목회자가 가장 적임자입니다. 이런 일에는 아주 노련한 기술이 요구되며, 죄
를 지은 자들의 다양한 기질에 따라 각각 다르게 대해야 합니다. 그러나 대
다수의 경우에는 그들의 죄를 아주 노골적이고 강력하게 지적해서 그들의
경솔한 마음을 뒤흔들어놓고, 죄를 가지고 장난치는 것이 어떤 것인지 그들
스스로 보도록 할 필요가 있습니다. 죄가 얼마나 악한 것인지, 그 죄가 하나
님과 자신에게 얼마나 서글픈 결과를 초래하는지 그들이 알도록 해야 합니
다.

7. 우리는 교회의 권징을 시행할 때 주의해야 합니다.

우리가 마지막으로 살펴보아야 할 것으로서 제가 주목하는 것은 교회 권
징의 시행입니다. 교회의 권징은 앞에서 언급한 바와 같이 사적으로 책망한
이후에 좀 더 공적으로 행해지는 책망으로서, 회개를 위한 권면, 범죄자를
위한 기도, 회개한 자의 회복, 회개하지 않는 자의 배제와 출교 등이 포함되
어 있습니다(마 18:15-20; 고전 5:11 참조).

(1) 모두가 다 알고 있는 범죄의 경우나 심지어는 사적인 본성이 짓는 죄악의
경우라도, 그 범죄자가 회개하지 않고 있다면, 그는 모든 사람이 보는 앞에서 책

망을 받아야 하며, 다시 불러서 회개하도록 촉구되어야 합니다. 지금까지 우리가 이를 시행할 정도로 양심적이지 않았다고 해서, 이것이 우리의 의무가 아닌 것은 아닙니다. 그리스도께서도 교회에 이렇게 하도록 명령하셨을 뿐만 아니라, 사도 바울도 "모든 사람 앞에서 꾸짖어"(딤전 5:20)라고 말씀하셨습니다. 그리고 이기심과 형식주의 때문에 이 의무와 다른 의무들을 소홀히 하기 전까지는 교회도 계속해서 이를 시행했습니다. 이것이 우리의 의무인지 아닌지에 대해서는 의심의 여지가 없습니다. 그리고 우리가 이를 불성실하게 시행해 온 것은 의심할 여지 없이 분명한 사실입니다. 우리 중에는 설교 준비 시간과 기도 시간을 절반이라도 지키지 못하면 부끄러워하는 분들이 많습니다. 하지만 이분들은 우리가 마땅히 꾸짖어야 할 이런 의무와 우리의 권한에 속한 다른 권징들을 고의적으로 소홀히 하며 살아온 것에 대해 별로 중요하게 생각하지 않습니다. 하나님께서 성도들을 치유하라고 우리에게 부여하신 그 수단들을 소홀히 여김으로써, 성도들을 욕설과 술 취함과 간음과 기타 범죄들로 끌어들인 우리의 책임이 얼마나 되는지 우리는 거의 생각하지 않고 있습니다.

만일 어떤 사람이 "공개적인 책망은 당사자에게 별로 유익이 되지 않을 것 같고, 도리어 그 책망으로 인한 수치심 때문에 반감만 가질 것입니다"라고 말한다면, 저는 이렇게 대답하겠습니다.

[a] 하나님이 정하신 규례가 쓸모없는 것이라고 항변하고, 하나님을 섬기지는 못할망정 하나님 섬기는 것을 비난하며, 자기를 만든 창조주를 거역하는 방향으로 자신의 지혜를 사용하는 것은 피조물에게 어울리는 짓이 아닙니다. 하나님께서 친히 명하신 규례들은 쓸모없는 것이 하나도 없습니다. 쓸모없는 규례는 하나님께서 명령하지도 않으셨을 것입니다.

[b] 권징의 유용성은 분명합니다. 죄에 대해 부끄러워하게 하며, 그리스도와 그의 가르침과 교회의 거룩함을 온 세상 앞에 드러내는 것입니다.

[c] 여러분은 이런 죄인들을 어떻게 하겠습니까? 그들을 소망 없는 자라고

포기하겠습니까? 그들을 책망하는 것보다 포기하는 것이 그들에게는 더 잔인한 일이 될 것입니다. 다른 수단들을 강구해 보겠습니까? 다른 수단들을 다 사용해 봐도 별 성과가 없을 것입니다. 이것이 최후의 개선책입니다.

[d] 이 공개적 권징을 이렇게 주도적으로 사용하는 것은 범죄자 자신을 위한 것일 뿐 아니라 교회를 위한 것이기도 합니다. 그 취지는 다른 사람들의 유사 범행을 강력히 예방해서, 회중과 그 회중들이 드리는 예배를 순결하게 유지하는데 있습니다. 세네카(Seneca)는 이렇게 말했습니다. "현재의 악에 관대한 사람은 후대에 그 악을 전한다." 다른 곳에서 그는 이런 말도 했습니다. "악인을 감싸는 사람은 선인에게 해를 끼친다."

(2) 책망과 함께 우리는 범죄자가 자신이 지은 죄를 공개적으로 고백하고 회개해서 교회의 용서를 받도록 권면해야 합니다. 교회는 회개하지 않은 수치스러운 죄인들과의 교제를 금하고 있기 때문입니다. 그 범죄자의 범행 증거가 분명하듯이, 그 회개의 증거 또한 분명해야 합니다. 왜냐하면 회개의 증거 없이는 그가 회개했는지의 여부를 우리가 알 수 없기 때문입니다. 교회가 확인할 수 있는 증거는 오직 그 범죄자의 회개의 고백과 이후 그 범죄자의 실제적인 변화밖에 없습니다.

솔직히 말해, 목회자가 이러한 절차를 밟아가면서 그 범죄자에게 상처가 아닌 유익을 끼치기 위해서는 매우 신중하게 행동해야 합니다. 그들에게 그리스도인으로서의 의무를 부과하고 그 목표에 합당한 사람이 되게 하는 기독교적인 방식으로 신중해야 합니다. 그들을 무기력하게 하거나 공동체에서 배제시키는 육신적인 방식으로 신중해서는 안 됩니다. 우리는 이 의무를 이행하면서 겸손하게 처리해야 하며, 좀 신랄하게 대해야 할 때도 우리가 악한 의도가 있거나 군주처럼 거들먹거리고 싶거나 모욕에 대해 복수하고 싶어서 그러는 게 아니라, 이 일은 우리의 양심상 소홀히 할 수 없는 필수적인 의무라는 점을 분명히 하십시오. 그러므로 다음과 같은 말을 통하여, 우리는 하나님의 명령을 받아 이렇게 할 수밖에 없음을 사람들에게 알리는 것이 좋을 것 같습니다.

"형제 여러분, 죄는 지극히 거룩하신 하나님께서 보시기에 가장 가증스러운 악입니다. 아무리 가벼운 죄를 범했더라도, 회개치 않은 죄인들에게는 그들이 지은 죄를 벌하기 위해서 하나님은 지옥의 영원한 고통을 예비하셨습니다. 하나님의 아들의 희생이라는 수단 외에는 그 어떤 수단으로도 그 벌을 막아낼 수 없기 때문에, 하나님은 죄를 진심으로 회개하고 죄에서 떠난 자에게 그 희생이 유효하도록 하셨습니다. 그러므로 사람에게 다 명하사 회개하라(행 17:30) 하시는 하나님께서 '오직 오늘이라 일컫는 동안에 매일 피차 권면하여 너희 중에 누구든지 죄의 유혹으로 완고하게 되지 않도록 하라'(히 3:13)고 우리에게 명령하셨습니다. '너는 네 형제를 마음으로 미워하지 말며 네 이웃을 반드시 견책하라 그러면 죄가 존속하지 않으리라'(레 19:17)고도 말씀하셨습니다. 만약 우리 형제가 우리에게 죄를 범하면, 우리는 그 형제만 상대하여 그가 범한 죄를 말해야 합니다. 만일 듣지 않거든 교회에 말하고 교회의 말도 듣지 않거든 이방인과 세리와 같이 여기십시오(마 18:15-17). 범죄한 자들을 모든 사람 앞에서 꾸짖어 나머지 사람들로 두려워하게 하십시오(딤전 5:20). 모든 권위로 책망하며(딛 2:15), 설령 공개적으로 죄를 범한 자가 그리스도의 사도라 해도, 바울이 베드로를 책망한 것처럼(갈 2:11, 14), 그렇게 공개적으로 책망을 받아야 합니다. 그리고 그들이 회개하지 않는다면, 우리는 그들을 사귀지 말고 함께 먹지도 말아야 합니다(살후 3:6, 11, 12, 14; 고전 5:11-13)."

시행 범례는 이러합니다.

"이 교회나 교구에 속한 A씨 또는 B씨가 추한 행동을 했다는 소문이 들렸고, 그가 _____ 라는 가증스러운 죄를 범했다는 충분한 증거가 확보

되었습니다. 우리는 그를 불러 회개하도록 진지하게 권했습니다. 하지만 우리의 마음에 아쉽게도, 그는 우리의 노력에도 불구하고 자신의 회개에 대한 만족스러운 결과를 우리에게 보여주지 못하고, 여전히 회개하지 않은 채로 남아 있습니다(또는 그가 말로는 회개를 고백했지만, 여전히 같은 죄를 지으며 살아가고 있습니다). 그러므로 우리는 그리스도께서 우리에게 심리(審理)하라고 명하신 바를 좇아, 우리의 직무상 최후의 개선책을 사용해 이 심리를 진행하여 판결하고자 합니다. 우리는 그에게 주님의 이름으로 청합니다. 더 이상 지체하지 말고, 자신이 지은 죄가 얼마나 큰 죄인지, 자신과 그리스도에게 얼마나 큰 잘못을 범했는지, 다른 사람들에게는 얼마나 큰 수치와 슬픔을 당하게 했는지 마음으로 깊이 생각하십시오. 그리고 저는 그의 영혼을 위해 그에게 간절히 청합니다. 죄를 짓고 또 회개하지 않음으로 해서 얻은 것이 무엇인지, 그리고 그 얻은 것이 영생을 잃고서도 얻을 만한 가치가 있는 것인지를 생각해 보십시오. 사망이 그의 영혼을 그의 육체로부터 낚아챌 때도 그가 이렇게 회개하지 않은 상태로 남아 있다가 결국 심판석에 계신 하나님 앞에 서거나 주 예수님 앞에 출두하게 된다면 어떻게 되겠습니까? 그는 하나님의 심판대에서 혐의내용을 부인할 것입니다. 저는 예수 그리스도의 사자로서 그에게 이와 같이 요청합니다. 그의 영혼을 위해서 저는 그에게 요구합니다. 그 완악한 마음과 회개하지 않는 마음을 버리고, 하나님과 이 회중 앞에서 자신이 지은 죄를 진심으로 고백하고 슬퍼하십시오. 제가 공개적으로 밝히고자 하는 것이 이것입니다. 주님께서도 아시겠지만, 이 모든 것은 그에 대한 어떤 악의에서 비롯된 것이 아닙니다. 오히려 그 영혼에 대한 사랑과, 제게 사명으로 주신 그리스도에 대한 순종에서 비롯된 것입니다. 제가 바라기는 가능하다면 그가 자신의 죄와 사탄의 세력과 하나님의 영원한 진노로부터 구원을 받고 하나님과 하나님의 교회와 화해해서, 그가 그 어떤 구제책도 없는 정죄를 받고나서야 겸손해지지 말고, 지금 참된 회개로 겸손해지기를 원합니다."

우리가 행하는 공개적인 훈계는 이런 식으로 행해져야 한다고 저는 생각합니다. 자신이 지은 죄가 별것 아니라고 생각하는 죄인의 경우에도, 죄가 끼치는 악과 죄의 위험에 대해 말하는 성경의 몇몇 구절들을 특별히 인용하면서, 그 죄의 포악성을 지적해 줄 필요가 있습니다.

(3) 이러한 책망과 권면과 더불어서, 우리는 회중들과 합심하여 그 죄인을 위해 기도해야 합니다. 권징이 집행되는 경우마다 이렇게 기도해야 하지만, 특히 범죄자가 훈계를 받아들일 의사가 없거나, 회개의 증거를 보이지 않거나, 회중의 기도를 바라지 않을 경우에는 더욱더 그를 위해 기도해야 합니다. 이런 특별한 경우에는 그를 위해 기도해 줄 것을 회중들에게 부탁하는 것이 좋습니다. 우리는 회중들에게 회개하지 않는 자는 얼마나 두려운 상황에 처해 있는지를 생각하게 하고, 죄와 사탄으로 인해 눈이 멀고 완악해져서 스스로를 불쌍히 여기지도 못하는 그 가련한 영혼들을 회중들이 불쌍히 여기도록 하며, 그러한 상황에서 살아 계신 하나님 앞에 한 인간이 서는 것이 어떤 것인지를 회중들로 하여금 생각하도록 하십시오. 그래서 그 죄인이 구제불능이 되어 지옥에 떨어지기 전에, 눈이 열리고 완악한 마음이 유순해지고 겸손해지도록 하나님께 간절히 기도해 달라고 회중들에게 간구하십시오. 그를 위해 우리 역시 아주 간절히 기도해야 합니다. 그래야 회중들도 우리와 함께 애정 어린 마음으로 뜨겁게 기도할 것입니다. 하나님께서 우리의 기도를 들으셔서, 우리의 권면에 꿈쩍도 않던 그 죄인의 마음이 우리의 기도로 누그러질지 혹시 누가 알겠습니까?

앞으로 삼일 동안 몇몇 교회에서 회중들이 함께 모여서, 죄인들의 눈이 열리고 마음이 유순해져서 그들이 완악함과 영원한 죽음에서 구원을 받게 해 달라고 하나님께 간절히 기도하는 시간을 갖는다면 얼마나 좋을까요. 제가 판단하기로는 아주 칭찬할 만한 일정이라고 생각합니다. 목회자들이 자기를 부인하면서 전적으로 이 사명을 양심적으로 이행한다면, 그 일로 인해 싸움이 벌어질 수도 있겠지만 축복을 기대할 수도 있을 것입니다. 그러나 우리가 사역을 행하면서 위험하거나 달갑지 않은 것은 모두 피해 버리고 희생이 요구되거나 귀찮은 것은 모두 발뺌한다면, 다시 말해 이런 훈계의 수단들을 육신적이고 편파적으로 사용한다면, 우리는 어떤 큰 유익도 기대할 수 없습니다. 여기저기서 조그만 유익들을 거둘 수 있을지는 몰라도, 우리가 우리의 의무를 그렇게 불완전하고 결함 있게 이행한다면, 복음이 자유롭고 영광스럽게 역사하는 것은 볼 수 없습니다.

(4) 우리는 회개한 자를 교회의 성도들과 교제할 수 있도록 복권시켜야 합니다. 교회의 권징을 너무 느슨하게 적용해서 범죄자가 교회의 권징을 가볍게 여기도록 가르쳐서는 안 되는 것처럼, 교회의 권징을 너무 엄격하게 적용해서 그 범죄자가 좌절하게 해서도 안 됩니다. 만약 그가 자기가 한 행동의 악함을 진심으로 깨닫고 그 행동에 대해 뉘우치는 마음이 있는 것처럼 보인다면, 그가 자신의 죄를 회개하는지, 앞으로 그러한 죄는 피하고 좀 더 세심하게 주의하고 조심스럽게 행하며, 유혹을 피하고 자신의 능력을 믿지 않고 예수 그리스도 안에 있는 은혜를 의지하기로 약속하는지 우리는 살펴보아야 합니다.

만약 그가 믿고 회개한다면, 하나님의 사랑의 풍성함과 그의 죄를 용서해 주시는 그리스도의 보혈의 넉넉함을 그가 확신하도록 해야 합니다. 그가 교회의 성도로 복권되기를 원하는지, 그리고 하나님께서 자신이 지은 죄를 용서해주시고 자신을 구원해 주시도록 성도들이 기도해 주기를 간절히 바라는지 우리는 살펴보아야 합니다.

교회는 회개한 사람을 용서하고 받아들이는데 있어서 그리스도를 본받아야 합니다. 우리는 그런 교회를 만들 책임이 있습니다. 즉, 쫓겨났던 자가 교회의 성도로 복권되었다면, 그가 예전에 지은 죄로 그를 비난하거나 그 죄에 대해서 얼굴을 마주보고 책망해서는 안 됩니다. 오히려 그리스도께서 하신 것처럼 그 죄들을 용서해 주어야 합니다. 마지막으로 우리는 그의 복권에 대해 하나님께 감사를 드리고, 그가 확신 가운데 거하며 장래에도 보호해 주시도록 기도해야 합니다.

(5) 교회 권징의 마지막 부분은 충분한 심리 이후에도 여전히 회개하지 않은 채로 있는 사람들을 교회의 성도에서 제외하는 것입니다.

교회 성도에서 제외되는 것, 즉 통상적으로 출교라고 불리는 것에는 다양한 정도의 수위가 있으므로 혼동해서는 안 됩니다. 가장 일반적으로 행해지는 것은 성도들이 갖는 관계에서 죄인을 일정 시간 동안 제외시키는 것입니다. 이 기간은 주님께서 기꺼이 죄인에게 회개할 말미를 주시는 시간까지입니다.

교회의 목회자나 치리자들은 이 제외 기간, 즉 제명 기간 동안 주님의 이름으로 성도들에게 치리받은 자와 교제를 갖지 말도록 엄하게 명령하고, 교회가 그와의 교제를 금한 자라고 그의 이름을 공포해야 합니다. 그 목자의 명령이 하나님의 말씀에 위배되지 않는 한, 그와의 교제를 피하는 것이 성도들의 의무입니다. 그럼에도 불구하고 우리는 출교당한 자까지도 그의 회개와 회복을 위해 기도해야 합니다. 그리고 만약 하나님께서 그들을 회개하게 하신다면, 우리는 그들을 교회의 교제 안으로 다시 기쁘게 받아들여야 합니다.

우리가 이 권징을 좀 더 성실히 시행했다면, 그리고 이 권징의 중요성과 그 처리방식을 납득하고 있었더라면 좋았을 텐데 하는 아쉬움이 남습니다. 이런 권징에 대해 최고로 찬사하는 글을 쓰기도 하고 말로 변호도 하였지만, 우리의 게으름으로 인해 우리는 이 권징을 경시하기도 하고 비난하기도 하였습니다. 그러지 않았다면 얼마나 좋았겠습니까! 하나님의 법정에서 이 문제와 관련하여 누가 더 중한 책임추궁을 받게 될지 생각해 볼 가치가 있습니다. 이 권징의 본질과 필요성을 알지 못해서 이것을 비난하고 방해한 자들입니까, 아니면 혀로는 칭송하면서도 끊임없이 이를 소홀히 함으로써 이 권징을 비방한 우리입니까? 만약 위선이 죄가 아니라면, 다시 말해 주님의 뜻을 알고도 우리가 불순종하는 것이 사태를 더 악화시키는 것이 아니라면, 우리는 그들보다 더 나은 상황에 있을지도 모릅니다.

그러나 이 위선과 알고도 불순종하는 것이 더 큰 악이라면, 우리는 분명히 우리가 그렇게 큰 소리로 비난한 바로 그 사람들보다 더욱더 나쁜 사람입니다. 권징을 열정적으로 지지하는 사람이든 완강히 거부하는 사람이든 저는 그들이 말한 대로 이행할 준비가 되기 전까지는 아무 말도 하지 말라고 충고하려는 것이 아닙니다. 또 권징을 실천할 의사가 생길 때까지는 이에 대한 옹호를 철회하라고 하는 것도 아니며, 이 권징에 대해 그들이 쓴 모든 책이나 권징에 필요한 비용이나 위험들에 대한 모든 기록들이 심판 날에 자신에게 불리하게 작용되는 그런 혼란이 생기지 않도록 이 모든 문서들을 불살라 버리라고 조언하려는 것도 아닙니다. 다만 저는 더 이상 지체하지 말고 그들이 말한 증언과 일치된 행동을 하라고 설득하려는 것입니다. 왜냐하면 권징을 하도록 많이 권한 사람일수록 자신이 이 권징을 소홀히 한 것으로 인해 더 많이 자신을 정죄하기 때문입니다.

제가 존경하는 성직자이며 경건한 신학자들이 성례론자들(성찬식에서 화체설을 반대하는 자들 — 역주)과 권징론자들(엄격한 권징 적용을 옹호하는 자들 — 역주)을 분파주의자로 비판하는 것을 듣고서 저는 적잖이 놀랐습니다. 그래서 그 신학자들이 그렇게 비판하는 자들이 누구인지 알고 싶다고 말하자, 그들은 제게 이렇게 말했습니다. 교구의 모든 성도들에게 성례를 베풀지 않으려고 하고, 자신들이 정한 권징으로 교구 성도들을 구분하려는 자들이라고 대답하였습니다. 만약 마귀가 교회의 경건한 목자 한 사람으로 하여금 권징을 소홀히 하도록 했다면, 이것은 설교를 소홀히 하도록 한 것이나 마찬가지로 그 유혹자는 큰 승리를 얻은 것이라고 생각합니다. 하물며 그 목자로 하여금 권징을 소홀히 하는 것에 찬성하도록 하면 어떻게 되겠습니까? 제가 보기에 이미 마귀는 몇몇 목자들로 하여금 그들이 소홀히 하는 바로 그 의무를 이행하는 사람들을 조롱하게 한 것 같습니다.

제가 확신하는 것은 이것입니다. 목자의 권위와 그 사역의 많은 부분이 교

회의 지도력에 있다는 사실을 이해한다면, 교회의 권징을 반대하는 것은 목
회를 반대하는 것이며, 또 목회를 반대하는 것은 교회를 절대적으로 반대하
는 것이며, 또 교회를 반대하는 것은 절대적으로 그리스도를 반대하는 것이
라는 사실을 깨닫게 될 것입니다. 여러분이 규율을 피한 것으로 주님 앞에서
비난을 받지 않으려면, 이런 추론을 논리의 비약이라고 비난하지 마십시오.

제 2 장

목양의 자세

지금까지 양 떼를 돌보는 사역의 본질에 대해 살펴봤으니, 다음으로 이 돌봄의 자세에 대해서 말씀드리고자 합니다. 각 부분을 따로 떼어서 설명하면 자칫 지루해질 수 있으므로, 전반적으로 말씀드리도록 하겠습니다.

목회사역은 이렇게 시행되어야 합니다.

1. 순전히 하나님과 영혼 구원을 위하여

목회 사역은 순전히 하나님과 영혼 구원을 위해서 행해져야 하지, 우리 자신의 사적인 목적을 위해 행해져서는 안 됩니다. 목회 사역이 그 본질에 있어서 아무리 선하다고 해도, 잘못된 목적으로 그 모든 사역에 임하면 우리에게 악한 것이 됩니다. 우리가 그 사역을 하나님을 위해 행하지 않고 우리 자신을 위해 행한다면, 그 사역은 하나님을 섬기는 것이 아니라 우리 자신을 섬기는 것이 됩니다. 목회를 여느 일반적인 일처럼 여기고 세상에서 살아가기 위한 생계수단으로 생각하는 사람들은, 곧 목회가 좋은 일이기는 해도 밑지는 장사꾼 같은 직업이라는 것을 알게 될 것입니다. 자기 부인은 모든 그리스도인들에게 절대적으로 필요한 것이지만, 특히 목회자에게는 배나 더 필요합니다. 목회자는 자기 부인을 하지 않고서는 한순간도 신실하게 하나님을 섬길 수 없기 때문입니다. 열심히 연구하고 많은 지식을 가지고 뛰어난 설교를 하여도 그 목적이 바르지 않다면, 이런 것들은 겉만 번지르르한 위선적인 죄짓기일 뿐입니다. 익히 알고 있듯이 베르나르(Bernard of

Clairvaux. 프랑스의 대수도원장이며 개혁된 시토 수도회의 초대 수장이다 — 역
주)는 다음과 같이 말했습니다.

> 어떤 사람은 오직 지식 그 자체를 위해서 알기를 원합니다.
> 그것은 부끄러운 호기심입니다.
> 어떤 사람은 그 지식을 팔기 위해서 알기를 원합니다.
> 그것도 부끄러운 일입니다.
> 어떤 사람은 명예를 얻기 위해서 알기를 원합니다.
> 그것은 부끄러운 허영입니다.
> 반면에 어떤 사람은 다른 사람들에게 덕을 끼치기 위해서
> 알기를 원합니다. 그것은 칭찬할 만한 일입니다.
> 또 어떤 사람은 자신의 덕을 세우기 위해서 알기를 원합니다.
> 그것은 현명한 일입니다.

2. 부지런하고 열심히

목회 사역은 부지런하고 열심히 행해져야 합니다. 왜냐하면 이 사역은 우
리 자신과 다른 사람들에게 이루 말할 수 없는 큰 영향을 끼치고 있기 때문
입니다. 우리는 세상을 세우고 하나님의 저주로부터 세상을 구하고, 창조를
완성하고 그리스도가 죽으신 목적을 달성하고, 저주로부터 우리 자신과 다
른 사람들을 구하고, 사탄을 정복하고 그의 나라를 전복하고, 그리스도의 나
라를 세우고 다른 사람들이 영광의 나라를 얻도록 돕기 위해 노력하고 있습
니다. 이런 사역들을 경솔한 마음이나 게으른 손으로 감당할 수 있겠습니까?
그러므로 여러분이 온 힘을 다해 이 사역을 감당하고 있는지 살펴보십시오!
열심히 연구하십시오. 왜냐하면 샘은 깊고, 우리의 두뇌는 연약하기 때문입
니다. 카시오도루스(Cassiodorus. 로마의 정치가이자 저술가 — 역주)가 말한
대로, "이 점에서 지식의 일반 수준은 한계가 없습니다. 여기에서 참된 야망

이 드러납니다. 심오한 지식을 추구하면 할수록, 그것을 성취한 영광은 더욱 더 커집니다."

그러나 여러분이 가진 지식을 실천하고 실행하는데 특히 열심을 내십시오. 사도 바울의 말씀이 여러분의 귓가에 계속해서 울려야 합니다. "내가 부득불 할 일임이라 만일 복음을 전하지 아니하면 내게 화가 있을 것이로다!"(고전 9:16). 여러분의 손에 어떤 일이 놓여 있는지 항상 스스로 생각하십시오. "내가 스스로 분발하지 않으면, 사탄이 힘을 얻게 되어 사람들은 영원히 멸망할 것이고, 내 손에서 그들의 피값을 찾게 될 것이다. 내가 지금 수고와 고통을 피한다면, 내가 피한 고통의 수천 배나 되는 고통을 자초하게 되겠지만, 지금 부지런히 행한다면 장래에 큰 복을 받게 될 것이다." 하나님을 섬기고서 멸망한 자는 지금까지 아무도 없었습니다.

3. 신중하고 질서 있게

목회사역은 신중하고 질서 있게 행해져야 합니다. 단단한 음식을 먹기 전에 먼저 젖을(히 5:12) 먹어야 합니다. 상부 구조물을 올리기 전에 먼저 기초가 놓여야 합니다. 아이들을 장성한 성인처럼 대해서는 안 됩니다. 우리가 사람들로부터 은혜의 사역을 기대하기 전에 먼저 그들이 은혜 안에 거하도록 해야 합니다. 우리를 구원하지 못하는 공로로부터 돌이켜 회개하고 회심시키는 사역과 그리스도에 대한 신앙을 제일 먼저 철저히 가르쳐야 합니다. 우리는 일반적으로 성도들의 한계를 염두에 두어야 하며, 신앙의 첫 원칙들도 배우지 못한 사람들에게 완전함을 가르쳐서는 안 됩니다. 이에 대해 니사의 그레고리우스(Gregory of Nyssa. 4세기 동방교회의 교부 — 역주)는 이렇게 말했습니다. "우리는 어린이들에게 학문의 심오한 교훈들을 가르치지 않는다. 처음에는 글자를 가르치고, 그 다음에는 낱말과 다른 것들을 가르친다. 이와 마찬가지로 교회의 지도자들도 회중들에게 기초적인 문서들을 먼저 제시하고, 그런 다음에 점차 좀 더 완전하고 신비로운 주제들을 제시한다." 이런 식으로 교회는 세례를 받으려는 예비 신자들에게 교리문답을 가르치려고 큰 수고를 해 왔으며, 지금까지 이렇게 다듬어지지 않은 돌들로 절대 건물을 짓지 않았습니다.

4. 가장 중요하고 필요한 일들을 강조하면서

목회사역의 전 과정을 통하여 우리는 가장 위대하고 가장 확실하며 가장 필요한 진리들을 강조해야 합니다. 그 밖의 것들에 대해서는 자주 거론하거나 갑론을박할 필요도 없습니다. 우리가 성도들에게 그리스도를 바르게 가르칠 수 있다면, 우리는 그들에게 모든 것을 가르친 것입니다. 우리가 그들을 하늘나라로 온전히 데리고 갈 수 있다면, 그들은 충분한 지식을 가진 것입니다. 인간은 위대하고 널리 인정된 신앙의 진리들을 따라 살아야 하며, 이 진리들이 위대한 도구가 되어 인간의 죄를 부수고 인간의 마음을 하나님께 올려드리게 합니다. 그러므로 우리는 성도들의 필요가 무엇인지 늘 파악하고 있어야 합니다. "필요한 한 가지"(눅 10:42, KJV)를 기억하고 있다면, 우리는 겉만 번지르르한 것이나 불필요한 치장이나 헛된 논쟁들을 피할 수 있을 것입니다. 다른 것들도 많이 알면 좋겠지만, 반드시 그리스도를 알아야 합니다. 그리스도를 모르면 성도들은 영원히 멸망하고 말 것입니다. 솔직히 말해서, 필요야말로 목회자로 하여금 연구하게 하고 수고하게 하는 가장 강력한 추진력이라고 생각합니다. 만약 우리에게 모든 것이 충분하다면, 우리는 일의 중요도와 상관없이 아무 일이나 다 시도하고 아무 순서도 없이 처리할 것입니다. 그러나 인생은 짧고 우리는 우둔합니다. 그러기에 영원한 것들이 필요하고, 우리의 가르침에 의존하고 있는 영혼들은 귀중합니다. 솔직히 말해서, 필요는 지금까지 제 연구와 제 인생의 지휘자였습니다. 내가 어떤 책을 읽어야 할지, 언제 그 책을 읽어야 할지, 얼마나 오랫동안 읽어야 할지를 말해준 것은 모두 필요였습니다. 제 자신이 타락하지 않는 한, 저는 필요에 따라 설교 본문을 선택하고 설교문을 작성합니다. 설교의 주제와 방식도 마찬가지입니다. 죽음에 대한 끊임없는 예상이야말로 필요를 인식하게 한 가장 큰 요인이라는 것을 저는 알고 있습니다. 그러나 모든 인간의 삶이 불확실하고 짧은 것을 생각해 볼 때, 대부분의 건강한 사람들이 왜 가장 필요한 것들을 최우선으로 여기지 못하는지 그 이유를 잘 모르겠습니다. 크세노폰(Xenophon. 소크라테스의 제자인 그리스 역사가 — 역주)은 이렇게 말했습니다. "필요보다 더 좋은 선생은 없다. 필요는 모든 것을 가장 부지런히 가르쳐 준다." 연구든 설교든 수고든 이 일이 반드시 행해져야 할 일이란 것을 안다면, 누가 감히 다른 일들을 할 수 있겠습니까? 시급하고 불가피한 일들이 있다고 느낄 때, 누가 감히 허송세월하거나 우물쭈물하겠습니까? 군대에도 이런 말이 있습니다. "불가피한 것들이 우리를 다그치는 상황에서는 장황한 논의가 필요치 않고, 신속하고 강력한 주장이 필요하다." 우리의 상황은 이보다 더 불가피한 상황입니다. 왜냐하면 우리가 하는 일은 군대 일보다 더 중요하기 때문입니다. 우리가 한 시간이라도 낭비하지 않았는지 살펴보는 것은 틀림없이 시간을 아끼는 최선의 방법입니다. 왜냐하면 우리는 오직 필요한 일에만 시간을 사용하기 때문입니다. 이것은 다른 사람들에게도 가장 유익한 방법입니다. 물론 인간의 연약함으로 인해 항상 이것이 가장 기분 좋은 일이 되거나 박수 받는 일이 되는 것은 아닙니다. 세네카(Seneca)가 이에 대해서 정확하게 말했습니다. "우리는 위대한 것들에 마음이 끌리는 것이 아니라, 색다른 것에 마음이 끌린다"(「세네카의 도덕론」[*Seneca's morals*], 12번째 서신[*Epistles XII*], p.475 — 역주).

꼭 필요한 주제들은 그리 많지 않기 때문에, 설교자들은 종종 같은 주제들을 집중적으로 전해야 합니다. 그렇다고 해서 색다른 것들을 찾는 사람들을 만족시켜 주기 위해, 필요한 것을 불필요한 것처럼 보이게 꾸민다거나, 불필요한 것에 시간을 허비해서는 안 됩니다. 물론 진리를 전달하는 방식에 있어서는 동일한 진리를 호감이 가는 다양한 옷으로 갈아입혀서 전하기도 해야 합니다. 우리를 상당히 곤혹스럽게 하고 시간을 허비하게 하는 두꺼운 책들과 지루한 논쟁들은 보통 필요한 진리보다는 불필요한 여러 견해들을 제시하고 있습니다. 피치누스(Marsilius Ficinus. 이탈리아 초기 르네상스의 인문주의 철학자로서 플라톤 전집을 라틴어로 최초로 번역한 사람이다 — 역주)도 "필요는 좁은 한계 안에 들어 있지만, 견해는 그렇지 않다"라고 말했으며, 나지안주스의 그레고리우스(Gregory Nazianzen. 카파도키아 교부들 중 한 사람으로 콘스탄티노플의 대주교이다 — 역주)와 세네카도 종종 이렇게 말했습니다. "꼭 필요한 것은 평범하며 분명한 것들이다. 그것을 찾기 위해 우리가 시간을 허비하고 수고했으나 결국 얻지 못해 불평하게 된다면, 그것은 불필요한 것들이다." 그러므로 목회자들은 양 떼들의 상태를 주의 깊게 관찰해야 합니다. 주제와 방식에 있어서 그들에게 가장 필요한 것이 무엇인지 알아야 합니다. 그리고 일반적으로 주제가 전달되는 방식보다는, 우선적으로 그 주제가 더 중요하게 고려되어야 합니다. 만약 여러분이 읽을 책을 고른다면, 여러분은 어떤 저자의 책을 선택하겠습니까? 여러분이 모르던 것을 말해주고, 가장 필요한 진리들을 명쾌하게 전해주는 저자의 책을 고르지 않겠습니까? 거짓이거나 공허한 것을 아주 학문적으로 고상하게 말하는, 다시 말해 "애는 썼지만 아무것도 말해주지 않는" 그런 저자의 책을 읽기보다는, 오히려 다소 조잡하고 매력적이지 않은 언어실력이라도 여러분에게 가장 필요한 진리들을 말해주는 그런 책을 읽지 않겠습니까?

저는 아우구스티누스의 지침을 따르도록 여러분에게 제안합니다. "단어의 의미에 우선권을 두라. 이것은 영혼이 육체보다 우선시 되는 것과 같다"(「하나님의 도성」 [City of God], 19권 24장 — 역주). 이것은 이런 말과 같습니다. 우리가 잘생긴 사람을 찾기보다는 친구로 삼기에 합당한 양식을 갖춘 사람을 찾듯이, 우리는 귀에 솔깃한 얘기보다는 오히려 참된 것을 추구한다는 말입니다. 그리고 당연히 저는 자신의 덕을 세우기 위해서 연구를 합니다. 동시에 저는 다른 사람의 덕을 세우기 위해서 가르쳐야 합니다. 나이가 지긋하고 경험이 풍부하고 실제적인 진리를 잘 알고 있는 사람들은 보통 아주 평범한 옷을 입혀서 전달하지만, 일반적으로 참된 지식에 대한 중요성이나 실체를 모르는 속이 빈 무지한 사람들은 단어들과 수사(修辭)에 꼼꼼하고 세심하게 신경을 씁니다. 아리스토텔레스는 왜 여성이 남성보다 치장에 자존심을 걸고서 더 집착하는가라는 물음에, 여성은 내적인 가치를 별로 생각하지 않기 때문에 장식물로 외모를 꾸미는데 힘쓴다고 대답합니다. 이런 모습은 속이 비고 쓸모없는 설교자들과 같습니다. 그들은 자기의 실제 모습이 아닌 다른 모습으로 존경받고 싶어하며, 장식물로 외모를 꾸미는 것 외에는 달리 존경받을 방법이 없는 자들입니다.

5. 간단하고 명료하게

우리가 가르치는 모든 것들은 가능한 한 간단하고 명료해야 합니다. 이것은 교사의 존재 이유와도 잘 맞습니다. 자기 말이 잘 이해되기를 원한다면, 자기 말을 듣는 자들의 능력에 맞게 말을 해야 합니다. 진리는 빛을 사랑합니다. 진리가 숨김없이 온전히 드러날 때 진리는 가장 아름답기 때문입니다. 진리를 숨기는 것은 질투하는 원수가 행하는 표징입니다. 진리를 드러내는 것처럼 가장하면서 진리를 숨기는 일을 하는 것은 위선자들이 하는 짓입니다. 그러므로 채색되고 분명치 않은 애매모호한 설교들은, 창문에 들어오는 빛을 차단하는 채색된 유리처럼, 채색된 위선자임을 드러내는 표시가 됩니다. 만약 여러분이 성도들을 가르치려고 하지 않는다면, 도대체 여러분은 강단에서 무엇을 하겠다는 말입니까? 만약 가르치려고 한다면, 왜 여러분은 성도들이 이해하기 쉽도록 말하지 않습니까? 성도들이 내용을 가능한 한 쉽게 이해하도록 설교자가 연구를 해도, 성도들이 이해하기 힘든 어려운 주제들이 있다는 것을 저도 압니다. 하지만 의도적으로 낯선 용어들을 사용해서 그 내용을 모호하게 만들어 자신의 본심을 숨기고 성도들을 가르치는 체하는 설교자들도 있습니다. 그런 설교자의 심오한 학식에 탄복하는 자들은 어리석은 자들이고, 똑똑한 자들은 그 설교자의 어리석음과 교만과 위선에 탄복

합니다. 어떤 사람들은 성도들이 편견을 갖고 있고 진리를 받아들이기에는 일반적으로 이해력이 부족하다는 이유 등을 들어 그럴 수밖에 없다는 미명 하에 자신의 감정을 감추기도 합니다. 하지만 진리는 증거의 빛만으로도 편견을 극복합니다. 훌륭한 뜻을 널리 전하는 가장 좋은 방법은 우리가 진리를 가능한 한 명료하고 철저하게 그리고 보편적으로 인식하게 하는 것입니다. 준비되지 않은 마음으로 하여금 진리를 받아들이도록 하는 것이 바로 이 빛입니다. 진리를 분명하게 다른 사람들에게 전할 수 없다면, 상황이 어찌됐건 그 내용을 자신이 충실히 소화하지 못했다는 표시입니다. 이 말은 필수적인 진리를 이해하기 위해 요구되는 능력을 고려하면서, 내용의 본질이 분명하게 전해지는 것을 의미합니다. 현재 어떤 사람들은 여러분이 최대한 분명한 말로 얘기해 주어도 몇몇 진리들을 이해할 수 없기 때문입니다. 이것은 예를 들어 방금 막 알파벳을 배운 어린아이에게 가장 쉬운 문법 규칙들을 제일 쉽게 가르쳐도 이해하지 못하는 것과 같습니다.

6. 겸손하게

우리의 사역은 대단한 겸손하게 행해져야 합니다. 우리는 모든 사람에게 온유하고 겸손히 행해야 합니다. 다른 사람들을 가르칠 때는 우리가 배울 만한 사람이라면 누구에게든 배울 수 있다는 자세로 가르치십시오. 그렇게 해서 우리는 가르치는 동시에 배우게 됩니다. 우리가 높은 지식을 가진 것처럼 자만심으로 우쭐대고, 우리의 자만심을 어떤 방식으로든 거스르는 사람들을 경멸하면서, 우리는 의자에 앉을 만하고 다른 사람들은 우리의 발치에 앉아야 한다고 교만하게 행동하지 마십시오. 교만은 그런 비천한 대우를 받는 사람들을 천국으로 인도해야 하는 사람들에게는 치명적인 악입니다.

그러므로 우리가 다른 사람들은 천국으로 인도했지만, 정작 그 천국 문이 우리에게는 너무 좁은 문이 되지 않도록 주의합시다. 그로티우스(Hugo Grotius. 네덜란드의 법학자요 철학자이자 신학자이다 — 역주)도 이렇게 말하니다. "교만은 천국에서 태어났다. 천국으로 가는 문이 과거에 어떻게 해서 닫혔는지는 잘 모르지만, 어쨌든 앞으로 교만이 천국으로 다시 돌아가는 것은 불가능하다!" 교만한 천사를 쫓아내신 하나님은 교만한 설교자도 천국으로 받아들이지 않으실 것입니다. 가톨릭 사제들은 목회자(Minister)라는 명칭을 경멸합니다. 그러나 적어도 우리는 그들처럼 이 명칭을 경멸해서는 안 된다고 생각합니다(Minister는 어원적으로 '시중드는 사람, 하인, 조수' 등을 뜻한다 — 역주). 우리가 짓는 여러 가지 모든 죄들의 근원에 이 교만이 있습니다. 이 교만으로부터 목회자들의 시기와 분쟁과 불화가 시작되며, 모든 개혁의 장애물들도 여기에서 생겨납니다. 모두가 앞장서려고만 하지, 따르거나 서로 도우려는 자들은 적습니다. 수많은 목회자들이 목회에 서투른 것도 너무 교만해서 배우려고 하지 않기 때문입니다. 겸손은 목회자들에게 또 다른 교훈을 가르쳐줄 것입니다. 저는 목회자들 중에서도 특히 나이가 지긋한 목회자들에게 아우구스티누스가 제롬에게 한 말씀을 드리고 싶습니다. "연장자는 배우는 것보다 가르치는 것이 더 적절하겠지만, 무지한 것보다는 배우는 것이 더욱더 적절합니다."

7. 엄격함과 관대함이 조화를 이루도록

우리가 행하는 설교와 권징에는 엄격함과 관대함이 아주 적절히 조화되어야 합니다. 우리가 다루는 사안이나 사람의 특성이나 성격에 따라서 엄격함과 관대함의 비중이 정해져야 합니다. 전혀 엄격하지 않다면 우리가 하는 징계가 무시당할 것이며, 전적으로 엄격하기만 한다면 사람들의 마음을 진리로 설득하기보다는 오히려 다른 사람의 권리를 침해하는 자로 비쳐질 것입니다.

8. 신중하고 진지하며 열정적으로

우리는 모든 사역에 진심으로 진지하고 열정적으로 임해야 합니다. 우리의 사역에는 더 큰 기술이 요구되며, 이 사역을 감당하는 어느 누구보다도 더 많은 생명력과 열정이 특히 필요합니다. 회중들 앞에 서서 구세주의 이름으로 살아 계신 하나님이 말씀하시는 것처럼 구원이나 멸망의 메시지를 전한다는 것은 결코 작은 일이 아닙니다. 가장 무식한 사람도 아주 분명히 우리가 하는 말을 이해할 수 있도록 말하고, 완전히 죽은 마음이라도 우리가 하는 말을 느낄 수 있도록 진지하게 말하며, 우리가 하는 말에 반박을 하고 트집을 잡는 자들이 입을 다물 정도로 설득력 있게 말하는 것은 결코 쉬운 일이 아닙니다. 우리가 행하는 사역은 매우 중요한 사역이기에 냉랭한 마음이나 생기 없는 우둔함으로는 도저히 감당할 수 없습니다. 우리는 스스로 우리 자신이 분명히 깨어 있는지, 그리고 우리의 영혼이 다른 사람들을 깨울 수 있는 그런 상황에 있는지 우리 자신을 살펴보아야 합니다. 우리가 하는 말들이 예리하지 않아서 날카로운 못처럼 사람의 마음을 꿰뚫지 못한다면, 돌처럼 딱딱한 마음에 타격을 가할 수 없을 것입니다. 하늘의 일들을 대수롭지 않게 냉랭하게 말한다면, 이 하늘의 일들에 관해 전혀 아무 말도 하지 않는 것만큼이나 나쁜 것입니다.

9. 부드러운 사랑으로

우리의 목회 사역은 성도들에 대한 부드러운 사랑으로 행해져야 합니다. 성도들의 유익 외에는 우리가 기뻐할 것이 아무것도 없음을 그들에게 보여 주어야 하며, 그들에게 유익한 것이 우리에게도 유익한 것이고, 그들이 상처를 받는 것보다 더 우리를 괴롭게 하는 것이 없음을 그들이 알게 해야 합니다. 아버지가 자녀들에 대해 느끼는 마음을 우리도 성도들에 대해 느껴야 합니다. 어머니의 지극한 사랑 못지않은 사랑을 성도들을 향해 가져야 합니다. 우리는 그들 속에 그리스도의 형상을 이루기까지 해산하는 수고(갈 4:19)를 감당해야 합니다. 성도들의 구원에 대해 우리가 염려하는 것에 비하면, 우리는 외적인 것들, 즉 부, 자유, 명예, 생명에 전혀 신경 쓰지 않고, 오로지 모

세처럼 어린 양의 생명책에 성도들의 이름이 올라가기만 한다면 우리의 이
름이 지워버려져도(출 32:32.33) 만족할 것이라는 사실을 성도들이 보게 해
야 합니다. 그래서 요한이 말한 대로 우리도 형제들을 위하여 우리의 목숨을
버릴(요일 3:16) 준비가 되어 있어야 하며, 사도 바울을 따라 우리는 우리의
생명조차 조금도 귀한 것으로 여기지 아니하고, "나의 달려갈 길과 주 예수
님께 받은 사역 … 을 기쁨으로 끝마치고자"(행 20:24, KJV) 해야 합니다.
여러분이 성도들을 사랑하는 척하는 것이 아니라 진정으로 사랑하는 것을
성도들이 보게 될 때, 성도들은 여러분이 하는 어떤 말이든 들을 것이며 그
말을 마음에 간직할 것입니다. 아우구스티누스가 말한 대로 말입니다. "하나
님을 사랑하십시오. 그리고 나서 여러분이 원하는 것을 행하십시오"(Dilige
et vis quod fac. 우리가 하나님을 바르게 사랑할 때 우리가 기뻐하며 행하는 모든
일들은 하나님을 기쁘시게 하는 일들이다. 아우구스티누스가 요한일서 4:4-12을 본
문으로 행한 7번째 설교이다[*NPNF*-1, vol.7 *Tractatus* 7.8] ― 역주). 우리도 우
리를 전적으로 사랑한다고 알고 있는 사람이 있다면, 그 사람의 모든 것을
잘 받아들일 것입니다. 악의나 분노로 하는 욕설은 우리가 참지 못해도, 우
리를 위하는 사랑의 매는 참는 법입니다. 대부분의 사람들은 자신에 대한 조
언을 판단할 때, 그 조언하는 사람이 가진 자신에 대한 사랑에 따라서 판단
합니다. 조언을 그 조언 자체로 여기고 객관적으로 판단하는 사람은 아주 소
수에 불과합니다.

　그러므로 여러분의 마음에 성도들을 향한 부드러운 사랑이 있는지 살펴보
십시오. 그리고 성도들이 여러분의 그 마음을 여러분이 하는 말에서 느끼게
하고, 여러분이 하는 행동에서 그 마음을 볼 수 있게 하십시오. 여러분이 그
들을 위해 지금까지 애써왔고, 지금도 애쓰고 있으며, 여러분이 하는 행동
모두가 그들을 위한 것이지 단 하나도 여러분이 사적으로 이득을 얻기 위한
것이 아니라는 사실을 그들이 보게 하십시오. 이를 위해서 여러분의 경제적
여력이 허락하는 한 여러분이 자선을 베풀어야 할 필요도 있습니다. 말만 해

서는 여러분이 성도들에 대해 큰 사랑을 갖고 있다는 것을 성도들에게 납득
시키기 힘든 법입니다. 그럼에도 여러분의 여력이 허락되지 않는다면, 여러
분이 여력만 되었다면 기꺼이 베풀었을 것이고 여러분이 할 수만 있다면 어
떤 유익한 일이라도 기꺼이 했을 것이라는 사실을 그들에게 보이십시오. 그
러나 여러분의 사랑이 교만에서 나온 육신적 사랑은 아닌지 살펴보십시오.
여러분의 사랑이 그리스도를 위한 사랑이기보다는 오히려 자기 자신을 위한
사랑은 아닌지 말입니다. 그런 사람은 현재 자신이 사랑받고 있기 때문에 또
는 앞으로 사랑을 받기 위해서 사랑을 합니다. 그러나 성도들을 사랑한다는
핑계로 여러분이 맡은 성도들의 죄까지 묵인하지 않도록 주의하십시오. 그
렇게 하는 것은 사랑의 본질과 취지를 거스른 일이기 때문입니다. 우정은 경
건으로 굳건해져야 합니다. 사악한 자와는 참된 친구가 될 수 없습니다. 그
리고 만약 여러분이 성도들의 사악함을 봐준다면, 여러분도 스스로 사악한
자라는 것을 보여주는 셈이 됩니다. 여러분이 그들의 죄를 묵인한다면, 여러
분은 그들을 사랑한다고 자처할 수도 없고, 또 그들의 구원을 위해 애쓸 수
도 없습니다. 그들의 죄악을 묵인하는 것은 하나님에 대한 여러분의 적대감
을 드러내는 것입니다. 그러면서도 여러분은 어떻게 여러분의 형제를 사랑
한다고 할 수 있습니까? 만약 여러분이 성도들의 가장 좋은 친구가 되려면,
그들의 가장 악한 원수들을 대적하면서 그들을 도와주십시오. 또한 아주 신
랄한 비판이 꼭 사랑과 배치된다고 생각하지 마십시오. 부모는 자기 자녀를
바로잡습니다. 하나님도 친히 "받아들이시는 아들마다 채찍질하십니다"(히
12:6). 아우구스티누스는 말합니다. "과도한 너그러움으로 그릇 인도하는 것
보다는 오히려 가혹하게 대처하는 것이 더 나은 사랑이다"(아우구스티누스의
93.4번 서신에 나온다[NPNF-1, vol.1] — 역주).

10. 오래 참음으로

우리는 인내로 우리의 사역을 감당해야 합니다. 우리는 선을 베풀려고 하

다가 오히려 그들로부터 받는 욕설과 상처를 참아야 합니다. 우리가 그들을 우리의 자녀처럼 여기고 그들을 위해 연구하고 기도하고 권면하며, 진지하고 겸손하게 그들에게 간청도 하고, 우리가 줄 수 있는 모든 것을 그들에게 내어줄 때, 우리에게 분명히 예상되는 사실이 있습니다. 바로 그들 중 대다수는 조롱과 증오와 경멸로 우리에게 보답할 것이며, 우리가 "그들에게 참된 말을 하므로 원수"(갈 4:16)로 우리를 생각한다는 사실입니다. 자, 그래도 우리는 이 모든 것을 인내로 참아야 하며, 계속해서 "선을 행하되 낙심하지 말고"(갈 6:9), "거역하는 자를 온유함으로 훈계할지니 혹 하나님이 그들에게 회개함을 주사 진리를 알게"(딤후 2:25) 하실지 모르기 때문입니다. 우리는 자기를 치료하는 의사의 면전에서 도망가는 정신이 혼란한 사람들을 대해야 합니다. 그러나 그렇다고 해서 우리가 그들을 치료하는 것을 게을리해서는 안 됩니다. 욕설하는 미친 환자를 외면하는 사람은 의사로서 자격이 없습니다. 그런데 죄인들이 우리의 충고에 감사하기는커녕, 우리의 사랑을 비난하고 중상모략하며 우리의 얼굴에 침까지 뱉으려고 하면, 애석하게도 우리 마음에 얼마나 강한 악독이 생겨나는지, 얼마나 많은 옛 아담의 찌꺼기(교만과 혈기)가 새사람의 온유함과 인내심을 억누르고 싸우려 하는지 모릅니다! 많은 목회자들이 이러한 시험 가운데 빠지고 있으니 아주 슬픈 일입니다!

11. 경건하게

우리의 모든 사역은 경건하게 행해져야 합니다. 하나님의 존재를 믿는 사람에 걸맞게 거룩한 일들을 평범한 일처럼 대해서는 안 됩니다. 경건은 하나님에 대한 깊은 이해로부터 우러나오는 영혼에 대한 사랑입니다. 경건은 하나님과 아주 깊은 교제를 나누는 마음을 가리킵니다. 하나님의 일에 경건하지 않은 모습을 드러내는 것은 위선을 드러내는 것과 같습니다. 마음과 입이 일치하지 않음을 보여주기 때문입니다. 다른 사람들은 어떤지 잘 모르겠지만, 마치 하나님의 얼굴을 본 것처럼("내 얼굴을 보지 못하리니 나를 보고 살자가 없음이니라"[출 33:20]) 말하는 아주 공손한 설교자는 비록 평범한 단어들로 말을 해도 제 마음에 많은 영향을 주었지만, 경건하지 않은 사람은 아주 정교한 말들을 준비해도 제 마음에 영향을 주지 못했습니다. 실제로 설교자가 겉으로는 아무리 진지한 모습으로 울부짖는다 해도, 경건함이 그 뜨거움에 동반되지 않는다면, 그의 설교는 그리 큰 영향을 끼치지 못합니다. 세상의 모든 설교(노골적인 거짓말을 하는 설교는 제외하고) 가운데서 회중들을 웃기려고 하거나 경거망동하는 몸짓으로 그들의 마음을 움직이려는 설교, 다시 말해 하나님의 이름을 위해 거룩한 경건으로 회중들에게 영향을 끼치려는 설교 대신, 연극 무대에서 하는 것처럼 회중들에게 영향을 끼치려는 설교를 저는 싫어합니다. 제롬(Jerome)은 이렇게 말합니다. "교회에서 성도들의 찬사를 받으려고 가르치지 마십시오. 성도들이 신음하도록 하십시오. 성도들의 눈물이 바로 여러분이 받을 찬사입니다"(제롬의 52번 서신, *NPNF-2* vol. 6. ― 역주). 우리가 하는 의무 가운데 하나님이 많이 드러나면 날수록, 성도들에 대해 우리가 맡은 의무의 권위는 더욱더 커집니다. 말하자면 우리는 하나님의 보좌와 그를 둘러싼 수만의 천사들을 본 것처럼 생각해야 합니다. 그래야만 우리가 거룩한 일들로 하나님께 가까이 나아갈 때, 그분의 위엄에 경외심을 가지게 됩니다. 그렇지 않다면 우리는 그 거룩한 일들을 모독하며 그분의 이름을 망령되이 일컫게 됩니다.

12. 영적으로

우리의 모든 사역은 성령께 사로잡힌 사람답게 영적으로 행해져야 합니다. 어떤 사람들의 설교에는 영적인 음악적 선율이 있어서 영적인 회중들은 이것을 알아차리고 그 맛을 압니다. 반면에 또 어떤 사람들의 설교에는 이런 영적인 특징이 전혀 없어서 영적인 것을 말할 때조차도 일상적인 내용을 말하는 것 같은 방식으로 말합니다. 하나님의 진리에 대한 우리의 증거와 예화들도 영적이어야 하며, 사람들의 글에서 인용하기보다는 성경에서 인용해야 합니다. 세상의 지혜가 하나님의 지혜를 거슬러 칭송받아서는 안 됩니다. 철학은 굴복하고 섬기도록 가르쳐야 하며, 신앙이 주도권을 잡고 지배하도록 해야 합니다. 아리스토텔레스 학교의 위대한 학자들은 자기들보다 천한 자들은 무시하면서, 그들의 스승은 너무 칭송하지 않도록 주의해야 합니다. 그렇지 않으면 그들은 그리스도의 학교에서 가장 천한 자로 드러나게 되며, 사람들 눈에 아무리 위대해 보여도, "천국에서 지극히 작다 일컬음을 받을"(마 5:19) 것입니다. 그들 중에 가장 위대한 자도 그리스도의 십자가 외에는 아무 것도 자랑하지 않고, "그가 십자가에 못 박히신 것 외에는 아무 것도 알지 아니하기로 작정"(고전 2:2)하였습니다. 아리스토텔레스가 지옥에 있다고 확신하는 사람들은 마치 그를 천국의 인도자인양 그렇게 너무 의지해서는 안 됩니다. 그레고리우스 1세(Gregory I, The Great)가 우리에게 남긴 탁월한 비망록이 있습니다. "하나님께서는 먼저 무식한 자들을 불러 모으시고, 그 후에 유식한 자들을 모으십니다. 그리고 하나님께서는 웅변가들을 어부로 만드시는 것이 아니라, 어부를 웅변가들로 만드십니다"(그레고리우스[Gregory I],「욥기의 교훈들」(*Morals on the Book of Job*), p.590; Vol. 3 Part 2 Book 33 — 역주). 아주 뛰어난 학식을 가진 자들은 이 말씀을 생각해 보아야 합니다.

모든 작가들은 그에 합당하게 존중하십시오. 하지만 하나님의 말씀과 그들을 비교하지는 마십시오. 그들이 하나님의 말씀을 섬기는 것에 대해 우리가 거부는 하지 않겠지만, 그들이 하나님의 말씀과 경쟁하거나 대항할 때는 그들을 거부해야 합니다. 성경의 그 탁월한 맛을 느끼지 못한다는 것은 그 마음이 병들었다는 증거입니다. 영적인 마음은 자연히 하나님의 말씀을 가까이 하기 마련입니다. 왜냐하면 하나님의 말씀이 자신을 거듭나게 하는 씨앗이기 때문입니다. 말씀은 도장과 같아서, 참된 신자들의 마음속에 모든 거룩한 인상들을 만들어 내고, 그 신자들에게 하나님의 형상을 날인합니다. 그러므로 신자들은 그 말씀처럼 되어야 하며, 그들이 사는 날 동안 그 말씀을 최고로 존중해야 합니다.

13. 성공에 대한 진지한 바람과 기대를 가지고

만약 여러분이 사역에서 성공하기를 원한다면, 반드시 성공에 대한 진지한 바람과 기대를 계속 유지하십시오. 만약 여러분이 자신이 하는 수고의 결과에 마음을 쏟지 않고, 회중들이 회심하고 덕을 세우는 모습을 보고 싶어 하지 않으며, 소망 가운데 연구하고 설교하지 않는다면, 여러분은 큰 성공을 거둘 수 없을 것입니다. 이것은 거짓되고 자기를 추구하는 마음의 징표입니다. 설교자로서 자기가 하는 사역에 만족할 수는 있겠지만, 자기가 하는 수고의 열매를 볼 수는 없을 것입니다. 제가 살펴본 바로는, 하나님은 자기가 하는 사역에서 성공하기 위해 마음을 쏟아붓지 않는 자의 사역에는 거의 축복하지 않으셨습니다. 가룟 유다의 기질을 가진 자라면 그냥 내버려 두십시오. 자신의 사역보다는 돈궤(요 13:29)에 더 관심을 가지고, 성도들은 전혀 돌보지 않고 오직 돌보는 척만 하며, 자기 급료만 잘 받으면 된다고 생각하고 성도들로부터 사랑과 칭찬받을 생각만 하는 사람들입니다. 그런 자들은 자신에 대해서는 충분히 만족할 것입니다.

그러나 그리스도와 인간의 구원을 위해 설교하는 모든 자들을 보십시오. 그들은 자신이 설교하는 목적이 성취되기 전까지는 결코 만족하지 않습니다. 자신이 성도들을 얻었는지에 대해 관심도 없고, 성도들을 잃은 것에 대해 슬퍼하지도 않으며, 바라던 결과를 볼 수 있음에 기뻐하지도 않는 사람은 설교자가 가져야 할 바른 목적의식이 없는 사람입니다. 어떤 사람이 호감을 얻기 위해서는 무슨 말을 하고 어떻게 말해야 하는지 연구하는 것으로만 시간을 허비하면서, 추후에 그 결과에 대해 어떤 것도 기대하지 않으며 자신의 능력에 대해 사람들이 어떻게 생각하는지 알지도 못한 채 매해를 보낸다면, 이 사람은 그리스도를 위해 아주 탁월하게 설교하는 것처럼 보여도, 실제로는 그리스도를 위해 설교하는 것이 아니라 자신을 위해 설교하는 사람이라고밖에 생각하지 않을 수 없습니다. 아무리 유능하고 사랑이 많은 의사라 해도, 진료한 후에도 별 차도를 보이지 않고, 모두가 자기 손에서 죽어 가는데도 계속해서 약만 주는 것으로 만족해할 그런 의사는 아무도 없습니다. 아무리 유능하고 정직한 학교 교사라 해도, 자기가 가르치는 학생들이 자신의 수업을 통해서 아무런 도움도 얻지 못하는데도 계속해서 자신의 수업에 만족하는 그런 교사는 없을 것입니다.

신실한 목회자는 목회에 성공하지 못해도 마음에 평안을 누릴 수 있다는 것을 저도 알고 있습니다. 비록 이스라엘이 모여 있지 아니하여도 우리가 받을 보상은 주님과 함께 하는 것이며("지금 비록 이스라엘이 모여 있지 아니하여도 내가 주의 눈에 영화롭게 되고"[사 49:5, KJV]), 주님께서 우리를 받으시는 것은 우리의 열매가 아니라 우리의 수고이기 때문입니다. 그러므로 자신이 수고한 것이 성공하기를 갈망하지 않는 사람은 결코 이런 평안을 누릴 수 없습니다. 왜냐하면 그런 사람은 신실하게 수고하지 않았기 때문입니다. 제가 지금 말씀드리는 것은, 목표를 설정해 놓고서 그 목표에 이르지 못하여 슬퍼하고 있는 사람들에게만 해당되는 것입니다. 이 평안이 우리가 갈망해야 하는 완전한 평안은 아니지만, 우리가 그 목표를 온전히 이루지 못했다 해도, 어느 정도는 우리가 평안을 누릴 수 있습니다.

환자가 죽었는데도 불구하고, 하나님께서 그 의사를 받아주신다면 도대체 어찌된 일이겠습니까? 그렇게 받아주시는 것과 상관없이, 의사라면 깊은 사랑으로 진료해야 하고, 더 나은 결과를 갈망해야 하며, 만약 결과가 잘못된다면 애통해야 합니다. 우리가 수고하는 이유는 단순히 우리 자신이 보상받기 위해서가 아니라 다른 사람을 구원하기 위한 것이기 때문입니다. 제 입장에서 솔직히 말씀드리자면, 예전의 경건한 몇몇 사람들을 보고서 저는 놀라움을 금할 수 없었습니다. 그들은 무익한 사람들과 함께 20년, 30년, 혹은 40년간을 살았지만 그들 가운데서 수고의 열매를 거의 볼 수 없었습니다. 그럼에도 불구하고 그들은 그 무익한 사람들 사이에서 엄청난 인내로 그 삶을 지속해 왔습니다. 만약 제가 그런 상황에 있었다면, 감히 포도원을 떠난다거나 제가 받은 소명을 포기하지는 못해도, 내가 다른 곳으로 가고, 그 사람들에게 더 맞는 다른 목회자가 여기에 오는 것이 하나님의 뜻이 아닌가 하고 의심은 해보았을 것입니다. 그리고 그런 식으로 제 인생을 허비하는 것에 대해 쉽게 만족하지 못했을 것입니다.

14. 우리의 부족함을 깊이 깨닫고 그리스도를 의지함으로

우리의 모든 사역은 우리 자신의 부족함을 절실히 깨닫고, 그리스도께 전적으로 의존함으로써 행해져야 합니다. 우리는 이 사역을 위해 우리를 보내신 그리스도께 빛과 생명과 능력을 간구해야 합니다. 그리고 우리의 믿음이 약하고, 우리 마음이 둔하고, 그래서 이런 위대한 사역에 적합하지 않다고 우리가 느낀다면, 우리는 그분께 나아가 호소해야만 합니다. "주님, 다른 사람들이 믿음을 갖도록 하는 일에 저처럼 이렇게 불신하는 마음을 가진 사람을 보내시겠습니까? 정작 제 자신은 이런 중대한 것들에 대해 더 이상 믿음도 없고 느낌조차 없는데, 날마다 죄인들에게 영원한 생명과 영원한 사망을 주장해야 합니까? 오, 이 사역에 아무런 준비도 없이 무방비 상태로 저를 보내지 마옵소서. 주님께서 제게 이 사역을 명하셨사오니, 이 사역에 합당한 성령을 제게 부어주옵소서." 우리가 행해야 할 사역에는 설교뿐 아니라 기도도 포함됩니다. 성도들에게 진심으로 설교하지 않는 사람은 성도들을 위해서 기도도 간절히 하지 않습니다. 성도들이 믿음을 가지고 회개하도록 우리가 기도로 하나님을 설득하지 않는다면, 그들로 하여금 믿고 회개하게 하려는 우리의 바람에 그들도 설득당하지 않을 것입니다. 우리의 마음상태가 그 정도로 뒤죽박죽이라면, 성도들의 마음도 마찬가지로 뒤죽박죽되어 있습니다. 만약 우리가, 그들을 고치시고 도우시도록 하나님을 설득하지 못한다면, 우리는 이 사역에서 거의 성공을 거둘 수 없을 것입니다.

15. 다른 목회자들과 하나가 되어

저는 지금까지 모든 목회자들이 개별적으로 수행해야 하는 목회사역의 여러 가지 부대 상황들에 대해 말씀드렸습니다. 이제 끝으로 한 가지만 더 언급하고자 합니다. 우리에게 필요한 것은 우리는 같은 일을 하는 동역자들이라는 의식입니다. 이 말은 이런 뜻입니다. 우리는 우리들 간의 연합과 교류를 위해, 그리고 우리가 돌보는 교회들 간의 일치와 평화를 위해 아주 열심을 내야 합니다. 이 일이 교회 전체의 번영과 공동의 목적을 강화하고, 우리양 떼들 각자의 유익과 그리스도의 나라의 확장을 위해 정말 필요한 일임을 자각해야 합니다. 그러므로 목회자들은 교회가 상처를 입었을 때 지혜롭게 대처해야 합니다. 우리 가운데서 분열을 일으키는 지도자들을 목회자들은 피해야 합니다. 대신, 분열을 예방하고 치유하는 것을 목회자들의 주요 업무로 삼아야 합니다. 밤낮으로 목회자들은 그런 불화를 막을 수단들을 강구하기 위해 노력해야 합니다. 일치를 위한 움직임에 반응을 보여야 할 뿐만 아니라, 그런 움직임들을 제의하고 시행해야 합니다. 목회자들은 제안된 평화를 받아들일 뿐 아니라, 그들에게서 평화가 사라질 때는 그 평화를 추구하기도 해야 합니다. 그러므로 목회자들은 고대로부터 내려온 기독교 신앙의 단순성을 굳게 지키고, 공교회적(catholic) 일치의 중심과 토대를 잘 따라야 합니다. 오류를 방지하고 진리를 유지한다는 미명하에 새로운 판도를 획책하여 그리스도의 교회를 괴롭히고 갈라놓으려는 자들의 오만을 목회자들은 가증스럽게 여겨야 합니다.

성경의 충족성(성경이 어떤 보충물을 필요로 한다는 입장에 반대하여, 종교개혁자들은 성경의 완전성 또는 성경의 충족성을 주장하였다 ─ 역주)은 유지되어야 하며, 성경 이외의 그 어떤 것도 성도들에게 강요되어서는 안 됩니다. 만약 교황주의자들이나 다른 사람들이 우리의 신앙 표준이나 지침에 대해 묻는다면, 그것은 교회의 어떤 신앙고백들이나 인간의 저술들이 아니라 바로 성경이라는 사실을 보여주어야 합니다. 우리는 확실한 것들과 불확실한 것들, 필요한 것들과 불필요한 것들, 보편적인 진리들과 개인적인 의견들을 구분하는 법을 배워야 하며, 교회의 평화를 위해 후자가 아닌 전자를 강조하는 법을 배워야 합니다. 우리는 언어적인 오류와 실제적인 오류를 구분하지 못하는 사람들의 전형적인 혼동을 피해야 하며, 사람을 이해해 보기도 전에 이단으로 낙인찍어 형제들을 갈가리 찢어놓는 "신학자들이 행한 과거의 광기"를 증오해야 합니다. 또한 우리는 여러 논쟁들의 정확한 입장을 살펴서 그 차이가 생긴 논쟁의 핵심으로 들어가는 법을 배워야 합니다. 여러 쟁점들을 실제보다 더 부각시켜서는 안 됩니다. 우리의 형제들과 말다툼을 하기보다는 서로 연대하여 우리의 공동의 적과 대항해야 합니다. 모든 목회자들은 이런 목적을 위해서 서로 어울려 교제를 나누고 왕래를 하며 지속적으로 만나야 합니다. 사소한 판단의 차이로 관계가 끊어져서는 안 됩니다. 목회자들은 서로 연합하고 일치하여 하나님의 사역을 최대한 이행해야 합니다. 이런 용도로 교회회의(synods. 노회, 대회, 총회 등을 말한다 ― 역주)라는 고유한 제도가 있습니다. 교회회의는 서로를 지배하고 법을 만들라고 존재하는 것이 아니라, 오해를 막고 서로 간에 덕을 세우게 하며 사랑과 교제를 나누고 하나님이 우리에게 명하신 사역을 계속 한마음으로 행하기 위해서 존재하는 것입니다. 복음을 맡은 목회자들이 당파적인 정신이 아니라 공교회적인 정신을 가진 평화의 사람들이었더라면, 그리스도의 교회가 지금과 같은 상황에 처하지는 않았을 것입니다. 국외에 있는 루터파와 개혁파 국가들과, 국내에 있는 서로 다른 당파들이 서로 상대방의 전복을 꾀하지도 않았을 것이며, 서로 간에 거리를 두고서 무자비한 앙심을 품지도 않았을 것입니다. 그러는 동안 공동의 원수는 힘을 키워 그 원수가 지금까지 해오던 대로 교회의 성장과 발전을 방해했던 것입니다.

제 3 장

목양의 이유들

지금까지 목양의 자세에 대해 살펴보았습니다. 계속해서 저는 양 떼를 돌보는 몇 가지 이유들을 여러분 앞에 제시하고자 합니다. 여기서도 제가 앞서 언급한 본문(행 20:28)에 국한해서 말씀드리고자 합니다.

1. 우리는 양 떼를 돌보는 감독자이기 때문입니다.

본문 말씀이 우리에게 제시하는 것 중에 첫 번째로 고려해야 할 것은 양 떼와 우리의 관계입니다. 즉, 우리는 양 떼를 돌보는 사람들이라는 것입니다.

(1) 우리의 직무상 우리에게 요구되는 본질은 "모든 양 떼에게 주의를 기울이라"(행 20:28, KJV)는 것입니다. 돌보는 자들인 우리가 양 떼를 돌보지 않는다면, 도대체 누구를 돌보겠습니까? 폴리도어 버질(Polydore Virgil. 이탈리아의 역사가이자 인문주의자이다 — 역주)은 "감독직은 명예직이라기보다는 오히려 노동직"에 더 가깝다고 말했습니다. 감독이나 목자가 되는 것은 사람들에게 인사를 받는 우상이 되는 것도 아니고, "게으른 탐식가들"(딛 1:12, KJV)처럼 육신의 쾌락이나 안락을 위해 살아가며 빈둥거리는 사람이 되는 것도 아닙니다. 이것은 죄인들을 천국으로 이끄는 인도자가 되는 것입니다. 사람들은 이러한 본질을 알지도 못한 채 소명을 받기도 하고, 자신들이 알지도 못하는 일을 맡기도 합니다. 아주 서글픈 상황들입니다. 이런 사람들은 자신이 맡은 일에 대해서 이렇게 생각하고 있습니다. 감당해야 할 많은 사역이 그들의 손에 달려 있는데도 불구하고, 편안하고 즐겁게 살면서 그들의 시

간을 사치스런 여가를 보내는데 사용하고 한두 시간 빈둥거리면서 의미 없는 얘기들을 나누면 되는 걸로 알고 있지 않습니까? 친애하는 목회자 여러분, 여러분이 맡은 일이 어떤 일이라고 생각하십니까? 왜 여러분은 여러분이 그리스도 아래에서 "통치자들과 권세들과 … 하늘에 있는 악의 영들을 상대"(엡 6:12)하는 그리스도의 병사들이 모인 군대의 지휘권을 맡았다고는 생각하지 않습니까? 여러분은 그 병사들을 가장 치열한 접전지로 이끌고 가야 합니다. 여러분은 적들의 전략과 돌격전에 대해 그 병사들에게 가르쳐야 합니다. 여러분은 여러분 자신을 돌봐야 할 뿐만 아니라 그들도 돌봐야 합니다. 만약 여러분이 실패하면, 여러분과 병사들 모두 멸망하게 됩니다. 여러분의 적은 교활하기에, 여러분도 현명해야 합니다. 여러분의 적은 밤낮 깨어 있기에, 여러분도 밤낮 깨어 있어야 합니다. 여러분의 적은 악랄하고 폭력적이며 지치지 않습니다. 따라서 여러분도 불굴의 의지로 용맹스럽고 끈질기게 싸워야 합니다. 여러분은 많은 적들 가운데 완전 포위되어 있습니다. 만약 여러분이 적들을 모두 주시하지 않고 일부만 주시한다면, 여러분은 곧 넘어질 것입니다. 오, 여러분이 해야 할 일은 이처럼 무궁무진합니다! 여러분이 무지한 할아버지나 할머니를 딱 한 분만 가르친다고 해도 얼마나 힘든 일이겠습니까! 설령 배우려는 마음이 있다 해도 말입니다. 그런데 무식한데다 배우려는 마음도 전혀 없는 사람들이라면, 그들을 가르치는 일은 엄청나게 어려운 일이지 않겠습니까! 그런데 우리가 가르쳐야 할 사람들은 대다수가 이런 무지한 사람들입니다. 우리가 감당해야 할 일이 얼마나 힘든 일입니까! 이성을 거의 사용하지 않는 사람들을 설득하고, 여러분의 말뿐만 아니라 자신의 말도 이해하지 못하는 자들과 언쟁을 하는 삶이 얼마나 불쌍한 삶입니까! 오, 친애하는 목회자 여러분, 우리가 대적해 싸워야 할 대상은 한 영혼 안에 있는 사악한 세계입니다. 그런데 이 사악한 세상들이 얼마나 많은지 모릅니다! 여러분이 무언가를 성취했다고 생각할 때도, 여러분이 뿌린 씨앗은 몇 개밖에 남아 있지 않습니다. 사악한 자들이 공중의 새들처럼 와서(막 4:4)

씨앗을 받은 자들 옆에 서 있다가 여러분이 말한 것을 모두 반박하기 때문입니다. 여러분은 죄인들에게 단 한 번만 말을 하지만, 사탄의 밀사(密使)들은 열 번이나 스무 번씩 그들에게 말합니다.

그뿐만이 아닙니다. 너무나 쉽게 세상의 염려(마 13:22)와 일들이 자라나는 씨앗들의 기운을 막아 버립니다(마 13:7). 진리의 적이 외부가 아닌 죄인들 속에만 있다 하더라도, 여러분이 점화하기까지 오랜 시간이 걸렸던 그 불꽃들은 얼어붙은 육신의 마음으로 인해 너무 쉽게 사그라집니다! 실제로 연료도 없고 추후의 도움도 없다면, 그 불꽃은 꺼져 버릴 것입니다. 사람들이 죄를 고백하고 변화될 것을 약속하며 새로운 피조물과 열정적인 회심자로서 살아가는 것을 보면서, 여러분의 사역이 다행히도 성과를 거두고 있다는 생각이 들 때, 애석하게도 바로 뒤에 그들의 마음은 건전하지도 않고 거짓된 마음이며 오직 겉모습만 바뀐 것이었다는 사실이 드러나게 됩니다. 그들은 새로운 마음 없이, 새로운 견해를 받아들이고 새로운 교제를 유지했던 것입니다. 몇몇 두드러진 변화가 나타난 후에도, 세상의 유익과 명예에 속아서 다시 예전에 즐기던 것에 빠지게 된 사람들이 얼마나 많은지 모릅니다! 육신의 쾌락을 쫓던 수치스러운 방식을 좀 덜 수치스러운 방식으로 바꾸고, 양심의 비명소리를 듣지 않을 정도로만 바꾸는 사람들도 얼마나 많은지 모릅니다! 기독교에 대한 철저한 지식을 갖기도 전에 부족한 자기 지성의 능력을 확신하고 교만하게 되어, 진리라는 이름으로 그들에게 제시된 모든 오류들을 낚아채려고 혈안이 되어 있는 사람들도 얼마나 많은지 모릅니다! 그리스도께서 그들의 안전을 위해 그들 위에 세운 자들의 인도와 지도를 교만하게 무시하는 사람들은 어미닭의 품을 뿔뿔이 떠난 닭들과 같습니다. 그런 사람들을 지옥의 솔개가 낚아채 갑니다!

오 친애하는 목회자 여러분, 우리 앞에 펼쳐진 이 사역의 장(場)을 한번 보십시오! 여러분도 알다시피, 여러분의 사역 대상이 아닌 사람은 한 사람도 없습니다. 만약 여러분이 성도들을 돌보는데 게을리한다면, 성도들 안에 있는 그리스도의 은혜가 당장 사그라질 것이며, 그들은 쉽게 죄악의 길로 들어서고 복음을 모욕하며 스스로 큰 상실과 슬픔을 겪게 될 것입니다! 성도들을 돌보는 것이 목회자의 사역이라면, 이를 통해서 목회자가 어떤 삶을 살아야 할지 알게 될 것입니다. 그러므로 우리가 가진 온 힘을 다해 일어나 이 사역을 감당합시다. 이렇게 필수적인 사역이니만큼 어려움들로 인해 좌절하기보다는 오히려 그 어려움들로부터 더 힘을 얻도록 합시다. 우리가 모두 다 할 수 없다면, 우리가 할 수 있는 것만 하도록 합시다. 왜냐하면 우리가 이 사역을 소홀히 한다면, 우리뿐 아니라 우리에게 맡겨진 영혼들에게도 화가 있을 것이기 때문입니다! 우리가 이 모든 특별한 의무들을 간과하고서 그럴듯한 설교만으로도 신실한 목회자라고 자부하고, 손바닥으로 하늘을 가리는 것처럼 하나님과 사람을 피한다면, 우리가 받을 상급 또한 우리의 사역만큼이나 피상적인 상급일 것입니다.

(2) 이 모든 사역을 여러분이 감당하게 된 것은 전적으로 여러분이 자발적으로 맡은 일이자 여러분의 자발적인 약속이라는 점을 생각하십시오. 아무도 여러분에게 교회의 감독자가 되라고 강요하지 않았습니다. 따라서 보통 수준의 정직으로 여러분의 의무에 충실해서야 되겠습니까?

(3) 여러분에게 명예가 있음을 기억하여 여러분이 하는 수고에 용기를 내도록 하십시오. "그의 영혼을 사망에서 구원하며 허다한 죄를 덮는"(약 5:20) 회심의 도구가 되고 하나님의 사신(고후 5:20)이 되는 것은 아주 큰 명예입니다. 실제로 이 사역에 동참하기만 해도 명예로운 일입니다. 그러므로 교회의 고위 성직자들이 어느 시대든 행했던 것들, 즉 높은 자리를 얻으려고 싸우면서 그 지위가 지닌 위엄과 우월성에 대한 논란으로 세상을 떠들썩하게 했던 행동들은 우리가 맡은 이 직무의 본질을 전적으로 망각했다는 사실을 보여줍니다. 목회자들 중에서 서로 먼저 가난한 사람이 사는 오두막집에 가서 거기 사는 사람들에게 천국의 도리를 가르치겠다고 하거나, 죄인을 회심시키는데 자신이 제일 먼저 애써보겠다고 하거나, 제일 먼저 자신이 모든 사

람의 종이 되겠노라고 미친 듯이 노하여 싸우는 그런 목회자들을 저는 거의 본 적이 없습니다. 그리스도께서 아주 분명히 말씀하셨음에도 불구하고, 사람들이 자기 직무의 본질을 이해하려고 하지 않다니 이상한 일입니다! 한 주(州) 전체에는 수천 명의 많은 불쌍한 죄인들이 울부짖으며 도움을 요청하고 있지만, 목자들은 그들을 구조할 능력도 없고 마음도 없습니다. 이러한 상황에서, 만약 목자들이 그 직무의 본질을 이해했다면, 한 주 전체나 그 이상 되는 주의 목자가 되어 보겠다고 그렇게 나설 수 있겠습니까? 제대로 이해하지 못했기 때문에, 목자들은 불경스런 사람들과 같은 집에 끈기 있게 살면서도, 그들의 회심을 진지하게 촉구하지 못하는 것 아니겠습니까? 한 교구에 필요한 모든 사역도 제대로 감당하지 못하면서, 한 주 전체의 사역자에 합당한 명예와 이름을 바랄 수 있겠습니까? 명예는 사역에 뒤따라오는 것입니다. 그들이 원하는 것이 이름이나 명예입니까, 아니면 사역이나 사역의 목적입니까? 오! 만약 그들이 직함이나 명예를 생각하지 않고, 그리스도와 그의 교회를 위해 신실하고 겸손하게 자기를 부인하면서 행한다면, 그들은 직함이나 명예를 원하든 원치 않든 얻게 될 것입니다. 하지만 그들이 갈망한다면, 그들은 잃게 됩니다. 명예가 덕의 그림자가 되는 경우가 바로 이런 경우이기 때문입니다. "내가 피하면 쫓아오고, 내가 쫓아가면 피합니다."

(4) 여러분은 목회 직무에 따르는 뛰어난 특권들이 많이 있음을 기억하여 여러분이 감당하는 사역에 용기를 내도록 하십시오. 만약 여러분이 이 사역을 감당치 않는다면, 여러분은 이런 특권들과는 아무런 관련이 없을 것입니다. 여러분은 다른 사람들의 수고로 여러분의 삶을 영위해 나갑니다. 이것은 여러분이 행하는 사역의 대가로 주어지는 것입니다. 그러므로 여러분이 받는 것을 감할 필요가 없습니다. 대신, 사도 바울이 요구한 바와 같이 여러분은 "이 모든 일에 전심전력하여"(딤전 4:15), 여러분의 육신을 부양하는 문제로 인해 성도들의 영혼을 보살피는 일에 소홀히 해서는 안 됩니다. 그러므로 사역을 제대로 감당하든지, 아니면 사례비를 받지 말든지 하십시오. 그러나

여러분은 이보다 한층 더 큰 특권들을 가지고 있습니다. 다른 사람들은 수레와 쟁기 사용법을 배웠지만, 여러분은 학식을 배웠으니, 이게 비교할 바 없는 특권이지 않습니까? 세상은 무지 가운데 있는데, 여러분은 아주 멋진 지식을 구비하고 있지 않습니까? 다른 사람들은 저속하고 문맹인 자들과 주로 대화하는데, 여러분은 학식 있는 자들과 고상하고 영광스러운 것들에 대해서 대화하고 있으니, 이게 비교할 바 없는 특권이지 않습니까? 그러나 이보다 더 큰 특권은 바로 그리스도를 연구하고 설교하면서 살아간다는 특권입니다! 끊임없이 그리스도의 신비들을 파헤쳐서 그 신비들을 성도들에게 먹이는 것이 특권입니다! 하나님의 복된 성품과 사역과 도리 등에 대해 매일 속속들이 파고들어 깊게 연구하는 것(궁구[窮究])이 특권입니다! 다른 사람들이 누릴 수 있는 여가 시간은 주일에 쉬는 것과 틈틈이 즐길 수 있는 몇 시간의 휴식이지만, 우리는 계속해서 안식일을 누릴 수도 있습니다. 우리는 거의 다른 일은 하지 않고, 오직 하나님과 영광에 대해 연구하고 말하며, 기도와 찬양을 일로 삼고, 하나님의 거룩한 구원의 진리로 인해 삼매경(三昧境. 잡념을 떠나서 오직 하나의 대상에만 정신을 집중하는 경지 — 역주)에 이르기도 합니다. 우리가 하는 일은 아주 고상하고 영적인 일입니다. 우리가 혼자 있든 여럿이 함께 있든, 우리가 하는 일은 다른 세상을 위한 것입니다. 아, 우리의 마음이 좀 더 이 사역에 맞춰졌으면 좋겠습니다! 그러면 우리의 삶은 정말 복되고 기쁜 삶이 될 것입니다! 우리가 하는 연구가 우리에게 정말 감미로웠으면 좋겠습니다! 그러면 설교는 더욱 즐거워질 것입니다! 영적인 것과 영원한 것들에 관한 토론으로 인해 엄청난 기쁨이 우리에게 생길 것입니다! 우리의 장서들이 주는 그 탁월한 도움을 받으며 살아가는 것, 우리가 원할 때마다 그렇게 수많은 조용한 현자들(장서들의 저자들 — 역주)과 친구로 사귀는 것, 이 모든 것들과 함께 목회의 또 다른 많은 특권들이 끈기 있고 성실하게 이 사역을 잘 감당하라고 우리에게 말하고 있습니다.

(5) 여러분이 맡은 사역으로 인해, 여러분은 양 떼들과 관계를 맺을 뿐 아

니라, 그리스도와도 관계를 맺게 됩니다. 여러분은 그리스도의 비밀들을 맡은 청지기(고전 4:1, KJV)이며, 그리스도의 집을 다스릴 자들(마 24:45, KJV)입니다. 이러한 것들을 여러분에게 맡기신 그분께서 여러분이 그 사역을 잘 감당하게 하실 것입니다. 그러나 "청지기들에게 요구되는 것은 신실한 사람으로 드러나는 것입니다"(고전 4:2, KJV). 그리스도에게 신실하십시오. 그리고 그분도 여러분에게 신실하실 것을 절대 의심하지 마십시오. 만약 여러분이 그분의 양 떼를 먹인다면, 그분은 여러분을 궁핍한 가운데 그냥 내버려 두지 않으시고, 엘리야를 먹이신 것(왕상 17:6)보다 더 빨리 여러분을 먹이실 것입니다. 만약 여러분이 옥에 갇혀 있다면, 그분께서 그 옥문들을 열어 주실 것입니다. 그러면 여러분은 옥에 갇힌 영혼들을 구해내야 합니다. 그분은 여러분에게 "너희의 모든 대적이 능히 대항하거나 변박할 수 없는 구변과 지혜를 너희에게 주리라"(눅 21:15) 하신 말씀을 이루어주실 것입니다. 그러면 여러분은 그 받은 것을 그분을 위해 신실하게 사용해야 합니다. 만약 여러분이 고난 중에 있는 자들을 구하기 위해 여러분의 손을 펼친다면, 그분은 여러분을 대적하여 펼치는 그 손을 마르게 하실 것입니다. 확신하건대 영국의 목회자들이 이것을 체험했을 줄 압니다. 하나님은 여러 번 우리를 삼키려는 자들의 턱에서 우리를 건져주셨습니다. 오, 잔인한 교황주의자들과 포악한 박해자들과 미혹되어 흥분한 사람들로부터 우리를 건져내신 것은 찬양받기에 합당한 하나님의 보호하심과 구원입니다! 친애하는 목회자 여러분, 하나님께서 이 모든 일을 왜 행하셨는지 생각해 보십시오. 이 모든 일들이 여러분을 위한 일입니까, 아니면 하나님의 교회를 위한 일입니까? 여러분이 하나님의 사역과 하나님의 성도들을 위한 존재라는 점을 제외하면, 여러분이 하나님 앞에서 다른 사람들보다 나은 점이 무엇입니까? 여러분이 천사입니까? 여러분의 몸은 여러분의 이웃들보다 더 나은 흙으로 만들어졌습니까? 여러분도 죄인들과 마찬가지로 하나님의 은혜가 필요한 사람이며, 그런 죄인들과 동일한 세대이지 않습니까? 그러므로 일어나십시오. 일어나서 주님으로부터 구원을 받은 자답게, 멸망에서 건져진 자답게 하나님을 섬기기 위한 목적으로 사역을 감당하십시오. 하나님께서 하나님 자신을 위해 여러분을 구원하셨다는 사실을 믿는다면, 여러분을 구원하신 그분 앞에서 거리낌없이 그분을 위해 살아가십시오.

2. 이 관계를 효과적으로 이끄시는 분은 성령이시기 때문입니다.

본문 말씀(행 20:28, KJV)에서 볼 수 있는 두 번째 이유는 이 관계의 동인(動因)으로부터 나옵니다. 우리를 하나님 교회의 감독자들로 만드신 분은 바로 성령입니다. 그러므로 우리에게 요구되는 것은 성령께 주의를 기울이는 것입니다. 성령은 세 가지 서로 다른 측면에서 사람들을 교회의 주교나 감독자로 세우십니다. 첫째, 성령은 사람들에게 그 직무에 맞는 자질을 주십니다. 둘째, 성령은 사람의 자질을 분별하여 누가 더 직무에 적절한 사람인지를 알아서 임명하도록 인도하십니다. 셋째, 성령은 성도나 목회자 자신이 어떤 특정한 책임을 맡도록 인도하십니다. 이 모든 일들은 그 당시에 아주 특별한 방식으로, 즉 영감에 의해서 이루어지는데, 매번은 아니어도 대개는 그러합니다. 지금은 이런 일들이 성령께서 도우시는 일반은총의 방식으로 이루어지고 있습니다. 그러나 여전히 동일하신 성령께서 행하고 계시며, 예전과 마찬가지로 지금도 사람들은 거룩한 영(정확하게 부르자면)에 의해서 교회의 감독자들로 세워집니다. 그러므로 성직임명은 거룩한 영이신 성령의 부르심보다는 사람의 안수가 목회 직무에 더 절대적으로 필요하다고 생각하는 교황주의자들의 주장은 기발한 공상에 불과합니다. 하나님은 마땅히 있어야 할 직무가 무엇이고, 그 직무의 사역과 권한이 어떠해야 하며, 그 직무를 맡을 사람은 어떤 자질을 갖추어야 하는지에 대해서 하나님의 말씀 안에서 정하셨습니다. 이 일들 중에 어떤 것도 인간에 의해서 실행되지 못하거나 불필요한 것이 될 수는 없습니다. 또한 하나님은 인간에게 하나님이 요구하시는 자질들을 부어 주십니다. 따라서 교회가 해야 할 모든 일은, 목회자든 평신도든, 성직임명자이든 제후이든, 하나님이 그런 자질을 주신 사람이 누구인지 분별해서 결정하고, 그렇게 준비된 사람들을 동의를 얻어 받아들이며, 그들을 이 직무에 엄숙히 앉히는 것뿐입니다. 그러니 이 사역에 부르심을 받아 우리가 맡게 된 이 책임이 얼마나 막중한 것입니까! 우리의 임무가 하늘에서 내려온 것이라면, 결코 불순종해서는 안 됩니다. 세속적인 일들을 하고 있는 자들을 그리스도께서 부르셨을 때, 그들은 친구와 집과 장사와 기타 모든 것들을 즉시 버려두고 그리스도를 따랐습니다. 사도 바울도 그리스도의 음성으로 부르심을 받았을 때, "하늘에서 보이신 것을 내가 거스르지 아니하고"(행 26:19)라고 대답했습니다. 우리를 부르신 소명이 그렇게 직접적이거나 또는 특별한 것이 아니라 해도, 여전히 그것은 동일하신 성령으로부터 온 것입니다. 하나님의 명령에 우리의 등을 돌리면서까지 요나를 닮는 것(욘 1:3)은 안전한 길이 아닙니다. 만약 우리가 우리의 사역을 소홀히 한다면, 하나님은 이 사역을 감당하도록 우리를 재촉하실 것입니다. 만약 우리가 이 사역을 피해 도망친다면, 하나님은 분명히 우리를 뒤쫓아 오셔서 우리를 다시 불러 이 일을 감당하게 하실 것입니다. 간신히 막바지에 하는 것보다는 차라리 처음에 하는 것이 더 낫습니다.

3. 우리에게 책임을 맡기신 대상은 위엄 있는 하나님의 교회이기 때문입니다.

본문 말씀(행 20:28, KJV)에서 볼 수 있는 세 번째 이유는 우리의 책임으로 위임하신 그 대상의 위엄으로부터 나옵니다. 우리가 감독해야 하는 것은 하나님의 교회입니다. 교회는 세상을 전적으로 유지시켜주며, 성령께서 거룩하게 하시는 그리스도의 신비로운 몸입니다. 교회 안에는 천사들이 내려와 섬기는 영으로 시중을 들며, 아무리 작은 성도라도 천국에서 하나님의 얼굴을 보는(계 22:3, 4) 천사들을 자신의 천사로 가지고 있습니다. 우리가 맡은 이 일이 얼마나 막중한 일입니까! 그런데도 우리가 이 일에 성실하지 않을 수 있겠습니까? 하나님의 가족을 섬기는 청지기로서 우리가 이 일을 소홀히 할 수 있겠습니까? 영광 중에 하나님과 함께 영원히 살게 될 성도들을 인도해야 하는 우리가 그 성도들에게 소홀히 할 수 있겠습니까? "결코 그럴 수 없습니다!"(God forbid! 롬 3:4, KJV). 친애하는 목회자 여러분, 여러분에게 간청합니다. 이러한 생각으로 태만한 자들을 깨워 주십시오. 괴롭고 불쾌하고 고통스러운 의무들은 저버리고, 쓸데없는 형식들로 인간의 영혼을 해치는 여러분, 여러분 같은 사람들이 남편인 그리스도(고후 11:2)로부터 예우를 받을 수 있으리라 생각하십니까? 그 영혼이 하나님의 얼굴을 보면서(계 22:4) 천국에서 영원히 거하도록 하나님이 정해 놓으신 그들을, 여러분이 최고의 수고와 노력으로 이 땅에서 섬길 가치가 없다는 말입니까? 여러분은 교회가 여러분이 최선을 다해 돌보고 도와야 할 정도로 그리 대단하지 않다고 생각하는 것은 아닙니까? 만약 여러분이 양이나 돼지를 친다면, 특히 그 양과 돼지가 여러분의 소유라면, "저 가축들은 돌볼 필요가 없다"고 말하면서, 양과 돼지가 길을 잃도록 내버려 두는 일은 웬만해서는 없을 것입니다. 그런데 어찌 감히 하나님의 교회와 성도들의 영혼에 대해서 그렇게 말할 수 있겠습니까? 그리스도께서 그들 가운데 행하고 계십니다. 그분의 임재를 기억하면서 여러분이 사역에 성실히 임하는지 살펴보십시오. 그들은 "선정된 세대요 왕가의 제사장이요 거룩한 민족이요 특별한 백성이니 … 불러내어 자신의 놀라운 빛으로 들어가게 하신 분께 대한 찬양을 너희가 전하게 하려 하심이라"(벧전 2:9, KJV). 그래도 여러분은 그들에게 소홀히 하겠습니까? 정말 "하나님의 집 문지기"(시 84:10, KJV)가 되는 것도 영광스러운 일인데, 하물며 그런 특별한 백성들 가운데 한 사람이 된다면 그 얼마나 최고로 영광스러운 일이겠습니까! 이러한 제사장들 중에 대제사장이 되고, 이러한 왕들 중에 황제가 되는 영광으로 인해, 여러분은 배가되는 여러분의 의무들을 고귀한 일로 생각하면서 성실하고 신실하게 감당하게 됩니다.

4. 이 교회를 그리스도께서 그의 피로 값 주고 사셨기 때문입니다.

본문 말씀(행 20:28, KJV)에서 언급된 마지막 이유는 우리가 감독하는 교회를 위해 지불하신 그 대가로부터 나옵니다. 사도 바울은 교회를 "하나님이 자기 피로 사신 교회"(행 20:28)라고 말씀합니다. 이 말씀이야말로 게으른 자를 움직이게 하고, 이 말씀을 듣고도 자신의 의무 앞에 전혀 움직이지 않는 자들을 정죄하는 아주 대단한 주장이지 않습니까! 고대의 박사들 중 한 사람은 이렇게 말했습니다. "오, 만약 그리스도께서 깨지기 쉬운 작은 유리컵에 자신의 피를 조금만 담아 맡기시기만 해도, 나는 그것을 지키기 위해 아주 세심하게 주의했을 것입니다! 그런데 그리스도께서 자신의 피로 사신 자들을 맡기셨다면, 내가 책임을 지고 아주 세심하게 돌봐야 하지 않겠습니까?" 이것이 무슨 말씀입니까! 사랑하는 목회자 여러분, 우리가 그리스도의 피를 무시해서야 되겠습니까? 우리가 최선을 다해 돌볼 만한 가치도 없는 그런 사람들을 위해서 그리스도가 피를 흘리셨다고 생각하는 것입니까? 여러분은 게으른 목회자들이 짓는 죄가 결코 작은 허물이 아니라는 것을 이제야 알았을 것입니다. 게으른 목회자들이 드러누워 있는 한, 그리스도는 그들을 위해 헛되이 피를 흘리신 것입니다. 그들은 그리스도께서 귀하게 값 주고 사신 영혼들을 잃게 될 것입니다. 그러므로 우리는 우리의 삶이 지루하다고 느껴지고 긴장이 풀릴 때마다 그리스도께서 말씀하시는 이런 주장을 듣도록 합시다. "나는 이 영혼들을 위해 죽었건만, 너는 왜 그들을 돌보려 하지 않느냐? 그들은 내가 피를 흘릴 가치는 있어도, 너희들이 수고할 만한 가치는 없는 사람들이냐? 나는 '잃어버린 자를 찾아 구원하려'(눅 19:10) 하늘에서 이 땅으로 내려왔건만, 왜 너희들은 잃은 자를 찾으러 옆집이나 거리나 이웃 마을로 가지 않느냐? 내가 행한 것에 비하면, 너희의 낮아짐과 수고는 너무나 작구나! 나는 이처럼 스스로 낮아졌건만, 너는 네가 영광을 받기 위해 이 일을 하는구나. 나는 그들을 구원하기 위해 아주 많이 수고하고 고통받았으며, 이제는 너를 나와 함께 일하는 동역자로 삼으려고 하건만, 왜 너는 네 손에 맡겨진 그 작은 일도 하지 않으려고 하느냐?"

우리는 회중들을 바라볼 때마다, 그들은 그리스도의 피로 산 자들이고 그러기에 우리가 가장 깊은 관심과 최고의 자상한 사랑으로 그들을 돌봐야 한다는 사실을 믿음으로 기억합시다. 오, 마지막 날에 하나님 아들의 피가 게으른 목회자들을 고발할 때, 그 목회자들이 느낄 엄청난 당혹감을 생각하십시오. 왜냐하면 그리스도께서 이렇게 말씀하실 것이기 때문입니다. "너희들이 그렇게 무시한 자들이 바로 내가 피로 산 자들이었다. 너희들이 그런 짓을 하고서도 구원받으리라 생각하느냐?" 오, 친애하는 목회자 여러분, 그리스도께서 자신의 피로 우리를 위해 변론하신 것을 알았으니, 우리도 우리가 감당한 의무가 우리를 변론하도록 합시다. 절대로 우리가 감당치 못한 의무가 우리를 정죄하기 위한 변론에 사용되지 않도록 합시다.

지금까지 저는 본문 말씀(행 20:28, KJV)에서 제가 발견한 여러 이유들을 말씀드렸습니다. 바울 사도가 권면한 이 말씀 외에도 우리가 추론할 수 있는 많은 이유들이 있습니다. 그러나 그 모든 이유들을 다 다룰 수는 없습니다. 만약 주님께서 몇 가지 안 되는 이런 이유들을 우리 마음에 깊이 심어 주신다면, 우리의 삶을 개선해야 할 이유를 깨닫게 될 것이고, 그 변화는 우리의 마음과 우리의 목회에 그대로 나타날 것입니다. 그래서 우리와 우리의 회중들이 이런 변화에 대해 하나님을 찬양하게 될 것입니다. 이 점을 저는 믿어 의심치 않습니다. 제가 여러분을 충고할 만한 자격이 없는 사람이라는 것을 저도 알고 있습니다. 그러나 여러분에게는 충고할 사람이 필요합니다. 우리의 죄와 우리의 의무에 대해서 아무도 말하지 않는 것보다는 누군가가 우리에게 말하는 것이 더 낫습니다. 충고를 받아들이십시오. 그러면 회개하라고 말하는 이 자격 없는 충고자의 얘기를 여러분이 더 들을 이유도 없을 것입니다. 그러나 이 충고를 여러분이 거절한다면, 이 보잘것없는 사자(使者)는 후일에 여러분을 고소하는 증언을 하게 될 것이며, 그때 여러분은 이 일로 당황하게 될 것입니다.

제3편

적용

Application

제1장

겸손의 의무

존경하고 사랑하는 목회자 여러분, 오늘 지금 이 자리에서 우리가 해야 할 일은 지난날 우리가 행한 게으름을 주님 앞에서 회개하고, 앞으로 우리의 사역 가운데 하나님께서 도우시기를 간구하는 것입니다. 실제로 회개 없이는 하나님의 도우심을 기대할 수 없습니다. 하나님께서 앞으로 우리가 행할 사역을 도우시고자 한다면, 먼저 우리로 하여금 과거에 지은 죄들을 회개하게 하실 것입니다. 자신의 허물에 대해 진심으로 애통하는 큰 자각이 없는 사람은 그 허물들을 개선하려는 마음도 아예 없을 것입니다. 슬퍼하며 회개하는 감정은 마음이나 삶의 변화 없이도 있을 수 있습니다. 그 이유는 감정이란 것이 원래 참된 회심보다 더 쉽게 생기기 때문입니다. 그러나 어느 정도 그런 슬픈 감정이 없이는 참된 회심의 변화가 일어날 수 없습니다. 참으로 바로 이 자리에서 우리가 죄의 고백을 시작해도 좋을 것입니다. 우리가 성도들로부터는 뭔가를 기대하면서도 정작 우리 자신은 행하지도 않고 할 마음도 없는 것이 우리에게는 아주 예삿일이 되어 버렸습니다. 우리 자신은 회개하지 않으면서 성도들을 회개시킨다는 것은 그야말로 생고생입니다! 우리의 두 눈은 메말라 있으면서 성도들에게는 회개의 눈물을 몇 방울이라도 쥐어 짜내도록 훈계하는 것은 너무나 힘든 일입니다!(실제로 흘리는 눈물도 겨우 몇 방울 되지 않습니다). 참으로 애통할 노릇입니다! 우리가 말로 그들의 마음을 녹이고 부드럽게 하려고 애쓰는 동안, 우리는 그들에게 완악한 마음의 전형이 되어 버린 셈입니다! 오, 우리의 설교를 듣는 자들에게 영향을 끼치고 그들을 바로잡기 위해 연구한 것의 절반만큼만 우리의 마음을 변화시키기 위해 연구했다면, 우리 중 대부분은 지금처럼 그렇지는 않았을 것입니다!
우리가 성도들의 겸손을 위해 행한 것은 거의 없습니다. 그러나 제가 우려하
는 것은, 우리 가운데 상당수가 우리 자신의 겸손을 위해서 행한 것은 더더
욱 없다는 사실입니다. 너무나 많은 사람들이 다른 사람들의 영혼을 위해서
는 무언가를 하면서도, 정작 자신에게도 자신이 직접 돌봐야 하는 영혼이 있
다는 사실은 잊은 듯합니다. 그런 목회자들은 이 문제를 이렇게 생각하는 것
같습니다. 이 사역에 임하는 설교자의 본분은 회개를 촉구하는 것이고, 회개
는 그 설교를 듣는 성도들이 해야 하며, 설교자는 눈물과 애통함에 대해 얘
기하고, 울부짖고 애통하는 것은 성도들이 해야 하며, 설교자는 죄를 호통치
고, 그 죄를 벗어버리는 것은 성도들이 해야 하며, 설교자는 의무를 전하기
만 하고, 그 사명을 실천하는 것은 성도들이 해야 하는 일로 말입니다.

그러나 성경을 살펴보면, 교회의 지도자들은 성도들의 죄를 고백할 뿐만
아니라, 자신의 죄까지도 고백한 것을 볼 수 있습니다. 에스라는 백성들의
죄뿐만 아니라 제사장들의 죄까지도 고백하면서, 스스로 하나님의 성전 앞
에 엎드려 울며 기도하였습니다(스 10:1). 다니엘도 백성들의 죄뿐만 아니라
자신의 죄까지 자복하였습니다(단 9:4). 우리가 앞에서 이미 언급한 의무들
을 고려하면서 얼마나 우리가 그 의무들을 불완전하게 이행해왔는지를 생각
한다면, 우리가 과연 겸손해야 한다는 데 이의가 없을 것입니다. 이런 말씀
을 하면서 제가 제 자신을 정죄하게 되더라도, 저는 이 말씀을 드려야겠습니
다. 사도 바울이 에베소에 있는 교회의 장로들에게 했던 이 권면의 말씀(행
20:28)을 바르게 읽고서 이 말씀에 비추어 자신의 삶을 비교해 본 사람이라
면, 누구나 자신의 게으름에 대해 측은한 마음이 들고, 하나님 앞에서 재를
뒤집어쓰고 자신이 행한 크나큰 태만의 죄를 통곡하면서, 그리스도의 보혈
앞에 나아가 피난처를 삼고 그리스도의 용서하는 은혜를 간구할 수밖에 없
을 것입니다. 만약 그렇지 않다면, 그 사람은 분명히 어리석은 사람이거나
완악한 마음을 가진 사람입니다. 친애하는 목회자 여러분, 저는 확신합니다.

자유사상가들이 주장하는 교리(libertine doctrine. 성도들은 설교를 들을 필요도 없고, 성경책을 읽을 필요도 없다고 주장하는 사상 — 역주)처럼 죄를 용서받기 위해서는 회개나 통회와 겸손 등이 필요치 않다고 하면서, 이런 것들을 매도하는 자들이 여러분 중에는 한 명도 없을 것이라고 말입니다! 그렇다면 우리의 머리로는 정통신앙을 따르면서도 우리의 마음은 그렇지 않으니, 이 얼마나 안타까운 일이겠습니까? 우리가 단순히 알거나 말할 수 있다고 해서, 제대로 안다고 인정할 수는 없습니다. 우리는 우리가 배워야 할 것을 수박 겉핥기식으로만 배운 것입니다. 이성적으로 배웠다 해도, 우리의 의지와 정서도 배우게 하고 우리의 눈과 혀와 손에도 익숙해지기까지는 여간 까다로운 일이 아닙니다. 우리 대다수가 우리의 설교를 듣는 성도들을 졸게 한다는 것은 슬픈 일입니다. 그런데 이보다 더 서글픈 일은 우리가 연구하고 설교한 것이 우리 자신을 졸게 했다는 것이고, 우리가 그렇게 오랫동안 자신의 완악한 마음에 맞서서 말해왔다는 것이며, 결국 우리 자신이 퍼붓는 책망의 소리를 들어도 우리의 마음이 점점 더 완악해졌다는 사실입니다.

  하나님께서 우리에게 이유도 없이 애통하도록 요구하는 것이 아니라는 것을 여러분이 알았으면 하는 마음에서, 저는 여러분이 지은 많은 죄들을 떠올려서 여러분 앞에 그 죄들을 하나씩 나열해 보라고 요청하고 싶습니다. 그래야 여러분은 하나도 숨김없이 그 죄들을 솔직하고 진실하게 고백하며 슬퍼할 수 있게 됩니다. 그때야 비로소 하나님은 "미쁘시고 의로우사 우리 죄를 사하시며 우리를 모든 불의에서 깨끗하게 하실"(요일 1:9) 것입니다. 여러분도 진심으로 여기에 동의하리라 생각합니다. 비록 이런 저의 제안으로 인해 여러분과 다른 사람들이 수치를 당한다 해도, 여러분은 불쾌하게 생각하지 않고 그런 기소(起訴)를 기꺼이 감수하고서라도 자기 자신을 고발하는 겸손한 모습을 보일 것입니다. 저 역시 다른 사람들을 고발한다고 해서 제 자신이 정당화되는 것은 아니기에, 그 정식 기소장 맨 앞에 제 이름을 망설이지 않고 올려놓을 것입니다. 그렇게 수많은 큰 잘못으로 인해 기소될 수밖에 없는 곤고한 사람(롬 7:24)인 죄인들이 어떻게 감히 하나님 앞에서 자기 자신을 정당화할 수 있겠습니까? 다시 말해, 그의 양심이 그렇게 자신을 고발하고 있는데, 어떻게 자신의 무죄함을 항변할 수 있겠습니까? 우리에게 수치가 되는 죄를 드러냄으로써 제가 여러분의 목회사역에 수치를 끼쳤다면, 그 수치는 직무에 해당되는 것이 아니라 우리의 인격에 해당되는 것입니다. 우리가 하는 일이 아무리 높고 대단한 일이어도 우리의 죄가 다 덮어지는 것은 아닙니다. "죄는 어느 백성에게나 수치거리가 됩니다"(잠 14:34 KJV). 목회자든 성도든 누구든지 "죄를 자복하고 버리는 자는 불쌍히 여김을"(잠 28:13) 받지만, "마음을 완악하게 하는 자는 재앙에 빠집니다"(잠 28:14).

우리가 지은 큰 죄들을 하나하나 다 열거하지는 않겠습니다. 특정한 죄를 구체적으로 언급하지 않는다고 해서 그 죄를 부인하는 것이나 정당화하는 것으로 받아들여서는 안 됩니다. 그러나 그 죄들 중에서 신속한 개선과 겸손이 크게 요구되는 몇 가지는 실례로서 말씀드리는 것이 제가 해야 할 의무라고 생각합니다.

이러한 고백에 앞서서 제가 먼저 말씀드려야 할 것이 있습니다. 지금 우리 가운데 드러나는 모든 허물에도 불구하고, 오늘날처럼 능력 있고 신실한 목회자들은 영국 건국 이래 지금까지 없었다고 저는 생각합니다. 이처럼 좋은 목회자들이 다른 나라에도 있을까 하는 생각이 들 정도입니다. 지난 12년간의 변화는 그야말로 엄청난 것이었습니다(1643년부터 6년간 계속된 웨스트민스터 총회 이후의 변화를 말한다. 이 책은 1656년에 발행되었다 ― 역주). 그런 변화는 분명히 제가 이 땅에서 본 가장 큰 기쁨 중 하나였습니다. 예전에는 큰 혼동 가운데 살아가던 사람들이 많았지만, 지금은 분명한 가르침을 받는 회중들이 얼마나 많은지 모릅니다! 과거와 비교한다면, 지금은 능력 있고 신실한 사람들이 한 주(州) 안에 얼마나 많은지 모릅니다! 최근에 일어난 분쟁들 가운데 초기에는 아직 어린이였던 많은 젊은 사람들이 그동안 연구를 많이 해서, 지금은 선배들을 능가할 정도가 되었습니다. 하나님께서 베푸신 은혜가 얼마나 큰지 모르겠습니다! 지난 20년간 저는 존경받는 목회자들의 설교를 듣기 위해 먼 길을 다녔지만, 지금은 그 교회들도 노쇠해져 가고 있고 그 역할도 줄어들었습니다. 이는 후배들의 괄목할 만한 성장으로 인한 것입니다! 특히 주님의 은혜로 우스터처럼 이 가난한 지역에서 성직을 받기에 믿음직하고 영혼의 유익을 위해 아낌없이 자기 자신을 부인하며 영혼의 유익을 위한 일에 확고부동한 열심을 지닌 사람들을 많이 일으켜 주셨습니다. 이 얼마나 큰 하나님의 은혜인지 모릅니다! 주님은 저를 이러한 이웃들 가운데 두셔서, 그렇게 능력 있고 신실하며 겸손하고 한마음으로 평화를 추구하는 많은 분들과 형제처럼 교제를 나누게 하셨습니다. 주님께 감사드립니다. 부디 주님께서 이 보잘것없는 지역에 주님의 놀라운 은혜를 오랫동안 계속해서 내려주시기를 원합니다!

저의 소망은 여기서 제가 지금까지 살면서 보았던 변화들이 다른 지역에서도 자주 일어나며, 비록 원수들이 불평하고 이를 갈더라도 수백 명의 신실한 자들이 영혼을 구원하는 사역에 더 매진하고 더 많은 자들이 곧 일어나는 것을 보면서, 제가 사는 동안 하나님을 즐거워하는 것입니다. 저도 알고 있습니다. 교회 치리에 대해서 저와 다른 생각을 가진 사람들이 있고, 그들은 이런 바람직한 변화에 대한 저의 언급을 불쾌하게 생각한다는 것 말입니다. 하지만 저는 그들의 입장도 존중합니다. 그러나 저는 분명히 말씀드릴 수 있습니다. 만약 제가 고위 성직자(prelatical. 주교나 추기경 급으로서, 교회의 위계조직을 존중하며, 소위 '독립'[independent]교회들에 대해 비판적인 성직자들이다 ― 역주)라 해도, 제가 아는 한, 내심 기뻐하지 않을 수 없을 것입니다. 어찌 기뻐하지 않을 수 있겠습니까! 교회의 질서에 대한 사람의 견해가 서로 다르다는 이유만으로, 교회가 부흥을 하는데도 기뻐하지 않는다는 말입니까? 주님께서 자비를 베푸시는데도 눈을 감고 모른 체한다는 말입니까? 성찬식에서 사용되는 빵이 고위 성직자의 승인을 받지 않은 손에 의해 떼어졌다는 단순한 이유만으로, 사람들의 영혼이 생명의 빵을 받는다면 제가 그 생명의 빵을 시기하겠습니까? 오, 모든 성도들에게 지금까지 그렇게 성찬식 빵이 제공되었습니다! 하지만 모든 일들이 당장에 해결될 수는 없습니다. 타락한 목회를 바로잡는데도 오랜 시간이 걸립니다. 무식하고 추문에 휩싸인 목회자들이 축출되었을 때, 이들을 대체할 만한 능력 있는 인재를 금방 찾을 수는 없습니다. 우리는 그런 인재들이 준비되고 성장하는 시간을 기다려야 합니다. 시간이 흘러, 장성한 영국의 목회자들이, 직권을 남용해 복음을 저버리거나 개혁하려는 의지가 부족하다거나 빛을 싫어하지만 않는다면, 영국은 그들로 인해 하늘 아래에서 제일 행복한 나라가 될 것입니다. 모든 이단 종파들이 아무리 몰래 들어와 우리를 매일 괴롭힌다 해도, 자기를 부인하는 능력 있는 목회자가 나선다면, 복음이 효과적으로 전파되어 그 모든 이단 종파들은 수치를 당하게 될 것을 저는 믿어 의심치 않습니다.

그러나 여러분 중에는 이렇게 말할 사람도 있을 것입니다. "이런 것은 죄를 고백하는 것이 아닙니다. 죄를 고백하는 척만 하는 사람들에게 당신은 박수를 쳐주고 있는 셈입니다." 이에 대해 저는 이렇게 대답하겠습니다. 회개는 하나님의 사랑에 대한 합당한 인정이며, 찬양할 만한 하나님의 자비하심에 대한 감사입니다. 제가 지금 우리가 지닌 허물들을 드러내고 있지만, 저는 죄를 고백하는 것이 감사한 일로 여겨지지, 하나님의 은혜를 가린다거나 하나님의 은혜를 비방한다고 전혀 여기지 않기에 이런 말씀을 드리는 것입니다. 애석하게도 우리 중에 가장 훌륭하다는 분들도 많은 것들이 뒤죽박죽이 되어 있는 것을 봅니다. 아래 각 항목들에서 분명히 살펴보겠습니다.

1. 우리의 교만 때문에

우리가 행하는 가장 가증스럽고 명백한 죄악은 교만입니다. 이 죄는 우리 중에 가장 훌륭한 분들에게서 아주 보편적으로 볼 수 있습니다. 목회자들인 우리의 교만은 일반 성도들의 교만보다 더 치명적이며 더 용서받지 못할 죄입니다. 하지만 우리 중 일부는 이 교만에 깊이 빠져 있습니다. 교만이 우리의 대화내용을 지시하고, 교만이 우리의 교제를 선택하게 하고, 교만이 우리의 태도를 형성하고, 교만이 우리가 하는 말에 어조와 강조점을 결정합니다. 사람들의 마음을 야망과 의도로 채우는 것도 교만이며, 빛 가운데 서 있는 자들의 영광을 어떻게 해서든 실추시키고 그들의 커져만 가는 명성을 방해하고 싶은 시기심과 모진 생각들에 사로잡히게 하는 것도 교만입니다. 오, 교만이라는 죄는 끈질긴 동반자요 포악한 독재자이며, 얼마나 교활하고 음흉하며 간사한 원수인지 모릅니다! 교만은 사람들과 함께 포목점과 양복점에도 갑니다. 교만은 사람들에게 맞게 옷과 장신구와 스타일을 선택합니다. 이 사악한 폭군의 명령이 없었다면, 최신 유행을 따라 머리 모양과 옷 스타일을 한 목회자들은 그리 많지 않았을 것입니다. 이 정도에서 멈추고 최악의 상황은 오지 않기를 바랐습니다.

그런데 안타깝게도, 얼마나 자주 교만이 우리가 연구하는 곳까지 따라와 우리 옆에서 우리와 함께 연구하고 있는지 모릅니다! 교만이 우리의 주제를 정할 뿐 아니라, 우리의 말과 미사여구까지 정해 주는 경우는 얼마나 많은지 모릅니다! 하나님은 무식한 자들도 가르칠 수 있도록 가능한 한 쉬운 말을 쓸 것과 완악한 자들을 누그러뜨리고 변화시키기 위해 가능한 한 설득력 있고 진지하게 말하라고 명하셨습니다. 그러나 교만은 우리 옆에 서서 모든 것을 반박하면서, 우리가 하는 일을 노리갯감이나 하찮은 것으로 만들어 버립니다. 교만은 빛을 내는 것이 아니라 더럽힙니다. 교만은 우리의 설교를 감탄할 만한 미사여구로 치장하여 유치한 장식품으로 전락시킵니다. 마치 왕자에게 무대 옷이나 어릿광대 복장을 입힌 것처럼 말입니다. 교만은 우리에게 여러 가지로 설득합니다. 빛을 흐리게 하기 위해 창문에 색칠을 하라고도 하며, 성도들이 이해할 수 없는 것들을 성도들에게 말하라고도 하며, 헛된 말이지만 그래도 우리가 말을 잘하는 사람으로 성도들이 알게 하라고 하기도 합니다. 설령 우리가 분명하고 신랄한 성경구절을 본문으로 삼는다 해도, 우리의 화려한 미사여구가 그 예리한 부분들을 벗겨내고, 매끄럽지 않고 과한 부분을 가다듬는다는 미명하에 설교의 생명력을 감퇴시킵니다. 하나님은 우리에게 성도들의 생명을 제일 중요한 것으로 여기고 성도들을 대할 것과 우리가 할 수 있는 한 최고의 진지한 마음으로 성도들에게 요구하라고 명령 하셨지만, 이 저주받은 죄악(교만)은 이 모든 것을 통제하고, 하나님이 명하신 그 가장 거룩한 명령들을 정죄합니다. 이 죄악은 우리에게 이렇게 말합니다. "뭐라고! 성도들한테 당신 미쳤다는 소리를 듣고 싶어? 성도들한테 당신 지금 헛소리하고 있다는 소리를 듣고 싶어? 좀 침착하고 적당하게 말할 수는 없겠어?" 이렇게 해서, 교만은 많은 목회자들로 하여금 인간적인 설교를 하게 만듭니다. 교만이 하는 것은 마귀가 하는 것입니다. 마귀가 어떤 설교를 어떤 목적으로 할지 우리는 쉽게 짐작할 수 있습니다. 설령 그 설교의 주제가 하나님에 관한 것이라 해도, 그 복장이나 태도나 목적이 사탄으로부터 나온 것이라면, 큰 성과를 기대할 수 없습니다.

이제 교만에 의해 설교가 완성되면, 교만은 강대상까지 우리와 함께 갑니다. 교만은 우리의 음색을 조정하고 우리가 생생히 전달하도록 합니다. 필요하지만 혹시라도 성도들이 불쾌할 만한 내용들이 있다면 교만은 이를 제거합니다. 그리고 교만은 우리가 헛된 박수를 추구하도록 합니다. 간단히 말해, 이 모든 일은 사탄이 사람에게 시키는 것입니다. 하나님의 영광을 구하고 자기를 부인해야 함에도 불구하고, 사탄은 연구와 설교에 있어서 자신을 추구하고 하나님을 부인하게 합니다. "내가 무슨 설교를 어떻게 해야 하나님을 가장 기쁘시게 하고 가장 큰 유익을 끼칠 수 있을까?" 하는 질문을 해야 할 때도, 교만은 목회자들이 이렇게 질문하게 만듭니다. "내가 무슨 설교를 어떻게 해야 성도들이 나를 학식 있고 능력 있는 설교자로 여기고, 내 설교를 듣는 모든 성도들로부터 박수를 받을 수 있을까?" 설교가 끝난 후, 교만은 목회자와 함께 집으로 옵니다. 교만은 목회자로 하여금 효과적으로 영혼들을 구원하였는지 궁금해하기보다는, 오히려 자신이 성도들로부터 찬사를 받았는지 여부를 더 궁금해하도록 합니다. 목회자들은 창피만 무릅쓸 수 있었더라면, 성도들의 마음속에 들어가서 자신을 좋아하는지 성도들에게 물어 확인하고 성도들의 찬사를 이끌어 냈을 것입니다. 만약 성도들이 자신을 격찬한다고 느낀다면, 소기의 목적을 성취한 것처럼 기뻐합니다. 그러나 성도들이 자신을 능력이 약하거나 평범한 사람으로 생각하면, 목회자들은 자기가 탈 것으로 생각하고 있던 상을 놓친 것처럼 그렇게 불쾌해합니다.

그런데 이 정도로 끝나는 게 아니라 더 최악의 경우도 생길 수 있습니다. 이제까지 대중적인 인기에 영합하여 사람들로부터 높은 평가를 받는 경건한 목회자들이 이런 경우일 수 있습니다. 또는 자기보다 더 성도들의 사랑을 받는 자기 형제들의 재능이나 이름을 시기하는 자들일 수도 있는데, 그들은 마치 자신이 받아야 할 찬사를 다른 사람에게 빼앗긴 것처럼 여기고, 자신의 개인적인 장식품이나 장신구가 되어야 할 것들을 하나님이 다른 사람들에게 선물로 준 것처럼 여기기 때문에, 이 세상에서 대단한 명성을 지닌 사람처럼 행세하려고 합니다. 그리고 다른 사람들에게 주어진 하나님의 은사는 모두 자신의 명예에 방해가 된다고 생각하기 때문에, 그것을 짓밟고 욕해도 되는 것처럼 생각합니다. 이게 도대체 무슨 짓입니까! 거룩한 성도로서 그리스도를 전하는 자가 그리스도의 형상을 지닌 누군가를 시기하고, 그 누군가의 은사를 통해 그리스도께서 영광을 받으셔야 함에도 불구하고, 자신이 받아야 할 영광에 방해가 된다는 이유로 그 은사를 비방합니다. 모든 참된 그리스도인들은 그리스도의 몸을 이루는 한 지체이기에, 그 각각의 개별 지체들이 전체 축복에 참여하는 것이지 않습니까? 마치 발이 눈의 인도를 받으면서 유익을 얻듯이, 모든 성도들은 그 형제의 은사에 참여할 뿐만 아니라, 자신의 목적이 자신이 받은 은사로 성취되기도 하지만 그 형제의 은사로도 성취되기 때문에, 그 형제의 은사에 대해 하나님께 감사해야 하지 않겠습니까? 왜냐하면 하나님의 영광과 교회의 기쁨이 자신의 목적이 아니라면, 진정 그는 그리스도인이라고 할 수 없기 때문입니다. 어떤 일꾼이 있는데, 다른 일꾼이 자기 주인의 일을 도왔다는 이유로 그 도와준 일꾼을 비방해서야 되겠습니까?

그런데 안타깝게도, 이런 고질적인 죄악이 그리스도의 목회자들 가운데서 얼마나 빈번하게 저질러지고 있는지요! 그런 목회자들은 자신의 명성에 방해가 되는 자들의 명성에 은밀히 먹칠을 합니다. 그들은 자신이 거짓말쟁이나 중상모략하는 사람으로 발각되는 것이 두렵기 때문에, 드러내놓고 이렇게 하지는 못합니다. 그들은 보통 사악하게 암시만 합니다. 어떤 문제에 대해 정식으로 고발은 하지 못하고 의혹만 제기합니다. 그리고 어떤 목회자들은 이보다 한 술 더 떠서, 자기보다 더 능력 있는 목회자가 자신의 강대상에서는 것을 꺼려합니다. 그 사람이 자기보다 더한 찬사를 받지 못하게 하기 위해서 말입니다. 하나님을 전혀 두려워하지 않는 사람이 다른 사람에게 있는 하나님의 은사를 너무나 시기한 나머지, 자기보다 더 사랑받는 누군가의 손길을 통해서라도 자기 성도들이 회심하고 깨어나기를 바라기보다는, 육신적인 귀만 가진 자기의 성도들이 회심하지 않은 채로 그냥 깨어나지 않고 졸린 눈으로 계속 있기를 더 바라는 것은 정말 무서운 일입니다.

참으로 이 저주받을 악은 많은 설교자들을 필요로 하는 대다수의 큰 교회들에서 널리 퍼져 있습니다. 이런 큰 교회에서는 두 목회자가 서로 동등하게 사랑과 정숙함으로 살아가면서 하나님의 사역을 한마음으로 감당하는 경우를 거의 볼 수가 없습니다. 이 둘은 서로 앞자리를 차지하기 위해 싸웁니다. 앞자리를 차지하지 못하면, 어떤 영역에 있어서 한 목회자는 다른 목회자보다 한참 아래에 있어야 하고 그렇게 저평가된 상태로 지내야 하기 때문입니다. 또는 한 목회자는 다른 목회자의 조수가 되어 그 목회자의 지배를 받아야 하기 때문입니다. 이 두 사람은 서로의 영향력을 질투하고, 서로 낯선 사람 대하듯 대하며, 서로 시기합니다. 이런 일은 목회자 본인에게도 수치스러운 일이며, 성도들에게도 크게 잘못하는 일입니다. 생각하기도 부끄러운 일이지만, 예전에 저는 대중적으로 영향력을 끼치며 능력 있는 분들을 찾아가서 큰 교회에는 한 명 이상의 많은 목회자가 시급히 필요하다고 설득한 적이 있었습니다. 그때 그분들이 제게 이런 말씀을 하셨습니다. 목회자들은 둘이 협력해서 함께 일하지 못할 것이라고 말입니다. 저는 대다수가 이런 비판적인 경우는 아닐 것이라고 기대하지만, 슬프게도 이런 경우가 어느 정도 사실로 드러나고 있습니다. 이뿐 아닙니다. 어떤 목회자들은 너무나 교만한 마음이 강해서, 자기가 감당할 수도 없는 많은 일들을 혼자서 전부 짊어집니다. 하나님의 사역을 더욱 잘 감당하기 위해서는 서로가 함께 동등한 상태에서 도와야 하는데도 불구하고, 혼자서 전부 부담하면서 자신이 받을 영광이 다른 목회자와 함께 공유되지 않도록 하거나, 성도들의 눈에 자신의 영향력이 감소되는 것으로 비쳐지지 않도록 합니다.

또한 교만으로 인해 사람들은 자신의 견해를 부풀리게 됩니다. 사소한 문제에서 자신과 다른 견해를 취한 사람에게 비판적으로 대합니다. 마치 하나님과 관계된 문제에서 이견을 보이는 것처럼 말입니다. 그들은 자신이 교회 신앙의 통치자들이나 된 것처럼, 모든 사람이 자기 판단에 따를 것을 기대합니다. 우리는 교황 무오(無誤)설을 비판합니다. 하지만 우리 가운데 너무나 많은 사람들이 스스로 교황이 되고 싶어합니다. 교황이 되어서 모든 사람을 자신의 결정권 아래에 복종시키고자 합니다. 마치 자신은 무오하다는 듯이 말입니다. 사실 우리 자신이 무오하다고 분명히 말하지는 못할 정도의 겸손은 우리에게 있습니다. 하지만 그 대신 이것만이 진리의 유일한 증거이며, 우리가 제시하는 이유들은 분명한 것이라고 말하면서 사람들이 자기 말에 따라줄 것을 기대합니다. 또 이것은 진리를 향한 열정일 뿐이지, 결코 우리 자신을 위한 것이 아니라고도 말합니다. 그러나 우리가 제시하는 이유들이 타당하다고 인정을 받아야 우리가 제시하는 진리도 인정받을 수 있을 것입니다. 그러나 우리가 제시하는 이유들은 공개적으로 검토되면 오류로 드러날 것이기 때문에, 우리는 그 이유들을 보여주고 싶어하지 않습니다. 그 이유들은 바로 우리가 제시한 것이기 때문입니다. 그래서 만약 우리의 추론이 다른 사람들에게 오류투성이로 드러난다면, 우리는 화를 내게 됩니다. 그 이유들을 반대하는 주장들은 우리 자신에 대한 인신공격처럼 들리기 때문에,

우리는 오류의 원인을 옹호하고 나섭니다. 우리의 주장들이 철저히 반박당하면 우리는 자신이 극심한 상처를 받았다고 여기기 때문에, 자신이 당한 그 강도로 똑같이 진리와 인간 영혼들에게 상처를 줍니다. 문제의 핵심은 이 모든 것들이 우리의 교만으로부터 나온다는 것입니다. 실책이나 오류가 있는 주장이라 해도 그것이 유명한 성직자의 이름으로 지지를 받고 있다면, 우리는 그 주장을 틀림없는 주장으로 인정하면서, 진리를 포기합니다. 그렇게 하지 않으면, 우리가 그 주장을 하는 사람에게 상처를 입힐 수 있기 때문입니다. 설령 여러분이 그들을 인격적으로 공격하지 않았다 해도, 여러분이 그 주장을 비난했다는 이유로 그들은 온 힘을 다해 여러분을 내려칠 것입니다. 다른 사람들의 눈에 빈약한 논증은 허약한 사람의 징표로 비쳐질 것이라고 생각하기 때문에, 그들은 여러분이 그들 자신에 대해 말한 것처럼 그렇게 민감하게 느끼는 것입니다. 그러므로 그들의 오류와 거짓된 추론들을 적나라하게 드러내서 그 추론과 오류의 수치스러움을 알리는 것이 여러분의 사명이라고 생각한다면, 그들은 마치 여러분이 그들의 인격을 수치스럽게 한 것처럼 받아들일 것입니다. 그래서 그들은 자신의 이름을 내세워 그 잘못을 옹호하기 위한 수비대와 요새를 만들고, 자기 이름의 위엄을 빌려 모든 공격으로부터 자기가 말한 모든 것을 지키려고 합니다.

이처럼 우리의 영혼은 실로 거만합니다. 우리를 비난하고 반박하는 것을 사명으로 알고 있는 어떤 사람이 있다고 한다면, 우리는 우리를 비난하는 주제와 방식에 대해 보통 참을 수 없어 합니다. 반면에, 우리가 하는 말과 견해에 동의하면서 우리의 명성을 진작시켜 주는 사람이라면, 비록 그가 그리 탐탁지 않은 다른 면들을 가지고 있다 해도, 우리는 그를 사랑합니다. 그러나 우리를 반박하고 우리와 견해를 달리하며, 우리의 실책을 분명히 드러내고 우리의 허물을 대놓고 말하는 사람이라면 어찌된 일인지 달갑지가 않습니다. 특별히 세상의 눈들이 우리에게 쏠려 있는 공적인 토론에서 우리를 그런 식으로 대한다면, 우리는 그 어떤 반박이나 솔직한 얘기가 됐든 웬만해서는 참을 수 없습니다. 그렇다고 욕설을 할 수도 없기 때문에, 저는 진리에 충성을 맹세한 우리에게 허용되는 한에서 서로의 명성에 누가 되지 않도록 배려해야 한다고 생각합니다. 그러나 우리의 교만은 우리 대다수를 부추겨서 모든 사람들이 우리를 무시하고 있다고 생각하게 합니다. 또한 교만은 우리로 하여금 그들이 우리를 존중하지도 않고 실제로도 우리가 하는 말은 모두 존중하지 않는다고 느끼게 하며, 그들이 우리가 아주 명백한 실수를 했다고 판단하기 이전에 먼저 그들 자신의 판단에 대해서는 스스로 판단하지 않는 자들이라고 생각하게 합니다. 우리는 너무나 예민해져서 어떤 사람이 우리를 건드리기만 해도 상처를 받습니다. 또한 우리는 너무나 마음이 높아져서, 칭찬이 몸에 배거나 아첨하는 수준이 보통은 넘어야 우리를 어떻게 대해야 하는지 말할 수 있을 지경이 되었습니다. 아첨에 도가 튼 그 사람이 우리가 어딜 가든 우리의 기대치를 충족시키기 위해 우리를 주시하고 있어야 하며, 우리의 거만한 영혼이 집착하는 것들을 무시하거나, 말하지 않으면, 우리의 명예를 실추시키는 것으로 간주합니다.

솔직히 말해서 제가 종종 의아하게 생각한 것이 있습니다. 우리 성도들이 짓는 작은 죄들에 대해서는 그렇게 가증한 것으로 선포하면서도, 어떻게 가장 극악무도한 이 죄는 그렇게 가볍게 여길 수 있는 것인지, 또 어떻게 거룩한 마음과 삶의 방식이 이런 교만과 모순되지 않는다고 생각할 수 있는지 말입니다. 그리고 이보다 더 궁금한 것은 이런 측면에서 볼 때 과연 경건한 설교자와 경건하지 않은 죄인들 간에 큰 차이가 있는가 하는 점입니다. 우리가 술꾼이나 세속적인 사람이나 무식한 사람이나 회심하지 않은 사람들과 이야기할 때, 우리는 그들과 대화하는 것 자체를 완전히 창피한 일로 생각하며, 우리가 할 수 있는 한 최대로 그 창피한 마음을 노골적으로 드러냅니다. 우리는 그들의 죄와 수치와 비참함에 대해 그들에게 말합니다. 그러면서 우리는 그들이 이 모든 말을 끈기 있게 참고 들으며 감사하게 받아들이기를 기대합니다. 제가 대하는 대부분의 사람들도 이를 끈기 있게 받아들입니다. 많은 죄인들도 솔직한 설교자들을 아주 격찬하는데, 그 죄인들의 말에 따르면 자신들의 죄를 노골적으로 말해주지 않는 목회자의 말은 주의해서 들으려고 하지 않는다고 합니다. 그러나 누가 경건한 목회자들에게 그들의 오류와 죄악에 대해서 말할 때, 만약 그들에게 존경과 경의를 표하지 않는다면, 그리고 할 수 있는 한 최대로 부드럽게 말하지 않는다면, 실제로 그런 책망과 함께 칭찬을 곁들이지도 않고 책망이나 반박의 강도보다 칭찬의 강도가 더 압도적으로 세지 않다면, 그들은 거의 참을 수 없을 정도로 모욕을 받았다고 생각합니다.

　친애하는 목회자 여러분, 이런 내용들이 슬픈 고백인 줄은 저도 알고 있습니다. 하지만 이 모든 일들이 우리 가운데서 실제로 존재한다는 사실 그 자체가, 우리가 이런 이야기들을 듣는 것보다 더 서글픈 일입니다. 만약 이 악을 숨길 수만 있었다면, 저는 적어도 이렇게 공개적으로 모든 사람이 보는 가운데 이것을 드러내지는 않았을 것입니다. 그러나 안타깝게도, 이 악은 세상 사람들의 눈에 이미 오래 전에 드러나 버렸습니다. 우리는 우리의 명예를 우상화함으로써 우리 자신의 명예를 더럽혔습니다. 우리는 우리의 수치를 책으로 출판도 하고 설교도 함으로써 우리의 수치를 온 세상에 선포하고 있습니다. 그 정도까지 만연된 심한 죄를 범한 그런 사람들을 제가 경건한 사람으로 부르는 것을 보고서, 어떤 사람들은 제가 너무 관대한 아량을 베푼다고 생각할지도 모르겠습니다. 악이 그들 가운데 지배적이고 그래서 악을 미워하지도 않고 악에 대해 비통해하지도 않으며 부단히 악을 극복하려고도 하지 않는 곳에는 참된 경건이 있을 수 없다는 것을 저도 잘 알고 있습니다. 그러므로 저는 모든 사람들에게 간청합니다. 엄히 경계하여 자신의 마음을 살피십시오. 어떤 교만한 죄를 범했거나 혹은 앞에서 언급한 교만의 흔적이라도 있어서 은혜를 받지 못한 이 땅의 모든 목회자들에게, 주님께서 은혜를 베풀어 주시고 우리의 마음을 하루 빨리 변화시켜 주시기를 기원합니다. 우리가 흔히 생각하는 것보다 은혜를 받은 성직자들은 훨씬 드물기 때문입니

다. 물론 그리스도의 모든 목회자들이 이런 교만에 빠져 있다는 뜻으로 말씀
드리는 것은 아닙니다. 우리 가운데는 탁월하게 겸손하고 온유하다고 알려
져서, 이런 면에서 자신의 양 떼들과 자기 형제들에게 귀감이 되는 목회자들
도 있습니다. 하나님의 은혜를 찬양할 뿐입니다. 이것은 지금도 그들의 영광
이요, 앞으로도 그럴 것입니다. 그들의 이런 모습은 하나님과 모든 선한 사
람들이 보기에도 참으로 영광스럽고 아름다울 뿐 아니라, 심지어 경건하지
못한 사람들이 보기에도 그렇게 보입니다. 오, 우리도 그런 목회자들이 다
되었으면 좋겠습니다! 그러나 애석하게도, 우리는 모두 다 그런 목회자가 아
닙니다.

　오, 주님께서 우리를 그분의 발치에 앉히셔서, 우리가 이런 죄를 생각하며
거짓 없는 슬픔의 눈물을 흘리도록 하신다면 얼마나 좋겠습니까! 친애하는
목회자 여러분, 우리의 죄악을 보고서 우리가 개선될 수 있도록, 저는 제 자
신과 여러분의 마음을 대상으로 다소 권고의 말씀을 드리고자 합니다! 교만
은 지옥의 장자인 마귀들의 죄가 아닙니까? 대표적인 사탄의 형상이 교만이
지 않습니까? 그렇다면 사탄과 사탄의 나라를 대적해 교전 중인 우리 같은
사람들이 교만해서야 되겠습니까? 복음의 참된 의도는 우리를 낮추는 것이
며, 은혜의 사역은 겸손에서 시작되고 시행됩니다. 겸손은 그리스도인의 한
갓 장식물이 아니라, 새로운 피조물(고후 5:17)의 본질적인 부분입니다. 그리
스도인이 되는 것과 겸손하지 않은 것은 모순율(a contradiction in terms.
동일 사물을 긍정 또는 부정하면서 동시에 부정 또는 긍정할 수 없다는 논리학적 원
리의 하나이다 — 역주)입니다. 그리스도인이 되고자 하는 사람은 모두 그리스
도의 제자가 되어야 하며, "내게로 오라 … 내게 배우라"(마 11:28, 29) 하신
말씀처럼 그리스도께 나아가 배워야 합니다. 그리스도께서 제자들에게 가르
치신 것은 "온유하고 겸손"(마 11:29)하라 하신 교훈입니다. 오, 이런 취지로
우리의 주님이요 그리스도이신 그분께서 얼마나 많은 교훈들과 존경할 만한
모범들을 우리에게 주셨는지 모릅니다! 그리스도께서 자기 종들의 발을 씻

기고 닦아 주신 것을 보면서도, 우리가 여전히 교만하고 오만할 수 있겠습니까? 그분은 가장 천한 사람들과도 대화하고자 하셨는데, 우리는 여전히 그런 사람들을 안하무인(眼下無人)격으로 회피하고, 우리가 교제할 사람으로는 부유하고 명예로운 사람들이 적합하다고 생각할 수 있겠습니까? 우리 중 얼마나 많은 사람들이, 우리의 도움이 필요한 가난한 자들이 사는 오두막집보다 귀족들이 사는 집에 더 자주 다니고 있습니까? 우리 중 많은 사람들은, 우리가 아주 가난하고 비천한 자들과 매일 함께 하면서 그들에게 생명과 구원의 도리를 가르치는 것이 우리 품위에 어울리지 않는다고 생각합니다. 마치 우리는 부자들의 영혼에 대해서만 책임을 맡은 것처럼 말입니다!

통탄할 노릇입니다! 그런즉 자랑할 것이 어디 있습니까(롬 3:27). 우리 육체의 몸이 자랑할 만합니까? 전혀 그렇지 않습니다. 왜 그렇습니까? 우리 몸은 동물과 같은 재료로 만들어졌으며, 우리 몸도 다른 동물들의 사체(死體)와 마찬가지로 머지않아 끔찍하고 혐오스럽게 되지 않겠습니까? 우리가 받은 은혜는 자랑할 만합니까? 전혀 그렇지 않습니다. 왜 그렇습니까? 우리가 받은 은혜를 자랑하면 할수록, 우리가 자랑할 만한 은혜는 점점 줄어들기 때문입니다. 은혜의 본질은 오직 겸손 안에 있기 때문에, 은혜를 자랑하는 것은 크게 어리석은 일입니다! 우리의 지식과 학식은 자랑할 만합니까? 전혀 그렇지 않습니다. 왜 그렇습니까? 일단 우리가 어떤 지식을 갖게 됐다면, 우리는 우리가 겸손해야 하는 수많은 이유를 알게 되며, 또 우리가 다른 사람들보다 더 많은 것을 알고 있다면, 다른 사람들이 겸손해야 할 이유보다 우리가 겸손해야 할 이유가 더 많은 것입니다. 최고의 학식을 가진 자라도, 자신들이 모르는 것과 비교해 본다면, 자신이 알고 있는 것이 얼마나 보잘것없는 것인지요! 만물이 여러분의 인식범위를 벗어나 있고, 여러분이 얼마나 무지한지를 알기에, 여러분이 교만할 대의명분은 없습니다. 마귀들이 여러분보다 더 많이 알지 않겠습니까? 마귀들이 여러분보다 더 뛰어난데도, 여러분은 아는 것으로 자랑할 수 있겠습니까? 성도들에게 겸손이라는 위대한 교훈을 가르치는 것이 바로 우리가 하는 일입니다. 그런데 우리가 스스로 교만하다면 이 얼마나 적절하지 않은 일이 되겠습니까? 우리는 겸손을 연구하고 설교해야 합니다. 그뿐만 아니라, 우리도 겸손을 소유하고 실천해야 하지 않겠습니까? 겸손을 설교하는 교만한 사람은 적어도 자기 자신을 정죄하고 있는 사람입니다.

그렇게 간교한 죄를 우리가 쉽게 잘 알아차리지 못한다는 것은 정말 슬픈 일입니다. 대신에 아주 교만한 많은 사람들은 다른 사람의 교만을 비난하면서도, 정작 자기 안에 있는 교만은 대수롭지 않게 생각합니다! 세상은 우리 중에도 이런 사람들을 목도하고 있습니다. 야망을 품고서 가장 높은 지위를 추구하며, 반드시 지배자가 되려고 하고, 어디를 가든 쥐어흔들려고 하며, 그러지 않으면 다른 사람들과 더불어 살려고도 하지 않고 상대도 하지 않는 그런 사람들입니다. 그 어떤 협의를 하더라도 이런 사람들은 진리를 추구하지 않습니다. 오히려 상대방이 자기 말을 잘 들을 것처럼 보이면, 아예 상대방을 가르칠 작정으로 명령하듯이 대합니다. 한 마디로, 그들은 그 정도로 오만하고 거만한 영혼을 가지고 있으며, 세상은 이에 대해 경종을 울리고 있는데도 불구하고, 그들은 자기 안에 있는 이 교만을 보려고도 하지 않습니다!

친애하는 목회자 여러분, 저는 제 자신의 마음과 여러분의 마음을 자세히 살펴보고 싶습니다. 저는 여러분이 다음과 같은 문제를 곰곰이 생각해 보기를 간청합니다. 우리에게는 겸손의 은혜가 없으면서도 우리가 이 은혜에 대해 잘 설명한다거나, 혹은 우리가 기만하는 죄에 빠져 있으면서도 이 죄에 대해 비판하기만 한다면, 과연 우리는 구원받을 수 있겠습니까? 우리가 스스로 느끼는 교만과 신실함이 서로 공존할 수 있는지, 우리 대다수는 진지하게 물어야 하지 않겠습니까? 우리는 술꾼들에게는 당신이 절제하지 않는다면 구원받을 수 없다고 말하며, 간음하는 자들에게는 당신이 정숙해지지 않는다면 구원받을 수 없다고 말합니다. 따라서 우리가 교만하다면, 우리는 우리가 겸손해지지 않으면 구원받을 수 없다고 우리 자신에게 말해야 하지 않겠습니까? 사실 교만은 술 취함이나 윤락행위보다 더 큰 죄이며, 겸손은 절제와 정숙만큼이나 필수적입니다. 친애하는 목회자 여러분, 진실로 어떤 사람이 진지하게 복음을 전하고 외관상 거룩한 생활에 열정을 보이지만, 그럼에도 그 사람은 술 취한 경우나 추악한 경우와 마찬가지로, 분명히 (그리고 다소 은밀하게) 지옥으로 치달을 수 있습니다. 도대체 거룩함이 무엇입니까? 하나님께 헌신하고 그분을 위해 살아가는 것뿐이지 않습니까? 그렇다면 저 주받을 상태는 어떤 것입니까? 우리의 육체적 자아에 헌신하고 우리 자신을 위해 살아가는 것뿐이지 않습니까? 자신에게 더욱더 집중하면서, 하나님께는 더욱더 소홀히 하는 사람이 바로 교만한 사람입니다. 이런 측면에서 누가 교만한 사람을 쫓아갈 수 있겠습니까? 교만은 설교자로 하여금 자신을 위해서 연구하고, 자신을 위해서 기도하고 설교하며, 자신을 위해서 살아가도록 할 수 있지 않겠습니까? 비록 그가 하는 사역이 다른 사람들의 사역보다 더 큰 성과로 드러난다 해도 말입니다. 바른 원칙과 목적이 없는 사역은 아무리 해봐야 우리가 바른 사람임을 입증해주지 못합니다. 사역은 하나님의 사역이지만, 우리는 이 사역을 하나님을 위해서가 아니라 우리 자신을 위해서 하기 때문입니다. 솔직히 말해 저도 이런 측면에서 늘 위험을 감지하고 있습니다. 제가 하는 연구와 설교와 저술활동이 그리스도를 위한 것이 아니라 저 자신을 위한 것은 아닌지를 살피지 않는다면, 저는 곧 잘못되고 말 것입니다. 어쨌든, 죄를 정죄해야 할 때는 제 안에 있는 죄에 대해 스스로 정당화해서는 안 됩니다.

친애하는 목회자 여러분, 한번 생각해 보기를 부탁합니다. 사람을 이기적인 사람이 되도록 만드는 유혹들이 목회 사역에 얼마나 많습니까? 가장 고귀하고 경건한 일에서도 이것은 마찬가지입니다. 경건한 사람이라는 명성도 학식 있는 사람이라는 명성만큼이나 큰 올무입니다. 경건 그 자체를 추구하는 것 대신에 경건한 명성을 추구하는 자들에게 화가 있을 것입니다! "내가

진실로 너희에게 이르노니 그들은 자기 상을 이미 받았느니라"(마 6:5). 지금
까지 시류(時流)가 학식과 허례허식을 최고로 여기는 시대였으므로, 교만의
유혹은 이런 식으로 기울었습니다. 그러나 지금은 말로 다할 수 없는 하나님
의 은혜로 말미암아, 생명력 있고 실제적인 설교가 최고로 선호되고 있으며,
경건도 선호되고 있습니다. 그래서 교만은 열정적인 설교자인 척 또는 경건
한 사람인 척 가장하도록 유혹합니다. 성도들이 우리 설교를 들으려고 우리
주위에 몰려들고, 우리가 하는 말에 영향을 받고서 자신들의 판단을 유보하
며 우리를 선호한다는 것이 얼마나 좋은 일인지 모릅니다! 이 나라에서 가장
능력 있고 경건한 사람이라는 찬사를 받고 전국적으로 가장 탁월한 영성가
로 유명해지는 것은 얼마나 매력적인 일인지 모릅니다! 친애하는 목회자 여
러분, 애석하게도 이런 유혹에 빠지면 그리스도의 은혜가 사라지며, 그 상태
로 여러분은 그리스도의 대의(大義)를 세상에 진작시키는 출중한 사람들 가
운데 들려고 할 것입니다. 그러나 그래서는 안 됩니다. 비록 교만은 특별한
은혜 없이도 혼자서 이 일을 감당해 낼 것으로 생각하지만 말입니다.

그러므로 여러분 스스로 방심하지 마십시오. 여러분이 연구하는 모든 것
가운데 겸손도 확실히 연구하십시오. "누구든지 자기를 높이는 자는 낮아지
고 누구든지 자기를 낮추는 자는 높아질 것입니다"(마 23:12). 제가 일반적으
로 살펴본 바로는, 착한 사람이든 나쁜 사람이든 거의 모든 사람들은 교만한
사람을 싫어하고, 겸손한 사람을 좋아합니다. 교만도 자신의 기형적인 모습
을 잘 알고 있기 때문에 자신을 아주 싫어합니다. 그래서 종종 교만은 겸손
의 옷을 자연스럽게 빌려 입습니다. 우리는 교만을 더욱더 경계해야 하는데,
교만은 우리의 본성에 가장 깊이 뿌리박혀 있는 죄악이며, 영혼으로부터 완
전히 제거할 가망이 없는 그런 죄악이기 때문입니다.

2. 우리가 진지하고 거리낌 없는 열정으로
사역에 헌신하지 않고 있기 때문에

우리는 우리가 맡은 직무와 활동에서 당연히 그래야 하는 것만큼 그렇게 진지하고 거리낌 없이 부지런하게 주님의 사역에 헌신하지 않고 있습니다. 그래도 주님께 감사할 일은 수많은 사람들이 자신의 온 힘을 다해 이 사역을 감당하고 있다는 것입니다. 하지만 애석하게도 대부분의 목회자들이 그들의 사역에 얼마나 불완전하고 태만히 임하고 있는지 모릅니다. 심지어 우리가 경건한 목회자로 생각하는 사람들도 마찬가지입니다! 이 사역에 전적으로 헌신하며 자신이 가진 모든 것을 이 사명을 위해 바친 사람답게 우리의 직무를 감당하는 사람이 우리 가운데 얼마나 적은지 모릅니다! 이제 여러분은 제가 이런 고백을 하게 된 이유들을 보게 될 것입니다. 그러므로 저는 우리의 악한 태만에 대해 몇 가지 사례를 들어 설명하고자 합니다.

(1) 연구를 게을리함으로써

만약 우리가 우리 사역에 제대로 헌신하였다면, 우리는 우리의 연구에 그렇게 태만하지는 않았을 것입니다. 좀 더 나은 사역을 위해 준비하고 자기가 아는 것을 바르게 가르치기 위해 필요한 고통들을 감내하는 사람은 소수에 불과합니다. 어떤 사람들은 자기가 하는 연구에서 기쁨을 얻지 못하고, 마지못해 참고 하는 달갑지 않은 일로 여깁니다. 그래서 그들은 그 멍에로부터 벗어났을 때 기뻐합니다. 지식에 대한 자연적 욕구, 하나님과 신령한 일들을 알고 싶어하는 영적 욕구, 우리의 무지(無知)함과 연약함에 대한 자각, 목회 사역에 대한 중압감, 이 모든 것들 중에 우리로 하여금 더욱 우리의 연구를 매진하게 하고, 또 진리 추구를 위해 더욱 부지런하게 하지 않는 것이 어디 있습니까? 오, 목회자가 이해해야 할 것들이 얼마나 많은지 모릅니다! 그것들을 모른다는 것이 얼마나 큰 약점이 되는지요! 사역에 있어서 그러한 지식들을 얼마나 많이 놓치고 있는지 모릅니다! 읽어야 할 책, 그리고 우리가 결코 몰라서는 안 될 그런 사안들이 무수히 널려 있는데도 불구하고, 많은 목회자들은 설교를 작성하거나 좀 다른 일을 위해서만 연구할 따름입니다. 그

뿐 아닙니다. 우리는 설교를 위한 연구에도 너무나 게을러서 누구나 아는 사실들만 몇 가지 나열할 뿐, 사람들의 양심과 마음에 새겨질 아주 강력한 표현들에 대해서는 생각하지도 않습니다. 우리는 성도들을 설득해서 그들의 마음에 전달되도록 하는 방법, 각 진리들을 생동감 있게 전달하는 방법 등을 연구해야 합니다. 아주 어쩔 수 없는 긴급한 상황이 아니고서는 이 모든 것들을 즉석에서 급하게 준비해서는 안 됩니다. 친애하는 목회자 여러분, 열심히 연구하지 않고 끈기 있게 노력하고 경험하지 않는다면, 사람은 학식도 얻지 못하고 현명해지지도 않는다는 것을 여러분은 경험을 통해 알게 될 것이라 확신하는 바입니다.

(2) 지루하고 졸리게 설교함으로써

우리가 우리의 사역에 마음을 다해 헌신했었다면, 우리의 사역은 지금보다 더욱더 활기차고 진지하게 행해졌을 것입니다. 영원한 기쁨과 영원한 고통에 관해 우리가 열정적으로 전하고 있다는 것을 성도들이 믿을 수 있는 방식으로 온 힘을 다해 설교하거나 말하는 목회자들이 얼마나 적은지 모릅니다! 죄인들을 깨우고 살릴 것 같은 목회자의 말씀을 듣지도 않은 채 강대상 아래에서 죽은 듯이 졸고 있는 죄인들의 무리를 보는 것은 사람의 가슴을 아프게 합니다. 슬픈 일입니다! 우리가 너무 부드럽고 졸리게 말을 해서, 졸고 있는 죄인들이 우리의 말을 들을 수 없는 것입니다. 강하게 내려치는 말씀도 너무나 약하게 전하기 때문에 완악한 마음의 죄인들은 이 말씀을 느끼지 못합니다. 대부분의 설교자들은 그들의 목청을 돋우어 다소 흥분된 목소리로 열정적으로 말하지도 않습니다. 설령 설교자들이 큰 소리로 진지하게 말한다 해도, 그 목소리에 어울릴 만한 열정적이고 비중 있는 주제가 없습니다! 이런 주제가 없다면, 크고 진지한 목소리는 아무 소용도 없습니다. 크고도 진지한 목소리와 그 내용이 어울리지 않으면, 성도들은 이런 설교를 그저 시끄럽게 소리만 친다고 생각할 것입니다. 어떤 목회자들은 수중에 뛰어난 교리를 가지고 있지만, 친숙하고 생생하게 적용을 하지 못해서 그 교리들을 무용지물로 만들어 버린다는 얘기를 듣게 되는데, 가슴 아픈 일이 아닐 수 없습니다. 죄인들을 설득하기에 적절한 내용들을 가지고 있음에도 불구하고, 목회자들은 이에 대해 아무 생각도 하지 않습니다. 죄인들의 마음에 이것들이 새겨지기만 한다면 많은 유익이 있을 텐데도, 목회자들은 이를 행하지도 못하고, 행하려는 마음조차 없습니다.

사랑하는 목회자 여러분, 우리의 동포들이 영원한 생명을 얻을지 아니면 영원한 사망을 얻을지의 문제가 관련된 상황에서, 우리는 우리 자신이 관련된 것처럼 우리가 전해야 할 내용을 아주 분명히, 아주 친숙하게, 아주 열정적으로 전달해야 합니다! 우리는 이것을 그리 심각하게 생각하지 않습니다. 이 일을 대수롭지 않고 따분하게 생각하는 것이야말로 가장 적절치 않은 태도입니다. 도대체 어찌해서 하나님에 대해서 그리고 성도들의 구원에 대해서 그렇게 냉랭하게 말할 수 있습니까? 우리는 성도들이 회심을 하든가, 아니면 정죄를 받든가 할 것이라고 정말 믿고 있습니까? 믿고 있는데도 그렇게 성도들에게 졸리는 어조로 말하는 것입니까?

친애하는 목회자 여러분, 하나님의 이름으로 권면합니다. 여러분이 강대상에 오르기 전에 여러분의 마음부터 일깨우려고 노력하십시오. 그래야 여러분은 죄인들의 마음을 일깨우기에 적합한 사람이 될 수 있습니다. 죄인들은 깨어나야 합니다. 그렇지 않으면 그들은 멸망한다는 사실을 기억하십시오. 잠자고 있는 설교자는 웬만해서는 졸린 죄인들을 깨울 수 없습니다. 여러분이 말로는 아무리 하나님의 거룩한 일들을 최고로 찬양한다 해도, 여러분이 죄인들에게 냉랭하게 말한다면, 여러분의 태도 때문에 여러분이 말한 내용을 취소하는 꼴이 되고 말 것입니다. 위대한 일들을 말하는 것, 특히 이처럼 위대한 일들을 사랑과 열정을 가득 담아 말하지 않는 것은 일종의 경멸입니다. 말뿐 아니라 태도로도 전해야 합니다. "네 손이 일을 얻는 대로 힘을 다하여 할지어다"(전 9:10)라는 명령을 우리가 받았다면, 우리는 분명히 성도들의 구원을 위한 설교도 우리의 온 힘을 다해 전해야만 합니다. 그러나 애석하게도, 그런 목회자를 보기가 얼마나 힘든지 모릅니다! 진지하고 설득력 있고 능력 있게 말씀을 전하여, 성도들이 말씀을 들을 때 제대로 설교를 하고 있다고 느낄 수 있는 목회자는 심지어 훌륭한 목회자들 중에서도 간혹 볼 수 있을 뿐입니다.

그렇다고 해서 말씀을 전할 때는 계속해서 큰 소리를 질러야 한다고 하는 것은 아닙니다. 정말 그렇게 하면 여러분의 열심이 아마 웃음거리가 될 것입니다. 그래도 여러분은 계속해서 진지하도록 주의해야 합니다. 반드시 요구되는 내용에서는(적어도 적용 부분에서는) 여러분의 목소리를 높이고 여러분의 기운을 아껴서는 안 됩니다. 성도들에게 말할 때는, 깨어나서 이 자리에 있든지 아니면 지옥에 있든지 양자택일해야 할 사람인 것처럼 그렇게 말하십시오. 믿음과 연민의 눈길로 그들을 보살피고, 그들이 영원히 겪어야 할 상태가 기쁨의 상태인지 고통의 상태인지를 생각하십시오. 그러면 여러분의 마음이 진지해질 것이고, 여러분의 마음은 눈 녹듯 녹아져 그들의 상태를 느낄 수 있을 것입니다. 오, 천국을 가느냐 아니면 지옥을 가느냐 하는 그런 중차대한 일에서는 추호라도 냉랭한 말이나 경솔한 말을 해서는 안 됩니다. 여러분이 어떤 행동을 하든, 여러분이 최선을 다해 진지하게 임한다는 것을 성도들이 알게 하십시오.

친애하는 목회자 여러분, 여러분이 해야 할 이러한 일들은 진정으로 위대한 사역들입니다. 그러므로 설렁설렁해도 어떻게든 이 일을 감당할 수 있으리라고 생각해서는 안 됩니다. 성도들과 농담을 하거나 성도들에게 인사치레로 말하거나 겉만 번지르르한 화법을 구사해서는 성도들의 마음을 열 수 없습니다. 목회자가 자신이 하는 말을 중요하게 여기는 것 같지도 않고, 목회자가 요구하는 바를 성도들이 받아들이는지 받아들이지 않는지 전혀 신경도 쓰지 않는 그런 목회자의 따분한 요구를 듣고서, 자신이 가장 소중히 여기는 즐거움들을 기꺼이 포기할 성도들은 아무도 없습니다. 그래도 이 사역은 하나님의 사역이므로, 하나님은 가장 연약한 도구들을 사용해서라도 이 일을 행하실 것이라고 말하는 사람이 있다면, 저는 이렇게 대답하겠습니다. "맞는 말씀입니다. 하나님께서 그렇게 행하실 수도 있습니다." 하나님은 보통 도구들을 사용해 사역을 행하시지만, 설교의 내용뿐 아니라 설교의 태도까지도 사역의 도구로 사용하십니다.

우리의 설교를 듣는 대부분의 청중들에게는 뭐니뭐니해도 설교자의 발음과 어조가 제일 중요합니다. 아무리 좋은 내용도 감동적으로 전달되지 않으면 성도들을 감동시킬 수 없습니다. 먼저 가식이 없어야 하며, 여러분이 성도들과 개인적으로 대화를 나누는 것처럼 그렇게 편하게 말해야 한다는 사실을 유의하십시오. 어조가 편안하지 못하고, 표현이 부족한 것은 대부분의 경우 큰 허점이 됩니다. 따라서 우리는 이를 고치기 위해 매우 노력해야 합니다. 예를 들어, 초등학교 학생이 교과서를 읽듯이 낭독하는 어조나 암송하는 어조로 말한다면, 또는 같은 말을 반복해서 되풀이하는 어조로 말한다면, 그가 말하는 내용에 감동받을 사람은 거의 없을 것입니다. 그러므로 주님의 사역을 위해 우리 스스로 깨어나서, 이 일이 그들의 참된 생명을 위한 일이라고 성도들에게 말하고, 그들을 온 힘을 다해 구원하도록 합시다. "그들을 불 에서 끌어내어 구원하십시오"(유 1:23, KJV). 사탄은 자기 소유를 빼앗기려고 하지 않을 것입니다. 우리는 죄인들의 영혼을 포위해서 사탄의 요새가 어디에 세워져 있는지 발견하고 사탄의 주력부대가 어디에 있는지 알아낸 다음, 이 부대를 공격하는 하나님의 병기부대를 배치하여 방어벽에 구멍이 뚫릴 때까지 백병전(白兵戰. 칼이나 창, 총검 따위와 같은 무기를 가지고 적과 직접 몸으로 맞붙어서 싸우는 전투 — 역주)을 해야 합니다. 그 다음에는 그 죄인들이 탈출해서 다시 전력을 복구하지 못하도록 해야 합니다.

우리는 이성적인 피조물을 상대해야 하기 때문에, 다시 말해 그들은 진리를 대적해서 자기 이성을 남용하기 때문에, 우리가 행하는 모든 설교들이 설득력이 있는지 없는지, 그리고 우리가 성경과 이성의 빛을 경건치 않은 자들의 얼굴에 밝게 비추고 있는지, 특히 그들은 그 빛이 비취면 의도적으로 눈을 감기 때문에 눈을 감지 못하도록 완력으로라도 그들이 빛을 보도록 했는지에 대해 우리는 주의해야 합니다. 설교가 아무리 깔끔하게 구성되어 있다 해도, 증거의 빛과 뜨거운 생명력이 없다면 그 설교는 단순히 말들의 행렬일 뿐이며 옷을 잘 차려 입은 시체에 불과합니다.

설교를 통해 영혼들 간에 교통이 일어나고, 우리의 영혼과 성도들의 영혼 간에 무언가가 전달됩니다. 우리나 성도들이나 마찬가지로 지성, 감정, 의지를 가지고 있기 때문에, 우리의 지성이 가진 가장 충만한 증거의 빛이 성도들의 지성에 전해지도록, 그리고 우리에게 있는 거룩한 감정을 그들에게 전함으로써 그 거룩한 감정이 성도들의 마음속에서 불타올라 냉랭했던 마음이 따뜻해지도록 우리는 힘쓰고 애써야 합니다. 설교를 듣는 청중들에게 우리가 권해야 하는 위대한 일들은 나름대로 충분한 근거도 있고, 그들 앞에 있는 하나님의 말씀으로도 분명히 기록되어 있습니다. 그러므로 우리는 모든 종류의 증거를 다 동원하여 그들의 지성에 마구 퍼부어서, 우리가 가진 추론과 설득력으로 그들이 가진 모든 헛된 반론들이 무색하도록 쏘아붙여, 우리 앞에서 완전히 논파(論破)되어 그들의 영혼이 진리의 힘에 항복하도록 해야 합니다.

(3) 궁핍한 회중들을 불쌍히 여기지 않고 돕지 않음으로써

우리가 하나님의 사역에 마음을 다해 헌신했었다면, 왜 우리는 도움을 받지 못하는 우리 주변의 불쌍한 회중들을 불쌍히 여기지 않고, 그들이 능력 있는 목회자들을 만나도록 도와주며 돌보지 않았습니까? 그리고 우리가 맡은 사역을 하다가 여유가 허락하는 대로 틈틈이 왜 우리는 당장 나가서 그들을 돕지 않습니까? 다소 낯선 지역이긴 하지만, 생명력과 능력이 가장 충만한 설교자들이 성도들의 회심을 위해 마음먹고 행하는 설교는 지속적으로 목회자들의 도움을 받을 수 없는 지역에서는 큰 도움이 될 것입니다.

3. 그리스도의 관심과 반대되는 세상의 관심에
우리가 전적으로 주목하기 때문에

우리 자신과 우리가 가진 모든 것을 마땅히 하나님을 섬기는 일에 다 바쳐야 하지만, 우리가 그렇게 하지 않은 또 하나의 슬픈 증거는, 우리가 그리스도에 대한 관심과 그리스도의 사역에 대한 관심 대신에 우리의 세속적인 관심에 전적으로 주목했다는 사실입니다. 저는 이 사실을 세 가지 예를 들어 밝히고자 합니다.

(1) 세상풍조를 따름으로써

저는 누구든지 자신을 다스리는 사람들과 다툰다거나 그 다스리는 자들의 합법적인 명령에 불순종하기를 원하지 않습니다. 그러나 대부분의 목회자들이 세상의 이익을 쫓아 틀림없이 자신의 목적이 성취될 것 같은 쪽에 편승한다는 비난을 받고 있는 것은 분명합니다. 세속적인 이익을 추구하는 목회자라면, 세속적인 권력에 편승하기 마련입니다. 찬사를 추구하는 목회자라면, 사람들이 가장 선호하는 교파를 따라가기 마련입니다. 이 얼마나 슬픈 일입니까! 이런 병폐가 전염병처럼 번지고 있습니다. 콘스탄티누스(Constantine) 황제 시대에서는 정통신앙이 주류를 이루었습니다! 그러나 콘스탄티우스(Constantius. 콘스탄티누스 황제의 둘째 아들로, 아리우스를 지지했지만 끝까지 아리우스파와 니케아 신경 사이에서 절충적인 입장인 반아리우스주의[Semi-Arianism]를 모색하였다 — 역주) 시대에서는 거의 모든 사람들이 아리우스파(아리우스Arius. 그리스도의 피조성을 강조하였으며 니케아-콘스탄티노플 공의회에서 이단으로 파문되었다 — 역주)가 되었습니다. 니케아 공의회(325년에 열린 최초의 범기독교 공의회로서 삼위일체의 토대를 이룬 공의회이다 — 역주) 때 참석했던 바로 그 성직자들까지 포함해서 그 시절에 진리를 배신하고 변절하지 않은 성직자들은 거의 없었습니다. 리베리우스 교황(Liberius. 352-366년간 로마의 교황으로 지내면서 삼위일체를 주장한 아다나시우스의 입장을 지지했지만, 말년에는 좀 더 온건한 옛 아리우스파와의 교류를 허용하였다 — 역주) 뿐만 아니라, 수많은 정통 공의회를 주재했었던 사람인 대 오시우스(great Ossius. 콘스탄티누스 황제의 종교 고문관으로 325년 니케아 공의회의 의장을 맡았다. 니케아 신경인 정통 신앙을 지켜오다가, 아리우스파로부터 지속적인 압력을 받아 급기야 100세가 가까운 인생 말년에, 제3차 시르미움 공의회[Council of Sirmium]의 문서에 서명하였다. 이 문서는 아리우스파와의 잠정적인 타협안으로서 아리우스파와의 교류 조항이 포함되어 있었다 — 역주) 또한 넘겨졌는데, 하물며 연약한 사람들로부터 무엇을 더 기대할 수 있겠습니까?

만약 세속적인 이익이 없었다면, 어떻게 세계 모든 나라의 성직자들이 그들의 세상적인 이익과 가장 잘 부합하고 그 지역에서 가장 선호되는 종파에 속해 있겠습니까? 그리스의 성직자들은 모두 그리스 정교회의 신앙을 고백하는 성직자들입니다. 가톨릭 국가들의 성직자들은 거의 모두가 가톨릭 성직자들입니다. 노르웨이, 스웨덴, 덴마크에 있는 성직자들은 거의 모두가 루터파입니다. 다른 나라도 이와 마찬가지입니다. 한 나라에서는 모든 성직자들이 "맞다"고 하는 종파가 다른 나라에서는 모든 성직자들이 "틀렸다"고 하다니, 참 이상한 일입니다. 성직자들이 진리를 추구하는 일에 종사한다고는 하지만, 육신의 이득에 따라 심하게 휘둘리지 않고서는 이런 일이 일어날 수 없습니다. 사람마다 생각이 다르고 처해 있는 환경이 무수히 다르기 때문에, 다양한 관점에 대한 다양한 견해들은 불가피하게 생겨납니다. 그런데 왕이나 권력을 잡은 자들의 풍조는 그렇다손 치더라도, 대부분의 성직자들 역시 그들과 하나도 다를 바가 없다는 것입니다. 진리를 추구하는 자신의 방식은 내버려 둔 채 말입니다. 이 땅의 일반적인 성직자들이 그 시대의 왕들에 따라 자신들의 종교를 얼마나 쉽게 바꾸었는지 한번 살펴보십시오!(종교개혁당시 헨리 8세는 종교개혁자들을 박해하였는데, 이때 대부분의 성직자들은 이 박해에 합세하였다. 하지만 헨리 8세가 로마와 결별했을 때, 대부분의 성직자들은 헨리 8세를 따랐다. 메리 여왕 때는 가톨릭이 되었다가 엘리자베스 때는 개신교가 되었다. 제임스 1세가 권력을 잡았을 때 잉글랜드는 개신교가 되었지만, 제임스 2세가 등장하자 잉글랜드는 가톨릭이 되었으며, 크롬웰이 권력을 잡자 잉글랜드는 다시 개신교가 되었다 — 역주). 물론 우리의 순교 역사가 증언하듯이, 모든 성직자들이 다 그런 것은 아닙니다. 하지만 이와 동일하게 권력에 야합하는 비굴한 약점들이 여전히 우리를 따라다니고 있습니다. 그래서 우리의 원수들이 이것을 보고서, 명성과 지지를 얻는 것이 우리의 종교요 우리의 상급이라고 말합니다.

(2) 세상적인 일들에 너무 신경을 씀으로써

우리는 세상적인 일들에 너무 많이 신경을 씁니다. 그래서 우리의 세상 이익이 침해되거나 방해될 만한 그런 의무들은 회피합니다. 목회자들이 세상 일에 빠져 있는 경우가 얼마나 허다합니까! 너무나 많은 목회자들이 분리파들이 원하던 바로 그대로 되어가고 있습니다. 분리파들은 우리의 생계를 위해서 밭도 갈고 노동도 해야 하며, 설교준비를 위해 많이 연구할 필요가 없다고 말합니다. 이런 주장은 한편으로 일리가 있는 교훈입니다. 우리는 성도들로부터 재정적인 후원을 받지 못하면 어떡할까 하는 걱정을 하지 말아야 합니다. 스스로의 노력과 함께 교회가 힘을 모아 돌볼 것이기 때문입니다.

그리고 우리가 받을 사례비가 줄어들 것 같은 의무와 관련해서는 특별히 소홀히 하는 것이 얼마나 일반적인지 모릅니다! 예를 들어, 교회에서 권징을 감히 시행하지도 않고 또 시행할 마음도 없는 경우가 많지 않습니까? 왜냐하면 권징으로 인해 성도들이 내야 할 헌금을 제대로 내지 않을 수 있기 때문입니다. 죄인들이 헌금을 제대로 내지 않아 목회자의 마음이 상하지 않도록 하기 위해, 목회자는 권징으로 죄인들의 마음이 상하지 않도록 합니다. 그런 목회자들에게는 돈이 너무나 강력한 이유가 되기 때문에 반박하기가 힘듭니다. 그러면서도 그들은 "돈을 사랑함이 일만 악의 뿌리가 되나니"(딤전 6:10) 하는 말씀을 선포하고, 여전히 탐심의 위험에 대해서 긴 연설을 하고 있습니다. 그런 사람들에게 저는 이 말씀 외에는 더 하고 싶은 말이 없습니다. 하나님의 선물을 돈 주고 살 줄로 생각한 마술사 시몬(행 8:20)에게 돈이 치명적인 죄악이었다면, 하나님의 선물과 하나님의 뜻과 성도들의 영혼을 돈을 받기 위해 파는 것은 얼마나 더 악한 죄이겠습니까? "네 돈과 함께 망할지어다"(행 8:20, KJV) 하신 말씀이 우리에게 해당되지 않도록 우리는 심히 두려워해야 합니다!

(3) 자선 행위에 인색함으로써

우리는 자선 행위에 인색하고, 주님을 섬기기 위해 우리가 가진 것을 사용하는데 인색합니다. 세상에 대한 관심보다 그리스도와 교회에 대한 관심이 훨씬 더 압도적으로 많았다면, 대부분의 목회자들은 틀림없이 선한 사역에서 더 많은 성과를 얻었을 것이며, 그리스도의 영광을 위하여 자신들이 가진 것을 더 많이 바쳤을 것입니다.

자선 행위가 가장 강력하게 편견을 제거해 주며 경건한 말씀에 대해 마음의 문을 열어준다는 사실은 경험상 충분히 입증되었습니다. 여러분이 선행에 빠져 있다는 것을 성도들이 알게 된다면, 그들은 여러분이 선한 사람이며 여러분이 성도들에게 설득시키려고 하는 것도 선한 것이라는 사실을 좀 더 쉽게 믿을 것입니다. 여러분이 성도들을 사랑하고 성도들의 유익을 추구하고 있다는 것을 성도들이 보게 될 때, 성도들은 좀 더 쉽게 여러분을 신뢰하게 될 것입니다. 그리고 우리가 세상의 일들(고전 7:34)을 추구하지 않는다는 것을 성도들이 알게 될 때, 성도들은 여러분의 의도를 의심하지 않을 것이며, 우리가 추구하는 것을 함께 추구하기 위해 여러분 옆으로 좀 더 쉽게 다가올 것입니다. 오, 목회자들이 전적으로 선행에 마음을 쏟고, 자신의 능력과 소유를 그 목적을 위해 헌신한다면, 목회자들은 선한 일을 굉장히 많이 행하였을 것입니다! 인간의 육체를 위해서 하는 선한 일을 작은 일이라고 하거나, 이런 선행은 성도들을 우리에게로만 인도할 뿐 하나님께로 인도하는 것은 아니라고 말하지 마십시오. 편견은 인간의 회심을 가로막는 큰 방해요

소이며, 선행은 편견을 제거하는데 도움이 되기 때문입니다. 성도들이 우리에게서 배우고 싶어하는 의지만 있다면, 우리는 성도들에게 더 많이 좋은 일을 하였을 것입니다. 그리고 이런 우리의 행동이 성도들로 하여금 배우려는 의지를 불러일으킬 것입니다. 그 후에도 계속되는 우리의 성실함으로 인해 성도들은 유익을 얻게 됩니다. 친애하는 목회자 여러분, 여러분에게 간청합니다. 제가 여러분에게서 평범한 자선행위를 기대한다고 생각하지 마십시오. 평범한 자선 행위 그 이상을 기대하고 있습니다. 여러분이 가진 재능에 비교해 보자면, 여러분은 다른 사람들을 훨씬 넘어서야 합니다. 작은 것을 가난한 사람에게 주는 것으로는 충분하지 않습니다. 다른 사람들도 여러분이 하는 것만큼은 하고 있습니다. 주님을 섬기기 위해서 여러분은 자신이 가진 재산으로 무슨 특별한 것을 하고 있습니까?

여러분이 가지고 있지 않은 것을 줄 수는 없을 것입니다. 그러나 제 생각에 여러분이 가진 모든 것은 하나님께 바쳐져야 합니다. 이에 대해 거센 반발이 있다는 것도 알고 있습니다. "우리는 먹여 살려야 할 처자식이 있습니다. 지금도 적은 돈으로 식구들을 잘 돌보고 있지 못합니다. 우리는 가족들이 거리에 나 앉도록 해서는 안 될 의무가 있습니다." 이런 반발에 대해 저는 이렇게 대답하겠습니다.

[a] 성경 말씀 중에서 사도 바울의 이 말씀보다 더 남용되는 말씀은 없습니다. "누구든지 자기 친족 특히 자기 가족을 돌보지 아니하면 믿음을 배반한 자요 불신자보다 더 악한 자니라"(딤전 5:8). 이 말씀은 상속을 위해 돈을 쌓아두거나 재산을 모아두는 것을 지지해주는 구절이 되어 왔습니다. 사도 바울은 스스로 생계를 꾸려나갈 능력이 있는데도 불구하고, 자신의 가난한 친척이나 가족을 교회에 떠넘겨서 공동의 재원으로 그들을 부양하게 하려는 사람들을 경고하기 위해서 이 말씀을 하셨습니다. 자기 집에 과부가 된 어머니나 딸이 있고, 이들의 생계를 꾸려 나갈 충분한 능력이 그 집에 있음에도 불구하고, 교구가 이들의 생계를 맡아주기를 바라는 사람이 바로 이런 사람

들입니다. 계속되는 말씀에서 사도가 "만일 믿는 여자에게 과부 친척이 있거든 자기가 도와주고 교회가 짐 지지 않게 하라 이는 참 과부를 도와주게 하려 함이라"(딤전 5:16) 하고 명령한 것은 미래를 위해 모아두지 말고 현재에 사용하라는 뜻임을 보여줍니다.

[b] 여러분도 다른 사람들이 자녀교육을 하듯이 여러분의 자녀를 교육해서, 자녀들이 정직하게 장사를 하거나 취직을 하여 스스로 생계를 꾸려 나가도록 할 수 있습니다. 그러나 자녀들에게 필요하지 않은 것은 제공하지 마십시오. 여러분의 자선 행위와 돌봄은 가정에서 시작되어야 한다는 것을 저도 알고 있습니다. 하지만 가정에서 끝나서는 안 됩니다. 여러분은 할 수 있는 한 최선을 다해 여러분의 자녀를 교육해야 합니다. 그러면 그 자녀들은 하나님을 가장 잘 섬길 능력을 갖게 될 것입니다. 그러나 자녀들을 부자로 만들려고 한다거나, 자녀들에게 더 많은 유산을 남겨 주려는 목적 하나로 꼭 필요한 자선 행위를 유보해서는 안 됩니다. 가정의 생계를 꾸려 나가는 것과 그리스도의 교회를 위해 자선을 행하는 것 사이에 적절한 균형이 있어야 합니다. 자신과 자신이 가진 모든 것을 하나님께 헌신하려는 자기 부인의 마음, 즉 참된 자선의 마음이 이 둘 사이에 적절한 균형을 이루도록 잘 결정해 줄 것이며, 하나님을 가장 잘 섬기기 위해서 어느 정도의 경비를 지출해야 하는지도 알려 줄 것입니다. 이런 방식으로 자선 행위를 해야 합니다.

[c] 솔직히 말해, 저는 목회자들이 성적인 유혹에 오랫동안 노출되는 것을 원하지 않습니다. 그들이 넘어지면, 그 자신뿐 아니라 동료들까지도 상처를 입을 것이기 때문입니다. 그러나 목회자들이 자선 행위를 통해서 추구하고자 하는 목회의 방향을 더 심화시키는데 방해가 될 수도 있는 아내와 자녀를 돌봐야 하는 유혹이 전혀 없는 독신상태와 마찬가지로, 결혼한 목회자들도 육체의 욕심(엡 2:3)을 억제할 수 있다는 주장은 받아들이기 어렵다고 생각합니다. 결혼하지 않은 사람이 결혼한 사람보다 더 낫다면, 분명히 목회자들도 더 좋은 편을 취하려고 노력해야 합니다. "이 말을 받을 수"(마 19:11,

KJV) 있는 사람이 반드시 이 말을 받아야 한다면, 우리는 이를 위해 애써야합니다. 이것은 로마 가톨릭의 정책 중 최고 논란이 되는 쟁점 중 하나입니다. 그들은 주장하기를, 결혼하지 않는 것은 주교와 성직자, 그리고 다른 수도회들의 의무라고 말합니다. 그래서 그들은 교회 헌금으로 유용해야 할 자녀들도 없을 뿐 아니라, 교회가 그 가족들을 돌봐주도록 요구하지도 않습니다. 그 대신, 그들은 공적인 사역을 자신의 관심거리로 삼을 수도 있고, 살아있는 동안에는 이 사역을 위해 전념할 수 있으며, 죽을 때에는 자기가 가진모든 것을 이 사역을 위해 남길 수도 있습니다. 우리도 더 나은 선을 위해,자기를 부인하는 그들을 더 이상 본받지 않는 것이 유감입니다.

[d] 그러나 결혼을 해야 하는 성직자들은 자신과 자녀를 부양하는데 필요한 만큼만 취하고, 자신이 현재 가진 수입으로 감당할 수 있는 정도만 자녀들을 부양해야 합니다. 그리고 나서는 교회로부터 받은 수입 중 본인이 할수 있는 한 최대로 교회의 사역을 위해 바쳐야 합니다.

저는 아무에게도 극단적인 요구를 할 생각이 없습니다. 하지만 이 경우에있어 혈과 육은 선한 사람마저도 한쪽으로 치우치게 만들어서, 자신의 의무에 대해 너무 극단적인 요구라고 생각하게 됩니다. 사실 목회자들의 의무는아주 큰 가치와 비중이 있는 의무입니다. 세상의 허영이 우리의 눈을 멀게하지만 않는다면, 공적인 유익, 즉 좀 더 큰 유익이 우리를 불러서 우리 자신과 우리 가족을 부인하게 할 때가 있을 것입니다. 왜 우리는 좀 더 소박하고가난하게 살지 못해서, 우리 자신이 풍족하게 구비하여 사는 것보다 더 큰유익이 있는 일들을 하지 못하고 남겨두는 것입니까? 우리는 우리의 의무들을 혈과 육의 관점에서만 생각합니다. 우리가 우리의 육체로부터 기대할 수있는 조언은 쉽게 알 수 있습니다. 육체는 우리에게 충분한 수입을 가져야만한다고 말합니다. 하지만 그래봤자 많은 경건한 사람들의 수입은 부자 비유(눅 16:19)에 나오는 부자와 비교해보면, 별 차이가 없습니다. 만약 그들이최고의 옷을 입고서 "날마다 호화롭게 즐기지"(눅 16:19) 못한다면, 그들은 충분한 수입을 받지 못한 것이라고 생각합니다. 영원한 면류관에 관해 설교한 사람이라면 덧없는 허영을 그렇게 열심히 추구해서는 안 됩니다. 부를 경멸하는 설교를 한 사람이라면, 부를 거부해야 하며, 그것을 자신의 삶으로 보여야 합니다. 자기를 부인하는 것과 죄를 억제하는 것에 관해 설교를 한 사람이라면, 그가 설교하는 사람들이 보는 앞에서 이러한 덕을 실천해야 합니다. 최소한 그가 가르치는 것을 성도들이 믿기를 원한다면 말입니다.

모든 그리스도인들은 거룩히 구별된 사람들입니다. 그러므로 그들과 그들이 가진 모든 것은 "주인이 쓰기에"(딤후 2:21) 합당하도록 봉헌되었습니다. 그런데 목회자들은 이중으로 거룩히 구별된 사람들입니다. 이들은 그리스도인으로서 그리고 목회자로서 하나님께 헌신된 사람들입니다. 그러므로 목회자들은 자신이 가진 모든 것으로 하나님께 영광을 돌려야 할 이중의 의무를 지니고 있습니다. 오, 친애하는 목회자 여러분, 우리 앞에 펼쳐진 선한 사역들이 얼마나 풍성한지요, 하지만 우리의 손으로 착수한 일은 얼마나 빈약한지 모릅니다! 세상은 우리가 가진 것보다 더 많은 것을 우리에게서 기대하고 있다는 것을 저도 알고 있습니다. 비록 우리가 불합리한 사람들의 기대에 다 부응할 수 없다고 해도, 하나님과 양심과 전적으로 의로운 분들의 기대에는 부응할 수 있도록 해 봅시다. "하나님의 뜻이니 이것은 여러분이 잘 행함으로 어리석은 자들의 무식한 말을 잠잠하게 하려 함입니다"(벧전 2:15, KJV).

특별히 많은 수입이 있는 목회자들은 더 많은 선행을 해야 합니다. 여기서 한 가지 예만 들어보겠습니다. 1년에 사례로 150파운드나 200파운드 혹은 300파운드를 받는 몇몇 목회자들이 있습니다. 그들의 교구는 너무 넓어서 목회자들은 전체 목회사역의 4분의 1도 감당할 수 없을 뿐 아니라, 1년에 한 번씩 개인적으로 성도들을 만나서 가르치는 사역도 전체 교구성도들의 반도 다 하지 못하고 있습니다. 그러면서도 그 목회자들은 대중 설교를 하는 것으로 만족해합니다. 대다수의 모든 성도들이 영원한 위험과 영벌에 처해지도록 방치한 채, 대중 설교야말로 필요한 사역의 전부인 것처럼 생각하면서 말입니다. 한두 명의 성실한 사람들을 뽑아서 그들이 사역을 돕도록 하는 대신 이렇게 하고 있습니다. 설령 돕는 사람을 둔다 해도, 그 돕는 자들은 이 사역에 전혀 자질이 없는 젊은 사람들입니다. 그 돕는 자들은 양 떼를 신실하고 성실히 돌볼 수도 없고, 양 떼들에게 필요한 것을 개인적으로 가르쳐줄 수도 없는 사람들입니다. 이런 행태가 바로 하나님을 섬기는 것이 아니라 목회자인 우리 자신을 섬기는 것이고, 이 세상에서 좀 더 나은 생활을 누리기 위해 성도들의 영혼을 파는 행위가 아니라면, 도대체 무엇입니까? 그러한 목회자들은 사람들로부터 탁월한 설교자요 경건한 목회자로 인정을 받겠지만, 그리스도로부터는 잔인하게 영혼을 살인한 자들로 간주될 것이며, 그들이 저주하며 내버렸던 그 영혼들의 울부짖음이 영원토록 그들의 귓가에 울려 퍼질 것이라는 사실을 두려워해야 한다고 생각합니다.

여러분이 성도들을 두 번 다시 보살피지도 않고, 절실한 도움이 필요한 자들을 친밀히 돕지도 않으면서, 훌륭한 설교를 선포했다는 것이 여러분을 변호하는데 도움이 되겠습니까? 여러분의 관심은 자신의 육체적 욕구를 채우는 일에 쏠려 있는데, 무슨 수로 그렇게 많은 영혼들을 구원할 수 있겠습니까? 여러분 자신이 인간의 육체뿐만 아니라 영혼까지 압제하는 그런 엄청난 압제자이면서, 어떻게 여러분이 여러분의 입으로 압제자들을 비판할 수 있겠습니까? 여러분 자신이 그렇게 무자비하면서, 어떻게 여러분이 무자비하면 안 된다고 비판하는 설교를 할 수 있겠습니까? 여러분 자신이 그렇게 신실하지 않으면서, 어떻게 신실하지 않은 목회자들을 비판할 수 있겠습니까? 단지 들키지 않았다고 해서, 사람들의 눈총을 받지 않았다고 해서, 자선을 망설이는 여러분을 사람들이 비난하지 않는다고 해서 그 죄가 작은 것이 아닙니다. 성도들의 철천지원수인 사탄 자신도 성도들을 파멸시키는 일을 할 때 처음부터 성도들의 동의를 받아서 했던 것입니다. 따라서 여러분이 성도들의 동의하에 그렇게 했다고 변명해도, 여러분의 죄가 줄어드는 것은 아닙니다. 그러한 여러분으로 인해서, 성도들은 영원한 유익을 얻기 위한 일에 동의하기보다는 영원한 해를 받기 위한 일에 더 먼저 동의할 것이기 때문입니다.

사랑하는 목회자 여러분, 지금까지 제가 드린 말씀을 깊이 생각해 주시기를 부탁합니다. 이것이야말로 복음을 맡은 목회자들이 저지르는 통탄할 만한 죄가 아닌지 살펴보십시오. 목회자들은 자신이 맡은 이 복된 사역을 감당하기 위해, 하나님께 전적으로 헌신하지도 않고, 자기 자신은 물론 자신이 가진 모든 것도 내어 드리지 않습니다. 또한 육체를 기쁘게 하고 있지는 않은지, 이기적이지는 않은지, 그리스도의 유익이 아닌 다른 유익을 추구하면서 자기가 맡은 의무의 많은 부분을 게을리하고 있지는 않은지, 하나님을 섬기는 사역을 하면서 돈은 가장 적게 들고 박수는 가장 많이 받을 수 있는 일들만 하고 있지는 않은지, 수고와 희생이 따를 것 같은 일에 몸을 도사리지는 않은지 생각해 보십시오. 다음으로 이것도 생각해 보십시오. 우리 가운데 상당수가 하늘에 속한 사람인 것처럼 보이지만 실제로는 땅에 속한 사람은 아닌지, 설교는 위의 것을 말하지만 실제로는 아랫것들만을 생각하고 있지는 않은지, 성도들에게 세상을 부인하라고 말하면서 정작 자신은 세상을 우상화하고 있지는 않은지 말입니다. 살비아누스는 이렇게 말합니다. "하나님보다 다른 것을 더 사랑하는 사람이야말로 구원을 가장 무시하는 사람입니다." 하나님을 경멸하는 자는 자신이 받은 구원도 경멸할 것입니다.

4. 교회의 하나 됨과 평화의 가치를
우리가 평가절하하기 때문에

애석하게도 우리는 전체 교회의 하나 됨과 평화를 평가절하(平價切下)하는 죄를 범하고 있습니다. 하나 됨과 평화를 말하지 않는 사람은 만나보기 어렵고, 이를 단호히 반대하는 사람도 드뭅니다. 하지만 하나 됨과 평화를 신중하게 증진시키는 사람을 만나기도 흔치 않습니다. 그 대신, 교회분열을 조장하는 주범까지는 아니더라도 교회의 하나 됨과 평화를 싫어하고 경계하는 사람들은 너무나 자주 볼 수 있습니다. 교황주의자들은 오랫동안 "가톨릭" 교회(catholic. 사도신경에 나오는 '공회'가 catholic church이다. 가톨릭은 '보편적', '일반적'이란 뜻이며, 루터는 '가톨릭'이라는 말 대신에, '그리스도적' [christliche]이라는 말로 바꿔 사용했다 — 역주)라는 이름을 남용해왔습니다. 그래서 이 교황주의자들에 반대하는 많은 사람들은 이 말을 그들의 신경 (creeds)에서 빼버리거나, 아니면 이 단어를 제대로 이해하지도 않고 그 본질을 생각하지도 않은 채 그냥 사용하고 있을 뿐입니다. 또는 이런 공교회의 구성원처럼 행동하지는 않으면서도, 그러한 "보편적인" 몸이 존재한다는 사실을 믿는 것으로 충분하다고 생각합니다. 교황주의자들이 교회를 우상화한다고 해서, 우리가 보편 교회를 부정하고 무시하고 분열시켜서야 되겠습니까? 종교를 분열의 도구로 삼는 것은 전 세계 그리스도인들 가운데 널리 퍼진 크고도 흔한 죄악입니다. 보편 교회를 사랑으로 온화하게 돌보는 대신, 그들은 그 사랑과 관심을 한 교파로 제한합니다. 우리가 평가하고 교제를 나눌 때 몸의 지체 중에서 순수하지 않은 지체보다 좀 더 순수한 지체를 더 선호해야 하고, 누구와 함께 하든 그들의 죄악에 동참하기를 거부해야 하는 것은 당연한 일입니다. 하지만 가장 연약하고 가장 질병이 심한 지체일지라도, 온 힘을 다해 불쌍히 여기고 도와야 합니다. 교제를 나누는 것은 합법적인 한에서 유지되어야 합니다. 이런 것은 시급히 필요한 것이며 막아서는 안 되는 일입니다. 전염병이나 나병을 앓고 있는 이웃이라도 우리가 사랑을 베풀어서, 그들에게 우리가 할 수 있는 모든 구호 조치를 취하고, 비록 우리가 지역적인 여건상 교류하지는 못한다 해도, 그들이 우리와 맺는 독특한 관계를 인정하고 그들과 대화하도록 노력해야 하듯이, 우리는 다른 지체들에게 이렇게 해야 합니다. 심하게 전염이 되지 않는 다른 질병들에 대해서도 우리는 그들이 어느 정도의 도움을 필요로 하는지 살펴가면서 그들을 좀 더 적극적으로 도와줄 수도 있습니다.

자신이 가톨릭 교회에 속했다고 말하는 많은 사람들 중에 진정한 가톨릭

정신을 가진 사람은 만나보기 힘듭니다. 사람들은 전체 교회를 보편적으로 생각하지도 않고 존중하지도 않습니다. 대신, 자기가 속한 교단이 전체교회인 것처럼 생각합니다. 우리 가운데는 루터파나 개혁파라고 불리는 사람들도 있고, 또 이들을 따르는 계열의 하위 교파나 다른 교단들에 속한 사람들도 있습니다. 이들은 대부분 자신이 속한 교단의 발전을 위해서 열심히 기도할 것이며, 다른 교단들과 교류를 가지면서 기뻐하고 감사를 드리기도 할 것입니다. 그러나 다른 교단이 고난을 받게 되면, 이 고난으로 인해 교회 전체에는 별 손해가 없는 것처럼 생각합니다. 만약 그 고난받는 교단이 이 땅에 있는 많은 나라들과 도시들에서 따르는 숫자가 아주 적은 집단이라면, 다른 교단들은 마치 자기네들이 전체 교회인 것처럼 그 고난받는 교단에 힘을 행사하고, 어느 교단이든 모든 교단들과, 즉 전체 교회와 교류를 잘하고 있는 것처럼 행세하며 기꺼이 그들을 돕기도 합니다. 우리는 교황을 적그리스도로 비판합니다. 왜냐하면 교황은 교회를 로마 산하에 두었기 때문입니다. 그래서 끔찍한 분열이 초래되었다는 것도 의심의 여지 없는 분명한 사실입니다. 그러나 통탄할 노릇입니다! 얼마나 많은 사람들이 교황주의자들을 비판하면서도 그들을 극단적으로 모방하고 있는지 모릅니다! 교황주의자들은 "로마"(Roman)라는 단어를 그들의 신경에 몰래 써넣어서, 공교회(catholic church)를 로마 가톨릭 교회가 되도록 하였습니다. 다른 공교회는 없고, 교회는 광범위하게 자신들만을 뜻하는 것처럼 그렇게 만들었던 것입니다. 그와 마찬가지로 다른 교파들도 교황주의자들이 한 것과 동일한 일들을 자행하고 있습니다. 어떤 사람은 자기네들이 루터파 공교회로 불리기를 원하고, 또 어떤 사람은 개혁파 공교회로, 또 다른 사람은 재세례파(Anabaptist. 유아세례를 반대하며 16세기 종교개혁 당시 루터나 칼빈 등의 주류 종교개혁세력에 반발해 이탈한 급진종교개혁세력이다 ― 역주) 공교회로 불리기 원하며, 기타 교파들도 이와 비슷하게 불리기를 원하고 있습니다. 거의 모든 기독교 세계가 교파별로 다른 데도 불구하고, 그들은 각 교파 내에서 자기들끼리만 다르지 않다면, 타교파와 자기 교파가 다른 것에 대해서 전혀 신경 쓰지 않습니다. 그들은 자기 교파만의 평화를 전체 교회의 평화로 생각합니다. 그러므로 그들이 이 평화를 더 이상 확대하지 않는 것도 그리 이상한 일은 아닙니다.

　교회의 상처를 보고서 피 흘리듯 아파하며, 그 상처들을 가슴으로 느끼고 치유할 대책을 강구하는 사람을 만나기가 얼마나 힘든지 모릅니다! 교회의 상처를 보고서 아파하는 대신, 나머지 사람들의 행복은 자기네 교파로 돌아서는 것에 있다고 생각합니다. 그리고 실제로 그 나머지 사람들에 대해서는 안중에도 두지 않기 때문에, 그들은 "그들을 타도하라!"고 소리치는 것입니다. 한 교단이 넘겨졌다는 소식을 들으면, 이것을 자신의 교회가 성장할 기회로 생각하면서 기뻐합니다. 서로 다른 교파들에서 제기하는 논쟁점들의 참된 핵심을 이해하거나, 말로 표현되는 논쟁점들과 실제적인 논쟁점들 간의 차이를 이해하는 사람은 얼마나 적은지 모릅니다! 혹 이런 것들을 이해한 사람이 있어서, 그가 이미 알려진 정보들을 수정하고 그 일에 도움이 되기 위해, 자기가 이해한 것을 다른 교파에 밝히게 되면, 이런 행동은 그 교파의 실책에 대해 정상참작을 해달라는 것으로 비쳐지며, 또 그 교파가 짓는 죄를 공모한 것으로 간주됩니다. 사람들은 나이가 들어가면서, 또는 인간의 정신과 원칙들에 대해 충분한 경험을 하게 되면서, 교회의 진상(眞想)과 서로 다른 차이점들을 더 잘 보게 되기 전까지는, 평화에 대해 열정을 갖는 사람은 거의 없습니다. 비로소 그런 것이 보일 때에야 사람들은 자기 교파의 평화 조정 중재안(Irenicon. 교회 내 종교적 분쟁에 관한 평화 중재안을 말한다 ― 역주)을 작성하기 시작하는데, 그중 많은 것들이 오늘날에도 여전히 남아 있습니다. 도덕 철학에 대해서는 귀담아 듣지 않지만, 열정과 정욕이 한창 불타오르는 젊은이가 있다고 합시다. 우리는 이 젊은이가 경험을 좀 쌓고 나더니 평화와 하나 됨을 위해 열심을 내고, 젊음의 열기로 자기를 반대하는 바로 그 교파들을 위해 열심을 내는 모습을 보게 될 수도 있습니다. 그러나 이들과 같은 이런 평화 중재자들은 그리 큰 영향을 끼칠 수가 없습니다. 그저 그

큰 의무를 소홀히 한 자신의 양심을 달래거나, 다른 사람들을 중재하여 더 상황을 악화시키지 않는다거나, 완악하고 자기 기만적이며 평화롭지 못한 세상을 비판하는 증거정도만 후세에 남기고 떠날 뿐입니다.

그러나 누가 평화의 중재자 역할을 하려고 하기만 해도, 그는 이단을 비호하거나 자기 일에 열심을 다하지 않는 사람으로 보통 의심받게 됩니다. 마치 교회의 보편적인 하나 됨과 평화를 위한 근본적인 진리에 대한 열정은 필요치 않고, 오직 해당 교파를 위한 그리고 그들의 지엽적인 진리를 위한 열정만이 필요하다는 식입니다. 그래서 마귀는 이런 좋은 기회를 틈타 자기의 하수인인 불쌍한 소키누스파(Socinian. 삼위일체 교리를 거부하며 예수의 신성을 부인하는 이단 종파이다 — 역주)를 고용하였습니다. 그들은 공교회적인 통일과 평화를 위해 많은 논문들을 썼습니다. 하지만 그것은 자신들의 이익을 위한 것이었습니다. 이런 식으로, 평화의 원수인 마귀는 평화를 위해 일하는 사람은 누구나, 자가당착에 빠질 수밖에 없는 평화 추구자라는 의심을 받게 만들었습니다. 두려운 것은 이것을 빌미로 이단이 득세한다는 사실입니다. 이단들이 마치 하나 됨과 평화에 둘도 없는 친구인양 비쳐지고 있습니다. 교회의 안녕을 좌우하는 이 위대하고 필수적인 하나 됨과 평화의 의무가 이단들 때문에 이처럼 의심받고 수치를 받고 있습니다.

친애하는 목회자 여러분, 저는 지금 분명한 근거도 없이 이런 말을 하는 것이 아닙니다. 교회 분열에 연루된 사람들의 신앙과 아주 사소한 의견의 불일치 등을 고려해 볼 때, 하늘 아래 대부분의 나라들이 알고 있는 바대로 그렇게 서글픈 분열들이 우리 영국에서 일어나고 있습니다. 우리를 가장 불화하게 만드는 것은 단지 교회 치리의 바른 형식과 절차에 관한 것들입니다. 장로교파나 감독교파나 독립교파가 절대로 합의하지 못할 정도로 그것들은 그렇게 차이가 많이 납니까? 그들이 진심으로 평화를 원하고 전향적인 자세를 취하기만 한다면, 합의할 수도 있을 것입니다. 그들이 합의할 것이라 저는 생각합니다. 저는 각각의 교파마다 온건한 인사들과 대화를 나누어 보았습니다. 대화 후에 저는 그들의 양보로 쉽게 합의가 이루어질 것 같다는 느낌을 받았습니다. 만약 사람들의 마음이 교회의 필요에 민감하고 서로를 향한 사랑에 진심으로 감화되어 마음을 다해 이 일을 추구한다면, 안전하고도 만족한 평화 정착은 그리 어렵지 않을 것입니다. 비록 우리가 모든 쟁점에서 합의에 도달할 수 없다 해도, 우리는 우리의 의견차를 쉽게 좁힐 수 있을 것이며, 적어도 주요쟁점에서는 합의를 이루어 교류할 수 있을 것입니다. 교회에 위험을 초래하거나 곤란을 일으키지 않고서도 우리 사이에 있는 작은 불일치들을 다루는 가장 안전한 방법을 정할 수 있을 것입니다. 그러나 이런 일이 충분히 이뤄진 적이 있었습니까? 아니요, 이뤄진 적이 없었습니다. 우리가 부끄러워 얼굴을 들 수 없을 지경이지만, 이 말씀은 드려야겠습니다. 지금까지 이 일은 이뤄지지 않았습니다. 각 교파들이 지금 하고 있는 대로 자기가 잘난 줄 착각하도록 내버려 둡시다. 그러면 복음이 이 세상에 머무는 한, 이는 영국 목회에 수치로 기록될 것입니다.

그리고 이 분열의 죄로 말미암아 얼마나 파렴치한 일들이 더 악화되고 있는지 모릅니다! 사도 시대 이래로 저는 이렇게 사람들이 자신의 경건함에 대해 대단하게 공언하는 것을 본 적이 없습니다. 그들은 대부분 하나 됨과 개혁을 위해 엄숙히 선서해야 합니다. 그들은 모두 평화를 가치 있는 일로 고백 하고, 평화를 설교하며, 평화에 대해서 이야기합니다. 그러면서도 그들은 평화는 추구할 만한 가치가 없는 것처럼 그렇게 가만히 앉아서 평화를 소홀히 하고 있습니다. 그들은 "모든 사람과 더불어 화평함과 거룩함을 따르라"(히 12:14)는 말씀과 "할 수 있거든 너희로서는 모든 사람과 더불어 화목하라"(롬 12:18)고 명령하신 본문을 읽고 설교할 것입니다. 하지만 이 말씀을 따르는 것과는 거리가 멀고, 이 말씀을 지키기 위해 가능한 한 할 수 있는 모든 것을 하지도 않습니다. 오히려 이 말씀을 듣고 크게 화를 내기도 하고, 이 말씀을 따르기 위해 애쓰는 사람들을 헐뜯고 책망하기도 합니다. 그들은 평화를 위한 열심이 많은 사람은 거룩함에 대한 열심이 적은 사람처럼 여기며,

거룩함과 평화는 서로 너무 상극이어서 양자 간에 전혀 타협의 여지가 없는 것처럼 말하기도 합니다. 그러나 오랜 경험에 비추어 볼 때, 일치는 경건의 확실한 친구이며, 경건은 항상 일치를 향해 움직입니다. 반면, 불일치가 오류와 이단에 의해 태어나고 양육되듯이, 오류와 이단은 불일치로부터 태어납니다. 슬픈 일이지만 우리는 지금까지 다음과 같은 경우를 보아왔습니다. 즉, 하나님의 종들이 한마음, 한 정신, 한 입으로 하나가 되어 함께 살고, 서로의 믿음과 경건을 격려하며, 죄를 대적하면서 서로 권고하고 도와주고, 장래의 영광에 대한 소망 가운데서 함께 기뻐하며 살아가는 그런 곳에서, 예상과는 정반대로 서로 질투하며 살아가는 모습을 보아왔습니다. 우리는 거룩한 사랑을 신랄한 비판에 빠져 죽게 했으며, 서로를 깎아내리며 수치를 주는 방법과 옳고 그름을 따져서 자신의 교파만 발전시키는 방법들을 연구하였습니다. 형제 사랑을 참된 믿음의 표지로 칭송하는데 익숙했던 우리가 이제는 형제 사랑을 교파 사랑으로 바꾸어 버렸습니다. 그리고 그 교파를 반대하는 자들은 우리의 사랑을 받는 대신 우리의 분노와 시기와 원망을 받게 되었습니다.

모든 사람이 다 이렇다고 생각하지는 않습니다. 또 참된 신자들에게서 흔히 볼 수 있는 모습도 아니라고 생각합니다. 하지만 이런 모습이 너무 일반적이어서, 다른 사람들은 물론 스스로도 아주 신실하다고 생각하는 사람들의 신실함에 대해 한번 의심해 보게 되는 것입니다. 이런 분열의 불길에 휩싸인 것은 단지 우리만이 아닙니다. 우리는 성도들까지 여기에 끌어들여서 그들을 훈련시키기까지 합니다. 그래서 이 나라의 경건한 사람들은 대부분 편(교파) 가르기에 빠져 버렸습니다. 예전에는 대단히 경건했던 사람이지만 지금은 헛된 입장과 논쟁과 시기와 증오로 가득합니다. 사실, 경건한 자들을 비웃는 것이야말로 은혜를 모르는 철면피임을 드러내는 분명한 표지라고 관례적으로 생각해 왔습니다. 그런데 지금 자신의 입장이 아닌 자들을 은밀하게 비웃고 중상모략하기를 주저하지 않는 사람이 얼마나 적은지 모릅니다!

감독직을 맡은 경건한 고위성직자는 점잖게 장로교파 교인을 경멸하고 비방하며, 장로교파 교인은 독립교파 교인을 경멸하고 비방하고, 독립교파 교인은 양쪽 다 경멸하고 비방합니다. 그리고 무엇보다 가장 안 좋은 것은, 이 모든 것을 알아차린 평범한 성도들이 우리를 비웃을 뿐만 아니라, 우리 때문에 기독교 자체에 대해서도 완악한 마음을 갖게 된다는 것입니다. 우리가 기독교를 그들에게 전하려고 해도, 그들은 너무나 많은 교파들을 보고서 어디로 가야 할지 알지를 못합니다. 그들은 어느 곳이 옳은지 확신이 없기 때문에, 어떤 교파에 속하는 것보다는 차라리 아무데도 속하지 않는 것이 아예 더 낫겠다고 생각합니다. 이런 식으로 우리의 분열로 인해 수천 명의 사람들이 모든 교파들을 경멸하고 있습니다. 육신을 좇는 불쌍하고 가련한 많은 사람들은 자신이 두 가지 중에서 좀 더 나은 것을 택했다고 생각하기 시작합니다. 왜냐하면 우리가 아무것도 고수하지 않을 때, 그들은 옛날 형식들을 고수하기 때문입니다. 이런 사람들 중에는 학식도 있고 존경받는 분들도 있으며, 의도적으로 이런 유해한 결과들을 초래하기 위해 그러는 분들이 아니라는 것을 저도 알고 있습니다. 또 아무것도 모르는 성도들을 완악하게 하는 것이 그들의 의도도 아니고 말입니다. 하지만 어쨌든 결과가 이렇게 나온 것입니다. 의도는 좋았지만 실행해 보니 나쁜 결과가 나오는 경우가 드물지 않게 있습니다. 성직자들이 자기 교단과 이익 때문에 다투느라 성도들의 영혼을 방치해서 그 영혼이 파멸로 치닫는 것을 보면서도, 과연 누가 성직자들을 이 땅에서 존경받아 마땅한 사람들로 생각하면서 조용히 입 다물고 있겠습니까? 제 마음을 알고 계시는 주님께서는 (물론 저도 제 마음을 알고 있습니다만) 제가 어느 교파에도 속하지 않았다는 것을 알고 계십니다. 따라서 제가 이런저런 교파에 대해서 편파적인 생각을 가지고 이런 말씀을 드리는 것이 아니며, 개인적인 분노로 말씀드리는 것은 더더욱 아닙니다. 만약 제 양심에 거리낌이 있었다면, 저는 이 모든 일에 침묵했어야 했을 것입니다. 왜냐하면 제가 존경해야 할 분들을 오히려 불쾌하게 만들 우려가 있기 때문입니다.

그러나 제가 누구입니까? 저는 그리스도의 종일 뿐입니다. 그리스도를 섬기지 않는다면, 제 삶이 무슨 가치가 있겠습니까? 교회가 파멸한다면, 누구의 호의로 제가 보상을 받을 수 있겠습니까? 영혼들이 방치되고 있는데 누가 조용히 있을 수 있겠습니까? 제 경우는 가만히 있을 수 없습니다. 하나님이 저의 주인이며, 그분의 말씀이 저의 규례이며, 그분이 하시는 일이 곧 저의 일이며, 영혼 구원을 성공적으로 감당하는 것이 제 목표이기 때문입니다. 주인의 관심과 자기 인생의 주요 목표가 서로 엇갈릴 때, 그 고통을 감수해 낼 수 있는 사람이 누가 있겠습니까? 만약 이런 일이 제가 맡은 교구에서만 일어났다면, 저는 이에 관해 아무 말도 하지 않았을 것입니다. 그 아픔은 다른 많은 교구에서 일어난 것과 비교해 보면 아주 작은 것이었습니다. 이런 일을 감당하게 하신 하나님께 감사드립니다. 그러나 몇몇 이웃 회중들과 좀 더 멀리 떨어진 다른 지역 회중들의 상황에 대해 알고 나서 저는 이런 생각들을 하게 되었습니다. 사실 우리는 살아 있는 날까지 평화에 대해서 말할 수 있습니다. 그러나 사도 시대의 단순함으로 돌아가지 않고서는 절대 평화를 획득할 수 없을 것입니다. 교황주의자들의 믿음은 모든 사람들이 동의하기에는 너무나 방대합니다. 화형불과 교수대와 형틀 등의 고문으로부터 도출된 주장들이라서, 이렇게 강요당하지 않고서는 자기 자신들도 모두 받아들일 수 없을 정도로 방대합니다. 그런데 많은 반교황주의자들도 교황주의자들을 너무나 똑같이 닮아서, 질리도록 긴 분량의 신앙고백서에 동의하도록 하고, 지금까지 못 보던 것들을 강요하며, 강요되는 내용들의 정도도 교황주의자들보다 훨씬 더 멀리 나갑니다. 일단 우리가 초대교회의 단순한 믿음으로 되돌아갈 수만 있다면, 그때에야 비로소 우리는 초대교회의 사랑과 평화로 돌아갈 수 있을 것입니다. 그러므로 저는 목회자 여러분 모두에게 권고합니다. 교회의 평화를 위해서 가장 필요한 일은 필수적인 진리들에서는 하나가 되고, 참을 수 있는 사안에 대해서는 서로 참는 것입니다. 하나님께서 명하신 것 이상으로 더 많은 신조들이나 많은 필수사항들을 만들지 마십시오.

이를 위해서, 저는 여러분이 다음의 사항들을 주의해 줄 것을 부탁합니다.

(1) 경건한 자들과 특히 전체 교회, 이 양자가 관련된 논쟁의 여지가 있는 견해들에 대해서는 너무 강하게 강조하지 마십시오.

(2) 자유의지와 성령의 역사방식, 하나님의 작정 등과 같은 무익한 논쟁들로서, 결국에는 철학적 불확실성으로 떨어질 논쟁들에 대해서는 너무 강하게 강조하지 마십시오.

(3) 단지 말뿐인 논쟁, 다시 말해 철저히 분석해도 연기처럼 사라지고 말 논쟁들에 대해서는 강하게 강조하지 마십시오. 이런 부류의 논쟁은 너무나 많습니다. 이 점에 대해서 저는 확실한 지식에 근거하여 분명히 말씀드릴 수 있습니다. 이런 논쟁은 세상을 크게 시끄럽게 하고, 제가 지금까지 대화해 본 분별력 있고 믿을 만한 사람들이 일으킨 분열보다도 더 많이 교회를 분열시킵니다.

(4) 성경이 우리에게 전해진 이후 시대에서, 그리스도의 전체 교회에 알려지지도 않았고 인정되지도 않은 신앙적 쟁점에 대해 너무 강조하지 마십시오.

(5) 좀 더 순수하고 분별력 있던 시대의 성도들도 전혀 몰랐던 쟁점들에 대해서는 절대로 강하게 강조하지 마십시오.

(6) 사도 시대 이후 어떤 시대에서도 받아들이지 않았고, 오히려 그 반대되는 것을 모두가 참으로 간주한 쟁점에 대해서는 절대로 강하게 강조하지 마십시오.

성경에도 동의하고 초대교회의 신조들에도 동의하면서도, 여전히 소키누스파나 기타 이단사상을 견지하는 사람들도 있다는 얘기를 들었습니다. 이에 대해 저는 이렇게 대답하겠습니다. "그런 사람은 여러분이 고안해 낸 다른 질문들을 가지고 시험해 볼 수 있습니다. 교회의 성례식 때 묻는 질문 대신, 이단들을 파악하기 위해 여러분이 함정을 만들어 놓더라도, 여러분이 의도한 대로 잘되지는 않을 것입니다. 이단은 교활한 양심으로 그 순간을 모면할 것이고, 오히려 순진한 그리스도인이 걸려들 가능성마저 있습니다. 만약 여러분이 성경을 가까이 하지 않는다면, 여러분이 접한 새로운 신조로 인해 교회는 새롭게 분열될 것입니다."

하나님께서 분열된 교회들을 치유하실 그 행복한 순간까지 살게 되는 사람들은 제가 여러분에게 실천하도록 간청한 이 모든 것들을 보게 될 것입니다. 이런 중도파(이 책의 소개의 글에서 제임스 패커가 지적한 대로, 백스터는 분열의 와중에서 중도파였다 — 역주)적인 태도가 새로운 분열의 열기를 대신하여 주도할 것이며, 성경의 충족성 교리가 수립되어 모든 성도들의 신앙고백과 의견들은 교회의 성례에 참여하는 기준이 되기보다는 보조적인 도움이 되는 것으로만 평가될 것입니다. 그래서 성경이 허용하는 범위를 넘지 않게 될 것입니다. 하지만 그 치유의 시기가 올 때까지, 우리는 그런 치유하는 진리들이 받아들여지리라 기대할 수 없습니다. 왜냐하면 교회의 지도자들에게 그런 치유하는 정신이 없기 때문입니다. 그러나 그런 일이 일어날 때는, 그 일에 합당한 일꾼들이 준비될 것이며, 그렇게 영광스러운 사역을 감당하는 자들은 무한한 축복을 받은 자일 것입니다.

5. 교회의 권징 시행을 우리가 게을리했기 때문에

마지막으로, 우리는 교회 권징(교회의 참된 표지로 말씀과 성례, 이 두 가지를 드는 칼빈의 입장과는 달리, 1560년에 작성된 스코틀랜드 신앙고백서 제18장은 '권징'을 추가하여 교회의 참된 표지를 세 가지로 들고 있다. 성찬의 참여 여부를 확인하기 위해 권징을 적용하였다 — 역주)과 같은 우리에게 공인된 의무를 이행하는데 애석하게도 게을렀습니다. 활성화해야 할 개혁 작업이 있다 해도, 자기가 생각한 것 이상으로는 절대 꿈쩍도 하지 않는 사람들이 얼마나 많은지 모릅니다! 우리 모두가 앞장서 그 일을 했다면 유익했을 텐데도 말입니다. 더구나 어렵고 희생이 따를 것 같은 일들은 얼마나 싫어하는지, 그 일을 하지 않으려고 얼마나 많은 핑곗거리를 둘러대는지 말도 못합니다! 지난 수년 동안 영국에서 권징 문제만큼 많이 회자되고 기도제목이 되고 논의된 것이 있었습니까? 사실 이쪽이든 저쪽이든 이 논쟁에 열을 내보지 않은 사람이 거의 없을 정도입니다. 어떤 사람은 국교회 고위공직자의 방식을 지지하고, 어떤 사람은 장로교회파의 방식을 지지하며, 또 어떤 사람은 회중교회파(Congregational. 영국 성공회를 부정하고, 여러 가지 속박을 가져오는 칼빈의 장로제도도 비판하며, 교회의 유일한 머리이신 그리스도 아래 언약으로 연합된 회중이 자율적으로 목사 등 지도자들을 선출하고, 성경에 의하여 계발된 신앙 양심에 따라 믿음을 행사하도록 촉구하는 교회이다 — 역주)의 방식을 지지하기도 합니다. 하지만 우리가 권징을 시행할 시점에 이르면, 우리는 모두 권징을 행하지 않는 쪽으로 의견 일치를 보입니다. 우리는 대부분 권징의 방식에 있어서는 다른 것이 하나도 없습니다.

영국의 단면을 들여다볼 때마다 제가 놀라는 것이 있습니다. 권징에 관해 수많은 책들이 기록되었지만, 이 땅에 있는 교회들 중에서 권징과 비슷한 것이라도 하는 교회가 얼마나 적은지에 놀라게 되고, 이 나라의 전체 목회 비중 가운데 권징이 차지하는 정도가 얼마나 되는지를 생각할 때 놀라게 됩니다. 그들이 얼마나 열정적으로 권징을 위해 싸웠는지 모릅니다. 그뿐 아니라, 많은 사람들이 권징을 반대하는 자들에 대항하여 격분하기도 했습니다. 하지만 이 모든 것에도 불구하고, 그들은 권징을 거의 행하지 않거나 전혀 시행하지 않고 있습니다. 마음과는 반대로 실행도 하지 않을 것을, 무엇 때문에 그렇게 권징을 하자고 주장하는 쪽에 가담해서 열심을 냈는지 그저 놀랄 따름입니다.

물론, 거룩함과 순종과 실천에 대한 열심보다는 논쟁에 대한 열심이 더 많은 것이 우리의 본성에 더 가깝다는 것을 알고 있습니다. 영국에 있는 목회자들 가운데 많은 숫자가 자기가 누구를 책임지고 있는지, 자기가 맡고 있는 회중이 누구인지 알지 못합니다. 그들은 단 한 사람의 완고한 죄인도 쫓아내지 못하며, 단 한 사람에게서도 공개적인 고백과 개선의 약속을 받아내지 못하며, 심지어 단 한 사람도 불러내서 공개적으로 권면하고 그에게 회개하라고 하지도 못합니다! 그러면서도 그 목회자들은 성찬식에 죄인을 참여시키지 않은 것으로 자신의 의무를 다했다고 생각합니다(어쩌면 죄인이 자의적으로 성찬식을 피했을지도 모릅니다). 그러는 사이에, 우리는 그들을 교회의 정식 성도로 남겨 두게 됩니다(교회의 성도 자격은 성찬식 참석 여부만으로 정해지지 않기 때문입니다. 성찬식에 참석하지 못한다고 해서 교회 성도가 아니라면, 성찬식에 아직 참석하지 못하는 유아세례를 받은 어린이들은 어떻게 되겠습니까?). 그들에게는 교회의 다른 모든 교제에 참여하도록 허락되지만, 목회자들은 그들의 죄에 대해 그들을 개인적으로 불러 회개를 촉구하지도 않습니다. 죄인들을 개인적으로 책망한 다음 권면하고, 공개적으로 회개를 촉구해도, 여전히 회개하지 않는다면, 내치라고 하나님께서 명하지 않았습니까? 만약 이런 것들이 우리의 의무가 아니라면, 왜 우리는 지금까지 세상에서 이런 문제로 그토록 소란을 벌였습니까? 만약 이런 것들이 우리의 의무라면, 우리는 왜 이것을 시행하지 않고 있습니까? 이러한 죄인들은 대부분 바로 하나님의 이 말씀을 피하고 있습니다. 고대 교회의 권징은 훨씬 더 엄했습니다. 제6차 트룰루스 공의회(Sixth General Council at Trull. 680년의 제6차 공의회에서 제기된 권징 문제를 종결짓기 위해 콘스탄티노플에 있는 황제 궁의 돔 양식으로 만든 방[트룰루스Trullus]에서 개최된 692년에 열린 회의-원주)는 "시급하게 피치 못할 일이 아니고 3주 이상 교회의 주일예배에 빠지는 자는 출교에 처한다"고 정했습니다.

친애하는 목회자 여러분, 저는 어느 특정 교파를 불쾌하게 만들려고 하는 것이 아닙니다. 단지 권징을 게을리한 죄들은 그럴 수밖에 없었다는 핑계나, 권징이 감소 추세에 있다거나, 혹은 권징은 그런 게 아니라고 부인하는 식으로 덮어질 수 있는 죄가 아니라는 것을 말씀드리고 싶을 뿐입니다. 우리는 오랫동안 권징의 필요성을 소리쳐왔고, 모든 교파들도 저마다 권징의 특별한 방식을 주장해 왔습니다. 여러분은 여러분이 만든 권징의 형태를 성도들이 귀하게 여겼으면 합니까, 아니면 귀하게 여기지 않아도 괜찮습니까? 분명히 귀하게 여겼으면 하고 바랄 것입니다. 만약 성도들이 여러분이 만든 권징의 형태를 귀하게 여기기를 바란다면, 여러분이 만든 권징의 형태에는 어떤 뛰어난 점이 있어야만 합니다. 성도들에게 그 뛰어난 점을 보여주십시오. 그것이 도대체 무엇입니까? 그 권징에는 어떤 특징들이 있습니까? 성도들이 여러분을 믿어주었으면 하고 바란다면, 그 권징의 특징들을 성도들에게 보여주십시오. 종이에 적힌 글씨로만 보여주지 말고, 실천으로 보여주십시오. 말로만 말고 행함으로 보여주십시오. 권징 자체가 시행되지 않고서 어떻게 성도들이 권징의 진가(眞價)를 알 수 있겠습니까? 여러분이 이렇게 소란을 피운 것이 다 이름과 허울을 위해서란 말입니까? 좋은 효과가 나지 않는데, 어떻게 그것이 좋은 것이라고 생각할 수 있겠습니까? 참으로 저는 우리의 대의를 지켜나가기 위한 길을 우리가 제대로 걸어가고 있는지 걱정됩니다. 이를 위해 우리가 열렬히 토론할 때조차도 우리는 대의를 저버릴 수 있기 때문입니다.

사실대로 말해 보십시오. 사람들 사이에서 오랫동안 논쟁이 되어온 권징이 이렇게 유명세를 띠게 된 것은 다음의 두 가지 이유 때문이지 않습니까? 경건한 사람들의 경우에는, 자신들에게는 확신을 주는 목회자들이 권징을 지지한다는 그 유명세 때문이며, 경건하지 않은 대다수 사람들의 경우에는, 우리가 권징을 시행하지 않은 결과, 그들이 권징에 대해 생각할 필요도 없고, 권징이 이가 빠진 것처럼 아무 효과도 없으며, 그들이 예상했던 만큼 권징이 그렇게 골치 아픈 것도 아니라는 것을 알기 때문입니다. 만약 치리회의 구성이 이 치리회에 의해 교정되거나 추방되어야 할 사람들의 투표로 이뤄지고, 치리회가 경건하지 않은 자들의 친구가 되어, 가장 악한 사람들에게도 이 치리회가 친구가 되는 상황이 일어난다면, 우리는 이를 대적하기 위해 주님의 도우심을 바라겠지만, 주님도 우리를 대적하기 위해 나타나실 것입니다. 권징의 문제가 논란이 된 이후로 전체 주(州)에서 지금까지 시행되었던 모든 권징들을 한번 모아보십시오. 경건한 사람들이 권징이 시행된 결과에 대해 충분히 만족할 만한 정도는 아니라고 생각합니다.

여러분이 교회에서 성도들에게 단지 권징이라는 허울만 보여준다면, 말이 아니라 행동을 원하고 단순히 "개혁"이라는 미명에 그치는 것이 아니라 개혁을 원하는 많은 사람들은 다른 교회로 향할 것입니다. 그때 여러분은 얼마나 당황하겠습니까? 모든 그리스도인들은 하나님의 규례들을 귀하게 여기고, 그 규례들을 헛된 것으로 생각하지 않습니다. 따라서 그들은 규례 없이 살려고 하지 않습니다. 권징은 교회에서 불필요한 것이 아닙니다. 만약 여러분이 권징을 통해서 귀중한 것과 악한 것에 차이를 두지 않는다면, 성도들은 교회 분열을 통해서 이 차이를 두려고 할 것입니다. 만약 여러분의 교회에 신앙심이라고는 전혀 없는 악명 높은 무지한 자들이 있는데도 여러분이 공개적으로(물론 개인적으로도 하지 않겠지만) 그들을 꾸짖지도 않고, 회개를 촉구하지도 않고, 쫓아내지도 않는다면, 이것은 마치 붕괴될 건물에서 자기 머리 위로 뭔가 떨어지지 않을까 두려워서 뛰쳐나가게 되는 경우와 마찬가지입니다. 두려워하는 몇몇 영혼들이 여러분의 교회를 뛰쳐나간다 해도 전혀 이상하게 여기지 마십시오. 권징에 대해서 그러하듯이 여러분이 성찬식도 그렇게 하고 있지는 않은지 생각해 보기를 부탁합니다. 여러분은 성도들에게 빵과 포도주를 보여주기만 하고, 그들을 사랑하는 구세주의 사랑의 기념물들을 맛보지 못하도록 하고 있지는 않습니까? 단순히 "성찬식"이라는 이름으로 성도들이 만족할 것이라고 여러분은 기대합니까? 또는 여러분이 집례하는 성례식을 성도들이 과연 좋아하리라고 여러분은 기대합니까? 도대체 왜 여러분은 성도들이 "교회 치리"라는 말뿐인 공허한 소리에 만족할 것이라고 생각합니까?

이외에도, 여러분이 다른 견해를 가진 사람들과 벌이는 모든 토론에서 여러분의 주장이 얼마나 불리할지 한번 생각해 보십시오. 만약 여러분의 주장이 상대방보다 낫다 해도 실천면에서 상대방이 여러분보다 낫다면, 사람들은 어떤 것이 더 바람직한지, 다시 말해 이름인지 아니면 사실 그 자체인지, 허울인지 아니면 실체인지에 대한 물음을 제기할 것입니다. 그들은 형식적으로 권징을 시행하는 모습만을 보기 때문에, 좀 더 정확히 말하면 전혀 권징을 시행하지 않는 여러분을 보고서, 여러분의 방식은 그저 기만적인 허식일 뿐이라고 생각하게 될 것입니다.

지금 제가 이렇게 말씀드린다고 해서, 제가 여러분의 치리 형태에 반대한다는 것은 아닙니다. 저도 여러분의 치리 형태를 지지합니다. 제가 말씀드리고 싶은 것은, 비록 여러분이 이런 치리 형태를 열정적으로 지지한다고 해도, 이를 반대하는 사람들이 바로 여러분 자신이라는 사실입니다. 모든 논증을 통해서 아무리 여러분이 이를 지지한다고 해도, 여러분이 이를 시행하지 않음으로써 더 실추시키고 있기 때문입니다. 여러분이 논증을 다 마치기도 전에, 권징을 성실하게 시행하는 것이 여러분이 할 수 있는 가장 강력한 논증이라는 사실을 여러분은 알게 될 것입니다. 그러기까지 성도들은 여러분이 "우리는 공개적인 권고나 고백이나 출교를 원하지 않습니다. 우리가 하는 방식은 별 소용이 없는 것이며 그저 치리라는 이름만 내세울 뿐입니다"라고 공개적으로 선포하는 것으로 그렇게 여러분의 말을 이해할 것입니다. 저는 이 엄청난 의무를 아무 때나 시행하라고 어느 누구에게라도 부추기고 싶지 않습니다. 그런데 적절한 때라는 것이 있겠습니까? 여러분은 적절한 때가 아니라고 핑계를 대면서 설교나 성례식을 수년씩이나 하지 않고 지낼 수 있겠습니까? 여러분이 죽기 전까지 권징을 시행할 수 있는 아주 좋은 때를 가질 수 있겠습니까? 이 중요한 사역을 오랫동안 준비만 하다가, 한 번도 제대로 시행도 해보지 못하고 죽어버린 목회자들이 얼마나 많은지 모릅니다! 물론 어떤 목회자들에게는 다른 목회자들보다 권징을 시행하는데 있어서 더 낙심하게 하고 난관도 많다는 것을 알고 있습니다. 하지만 도대체 이러한 낙심과 난관이 이 의무를 우리가 행하지 못할 핑곗거리가 된다니, 이것이 가당하기나 한 것입니까?

우리가 이미 언급한 이유들 이외에도, 권징을 시행해야 할 몇 가지 이유를 진지하게 살펴보고자 합니다.

(1) 우리는 우리가 알고 있는 의무를 의도적으로 계속해서 소홀히 하며 살고 있다는 것을 서글프게도 성도들에게 설교를 하면서 암시하고 있는 것입니다! 우리는 한 해 두 해, 아니 평생 사는 날까지 계속 이렇게 살려고 합니까? 권징을 소홀히 하고 있다는 암시가 아니라고 변명한다고 해도, 여러분만큼 여러분의 마음을 제대로 아는 사람이 누가 있겠습니까?

(2) 아주 불성실하다고는 할 수 없어도, 그리스도의 사역에 대해 우리가 게으르고 나태한 것은 분명합니다. 제 경험을 말씀드리면, 제가 의무로 해야 할 이 권징을 그토록 오랫동안 하지 않았던 것은 바로 게으름 때문이었습니다. 그리고 권징에 대해 그토록 격렬하게 항변했던 것도 바로 게으름 때문이었습니다. 권징은 실로 고생스럽고 고통스러운 사역입니다. 이 사역을 위해서는 어느 정도 자기 부인이 요구됩니다. 왜냐하면 사악한 자들이 우리에 대해 불쾌한 감정을 가지기 때문입니다. 그러나 감히 우리가 우리의 주님이신 그리스도를 섬기는 것보다, 우리 육체의 안락함과 평화를 더 선호하거나 또는 사악한 자들에게서 사랑을 받고 그들과 평화로운 관계를 유지하기를 더 선호할 수 있겠습니까? 나태한 종들이 좋은 보수를 기대할 수 있겠습니까? 친애하는 목회자 여러분, 기억하십시오. 이 주(州)에 속한 우리는 하나님 앞에서 우리가 합의한 문서(그리스도인의 일치신조; 1653년 우스터셔 교회—목회자 협의회 협정서[Christian concord, or, The agreement of the Associated Pastors and Churches of Worcestershire. 1653] — 역주)의 두 번째 조항에 약속하지 않았습니까? 두 번째 조항은 이렇게 되어 있습니다. "우리는 하나님의 도우심으로 다음과 같이 동의하고 결심합니다. 우리의 사명은 하나님께서 우리에게 주신 것으로 우리가 알고 있으므로, 우리는 이 사명을 신실하게 열심히 감당할 것이며, 어떠한 두려움이나 재산상의 손실이나 성도들의 불만이나

불평이나 이와 유사한 그 어떤 육체적인 유인(誘引)에도 불구하고 이 사명을 중단하지 않을 것입니다." 저는 여러분에게 간청합니다. 여러분은 이 약속을 연구하고, 여러분이 현재 행하고 있는 일들을 이와 비교해 보십시오. 그렇다고 해서, 이 서명 때문에 여러분이 올무에 걸렸다고는 생각하지 마십시오. 왜냐하면 여러분이 서명하기 전부터 이와 동일한 사명을 감당해야 할 의무가 여러분에게 하나님의 법으로 주어져 있었기 때문입니다. 이 점에 있어서는 서명을 한 여러분이나 하지 않은 다른 목회자들이나 예외가 없습니다.

(3) 권징을 소홀히 하면 영원한 영혼을 가진 성도들이 미혹될 가능성이 아주 많아집니다. 그리스도인으로 합당하지 않을 때도 그들을 그리스도인으로 생각하게 만들고, 그런 성품을 그리스도인의 성품으로 허용하게 되며, 하나님의 규례로 그들을 나머지 성도들과 구별하지 않음으로써 성도들을 미혹할 수 있습니다. 헛된 소문을 내기 좋아하는 사람들은 교회 목회자들이 죄를 허용하기 때문에, 성도들의 죄가 허용된다고 생각할 수 있습니다.

(4) 세상 사람들이 보기에 우리는 기독교 그 자체를 부패하게 만드는 사람들입니다. 우리로 인해 세상 사람들은 그리스도가 사탄도 좋아하지 않지만 거룩함도 좋아하지 않는다고 하거나, 혹은 기독교라는 종교는 세상의 잘못된 여러 종교들보다 더 거룩하기를 요구하는 종교가 아니라고 믿게 될 것입니다. 같은 우리에 거룩한 양과 거룩하지 않은 양이 모두 함께 있도록 허용되고, 이들을 구분하는 어떤 수단들도 사용되지 않는다면, 우리는 구세주를 모욕하는 셈이 됩니다. 왜냐하면 이렇게 된 것이 구세주의 책임처럼 여겨지고, 이런 상황은 그분이 가르치신 교훈의 본질처럼 간주되기 때문입니다.

(5) 우리는 성도들로 하여금 우리를 떠나 분열하도록 강요하고 있습니다. 악한 자들이 교회 안에서 비난받지 않도록 허용되면서, 많은 정직한 그리스도인들은 우리를 떠날 수밖에 없다고 생각하고 있습니다. 저는 분열된 교회에 속한 중도파 성향의 몇몇 성도들을 만나 분열에 대해서 언쟁을 벌인 적이 있습니다. 제 확신으로는, 그들에게 장로교파적인 마음이 있었습니다. 다시 말

해, 그들은 분열에 대해 아무런 거리낌이 없었습니다. 그래서 그들은 권징을 행할 수 있는 목회자라면 누구든지 그리스도의 법인 권징을 틀림없이 시행해야 한다는 생각을 했습니다. 그런 순수한 필요에 의해서 그들은 스스로 다른 교회를 찾아 떠난 것이었습니다. 결론적으로, 그들은 권징이 있어야 한다고 생각했었고, 권징이 없이는 한시도 살 수 없다고까지 생각했습니다. 하지만 그들이 생각하는 정도로 권징을 시행하는 장로교회를 그들은 찾을 수 없었습니다. 그들은 제게 말했습니다. 장로교회 교인들이 권징을 시행할 때까지 당분간(pro tempore)만 장로교회를 떠나 있는 것이지, 때가 되면 다시 장로교회로 돌아갈 것이라고 말입니다. 솔직히 말하면 저는 그런 사람들이 우리를 떠날 수밖에 없는 이런 상황에 처하게 된 것이 유감스럽습니다. 죄인들을 성례식에 참석하지 못하게 하는 것으로 권징을 다 행했다고는 할 수 없습니다. 그들이 여전히 교회의 성도로 남아 있는 한, 우리가 권징을 제대로 이행했는지에 대해 변명할 것이 없기 때문입니다.

(6) 우리는 우리 자신과 회중들에 대한 하나님의 진노를 더욱 자초하고 있습니다. 그로 인해 우리가 애쓴 수고의 열매도 다 소용없게 되었습니다. 두아디라 교회의 사자가 교회 안에 미혹케 하는 자들을 용납한 것에 대해 책망을 했다면(네게 책망할 일이 있노라 자칭 선지자라 하는 여자 이세벨을 네가 용납함이니[계 2:20]), 우리도 그와 동일한 이유로 책망받을 것입니다. 공개적으로 추한 소문이 났음에도 회개하지 않는 죄인들을 용납했기 때문입니다.

도대체 어떤 장애물들이 있기에 영국의 목회자들이 그렇게 열렬히 논쟁했던 그 권징을 현재 시행하지 못하고 있는 것입니까? 제가 알고 있는 주된 이유는 이것입니다.

"이 사역은 좀 곤란합니다. 권징을 하게 되면 우리가 곤란과 고통을 겪게 될 것입니다. 우리가 죄인을 공개적으로 꾸짖으면, 분명히 그는 그로 인해 격분하게 되고 우리에게 지독한 원한을 품을 수밖에 없습니다. 아주 소수의 성도들에게는 참된 회개를 위해 공적인 고백을 하라고 설득할 수 있을지도 모릅니다. 하지만 우리가 사람들을 출교라도 시키려 한다면, 아마 그들은 미친 듯이 날뛰며 대들 것입니다. 교구에 속한 완고한 죄인들을 모두 하나님이 우리에게 명하신 대로 대한다면, 그들 중에 살아남을 사람은 아마 아무도 없을 것입니다. 우리는 우리의 삶이 불편해질 정도로 모든 사람들로부터 미움을 받을 것이며, 따라서 우리의 수고도 무익하게 될 것입니다. 그들이 우리를 미워하고 있는데 그들의 귀에 우리의 설교가 들리겠습니까? 그렇다면 우리가 감당해야 할 의무는 그 명분을 잃게 됩니다. 이럴 때 생기는 마음의 상처로 인해 얻는 것보다는 잃는 게 더 많기 때문입니다."

이것이 권징의 시행을 막는 주된 이유입니다. 이와 함께 우리가 과외로 수고하며 감수해야 할 일로서, 죄인들을 한 사람씩 개인적으로 만나 훈계해야 하는 것도 그 이유에 포함될 것입니다. 이제, 이런 모든 이유들에 대해 제가 대답하겠습니다.

[a] 이런 이유들은 권징을 반대하기에도 타당해 보일 뿐 아니라, 특히 때와 장소에 따라서는 기독교 그 자체를 반대하기에도 타당해 보이지 않습니까? 그러나 아닙니다. 그리스도는 이 땅에 평화를 주러 오신 분이 아니었습니다 (마 10:34). 우리는 그리스도의 평화를 누리지, 세상의 평화를 누리지는 않습니다. 왜냐하면 세상은 우리를 미워할 것(요 15:18)이라고 그리스도께서 우리에게 말씀하셨기 때문입니다. 브래드포드(John Bradford. 영국 교회의 종교개혁자로서 메리 여왕 치하에서 순교했다 — 역주)나 후퍼(John Hooper. 영국 교회 성직자로 우스터 주교를 지냈고, 종교개혁자로서 메리 여왕 치하에서 순교했다 — 역주)나 메리 여왕(Mary I. 1553년에서 1558년까지 통치했다. 헨리 8세의 장녀로 가톨릭을 위해 종교개혁 세력을 박해하였으며 '피의 메리'라고도 불린다 — 역주) 시대 때 화형당한 어느 누구가 종교개혁의 의무에 반대하면서 세상과의 평화를 주장했습니까? 그들은 "세상은 우리를 미워할 것입니다. 세상은 살아 있는 우리의 이 생명을 불길 속으로 던질 것입니다"라고 말하지 않았습니까? 그리스도는 자기가 가진 모든 것, 더욱이 자기 목숨까지 미워하지 아니하면

그리스도인이 아니라고(능히 내 제자가 되지 못하고[눅 14:26]) 결론을 내리셨습니다. 그럼에도 불구하고 우리는 그분의 사역을 감당할 수 없는 이유가 세상적으로 손해 볼 위험이 있기 때문이라고 주장하고 있습니다!

　우리가 받아야 할 고난을 회피하고 오직 안전하고 쉬운 사역만 취하면서, 나머지 일들은 우리가 해야 할 의무가 아니라고 생각하는 것은 위선이지 않습니까? 실제로 우리에게 부과된 의무를 소홀히 하는 것은 고통을 회피하는 흔한 방법입니다. 만약 우리가 우리의 의무를 신실하게 이행했다면, 이교도들과 신앙이 없는 사람들 속에서 믿음의 선배들이 고난받을 자신의 운명을 발견했던 것처럼, 우리 목회자들도 신앙고백을 한 그리스도인들 속에서 그와 동일한 운명을 발견했을 것입니다. 그러나 여러분은 그리스도를 위해 고난도 받지 않으면서, 왜 손에 쟁기는 잡고 있었습니까?(눅 9:62). 왜 여러분은 앉아서 먼저 그 비용을 계산하지 않았습니까?(눅 14:28). 목회 사역을 신실하게 감당하지 못하는 이유는 육신적으로 이 일에 착수하기 때문입니다. 사람들은 안락하고 명예롭고 존경받는 삶을 위해서 목회에 뛰어듭니다. 그들은 이러한 목표를 이루기 위해 결심을 합니다. 그러고는 옳든 그르든 간에 그들이 바라던 것을 얻을 것입니다. 그들은 미움을 받거나 고통을 받으려고 하지는 않았습니다. 차라리 그런 사역을 안 하고 말지, 미움을 받거나 고통을 받는 것은 회피합니다.

　[b] 성도들을 권징해서는 성도들에게 별 유익이 되지 않는다는 주장에 저는 이렇게 대답하겠습니다. 그러한 변명은 우리가 행하는 평이한 설교와 책망과 다른 의무들에 대해서도 마찬가지로 적용됩니다. 왜냐하면 사악한 자들은 우리가 행하는 것은 무엇이든 싫어하기 때문입니다. 하나님은 친히 명하신 규례들이 성도들에게 유익이 되도록 축복하실 것입니다. 그렇지 않다면, 그런 규례들을 정하지도 않으셨을 것입니다. 만약 여러분이 소문이 나쁜 자들을 공개적으로 훈계하고 꾸짖으며, 그들에게 회개를 촉구하고 완고한 자들을 쫓아낸다면, 여러분은 여러분이 꾸짖은 많은 자들에게 유익을 끼칠

수 있습니다. 어쩌면 출교된 자들에게도 유익을 끼칠 수 있습니다. 적어도 제게는 이것이야말로 하나님의 수단이라는 확신이 있습니다. 책망이 소용이 없을 때, 하나님께서 사용하시는 마지막 수단이 바로 출교입니다. 그러므로 앞서 행한 여러 수단들이 소용없는 것들이 되지 않도록 하기 위해서라도, 우리는 이 마지막 수단을 소홀히 하는 잘못을 범해서는 안 됩니다. 왜냐하면 이 마지막 수단은 앞서 행한 모든 수단들이 소용없을 때만, 비로소 사용되어야 하기 때문입니다. 그리고 설령 죄인인 당사자가 유익을 얻지 못한다 해도, 교회 안팎의 사람들이 이를 통해 유익을 얻을 수도 있습니다. 하나님의 교회가 세상과 분명히 구별될 때, 하나님께서 영광을 받으십니다. 천국과 지옥의 상속자들이 전부 서로 섞여 있어서는 안 됩니다. 그리스도와 사탄은 단지 주도권을 놓고 싸울 뿐이며, 그리스도와 사탄 이 양자는 동등하지만 서로 좋아하는 것이 다를 뿐이라는 식으로, 다시 말해 그리스도는 거룩함을 좋아하고 사탄은 죄를 좋아한다는 식으로 세상이 생각하게 될 때, 하나님은 영광을 받지 못하십니다.

[c] 한 가지 더 여러분에게 말씀드리고자 합니다. 권징을 시행하는 방식이 생각처럼 그렇게 어려운 것도 아니고 그렇게 소용없는 것도 아니라는 사실입니다. 작고 더딘 사안이기는 했어도 제 자신이 권징을 시행한 것에 대해 하나님께 감사드립니다. 제 경험상 말씀드릴 수 있습니다. 권징은 절대 헛된 일이 아니며, 우리가 권징을 소홀히 하는 이유로 둘러댄 변명처럼 그렇게 위험을 감수해야 시행할 수 있는 것도 아닙니다.

솔직히 말해서, 제 방식대로 한다면, 성도들을 권징으로 다스리지 않는 목회자는 말씀을 전하지 않으려는 목회자와 똑같이 게으른 목회자로 간주하여 쫓아냈으면 좋겠습니다. 제가 확신하는 바로는, 치리도 설교 못지않게 목회자의 사역에 있어서 본질적인 부분입니다.

이런 참회에 대해서는 더 이상 말씀드리지 않겠습니다. 친애하는 목회자 여러분, 지금 우리 모두가 앞서 말한 이런 죄악들에 대해 "우리의 허물입니다!"라고 외치며, 주님 앞에서 우리의 영혼으로 자복하는 것 외에 달리 무엇을 할 수 있겠습니까? 이것이 바로 "너희 자신과 모든 양 떼에게 주의를 기울이라"(행 20:28, KJV)는 말씀의 의미이지 아닐까요? 본문이 우리에게 주시는 모범이 바로 이런 것이 아닐까요? 만약 지금도 우리가 완악한 마음을 드러내고 자복하지 않는다면, 우리 자신과 교회에 얼마나 슬픈 징조가 되겠습니까! 우리는 목회를 하면서 수많은 다양한 반대자들로부터 종종 위협도 받고 비방도 들었습니다. 물론 이런 것들은 우리에 대한 믿음이 없는 그들의 악의로부터 나온 것이겠지만, 한편으로는 하나님의 공의로운 진노를 암시하는 것일 수도 있습니다.

친애하는 목회자 여러분, 영국의 목회자들은 아주 조그만 죄도 짓지 않는 것처럼 보이지만, 그렇지 않습니다. 그리고 그들이 짓는 죄는 이 땅의 여러 죄악들보다 결코 작은 죄도 아닙니다. 이 사실을 믿어야 합니다. 우리는 아주 오랫동안 성도들에게 겸손하라고 외쳐왔습니다. 그러나 이제는 우리가 그 겸손에 참여해야 할 때가 되었습니다. 우리가 우리 자신을 돌아볼 지혜가 있다면, 하나님이 우리에게 진노하고 계시는 것과, 이 나라를 회개하도록 부르시는 것과, 성도들은 물론 우리에게도 말씀하시는 그 음성을 우리가 알아차릴 수 있을 것입니다. "들을 귀 있는 자는 들을지어다"(마 13:43, KJV) 하는 이 회개의 가르침은 수많은 훌륭한 강연회와 저술들에서 선포되어 왔습니다. 볼 눈이 있는 자는(겔 12:2) 피로 한 줄 한 줄 적힌 이 가르침들을 읽으십시오. 하나님께서는 불과 칼로 우리를 겸손하도록 부르십니다. "하나님의 집에서 심판을 시작할 때가 되었나니"(벧전 4:17) 하는 말씀과 같이, 만약 자복하는 일이 하나님의 집에서 시작되지 않는다면, 이 말씀은 우리와 이 땅에 슬픈 예언이 될 것입니다.

도대체 어찌된 일입니까! 성도들에게는 자발적이고도 전적인 죄의 고백을 촉구하면서도, 우리는 우리가 행한 죄들을 부인하거나 축소해서야 되겠습니까? 우리의 부끄러움을 가리기 위해 무화과나무 잎을 찾아(창 3:7) 스스로를 보호하기보다는, 차라리 우리가 자복하며 죄를 고백함으로써 하나님께 영광을 돌리는 것이 더 낫지 않겠습니까? 그리고 (우리가 우리 자신을 하나님보다 더 좋아한다 해도) 우리 자신의 파멸 위에 영광을 쌓아올리는 것보다는, (우리가 싫어하지만 그래도) 하나님께 영광을 돌려드리는 것이 더 낫지 않겠습니까? 또한 우리가 의도적으로 하나님의 뜻에 굴복하지 않고 거부하는 것보다는, 차라리 최악의 심판을 통해서라도 우리의 영광을 빼앗기는 것이 더 낫지 않겠습니까? 애석한 일입니다! 여러분이 자신의 영광을 쌓아 영원한 슬픔과 수치를 당하기보다는, 하나님이 최고의 영광을 받으시도록 하나님께 영광을 돌린다면, 하나님은 그 영광을 받으실 것입니다. 공개적으로 저질러진 죄악들은 우리가 숨기려고 할 때보다 오히려 고백할 때가 우리에게 덜 수치스럽습니다. 우리를 수치스럽게 하는 것은 죄악이지 고백이 아닙니다. 우리는 그 죄악들을 해 아래에서 저질렀기 때문에, 숨길 수가 없습니다. 그 죄악들을 덮으려고 해봤자 죄와 수치만 더 늘어날 뿐입니다. 자발적으로 죄를 고백하고 자복하는 것 외에는, 달리 우리가 범한 죄로 실추된 우리의 명예를 회복할 길이 없습니다. 저도 감히 제 자신의 죄악들을 고백하지 않고 피하지 못합니다. 제가 다른 사람들로 하여금 자기 죄를 고백하도록 해서, 혹시라도 불쾌하게 여기는 사람들이 있다면, 그들에게 알려 주십시오. 저는 제 자신에게도 죄를 고백하라고 말하며, 제가 제 자신에게 하는 말을 단지 그들에게도 했을 뿐이라고 말입니다. 그럼에도 불구하고, 자신의 죄를 고백하지 않으려고 감히 거부하는 자가 있다면, 그냥 위험 가운데 있도록 그들을 내버려 두십시오. 그러나 진정으로 참된 그리스도의 겸손한 목회자라면, 그 죄인이 교회의 여러 성도들이 보는 가운데 자신이 지은 죄를 더욱더 엄숙하게 애통해하며 고치겠다고 약속하는 것을 더 기뻐할 것이라고 믿어 의심치 않습니다.

제 2 장

개인별 교리문답 교육의 의무 : 양 떼들을 개인적으로 지도할 것을 제안함

지금까지 우리는 우리의 허물과 우리가 게을리한 것들을 드러내고 애통해 했습니다. 이제 우리 앞에는 앞으로 우리가 해야 할 의무가 분명하게 놓여 있습니다. 하나님은 우리가 예전에 경솔하게 행했던 죄악들을 지금도 반복해서 범하기를 원치 않습니다. 그러므로 이러한 죄악들에 대해서는 그만 얘기하고, 이제부터는 여러분이 맡은 위대한 의무를 신실하게 이행하라고 권면하고자 합니다. 다시 말해, 여러분의 교구나 회중들 가운데 자원하는 성도들을 대상으로 개인별 교리문답 교육을 시키고 그들을 지도하라는 것입니다(백스터는 교리문답 교육의 중요성을 인식하고서 직접 교리문답서를 작성했는데, 그것이 바로「가정에서의 교리문답교육(식구들을 가르치는 가정의 교사, 학교 선생님과 어린이를 돌보는 가정교사에게도 유용함)」[*The Catechizing Of Families; A Teacher Of Housholders How To Teach Their Housholds: Useful Also To School-Masters And Tutors Of Youth*, London, 1683]이란 책이다 — 역주).

첫째, 여러분이 이 의무를 이행해야 하는 몇 가지 이유들에 대해 말씀드리겠습니다.

둘째, 이 의무에 대해서 제기될 수 있는 몇 가지 반론들에 대해 대답하겠습니다.

셋째, 이 의무를 이행하기 위한 몇 가지 지침들을 제시하겠습니다.

제1절 이 의무를 이행해야 하는 이유들

이 계획과 맥을 같이하여 저는 이 의무를 이행할 것을 여러분에게 권하는 몇 가지 이유들에 대해 말씀드리겠습니다. 제가 여러분에게 권하는 첫 번째 이유는 그것이 유익하기 때문이고, 두 번째 이유는 그것이 어렵기 때문이며, 세 번째 이유는 그것이 필요하기 때문입니다. 그리고 우리에게는 이것을 수행해야 하는 많은 의무들이 있기 때문입니다.

제1항 이 사역이 유익한 이유들

하나님의 축복으로 이 사역이 잘 진행된다면 어떤 결과가 나타날지, 제 앞에 펼쳐질 일들을 바라보고 생각해 볼 때, 제 가슴은 기쁨으로 벅차오릅니다. 친애하는 목회자 여러분, 진정으로 여러분은 가장 복된 사역을 이미 시작하였습니다. 이로 인해 여러분의 양심이 기뻐할 것이고, 교구 성도들이 기뻐할 것이며, 온 나라가 기뻐할 것이고, 아직 태어나지 않은 자녀들까지도 기뻐할 것입니다. 우리가 이 과정을 모두 마칠 때에는 우리가 알고 있는 수천 수만의 사람들이 이 사역으로 인해 하나님을 찬양할 수밖에 없을 것입니다. 그렇게 오랫동안 이 사역을 소홀히 한 것에 대해(물론 우리에게는 그럴 수밖에 없었던 충분한 이유도 있었습니다) 지금은 비록 우리 스스로 회개하고 있지만, 제 마음에는 이 사역이 성공할 것이라는 복된 소망으로 아주 가득합니다. 이 소망으로 인해 회개의 날이 곧 기쁨의 날로 바뀔 것 같습니다.

제가 지금까지 살아서, 오늘처럼 이렇게 많은 그리스도의 종들이 이 사역에 헌신하고 전념하기 위해 엄숙히 모여 있는 것을 보다니, 주님께 감사할 따름입니다. 이 주(州)에 있는 여러분으로 하여금 이 사역을 전국적으로 시작하게 하시고 또 일깨우게 하는 영광을 얻게 하신 주님께 감사드립니다. 이 의무는 사람들이 화를 내면서 우리와 언쟁할 수 있는 쟁점 사안이 아닙니다. 그렇다고 해서, 여러분이 이 방식을 주도한다는 이유로 여러분이 이것을 도입한 사람이라는 우쭐거림이나 교만이 뒤따를 수 있는 새로운 발명품도 아닙니다. 전혀 아닙니다. 왜냐하면 이것은 이미 잘 알려진 의무이기 때문입니다. 이 의무는 우리가 행하는 목회 사역을 좀 더 부지런하고 효과적으로 처리하게 할 뿐입니다. 이것은 새로운 발명품이 아니라, 예전의 목회 사역을 복원한 것에 불과합니다. 이 의무는 교회에 큰 유익을 끼치기 때문에, 이 의무를 실행한 결과로 우리가 소망할 수 있는 특별한 유익들에 대해 하나하나 열거해 보고자 합니다. 이 의무가 탁월하다는 것을 여러분이 보게 된다면, 여러분은 이 의무에 더욱더 집중할 것이며, 여러분의 단점이나 게으름으로 인해 이 의무가 좌절되거나 망치게 되는 것을 여러분은 더욱더 싫어하게 될 것입니다. 그리스도의 목회자가 되려는 참된 의도를 지닌 사람이라면 누구나 자기의 목회 목표를 달성할 수 있는 또 다른 소망이 나타난 것에 대해 분명히 기뻐할 것입니다. 자신이 감당해야 할 평생의 사역에 힘이 되는 이 의무보다 목회자에게 더 반가운 것은 아무것도 없을 것입니다. 이 사역은 이 목표를 달성하기 위해 계획된 것이기에, 좀 더 구체적으로 여러분에게 제시하고자 합니다.

1. 이 사역은 죄인들을 회심시키기에
가장 기대할 만한 수단이 될 것입니다.

이 의무는 영혼을 회심시키기에 가장 기대할 만한 수단이 될 것입니다. 여기에는 이 목표를 극대화하는 엄청난 것들이 들어있기 때문입니다.

(1) 회심의 내용에 관하여: 회심의 내용은 기독교 신앙에 있어서 가장 필수적인 것들, 원칙들, 또는 본질적인 것들에 관한 것입니다.

(2) 회심의 방식에 관하여: 회심의 방식은 개인적인 대화를 통해서 이루어집니다. 이를 통해 양심과 마음에 분명한 회심이 일어나는 기회가 마련됩니다.

회심을 위한 사역은 두 부분으로 구성됩니다. 첫째, 기독교의 본질적인 원칙들 중에서 심판에 대해 알게 하는 것과, 둘째, 진리의 효능으로 의지를 변화시키는 것입니다. 이제 이 회심의 사역으로 인해 우리는 이 두 부분에 대해서 아주 유리한 지점을 점하게 됩니다. 이 사역은 성도들이 이해하기까지 알게 함으로써, 기독교의 핵심이 성도들의 기억 속에 깊이 박히도록 하는데 탁월한 도움을 줍니다. 이해도 하지 못한 채 그저 말만 해서는 변화가 일어날 수 없습니다. 분명한 영어로 말이 전달될 때, 그 말을 듣는 사람은 그 의미를 훨씬 더 잘 이해합니다. 마찬가지로 불분명한 말로 전해진 복음보다는 분명한 말로 전해진 복음이 더 잘 이해됩니다. 눈에 보이지 않는 것들을 알리려고 할 때 무엇으로 알게 할 수 있을까요? 말이나 다른 상징밖에는 없지 않습니까? 그러므로 모든 교리문답서가 교육용 틀로서는 적합하지 않다고 비웃는 사람들은 알고 보면 자기 자신을 비웃고 있는 셈입니다. 왜냐하면 그들도 자신의 생각을 다른 사람에게 알리기 위해서는 자신의 말이라는 틀을 사용해서 말하기 때문입니다. 금방 사라져 버리는 설교자의 말씀을 통해서도 성도들이 교육을 받는데, 하물며 성도들의 기억 속에도 있고 성도들의 눈앞에도 항상 있는 이 기록된 말씀들을 통해서는 왜 교육이 안 된다는 것입니까? 그러므로 이 "건전한 말씀들의 틀"(딤후 1:13, KJV)은 어떤 사람들이 생각하는 것처럼 그렇게 쓸모없는 것이 아닙니다. 참으로 이 틀은 모든 사람에게 기막힐 정도로 유용한 틀입니다. 게다가 우리는 개인 면담을 통해서, 성도들이 어느 정도로 교리문답을 이해하고 있는지 시험해 보기도 하고, 계속해서 교리문답을 가르쳐주기도 하며, 우리가 대화하는 그 사람에게 가장 필요한 것을 강조할 수 있는 기회도 얻게 됩니다. 건전한 말씀들의 틀(교리문답 교육 — 역주)과 그 말씀들을 분명히 설명하는 것은 회심 사역의 두 부분을 위해 일하는 것은 물론이고 그보다 더 많은 것을 감당할 수 있습니다.

그뿐만 아니라, 우리는 진리를 사람들의 마음속에 명심시키는 최상의 기회도 가질 수 있습니다. 각 개인에게 구체적으로 필요로 하는 것을 말하면서, 그 죄인에게 "당신이 그 사람입니다"(나단이 다윗에게 이르되, 왕이 그 사람이니이다[삼하 12:7] — 역주)라고 그의 특별한 경우와 관련하여 분명히 말할 때, 다소 노골적이지만 친숙한 분위기에서 우리는 진리를 그들의 마음에 새길 수 있습니다. 만약 죄인들에게 유익한 어떤 것이 이 세상에 있다면, 이것이 바로 그 유익한 것입니다. 설교를 이해하지 못하는 사람들도 친숙한 대화는 이해할 수 있을 것이며, 그들은 이 대화를 통해 알게 된 것을 자신에게 적용하는데 큰 도움을 얻을 것입니다. 아울러 여러분은 그들이 제기하는 반대의견들도 듣게 될 것입니다. 그래서 여러분은 사탄이 그들보다 어느 부분에서 우위에 있는지를 파악하게 되어, 그들의 오류에 대해 지적해 줄 수도 있고, 그들의 반대 의견에 대해 논박을 해서 좀 더 효과적으로 그들을 설득할 수도 있을 것입니다. 다른 방법이 아닌 바로 이 방법을 통해서, 비로소 우리는 그들이 회개하는 지점까지 잘 인도하여 미래를 위한 그들의 결심을 드러내도록 권면하고, 그들이 자신들의 개선을 위하여 힘을 써보겠다는 약속까지 하게 할 수 있습니다. 이 방법에 대해 우리가 스스로 체험한 게 있는데, 우리에게 무슨 증거가 더 필요하겠습니까? 이 사역을 목적으로 개인적으로 만나 진지하게 면담한 사람들 중에, 자신의 상태에 대한 깊은 후회나 자각까지는 아니어도, 새롭게 순종하겠다는 외형적인 확신이나 약속 없이 떠나는 사람을 거의 보지 못했습니다.

오, 친애하는 목회자 여러분, 우리는 이 사역을 성실하고 능숙하게 감당함으로써 어둠의 나라에 일대 타격을 가할 수 있습니다! 일대 타격을 가해서 여러분의 이웃에 사는 영혼들을 비롯한 많은 영혼들을 영원히 비참한 상태에서 구해낸다면, 여러분의 수고는 가치 있을 것입니다. 그러므로 일어나서 이 일을 행하십시오! 만약 여러분이 다시 태어난 많은 자들의 아버지가 되고 싶다면, 여러분의 "자기 혼이 해산의 고통을 치른 것을 보고"(사 53:11, KJV) 싶다면, 마침내 "볼지어다 나와 및 하나님께서 내게 주신 자녀라"(히 2:13) 하고 말할 수 있기를 원한다면, 일어나서 이 복된 사역에 힘을 내십시오! 여러분이 회심토록 한 자들이 영광 중에 성도들과 함께 보좌 앞에서 어린 양을 찬양하고(계 7:9, 10) 있는 모습을 보는 것이 여러분의 마음에 기쁨이 된다면, 그들이 그리스도 앞에서 점도 없고 흠도 없이 나타나기를(벧후 3:14) 여러분이 기뻐한다면, 여러분에게 제시된 한 번밖에 없는 이 기회를 열과 성을 다해 이행하십시오. 진정으로 여러분이 그리스도의 사역자들이라면, 여러분은 그리스도의 몸이 완전해지고, 그의 택한 백성들을 모으기를 간절히 바랄 것입니다. 그리고 성도들의 영혼 속에 "그리스도의 형상을 이루기까지 … 해산하는 수고를"(갈 4:19) 하게 될 것입니다. 여러분은 추수기 동안에 이런 기회들을 잡아야 하는데, 혹시라도 비가 오는 추수기라면 해가 비치는 날을 기회로 삼아야 합니다. 이때 여러분이 게으르다면, 여러분은 사리분별도 할 줄 모르는 것이며 어떤 변명도 할 수 없을 것입니다. 만약 여러분 안에 그리스도인으로서 다른 영혼을 불쌍히 여기는 긍휼의 불꽃이 번쩍인다면, 수많은 "영혼을 사망에서 구원"(약 5:20)하고, 엄청나게 "허다한 죄를 덮기"(약 5:20) 위한 여러분의 지극한 수고를 분명히 귀하게 여길 것입니다. 진정으로 여러분이 그리스도의 동역자라면, 그리스도께서 죽으심으로 구원하신 그 영혼들을 절대 소홀히 하지 마십시오. 오, 기억하십시오. 여러분이 회심하지 않은 사람과 대화를 나눌 때, 바로 그때가 여러분이 한 영혼을 구원해서 하늘의 천사들을 기쁘게 하고, 그리스도를 친히 기쁘시게 하고, 죄인으로부터 사탄을 쫓아내고, 하나님의 식구를 한 명 더 늘이는 기회라는 것을 말입니다! 그리고 여러분의 "소망이나 기쁨이나 환희의 면류관이"(살전 2:19, KJV) 무엇입니까? 여러분이 구원한 성도들이 바로 "예수 그리스도께서 오실 때에 그분 앞에 있을"(살전 2:19, KJV) 성도들이지 않습니까? 그렇습니다. 분명히 "그들은 우리의 영광이요 우리의 기쁨"(살전 2:20, KJV)입니다.

2. 이 사역은 본질적으로 성도들의 덕을 세울 것입니다.

개인적인 교리문답 교육은 필연적으로 회심한 자들이 하나하나 덕을 쌓게 할 것이며, 그들을 신앙으로 굳건히 할 것입니다. 만약 우리가 이 개인적인 교리문답 교육을 제대로 순서대로 시행하지 않는다면, 우리의 전체 사역은 위험에 처할 것이며, 적어도 큰 지장을 초래하게 될 것입니다. 여러분이 먼저 기초를 든든히 세우지 않는다면, 어떻게 그 위에 다른 것을 세울 수 있겠습니까? 중간에 놓아야 할 돌이 빠진 채로 어떻게 꼭대기에 돌을 올릴 수 있겠습니까? "자연은 건너뛰지 않는다"(Natura non facit saltum. 아리스토텔레스 시대부터 내려온 자연철학의 원리로, 자연계의 사물은 급격한 변화가 아니라, 점진적으로 변화한다는 뜻이다 — 역주)는 말과 마찬가지로, "은혜도 건너뛰지 않습니다." 기독교의 2차 진리는 1차 진리에 긴밀히 의존하고 있으며, 1차 진리를 깨닫기 전까지는 2차 진리를 제대로 알 수가 없습니다. 많은 노력을 하지만 헛수고로 끝나는 이유가 바로 이것입니다. 그들은 "항상 배우나 끝내 진리의 지식에 이를 수 없느니라"(딤후 3:7) 하신 말씀처럼 말입니다. 그들은 철자법을 익히기도 전에, 즉 문자를 알기도 전에 글을 읽고 싶어하기 때문입니다.

이로 인해 수많은 사람들이 떨어져나갔습니다. 그들은 유혹의 바람이 불 때마다 흔들렸습니다. 왜냐하면 그들은 기독교의 기초 원리들에 굳건히 뿌리내리지 못했기 때문입니다. 성도들을 다음 진리로 나아가게 하는 것이 바로 이 기초 원리들입니다. 그들이 세워야 할 토대도 이 기초 원리들이고, 그들의 모든 은혜들을 움직이게 하는 것도 이 기초 원리들이며, 그들의 모든 의무들에 생기를 불어넣는 것도 이 기초 원리들이고, 유혹들에 맞서도록 그들을 굳건히 하는 것도 바로 이 기초 원리들입니다. 이러한 것들을 모르는 사람은 아무것도 모르는 사람입니다. 이러한 것들을 잘 아는 사람은 자신을 행복하게 하는 것이 무엇인지를 잘 아는 사람입니다. 이러한 것들을 가장 잘 아는 사람이 최고로 지혜 있는 그리스도인입니다. 그러므로 회중들 가운데 가장 경건한 사람은 교리문답서에 있는 한 단어 한 단어들을 배우는 수고의 가치를 알게 될 것입니다. 만약 여러분이 안전하게 성도들의 덕을 세우고 성도들을 굳건히 하고자 한다면, 이 사역을 부지런히 행하십시오.

3. 이 사역은 우리가 하는 대중 설교를
성도들이 잘 이해하게 할 것입니다.

이 사역을 통해 우리가 하는 대중 설교가 더 잘 이해되고 더욱 중시될 것입니다. 여러분이 성도들에게 기독교의 원리들을 가르칠 때, 성도들은 여러분이 하는 모든 말을 더 잘 이해하게 될 것입니다. 성도들이 주요 핵심사항들에 대해 일단 익숙해지면, 여러분이 곧 이끌고자 하는 바를 이해하게 될 것입니다. 이 교리문답 교육은 성도들의 지성을 준비시키고, 그들의 마음으로 들어가는 길을 열어 줍니다. 반면에 이 교리문답 교육을 하지 않으면, 여러분이 하는 설교준비는 대부분 헛수고가 될 것이며, 여러분이 정확하게 준비하느라 고생하면 할수록, 여러분은 더욱더 유익을 끼치지 못하게 될 것입니다. 그러므로 여러분이 준비하는 대중적인 수고가 헛되지 않도록 하기 위해서라도, 여러분은 개인 사역에 성실하도록 유의하십시오.

4. 이 사역은 성도들과 우리를 더욱더 친하게 해줄 것이며,
우리가 그들의 사랑을 얻는데 도움을 줄 것입니다.

이 사역을 통해서, 여러분은 성도들과 친해지게 되며, 그로 인해 그들의 호감을 얻을 수 있습니다. 아주 큰 교회를 맡은 목회자들에게는 이런 친밀감과 호감이 없기 때문에 우리가 하는 수고의 열매를 거두는데 막대한 장애가 됩니다. 목회자와 성도 간에 거리감으로 인해 성도들과 친해지지 않아서, 목회자와 성도 간에 서로 실족하는 경우가 많습니다. 반면에, 친밀감은 호감을 낳는 경향이 있어서, 성도들은 계속해서 가르침에 귀를 기울이게 됩니다. 그뿐만 아니라 우리가 성도들과 친해질 때, 성도들은 자신이 의심하는 바들을 우리에게 털어놓을 용기를 갖게 되며, 우리를 허심탄회하게 대할 것입니다. 그러나 목회자가 성도들에 대해 알지 못하거나 그들과 서먹서먹한 관계가 되면, 성도들에게 어떠한 유익도 끼치기가 어렵습니다.

5. 이 사역은 성도들의 영적 상태에 대해 더 잘 알게 해주며, 우리가 그들을 잘 돌보도록 해줄 것입니다.

이 사역을 통해서, 우리는 각 성도들의 영적 상태를 더 잘 알 수 있으며, 그로 인해 어떻게 그들을 돌봐야 할지 더 잘 알게 될 것입니다. 성도들의 기질과 그들이 주로 반대하는 것들에 대해 알게 되면, 우리가 그들에게 어떻게 설교해야 하고 어떻게 행동해야 하는지 더 잘 알게 될 것이고, 그들에게 가장 필요한 말씀이 무엇인지도 더 잘 알게 될 것입니다. 우리는 하나님의 열심으로 그들을 위해 열심을 내기 위해(고후 11:2) 어떻게 해야 하는지, 어떤 유혹으로부터 그들을 보호해야 하는지 더 잘 알게 될 것입니다. 그들을 위해 어떻게 슬퍼해야 하는지, 그들과 함께 어떻게 기뻐해야 하는지, 그들을 위해 어떻게 기도해야 하는지도 더 잘 알게 될 것입니다. 자신을 위해 바르게 기도하기를 원하는 사람은 자신에게 필요한 것이 무엇인지, 자기 마음의 병이 무엇인지를 알아야 하는 것과 마찬가지로, 다른 사람들을 위해 바르게 기도하기를 원하는 사람은 그 사람들이 필요로 하는 것과 그 마음의 병 등에 대해서 가능한 한 알고 있어야 합니다.

6. 이 사역은 성도들의 성례식 허용 문제에 관해 도움을 줄 것입니다.

이 사역을 통해 우리가 성도들의 영적 상태를 알게 됨으로써, 우리는 성도들의 성찬식 참여 여부를 결정하는데 큰 도움을 받을 수 있습니다. 일반적으로 목회자들은 다음과 같이 합니다. 목회자는 성도들에게 적절한 시간에 찾아와서 자신의 신앙과 성숙에 대해서 얘기하고 가르침을 받고 갈 것을 요구합니다. 그리고 목회자는 이것을 성찬식을 위한 준비로만 생각합니다. 목회자들은 성찬식과 관련된 상황에서 행해지는 이런 식의 신앙점검만을 강조할 뿐, 평상시에 자신의 양 떼에 속한 각 성도들이 어떤 신앙상태에 있고 어느 정도로 성숙한지를 살펴보는 것은 목회자들의 일반적인 의무라고 생각하지 않았습니다. 그리고 평상시에도 목회자의 가르침과 지도에 순복하는 것이 성도들의 의무라는 사실을 목회자들은 성도들에게 전하지도 않았습니다. 이런 목회자들 때문에, 결과적으로 성도들이 이러한 신앙점검의 본래 취지를 알지 못했던 것이고 그로 인해 신앙점검을 반대하게 된 것입니다. 이제 이러한 점검과정을 통해서 반대의 여지가 없는 방식으로, 다시 말해 성찬식을 앞두고서 행해지는 성도들의 부분적인 신앙점검이 아닌, 더욱 효과적인 신앙점검 방식으로, 우리는 성도들이 성찬식에 합당한지 합당하지 않은지를 알 수 있을 것입니다.

7. 이 사역은 성도들에게 목회직의 참된 본질을 보여줄 것입니다.

이 사역은 목회직의 참된 본질을 성도들에게 보여주며, 이 본질에 대해서 현재 일반적으로 생각하는 것보다 더욱더 숙고하도록 성도들을 깨울 것입니다. 성도들은 목회사역을, 설교하고, 세례를 베풀고, 성찬식을 집례하고, 환자들을 심방하는 것이 전부인 것처럼 생각하는 것이 일반적인 생각입니다. 이런 생각 때문에, 성도들은 이 외의 일들에 대해 순종하지 않으려 하며, 많은 목회자들 역시 그들의 본래적인 소명에 대해서는 아주 낯설게 되고 더 이상의 일들은 하지 않으려고 합니다. 탁월하고 유능한 설교자들이 강대상에서 영혼을 구원하는 설교를 하는 것 외에는 거의 아무 일도 하지 않는 것을 보고서 제 마음은 종종 슬펐습니다. 이러한 의무소홀로 인해, 그들이 하는 수고에 비해 효과는 너무 작습니다. 그런 목회자들은 수백 명의 성도들을 가지고 있지만, 그들의 구원을 위해서 개인적으로 한 마디 말도 나누지 않습니다. 그들이 하는 행동으로 미루어 짐작하건대, 그들은 성도들과의 개인적인 대화를 목회자의 의무로 생각하지 않는 것 같습니다.

이런 개인적인 돌봄을 어려워하는 주요한 이유는 다른 목회자들도 이런 개인적인 측면의 사역을 소홀히 하기 때문입니다. 이런 사역을 열심히 하는 목회자들도 거의 없고, 경건하고 유능한 목회자들 사이에서도 이런 사역은 소홀히 하는 것이 일반적인 현상이 되어버렸습니다. 그리고 목회자들의 다른 능력들에 가려서 이런 사역을 하지 않는 것이 그리 부끄러운 일이 아닌 것처럼 되어버렸습니다. 요즘에는 아무도 눈치도 못 채거나, 수치심도 없이 이런 사역을 하지 않는 죄를 범할 수 있습니다. 죄가 명성을 얻을 때, 최소한 죄가 죄인에게 수치가 되지 않을 때, 그 죄를 보는 사람에게 죄가 불쾌한 것이 되지 않을 때, 그때 비로소 죄는 교회와 국가를 지배하게 됩니다. 그러나 저는 믿어 의심치 않습니다. 하나님의 은혜로 개인적으로 성도를 돌보는 실천이 회복되어, 많은 목회자들이 이 사역이야말로 지금 그들이 하고 있는 다른 사역과 마찬가지로 그들이 감당해야 할 참된 사역이며, 너무나 많은 탁월한 설교자들이 목회 사역에 대해 생각하는 것과는 달리, 목회사역에는 설교와는 다른 사역도 포함되어 있다는 사실을 목회자들이 확신하게 될 것을 말입니다.

친애하는 목회자 여러분, 만약 여러분이 이 사역을 주도면밀하게 행하고, 이 사역을 성실히 따라간다면(그저 묵묵히 이 사역을 감당하면서, 이 사역을 소홀히 하는 사람들에 대해서는 아무 말도 하지 않은 채), 모든 양 떼를 개인적으로 한 사람씩 돌보는 사역을 소홀히 하는 것이 수치스럽고 괘씸한 태만으로 간주될 그 날을 여러분이 생전에 보게 될 것이라고 저는 기대합니다. 그날이 되면, 지금까지 설교는 하루에 단 한 번만(주일에 행해지는 예배의 설교 ― 역주) 해야 한다고 생각하는 사람들과 마찬가지로, 개인적으로 돌보는 이 사역을 게을리하는 죄를 범한 자들도 수치를 당하게 될 것입니다. 학교의 교사는 자기가 맡은 학생들을 개인적으로 돌봐주어야 합니다. 그렇지 않으면, 교사는 학생들에게 별 소용 없는 사람이 될 것입니다. 만약 의사들이 의학에 관한 대중 강의만 한다면, 의사를 찾아온 환자들은 그 의사를 통해서 병을 고칠 수 없을 것입니다. 이와 마찬가지로, 변호사가 법학에 관한 강의만 해서는 여러분의 재산을 지켜주지 못할 것입니다. 목회자의 책무도 이런 경우와 마찬가지로, 성도들을 개인적으로 대해야 하는 것입니다. 우리의 실천으로 이 책임을 세상에 우리가 보여주도록 합시다. 왜냐하면 대부분의 사람들이 그저 말만 해서는 변하지 않기 때문입니다.

지금까지 우리가 이 사역을 소홀히 하면서 교회에 크나큰 잘못을 범하게 된 데에는 사실 성도들을 모두 고해성사하도록 하는 극단적인 교황주의자들에 대한 과잉 반발이 그 원인이기도 합니다. 우리는 교황주의자들의 이 오류를 폐지하기 위해, 정반대의 극단으로 치달은 것입니다. 그래서 우리는 우리가 의도했던 것보다 더 심하게 죄의 고백을 소홀히 하도록 성도들을 인도하였던 것입니다. 제게 아주 만만치 않은 일이었지만, 저는 정통 역사학자의 글을 읽어 보았습니다. 그 글에는 중세 성직자들의 방탕함과 고해성사 때 꼬치꼬치 캐묻는 성직자들로부터 벗어나고자 하는 욕망이 본질적으로 독일의 종교개혁을 촉발시켰다고 나와 있었습니다. 이런 얘기는 충분히 일리가 있을 것 같습니다. 또 다른 측면에서 종교개혁을 반대한 사람들도 고해성사를 폐지하기 위해서 로마 가톨릭 성직자들을 헐뜯는 일에 선한 사람들과 동조했다고 합니다. 교황주의자들의 고해성사는 악한 발명품으로서 고대 교회도 전혀 알지 못했던 것이라는 사실은 의심의 여지가 없습니다.

그런데 제가 개인적으로 가르치는 것을 소홀히 한 우리의 일반적인 태만이, 교황주의자들의 고해성사 그 자체(교황주의자들의 보속 교리[고해성사의 마지막 단계로 죄 때문에 생긴 빚을 갚는 행위 ― 역주]나 연옥 교리 등과는 상관없이-원주)보다 더욱 악한 것이라고 말한다면, 저를 이상하게 생각할 사람들이 있을 것입니다. 우리 가운데 누구라도 설교를 행한 것으로 자신의 모든 사역을 완수했다고 생각하면서 엄청난 착각을 하는 죄를 범하고 있다면, 그런 자들에게 아직도 해야 할 다른 일들이 많이 남아 있다는 것을 우리가 실천으로 보여줍시다. "모든 양 떼에게 주의를 기울이라"(행 20:28, KJV) 하신 말씀은 경솔하고 게으른 목회자들이 생각하는 일과는 전혀 다른 일이라는 사실을 우리가 보여줍시다. 누군가 이 주요한 의무가 자신의 의무가 아니라고 생각한다면, 그 사람은 이 의무를 소홀히 하는 자이며, 자신의 태만을 회개하지 않는 자입니다.

8. 이 사역은 목회자에 대한 성도들의 의무가 무엇인지 그 본질을 성도들에게 보여줄 것입니다.

이 사역은 성도들을 돌보는 자들에 대한 성도들의 의무가 무엇인지 그 본질을 성도들이 잘 이해하도록 하는데 도움을 줄 것입니다. 그래서 결과적으로 성도들이 해야 할 의무를 더 잘 감당하도록 도울 것입니다. 만약 이 사역이 우리만을 위한 것이라면, 이 사역은 정말로 대단한 일이 아닐 것입니다. 그러나 이 사역은 성도들 자신의 구원과 깊이 관련되어 있습니다. 슬픈 경험을 통해서 제가 확신하게 된 바가 있습니다. 즉, 목회자의 사역이 어떤 것이고, 목회자에 대한 성도들의 의무가 무엇인지를 성도들이 이해하지 못하기 때문에, 성도들 자신의 구원과 교회의 참된 개혁에 적지 않은 장애가 초래된다는 것입니다. 성도들은 일반적으로 목회자들이 성도들에게 설교하고 성례를 베풀며 성도들이 아플 때 심방하는 것 외에는, 성도들과 전혀 관계가 없는 사람으로 생각하고 있습니다. 그리고 성도들이 목회자가 전하는 말씀을 듣고 목회자가 베푸는 성례에 참석한다고 해도, 성도들은 목회자에게 더 순종해야 하겠다거나, 목회자의 요구에 좀 더 응해야 하겠다는 생각은 전혀 하지 않습니다. 학교에는 선생님이 있듯이, 교회에는 목회자가 있다는 것을 그들은 잘 알지 못합니다. 학교에 있는 선생님은 모든 학생들을 개별적으로 고려하기 위해 존재합니다. 일반적인 모든 그리스도인들은 그러한 학교의 제자들이나 학생들이 되어야만 합니다. 모든 그리스도인들은, 마을에 의사가 있어야 하는 것처럼, 교회에 목회자가 있다는 생각을 하지 않습니다. 의사가 마을 사람들의 모든 질병을 고치듯이, 목회자는 교회에서 성도들 각자에게 개인적인 조언을 하기 위해서 존재합니다. "제사장의 입술은 지식을 지켜야 하겠고 사람들은 그의 입에서 율법을 구하게 되어야 할 것이니 제사장은 만군의 여호와의 사자가 되기"(말 2:7) 때문입니다. 교회 안에 있는 모든 영혼들은 자신의 안전을 위해, 자신의 의심을 해소하기 위해, 자신의 죄에 대해 도움을 얻기 위해, 자신의 의무에 대한 지침을 얻기 위해, 구원하는 은혜에 대해 좀 더 잘 알기 위해 목회자를 개인적으로 의지해야 하고, 또 목회자들은 양 떼들에게 기꺼이 조언하고 그들을 돕기 위해서 일부러라도 교회에 있어야 하는 존재라는 사실을 교인들은 생각하지 않습니다.

만약 성도들이 자신의 의무를 알기만 했다면, 성도들은 가르침을 받고 싶다거나, 자신이 알고 있는 것과 신앙과 삶에 대해서 말하고 싶을 때는 언제든지 거리낌없이 우리에게 왔을 것입니다. 부르지 않아도 자발적으로 왔을 것입니다. 와서는 우리 집 문을 두드리며 자기의 영혼에 대한 조언과 도움을 요청하면서 종종 이렇게 물을 것입니다. "내가 어떻게 하여야 구원을 받겠습니까?"(행 16:30)라고 말입니다. 그러나 현재는 이와는 반대로, 목회자는 성도들과 전혀 상관이 없는 사람처럼 여겨지고 있습니다. 슬프게도 이 지경까지 되고 말았습니다. 그래서 목회자가 성도들에게 충고를 한다거나 교리문답 교육이나 다른 것을 가르치기 위해 성도를 부른다거나, 성도들의 신앙이나 생활 형편 등에 대해 물으려고 하면, 성도들은 목회자에게 이렇게 묻고 싶은 형국입니다. "네가 무슨 권위로 이런 일들을 행하느냐?"(눅 20:2, KJV)고 말입니다. 또한 성도들은 목회자가 자신과는 아무 상관도 없는데 간섭하고 싶어 안달하는 훼방꾼정도로 생각하며, 자신들의 양심을 지배하고 싶어 하는 교만한 사람쯤으로 생각합니다. 그뿐만 아니라, 성도들은 목회자가 무슨 권위로 설교하고 기도하고 성도들에게 성례를 베푸는지 묻고 싶어합니다. 우리가 가진 모든 권위는 우리의 의무를 감당하기 위한 능력으로서 오직 우리의 사역을 수행하기 위한 것임을 성도들은 생각하지 못합니다. 그리고 우리의 사역은 성도들을 위한 사역이기에, 우리가 가진 모든 권위는 성도들에게 유익을 끼치기 위한 것임을 성도들은 생각하지 않습니다. 성도들이 얼마나 어리석은지, 마치 자기 집에 불이 나서 불을 끄러 온 사람에게 무슨 권위로 이렇게 불을 껐느냐고 묻는다거나, 또는 가난한 자들을 구제하기 위해 돈을 주러 온 사람에게 무슨 권위로 당신의 돈을 받으라고 요구하느냐고 묻는다거나, 또는 넘어져서 도움을 요청하는 사람이나 물에 빠진 사람을 돕기 위해 손을 내밀었는데, 도움을 요청한 사람이 무슨 권위로 이렇게 하느냐고 묻는 사람들보다 더 어리석습니다.

성도들이 성도들의 의무에 대해서 무지하게 된 것은 무엇 때문입니까? 관례 때문입니까? 친애하는 목회자 여러분, 분명히 말하지만 우리의 잘못 때문에 이렇게 된 것입니다. 통상적으로 공적인 사역을 넘어서는 그 이상의 사역을 하는 것에 대해서 우리나 성도들이나 익숙하지 않습니다. 우리는 성도들이 관례적으로 어떻게 하는지 알고 있습니다. 교황주의자들은 자신이 지은 모든 죄를 주저없이 사제에게 고백합니다. 하지만 우리는 교리문답 교육이나 가르침을 받는 것에 대해서 그렇게까지 할 필요는 없다고 생각합니다. 왜냐하면 이런 것은 관례가 아니기 때문입니다. 성도들은 이런 것을 낯설게 바라보며 "그런 것들은 예전에 해본 적이 없습니다"라고 말합니다. 만약 우리가 이런 의무를 다른 의무들처럼 일반적인 것이 되도록 만들 수만 있다면, 성도들은 지금보다는 더 쉽게 이 의무에 순복하게 될 것입니다.

노소를 막론하고 모든 성도들이 설교를 듣거나 성찬식에 참여하기 위해 보통 교회에 오는 것과 마찬가지로, 개인적인 조언과 구원의 문제로 도움을 받기 위해 목회자를 찾아오는 일들이 일반적인 일이 될 그날을 여러분이 생전에 보게 된다면, 이 얼마나 행복한 일이겠습니까! 우리가 이 사역에 부지런히 매진하는 것만이 이런 날을 앞당기는 길입니다.

9. 이 사역은 나라를 다스리는 자들에게 기독교 목회에 대한 좀 더 바른 견해들을 제공하여, 그들로부터 많은 지원을 얻어낼 것입니다.

이 사역은 나라를 다스리는 자들에게 목회 사역의 본질과 책임에 관한 좀 더 바른 견해들을 제공할 것이며, 따라서 그들이 좀 더 많은 지원을 하게 할 것입니다. 인구가 많은 마을들을 보면 그 수천 명의 많은 영혼들을 돌보는 사람이 한두 사람에 불과합니다. 어느 모로 보나 일할 사람이 할 일에 비해 턱없이 부족합니다. 이런 상황이 교회 개혁과 영혼 구원에 통탄할 만한 장애가 됩니다. 성실한 목회자들이 모든 양 떼들을 위해 해야 할 이 엄청난 양의 개인적인 의무를 감당하기란 불가능하기 때문입니다. 예전에도 종종 말씀드렸지만, 지금 또 말씀드려야겠습니다. 이런 상황이야말로 영국이 비참해지게 된 가장 큰 요인입니다. 엄청난 정도의 영적 기근이 나라 전역의 큰 도시들과 마을들을 휩쓸고 있습니다. 기근이 있는 곳에 살면서도 사람들은 기근인 것도 느끼지 못하고 모든 것이 풍족하다는 착각에 빠져 있습니다. 애석하게도, 이 가정에서도 저 가정에서도 거의 모든 거리와 마을들과 우리 주변에서, 우리는 무지하고 육신적이며 감각적인 죄인들을 무수하게 볼 수 있으며, 그들에 대해 불쌍한 마음을 갖게 됩니다. 그리고 우리의 신속하고도 부지런한 구조를 바라며 큰 소리로 외치고 있는 그들의 위급한 모습도 볼 수 있습니다. 결국 "들을 귀 있는 자는"(마 13:43, KJV) 들어야만 합니다. 그러나 설령 우리가 열심을 다해 헌신하려고 해도, 우리는 그들을 도울 수가 없습니다. 그들이 완악한 것도 문제겠지만, 우리에게 그럴 기회가 없다는 것도 문제입니다. 만약 우리가 그들에게 가서 그들의 죄와 그들에게 닥칠 위험에 대해 분명히 말해주는 시간만 가졌더라면, 공적인 설교에서는 아무 도움도 받지 못하는 사람들에게 유익이 되는 큰 소망을 갖게 했을 것입니다. 이것은 경험을 통해 알게 된 것입니다. 그러나 우리는 그들에게 다가갈 수 없습니다. 더 시급한 일들이 우리를 가로막기 때문입니다. 우리는 한 번에 두 가지 일은 못합니다. 그래서 개인적으로 가르치는 것보다 우리의 공적 사역이 우선시됩니다. 공적 사역인 설교에서 우리는 한꺼번에 많은 성도를 상대할 수 있기 때문입니다. 우리가 감당할 수 있는 한계는 공적 사역을 이행하는 것과 이외에 행하는 약간의 사역입니다. 그리고 설령 우리가 먹고 자는 시간을 줄여 사역할 시간을 마련한다 해도, 우리 몸이 약해지는 것은 차치하고라도,

그 시간에 우리가 만나 말할 수 있는 사람은 많지 않습니다. 따라서 우리는 가만히 서서 불쌍한 성도들이 멸망하는 것을 보고만 있게 됩니다. 우리는 그들에 대해 유감만 표명할 뿐입니다. 그들을 회복시키기 위한 시도로 말조차 건넬 수 없습니다. 복음이 충만하다고 영광 돌리는 이 나라에서 이런 일이 벌어지다니 슬픈 일이지 않습니까? 믿음 없는 사람은 슬픈 일이 아니라고 말하겠지만, 영원한 기쁨 또는 영원한 고통을 믿는 사람이라면 절대 그런 대답을 하지 않으리라 저는 생각합니다.

저는 여러분에게 제 경우를 예로 들어 말씀드리고자 합니다. 두 명의 목회자와 다른 한 명을 포함해, 우리는 예배당에서 그리스도의 사역을 위해 우리의 모든 시간을 사용하기로 결심했습니다. 이 사역을 시작하기 전에도, 우리는 아주 바빴습니다. 그러나 지금 우리는 매주 이틀씩 따로 시간을 내서 아침부터 밤까지 개인적인 교리문답 교육과 가르침에 전념하고 있습니다. 그랬더니 예전에 우리가 그 시간에 하던 다른 사역들은 모두 방치될 수밖에 없었습니다. 우리는 공적 사역인 설교 준비를 조금밖에 할 수 없었고, 그래서 깊이 숙고하지도 못하고 혼란스러운 상태에서 하나님의 메시지를 전해야 했습니다. 하나님의 메시지에 합당한 위엄도 갖추지 못하고 인간 영혼의 필요도 채우지 못한 그런 설교를 전했던 것입니다. 이 점을 생각할 때마다 우리의 마음은 크게 고통스러웠고, 이 사역을 감당할 때마다 너무 괴로웠습니다. 하지만 이 사역은 이렇게 지속되는 수밖에 어쩔 도리가 없습니다. 개인적으로 가르치는 이 사역을 중단하지 않는 한, 우리는 준비되지 않은 채로 강대상에 올라갈 수밖에 없습니다. 그럼에도 우리는 감히 이 사역을 중단하지 않을 것입니다. 이 사역은 매우 중요하고 필요한 사역이기 때문입니다. 우리는 이 모든 불편을 무릅쓰고서, 일주일에 이틀을 온종일 이 사역을 위해 따로 떼어놓았습니다. 이 정도로 시간을 안배하면 교구 전체(약 800가정 정도 됩니다)를 일 년에 한 번씩 돌아볼 수 있기 때문입니다.

이보다 더 안타까운 사실은, 이 시간 안배를 위해서는 일주일에 15가정 이상을 대해야 하기 때문에, 우리가 만나는 성도들을 좀 더 효과적으로 대하지 못하고 아쉽게도 간단한 대화밖에 나눌 수 없다는 점입니다. 너무 슬픈 일입니다! 일 년에 딱 한 번 만나서 성도들과 대화를 나눈다니, 얼마나 미미합니까! 성도들에게 요구되는 필요와 비교한다면, 그렇게 서두르며 피상적으로 만날 수밖에 없다니 말입니다. 그럼에도 불구하고 우리는 이런 엄청난 사역으로부터 열매를 기대하고 있습니다. 그러나 좀 더 작은 교구들을 맡은 목회자들의 경우, 1년에 4번 분기별로 한 번씩 성도들과 대화를 나누면서 이 사역을 좀 더 충실히 좀 더 신중히 행한다면, 얼마나 많은 열매를 기대할 수 있겠습니까!

영국에는 제가 맡은 교회의 성도들보다 10배나 더 많은 성도들을 맡아 목회하는 목회자들이 많이 있습니다. 만약 이 목회자들이 지금 우리가 시작한 이 사역에 착수한다면, 교구 성도들을 한 번씩 다 돌아보는데 10년이 걸릴 것입니다. 우리는 성도들과 만나 대화 나눌 기회 갖기를 소망하고 있지만, 정작 우리는 성도들 한 사람 한 사람의 부음(訃音) 소식을 듣게 됩니다. 우리 영혼에 안타까움을 금할 길이 없습니다. 성도들이 살아 있을 때 그들이 변화를 준비하도록 개인적으로 만나서 말 한 마디 나누지 못한 채, 우리는 죽은 성도들의 장례식에 참석할 수밖에 없습니다. 이 모든 비참함의 원인이 도대체 무엇입니까? 우리를 다스리는 자들은 그렇게 큰 교구에는 한두 명의 목회자로는 그 필요를 충당할 수 없다는 사실을 왜 보지 못하는지, 그리고 그 필요를 충당할 목적에 맞게 왜 재정을 할당하지 않는지 모르겠습니다. 이 땅 곳곳에 이런 기근이 편만한 데도, 오히려 어떤 사람들은 교회의 재정을 대폭 삭감해 버렸습니다(주께서 이 일에 동참한 모든 자들을 부끄럽게 하시기를 원합니다. 이 일로 인해 결국 국가적인 고갈을 면치 못할 것이기 때문입니다). 많은 교회들 가운데 특정한 교회들만 따로 모으고, 나머지 교회들은 자력으로 살아남든지 아니면 완전히 망하든지 하는 식으로 내버려 두기란 쉬운 일입니다. 공적인 설교를 통해 구원받지 못하는 사람들을 멸망하도록 내버려 두기도 쉬운 일입니다. 하지만 이런 처사가 과연 가장 사랑 많은 그리스도인들이 취할 수 있는 행동인지에 대해서는 그리 대답하기 어렵지 않습니다.

현명하고 경건한 통치자들이 이렇게 우리를 비참하게 만드는 죄를 범하였고, 우리가 불쌍히 여겨달라고 그렇게 울부짖었지만 모두 허사였습니다. 도대체 무슨 문제가 있는 것입니까? 우리를 다스리는 자들은 이런 것도 모를 정도로 그렇게 무지한 자들입니까? 그렇지 않다면 인간 영혼에 대해 잔인해진 것입니까? 그것도 아니라면, 그리스도의 유익에 대해 그릇된 마음을 품고 그리스도의 나라를 해치려는 계획을 세우고 있는 것입니까? 아닙니다. 저는 그들이 이런 것과는 관계없다고 생각하고 싶습니다. 제가 알기로는, 통치자들이 이런 식으로 재정을 사용하게 된 것은 복음을 맡은 목회자들인 우리의 잘못 때문입니다. 개인을 돌보는 사적인 사역을 감당할 수 있는 작은 교구의 목회자들도 여전히 이 사역을 시행하지 않으려고 하고, 시행하는 목회자들이 있다 해도 극소수에 불과하기 때문입니다. 그리고 이 사역에 대해 전부는 아니어도 그래도 뭔가를 할 수 있는 큰 마을과 도시에 있는 목회자들은 일상적인 업무 외에는 아무 일도 하지 않으려 하고, 하고 싶어하는 일도 없기 때문입니다. 따라서 교회 행정 담당 공무원들도 이 사역에 대해 모르는 것이고, 이 사역이 얼마나 중요한지를 살피지도 않고 생각하지도 않는 것입니다. 설령 그 공무원들이 이 사역이 유용한 것을 깨달았다고 해도, 목회자들이 경솔하고 게으르며 이 사역을 감당치 않으려고 하는 것을 보게 된다면, 이 사역을 위한 재정 지원은 낭비라고, 즉 게으름뱅이들을 귀히 여기는 것이라고 생각할 것입니다. 그래서 목회자들이 강대상에서 설교할 수 있을 만큼의 수입만 보장해주면, 교회 행정 담당 공무원으로서 자신이 할 일을 다 한 것으로 생각하게 되는 것입니다. 이와 같이 통치자들이 이 극악한 죄에 연루된 것이며, 우리가 이 죄의 원인을 제공한 것입니다. 우리는 진심으로 이 사역에 전념해야 합니다. 그리고 교회 행정 담당 공무원에게 이것은 우리가 하는 사역 중에서 가장 비중 있고 필수적인 사역으로서 우리가 할 수 있는 한 철저히 이 사역을 감당하고자 하며, 일손이 있는 한 이 사역을 계속하고자 한다는 점을 보여주어야 합니다. 우리가 이렇게만 한다면, 그 공무원들도 우리의 수고가 좋은 결실을 맺을 것으로 볼 것입니다. 그래서 그들에게 하나님을 두려워하고 하나님의 진리와 인간 영혼을 사랑하는 마음이 조금이라도 있다면, 틀림없이 우리에게 돕는 손길을 내밀어 줄 것입니다. 사람들이 멸망하는 것을 막아야 한다고 말하는 사람이 없다고 해도, 정말 멸망하도록 그 공무원들이 내버려 두지 않을 것입니다. 그들은 돌봐야 할 영혼들의 수와 그 사역의 정도에 비례해서, 인구가 많아 사역자들이 많이 필요한 곳에는 어떤 방법을 강구해서든 재정을 확충하려고 할 것입니다. 우리가 이 사역에 뛰어들어서 우리 손으로 이 사역을 부흥시키는 모습을 그 공무원들이 꼭 보게 합시다. 하나님의 축복하심으로 잘 운영되기만 한다면 틀림없이 그렇게 될 것입니다. 그렇게 되면, 그들도 이 사역을 증진시키고 싶은 마음이 들 것입니다. 교구들을 강제 통합하여 교사 숫자를 줄이는 대신, 교구를 둘로 나누거나, 아니면 각 교구마다 더 많은 교사들을 확충할 것입니다. 그러나 수많은 육신적인 목회자들이 하나님의 사역을 돕기 위한 재정확충보다도 자신의 수입에 더 많이 열 내는 모습을 그 공무원들이 보게 된다면, 이런 속물 같은 목회자들로 인해 이 공무원들은 교회에 해를 끼치게 될 것이고, 결국 그 특정한 목회자들만 편안하고 안락하게 살게 될 것입니다.

10. 이 사역은 다음 세대를 위한 목회 사역을 수월하게 해 줄 것입니다.

이 사역은 다음 세대를 위한 목회 사역을 아주 수월하게 해줄 것입니다. 제가 앞서 말한 바대로, 대중을 강하게 지배하는 것이 바로 관례입니다. 해로운 관례를 처음으로 깨뜨리는 자들은 대중의 분노에 정면으로 맞설 수밖에 없습니다. 이제 누군가는 이 일을 해야만 합니다. 만일 하지 않는다면, 이 일은 우리의 후손들이 해야 할 일로 넘어가게 됩니다. 그리고 우리의 후손들이 이 일을 한다고 해도, 우리가 하는 것보다 더 대담하게, 단호하게, 성실하게 하리라고 어떻게 기대할 수 있겠습니까? 주님의 맹렬한 심판을 듣고, 주께서 불과 칼로 땅과 변론(사 66:16, KJV)하시는 소리를 들은 사람들은 바로 우리입니다. 스스로 도가니에 들어가 최고로 정련된 사람이 바로 우리입니다. 놀라운 구원과 체험과 온갖 종류의 은혜를 받았으니, 맹세와 언약으로 마음 깊은 곳으로부터 최고의 의무를 감당해야 할 사람들도 바로 우리입니다. 그런데도 우리가 주춤거리면서 우리의 등을 돌려 거짓된 마음을 드러낸다면, 우리처럼 그러한 채찍과 올무로 쫓겨나본 적도 없는(수 23:13) 우리의 후손들로부터 어떻게 더 나은 것을 기대할 수 있겠습니까? 그러나 설령 그들이 우리보다 더 낫다고 하더라도, 우리가 회피한 그 동일한 비난과 반대에 우리 후손들도 틀림없이 부딪칠 것입니다. 그리고 그 비난과 반대는 우리가 소홀히 했다는 이유로 더 커질 것입니다. 왜냐하면 사람들은 선대(先代)들인 우리도 그런 일들을 하지 않았다고 후대(後代)들에게 말할 것이기 때문입니다. 그러나 이제 우리가 우리를 따르는 사람들을 위해 그 첫걸음을 뗀다면, 그들의 영혼은 우리를 칭찬할 것이고, 우리의 이름을 기릴 것이며, 우리가 행한 수고의 기쁜 열매들을 그들이 목회하는 날마다 따먹게 될 것입니다. 그렇게 될 때 성도들은 목회자들이 행하는 개인적인 가르침과 신앙점검과 심지어 권징까지도 기꺼이 순복할 것입니다. 왜냐하면 우리가 성도들로 하여금 이 사역에 익숙하도록 하였고, 편견을 제거하였으며, 우리의 선대들로 인해 생겨난 악한 관례를 깨뜨렸기 때문입니다. 결과적으로 우리는 우리가 살고 있는 현재에서 뿐만 아니라 장차 오는 모든 세대에도 수천의 많은 영혼들을 구원하는 큰 역할을 하게 될 것입니다.

**11. 이 사역은 가정을 좀 더 정돈된 가정이 되게 하고,
주일을 좀 더 잘 보낼 수 있도록 도와줄 것입니다.**
이 사역은 우리의 가정을 좀 더 정돈된 가정으로, 주일을 좀 더 잘 보낼 수

있도록 도와줄 것입니다. 일단 우리가 각 가정의 가장들에게 그 자녀와 하인들의 신앙을 매주일 점검하고, 그들에게 교리문답서와 성경 말씀의 몇몇 부분을 암송하도록 한다면, 이 일을 통해 그들은 쓸모 있는 사람이 될 것입니다. 반대로 그렇게 하지 않는다면, 자녀와 종들은 게으르거나 쓸모없는 사람이 되고 말 것입니다. 자신부터도 잘 알지 못하는 많은 가장들이 다른 사람들을 위해서라도 이 일을 하게 될 것입니다. 이런 식으로 하는 동안, 가장들도 스스로 배우게 될 것입니다.

12. 이 사역은 많은 목회자들이 게을러지거나
시간을 제대로 선용하지 못하는 것을 방지해 줄 것입니다.

이 사역은 너무나 쉽게 게을러지고, 쓸데없는 대화, 일, 여행, 오락 등으로 시간을 제대로 선용하지 못하는 많은 목회자들에게도 유익할 것입니다. 이 사역을 감당하느라 그러한 일들에 쓸 시간이 없기 때문입니다. 고상한 성격의 긴급한 일을 바쁘게 해야 하는 이 사역이야말로, 목회자들의 모든 게으름과 시간 낭비를 없애는 가장 좋은 치료책이 될 것입니다. 게다가 이 사역은 흔히 게으름과 시간 낭비로 인해 일어나는 목회자들의 추문(醜聞, 스캔들)을 차단해 줄 것입니다. 왜냐하면 성도들은 이렇게 말하기 때문입니다. "아무개 목회자는 볼링이나 다른 오락이나 잡담으로 시간을 보내고 있는데, 우리라고 왜 똑같이 해서는 안 됩니까?" 우리 모두 이 사역에 성실히 전념합시다. 그러고도 우리가 과연 게으르게 육신적 쾌락이나 세속에 빠져 살아갈 수 있는 여가가 있는지 한번 살펴보십시오.

13. 이 사역은 우리의 타락을 억제하고,
우리가 받은 은혜를 활용하는데 도움을 줄 것입니다.

이 사역은 우리 자신에게 많은 개인적인 유익을 가져다줄 것입니다. 이 사역은 우리의 타락을 억제하고 우리의 은혜를 활용하고 증대시키는데 큰 도

움이 될 것입니다. 또한 우리 양심에 큰 평화를 주며, 우리의 과거를 되돌아
보는 시간이 이르렀을 때 우리에게 위로가 될 것입니다.

다른 사람들이 회개하고 천국인의 마음을 갖도록 촉구하며 시간을 쓰다보
면, 우리 안에서도 그런 회개와 천국의 마음이 강하게 일어납니다. 다른 사
람들의 죄를 비판하고, 죄를 대적하도록 힘쓰며, 죄를 이겨내도록 인도하다
보면, 우리 자신의 죄로 말미암아 우리도 심하게 부끄러워집니다. 다른 사람
들을 죄로부터 떼어놓으려고 그렇게 사람들을 괴롭히면서, 정작 우리가 그
죄 가운데 살아가고 있다면 우리의 양심이 허용하지 않을 것입니다. 지금이
라도 우리가 지속적으로 하나님을 위해 일하고, 우리의 마음과 혀가 죄를 대
적하며 그리스도와 거룩함을 위해 분주히 행한다면, 육신이 행하던 옛 일에
대해서는 우리가 생각할 시간도 없고 기회도 없을 것이며, 이 육신적인 관심
들을 바꾸고 스스로 자제하게 됨으로써, 우리의 육신적 성향들을 극복하는
데 큰 도움이 될 것입니다. 수도사들과 종교적 은둔자들의 엄격한 금욕생활
은 아무 유익도 없는 고독을 스스로 탐닉하면서 자기를 구원하는 것 외에는
다른 사람들을 불쌍히 여기는데 관심이 없는 것입니다. 이런 엄격한 금욕 생
활이 아무리 참된 사역이라고 해도 그리스도를 위해 부지런히 열매를 맺는
사역보다 더 나을 것이 없습니다.

14. 이 사역은 우리와 성도들을 헛된 논쟁과
중요하지 않은 논쟁에 휘말려들지 않도록 할 것입니다.

이 사역으로 인해, 우리와 우리 성도들은 중요하지 않은 논쟁에 휘말려들
지 않게 되고, 성도들에게 영적으로 전혀 덕이 되는 것도 아니고 중요하지도
않은 신앙문제에 우리가 신경 쓰거나 열을 내지 않게 되어 유익할 것입니다.
우리의 주요 관심사는 가르치는데 있고, 성도들의 주요 관심사는 복음의 근
본 진리들을 배우는데 있기 때문에, 우리의 마음과 혀는 더 저급한 것들에
눈 돌릴 여유가 없습니다. 그래서 목회자와 성도들 사이에 옥신각신하는 많

은 소란들이 해소되기도 합니다. 우리에게 필요하고 우리가 해야 할 일들을
우리가 부지런히 하지 않기 때문에, 우리에게 필요하지도 않고 우리가 해야
할 일도 아닌 일들을 우리가 하게 되는 것입니다.

15. 이 사역은 우리가 맡고 있는 교구의 모든 성도들에게 다양한 유익을 끼칠 것입니다.

그리하여 앞서 말한 이 모든 유익들이 더 커지게 됩니다. 이 사역의 목적
은 우리가 담당하고 있는 교구의 성도들을 개선시키고 구원하는데 있습니
다. 우리는 가르침을 받고자 자원한 사람은 한 사람도 빼놓지 않고 다 교육
해야 합니다. 물론 모든 성도가 이 사역을 통해 개선되고 구원받게 되리라고
기대할 수는 없지만, 그래도 이런 시도는 누구나 할 수 있는 것이기 때문에,
이 사역의 성과도 지금까지 우리가 수고한 다른 사역들의 성과보다 더욱 총
체적이고 광범위할 것이라고 기대해 볼 수 있습니다. 제가 확신하기로는 이
사역은 복음의 정신, 복음의 교훈, 복음이 제시하는 것에 가장 부합하는 일
이기 때문에, 이 사역은 모든 피조물에게 그리스도를 전할 것과 이것을 믿음
으로 받아들이는 모든 사람에게 생명을 약속하도록 우리에게 요구합니다.
"하나님은 모든 사람이 구원을 받으며 진리를 아는 데에 이르기를 원하시느
니라"(딤전 2:4). 이 말씀이 옳다면(다시 말해, 세상이라는 교구의 목회자로
서 이 세상에 은혜를 베푸시는 하나님께서 그 택하신 자들에게 구원받고 싶
은 의지를 주셔서, 그들이 스스로 구원받고 싶어하는 의지를 가진다면, 하나
님은 친히 그런 모든 사람들을 구원하겠다는 의지를 보이셨습니다), 우리가
모든 사람들에게 구원을 제시하고 그들이 진리를 알기까지 노력해야 하는
것이 합당합니다. 그리고 그리스도가 "모든 사람을 위하여 죽음을 맛보
려"(히 2:9) 하셨다면, 우리가 그리스도의 죽음을 모든 사람에게 전해야 하는
것도 합당합니다. 이 사역은 좀 더 큰 목적을 가진 사역으로서, 가끔씩 우리
가 우연히 사람들을 만나서 대화를 나누는 것과는 차원이 다릅니다. 제가 살

펴본 바로는 그렇게 우연히 만나 대화를 나누는 경우, 성도들은 좋은 대화를 나누었다는 점에서는 스스로 만족하지만, 자신의 죄와 비참함에 대해 그리고 하나님의 은혜에 대해 그들이 납득할 수 있을 정도로, 이 주제들에 대해 개인적으로 분명하게 말하는 것은 좀처럼 듣지 못합니다. 이것을 위해 마련된 이 사역을 통해서 우리는 이 목적을 좀 더 쉽게 달성할 수 있을 것입니다.

16. 이 사역은 여기서 그치지 않고 나라 전역으로 퍼져 나갈 것입니다.

이 사역은 지금 관여하고 있는 우리에게서 끝나지 않고, 이 나라 전역으로 퍼져 나갈 것입니다. 지금까지 이 사역이 소홀히 취급된 것은, 우리가 그랬던 것처럼 우리의 친애하는 목회자들도 이 사역을 소홀히 했기 때문이라고 생각합니다. 한 마디로 무관심과 게으름 때문에 이렇게 되었고, 오늘 이 자리에서 우리는 이에 대해 애통해하고 있습니다. 특히 성도들이 이 사역에 순복하지 않아 절망적인 상태입니다. 그러나 성도들이 이렇게 분명하고도 위대한 의무를 깨닫고, 이 사역이 어느 정도로 유익한지 그 실용적 가치를 알고서, 만장일치로 이 사역을 진행하게 된다면, 틀림없이 성도들은 이 사역에 누구나 전적으로 동참하여 우리와 함께 이 복된 사역에 흔쾌히 동의할 것입니다. 왜냐하면 성도들 역시 우리가 섬기는 하나님과 같은 하나님의 종들로서, 그리스도를 위하는 일에 민감하고, 인간의 영혼을 불쌍히 여기고, 양심적이고 자기를 부인하고, 우리와 마찬가지로 이러한 탁월한 목적을 위해서는 어떤 일이든 기꺼이 행하며 고통까지 감수할 각오가 되어 있는 사람들이기 때문입니다. 이렇게 성도들도 우리와 동일한 영과 계명을 가지고 동일한 주님을 섬기고 있기 때문에, 이 땅 곳곳에 있는 모든 경건한 자들이(적어도 거의 대부분의 경건한 자들이) 기쁘게 동참할 것입니다. 제가 이런 예상조차도 의심하는 비관적인 사람이 되지 않았으면 합니다. 오, 그리스도를 위해 이런 전체적인 연합이 일어나, 전 영국이 진지하게 그리스도를 의지하고 간청하며, 천국으로 가는 그 밝은 길을 나서는 것을 보게 된다면, 얼마나 기쁜 일이겠습니까! 전국에 흩어져 있는 그리스도의 수많은 신실한 종들이, 웬만 해서는 자기를 부정하려고 하지 않는 모든 죄인들을 붙들고, 한 사람 한 사람 끈질기게 설득하는 모습을 생각만 해도, 제 가슴은 기쁨으로 벅차오릅니다. 영국에 있는 모든 경건한 목회자들이 이미 이 사역을 시작한 것으로 알고 있으며, 또 오늘을 기회로 삼아 이 사역을 하기로 결심할 것이라 생각합니다. 이렇게 한마음으로 나아가면 이 사역이 훨씬 더 수월할 것입니다.

17. 우리가 추천하는 이 의무는 비중 있고 탁월한 것입니다.

마지막으로, 지금 우리가 추천하고 있는 이 의무는 아주 큰 비중을 지닌 탁월한 의무입니다. 그래서 남겨진 교회 개혁의 주요 부분도 이 의무를 수단들로 해서 완성할 수 있습니다. 물론 심판, 은혜, 기도, 약속, 희생, 노력, 이 나라의 피 등에 대해 응답하는 것이 남겨진 교회 개혁의 일차적인 수단임은 분명합니다. 이들에 대한 응답 없이는 교회 개혁은 끝나지 않을 것이고, 이 모든 것들에 대한 목적은 절대 충족되지 않을 것이며, 개혁은 그 어떤 목적으로도 실행되지 못할 것입니다. 교회는 여전히 힘을 잃어갈 것이고 그리스도를 위한 관심은 크게 무시될 것이며, 하나님은 여전히 이 땅과 논쟁하실 것입니다. 이 땅에서도 특히 죄에 깊이 빠진 목회자들과 논쟁하실 것입니다.

우리는 얼마나 오랫동안 개혁에 대해 말해 왔는지 모르며, 얼마나 많이 일반적인 개혁을 논하고 실천해 왔는지 모르며, 우리가 맡은 부분을 개혁하겠노라고 얼마나 강렬하고도 엄숙히 맹세했는지 모릅니다. 이 모든 것에도 불구하고, 우리는 이 개혁을 소홀히 해왔고, 오늘까지도 여전히 개혁을 소홀히 하고 있다니, 이 얼마나 부끄러운 일입니까! 우리는 우리가 맹세했던 개혁이 어떤 것이었는지 알지도 못하는 것처럼, 또는 이에 대해 생각하지도 않은 것처럼 행동하고 있습니다. 마치 육신적인 사람들이 스스로를 그리스도인이라고 주장하면서, 자신은 그리스도를 믿고 그분의 구원하심을 받아들이며 그리스도를 위한 논쟁과 싸움도 불사하겠다고 공언하는 것과 같습니다. 아무리 이런 행동들을 한다고 해도, 이 사람들은 결국 그리스도와 아무 관계도 없는 사람들이며, 자신은 그리스도를 부인하리라 꿈도 꾸지 않았으나 결국 그리스도를 부인함으로써 멸망하게 될 사람들입니다.

이렇게 된 이유는, 그리스도의 구원이 무엇인지, 또 이 구원이 어떻게 계속되는지를 이해하지 못한 채, 자기 육신을 절제하지도 않고, 자기를 부인하지도 않고, 세상을 거부하지도 않고, 자신의 죄를 버리지도 않고, 그 어떤 거룩함도 없이 그리스도와 성령을 위해 수고하지도 않고 고통을 감수하지도 않는 그런 구원을 꿈꾸었기 때문입니다. 이와 아주 동일한 방식으로 많은 수의 목회자들과 평신도들이 개혁을 말하고 쓰고 기도하고 싸우고 염원하고 있습니다. 그러다가 누가 "여러분이 하는 이 모든 행동에도 불구하고, 여러분의 마음은 개혁을 반대하고 있습니다. 개혁을 위해 기도하고 금식하며 피흘리기까지 투쟁하는 사람들이 실제로는 개혁을 절대로 받아들이지 않으려고 하며, 오히려 스스로 개혁을 거부하고 파기하려고 합니다"라고 말해도, 그 말을 믿으려고 하지도 않을 것입니다. 그런데 이것은 실제로도 그러합니다. 그리고 지금까지 분명히 증명된 바이기도 합니다.

그런데 어디에서 이 이상한 속임수가 생겨나서, 선한 사람들마저 여기에 넘어가는 것일까요? 그 답은 분명합니다. 그들은 하나님이 주시는 개혁만 생각했지, 자신들이 주체가 되어 실행해야 하는 개혁은 생각하지 않았던 것입니다. 그들은 축복만 생각했지, 그 축복을 성취할 수단들에 대해서는 전혀 생각하지 않았습니다. 그 대신, 그들은 자신을 제외한 모든 만물이 그들이 없어도 개선되기를 기대한 셈입니다. 다시 말해 성령께서 다시 기적적으로 강림하신다거나, 설교할 때마다 수천 명씩 회심을 하거나, 어떤 때는 하늘로부터 천사들이나 엘리야 같은 선지자가 내려와 만물을 회복시키거나, 의회의 법이나 치안 당국의 칼 같은 것이 모든 사람을 회심시키거나 강압적인 방법으로 실천하게 하기를 기대한 것입니다. 그들은 자신의 근면과 지치지 않는 수고와 진지한 설교와 교리문답 교육, 그리고 개인적인 가르침과 성도들을 돌보는데 있어서 그 어떤 고난과 비난을 받더라도 모든 양 떼에게 주의를 기울이는 것(행 20:28)으로는 개혁이 이루어진다고 생각하지 않았습니다. 그들은 철저한 개혁을 통해서 자신의 사역이 엄청 더 풍성해질 것이라는 생각은 하지 않았습니다.

오히려 우리 모두는 너무나 육신적인 생각만 해서, 경건하지 않은 자들을 사랑으로 품기만 한다면 모든 일이 다 될 줄 알았습니다. 그들을 회심시키기만 하면 그들을 얻은 줄 알았고, 그들을 겁주는 방식으로라도 천국으로 인도하면 되는 줄 알았습니다. 그러나 실제는 이와 전혀 달랐습니다. 애초에 개혁이 어떻게 해서 이루어지는 줄 알았더라면, 아마도 우리 중 몇몇은 개혁을 실행하는데 있어서 좀 더 냉담했을 것입니다. 멀찌감치 떨어져서 우리가 감당해야 할 수고에 대해 단지 듣기만 하고 말만 할 때는, 예상되는 수고들이 작아 보입니다. 그러나 우리가 가까이 가서 이 수고를 감당하게 되면, 우리 손으로 이 사역에 착수해서 단단히 무장한 다음 겹겹이 쌓인 어려움들을 헤쳐 나가야 합니다. 그때가 되면 신실하고 강인한 마음을 가진 인간이라도 시험에 들 정도로, 앞서 계획하고 예상했던 것과 실제가 얼마나 다른지 분명해집니다.

우리 대다수에게 있어 개혁은 예전에 유대인들이 메시아와 맺었던 관계와 비슷합니다. 메시아가 오기 전에 유대인들은 메시아를 바라보며 갈망하고 자랑했으며, 메시아에 대한 소망으로 기뻐했습니다. 그러나 마침내 메시아가 오셨을 때, 유대인들은 메시아를 그들 가운데 거하도록 하지 않았고, 그분을 싫어했으며, 그분이 바로 자기들이 기다리던 메시아라는 사실도 믿으려고 하지 않았습니다. 그래서 결국 유대인들은 메시아를 핍박하였고 죽도록 내몰았습니다. 유대 민족 대부분이 소란을 피우고 저주를 퍼붓는 가운데 말입니다. "너희가 구하는 바 주가 갑자기 그의 성전에 임하시리니 곧 너희가 사모하는 바 언약의 사자가 임하실 것이라 그가 임하시는 날을 누가 능히 당하며 그가 나타나는 때에 누가 능히 서리요 그는 금을 연단하는 자의 불과

표백하는 자의 잿물과 같을 것이라 그가 은을 연단하여 깨끗하게 하는 자 같이 앉아서 레위 자손을 깨끗하게 하되 금 은 같이 그들을 연단하리니 그들이 공의로운 제물을 나 여호와께 바칠 것이라"(말 3:1-3).

유대인들이 그리스도를 이렇게 대한 이유는, 오신 메시아가 그들이 기대한 그리스도와는 달랐기 때문입니다. 그들이 기대한 그리스도는 자신들에게 부와 자유를 안겨다 줄 그런 메시아였습니다. 오늘날까지도 유대인들은 자기들이 기대하는 이런 메시아가 아니면 절대로 그 어떤 메시아도 믿지 않을 것이라고 공언하고 있습니다.

이런 상황은 개혁과 관련해서 우리가 처한 상황과 똑같습니다. 우리는 우리 자신에게 더 많은 부와 명예와, 성도들에게 우리가 바라는 바를 강요할 수 있는 더 많은 권력을 가져다줄 그런 개혁을 희망하였습니다. 그러나 지금 우리가 알게 된 개혁은 우리가 좀 더 낮아져야 하고 예전보다 더욱더 고통을 감내해야 하는 그런 개혁입니다. 우리는 경건하지 않은 자들을 짓밟을 수 있으리라 생각했지만, 오히려 이제는 그런 자들에게 우리가 유익을 끼치려면, 겸손하게 간청하는 마음으로 다가가 그들이 우리를 짓밟더라도 우리의 손을 내밀어야 하며, 때로는 우리의 생명까지 요구하는 자들이라도 온유하게 간청해야 하며, 친절로 그들을 이기고 사랑으로 그들을 얻는 것을 일상적인 일로 여겨야 함을 알게 됩니다. 오, 얼마나 많은 육신적 기대들이 여기서 엇갈리는지 모릅니다!

제2항 이 사역이 어려운 이유들

지금까지 우리는 여러분에게 이 사역이 유익한 이유들에 대해서 말씀드렸습니다. 이제 저는 두 번째 부분으로 이 사역이 어려운 이유들에 대해 말씀드리고자 합니다. 솔직히 말해서 어려운 이유만 딱 떼놓고 보면, 이 사역은 하고 싶은 마음보다는 단념하고 싶은 마음이 더 듭니다. 그러나 이 어려운 이유들의 전후 맥락을 함께 살펴보면, 생각이 달라집니다. 왜냐하면 어려움들은 이 필수적인 사역을 더욱 부지런히 감당하도록 하는 자극제가 분명하기 때문입니다.

우리는 우리 자신에게서나 또는 우리 성도들로부터 많은 어려움들에 봉착하게 될 것입니다. 어려움이 있다는 것은 분명한 사실이기 때문에, 과연 어려움이 있을까 하는 여러분의 의구심은 실제로 경험해 보면 단번에 사라질 것입니다. 이제 저는 이 어려움들에 대해 몇 말씀 드리고자 합니다.

1. 우리 안에 있는 어려움들

(1) 우리 안에는 광범위한 어리석음과 게으름이 있습니다. 그러기에 이렇게 힘든 사역을 감당하기란 결코 쉬운 일이 아닙니다. 침대 속에 있는 게으름뱅이처럼 일어나야 한다는 것을 알지만, 할 수만 있으면 계속해서 침대에서 뒹굴고 싶어합니다. 이 게으름뱅이처럼 부패한 우리 본성은 우리의 의무를 이행하기 싫어합니다. 이 사역을 감당하기 위해서는 우리가 가진 모든 힘들을 사용해야 하지만, 게을러빠진 많은 사람들은 손도 꼼짝하지 않으려고 합니다.

(2) 우리는 사람을 기쁘게 하려는 천박한 성향을 가지고 있습니다. 이 성향 때문에 사람들로부터 사랑을 받지 못하면 어떡할까 하는 두려움이 생기는데, 이것이 사람을 망치고 있습니다. 그리고 사람을 구원하려는 우리에 대해 사람들이 화내지 않도록 하려고, 우리는 조용히 사람들을 지옥으로 보내고 있습니다. 우리는 하나님의 노여움을 살 각오가 된 사람들입니다. 그러니까 성도들이 우리에 대해 악한 감정을 갖게 되는 것보다는 차라리 영원한 고통을 받도록 위험에 빠뜨리는 것이 더 낫다고 생각하는 것입니다.

(3) 우리는 대부분 바보처럼 수줍어해서, 성도들에게 이 사역을 함께 시작하자고 분명히 말하는 것을 꺼려합니다. 사실 우리는 너무나 매사에 삼가는 사람이라서, 그리스도를 위해 말한다거나 마귀를 대적한다거나 영혼을 구원하려고 할 때는 얼굴이 붉어집니다. 그러나 바로 같은 시각에 우리는 정말

부끄러운 행동을 하면서도 전혀 부끄러워하지 않습니다.

(4) 우리는 너무나 육신적입니다. 우리의 육신적 관심은 우리가 그리스도의 사역에 성실하지 못하도록 유혹합니다. 그래서 우리의 수입이 준다거나, 우리가 어려움을 겪게 된다거나, 성도들이 우리를 반대하는 그런 일들이 일어나지 않게 합니다. 이 모든 유혹을 대적하기 위해서는 부지런함이 요구됩니다.

(5) 우리는 믿음이 너무 연약합니다. 이것이 모든 것 가운데 가장 큰 장애요인입니다. 그래서 누군가를 회심시키기 위하여 우리의 힘을 총동원해야 할 때, 우리 안에 있는 불신앙, 다시 말해 천국과 지옥이 정말 있을까 하는 불신앙이 우리 안에서 발동합니다. 아니면, 최소한 이런 문제에 대한 우리의 믿음이 너무나 희미해서, 이 사역을 위한 친절하고도 단호하며 지속적인 열심이 거의 생기지 않습니다. 이렇게 우리의 모든 노력은 약해집니다. 우리가 가진 신앙의 샘이 너무나 얕기 때문입니다. 자신의 영혼과 사역을 위해 목회자들에게 필요한 것들이 얼마나 많은지 모릅니다. 자신의 신앙을 골똘히 살펴보는 것, 특히 내생의 기쁨과 고통에 관한 성경의 진리에 자신이 확실하고 분명하게 동의하는지 살펴볼 필요가 있습니다.

(6) 마지막으로, 우리는 일반적으로 이 사역에 대해 충분히 능숙하지도 않고 적합한 자질도 가지고 있지 않습니다. 슬픈 일입니다! 무지하고 세속적인 사람을 회심시키기 위해 어떻게 대해야 하는지를 알고 있는 사람은 우리 가운데 거의 없습니다! 사람의 마음에 들어가서 그 마음을 사로잡고, 사람의 상황과 기질에 따라 우리의 대화를 맞추며, 가장 적절한 주제를 선정하고, 그 주제와 함께 진지하고도 무시무시하며 사랑스럽고도 온유하게 복음의 매력까지 거룩하게 가미하는 것, 오! 누가 이런 일들을 감당할 수 있겠습니까?(고후 2:16, KJV). 제 경험에 비춰볼 때 그런 육적인 사람을 변화시키기 위해 대화를 나누는 것은 우리가 일반적으로 행하는 설교보다 더 어려우면 어려웠지, 결코 쉽지 않았음을 진심으로 말할 수 있습니다. 우리 안에 있는

이 모든 어려움들에 굴복당하지 않고 이 사역에 방해받지 않으려면, 우리는 거룩한 결심과 준비와 부지런함으로 깨어나야만 합니다.

2. 성도들 안에 있는 어려움들

우리 안에 있는 이런 어려움들을 살펴보았으므로, 이제는 우리 성도들로부터 받게 되는 몇 가지 어려움들에 대해 말씀드리고자 합니다.

⑴ 성도들의 대다수는 배우기를 완강히 거부할 것입니다. 그들은 우리를 비웃으며, 자기는 너무 착해서 교리문답 교육을 배울 필요가 없다고 하거나 배울 나이가 지났다고 생각합니다. 우리는 그들을 공적으로나 사적으로나 지혜롭게 대해야 합니다. 그리고 이성적인 설득력과 사랑의 힘으로 그들의 옹고집을 꺾기 위해 연구해야 합니다.

⑵ 배우고자 하는 사람들은 대부분 너무나 아둔하여 아무리 오랫동안 가르쳐도 교리문답서의 첫 장도 깨닫기 어렵습니다. 그러므로 우리가 그들을 부지런히 지혜롭게 격려하지 않으면, 그들은 무식한 것이 부끄러워서 떨어져 나갈 것입니다.

⑶ 그들이 배우러 온다고 해도, 다수는 무지하고 제대로 이해하지도 못하기 때문에, 그들에게 여러분의 말을 이해시키기란 굉장히 어렵다는 사실을 알게 될 것입니다. 그래서 만약 여러분에게 모든 것을 쉽게 설명하는 멋진 기술이 없다면, 여러분이 애써봐야 그들은 예전처럼 무지한 채로 남아 있을 것입니다.

⑷ 설령 여러분이 하는 말을 이해한다 해도, 그 이해한 것들이 그들의 마음속에서 역사하고 그들의 양심에 새겨져서, 우리의 최종 목표인 구원하는 변화의 역사가 일어나기란 훨씬 더 힘들다는 것을 여러분이 알게 될 것입니다. 이러한 일이 일어나지 않는다면, 우리의 수고는 헛된 것입니다. 오, 그들의 육신적인 마음은 돌이나 바위처럼 얼마나 단단한지 모릅니다! 이런 완고한 마음은 아무리 강력한 설득력을 지닌 말이라도 단호히 거부하며, 영원한

생명이나 영원한 죽음에 대한 이야기도 아무것도 아닌 것처럼 흘려듣습니다! 그러므로 만약 여러분이 아주 진지한 열의와 강력한 내용들을 준비해서 적절하게 표현하지 않는다면, 여러분은 별 효과를 기대할 수 없을 것입니다. 물론 여러분이 이 모든 것을 행했다 해도, 은혜의 성령께서 역사하셔야만 합니다. 하나님이든 사람이든 일반적으로, 하고자 하는 일이나 목적에 적합한 도구들을 선택합니다. 이와 마찬가지로, 지혜와 생명이요 거룩하신 성령께서도 바보처럼 죽어 있는 육신적인 도구를 가지고서는 일반적으로 역사하지 않으십니다. 성령은 자신이 그러하신 것처럼 빛과 생명과 순전한 설득력으로 역사하십니다. 따라서 우리가 하는 사역도 이러한 설득력으로 완성하는 것이 합당합니다.

(5) 마지막으로, 설령 여러분이 그들의 마음에 바람직한 인상을 심어주었다 해도, 여러분이 그들을 돌보고 그들에게 특별한 관심을 베풀지 않는다면, 그들의 마음은 곧 예전의 그 완악한 마음으로 되돌아갈 것이며, 옛 동료들과 유혹들로 인해 모든 일들을 다시 망치게 될 것입니다. 간단히 말해, 성도들을 회심시키는 사역을 하면서 여러분이 익히 알게 된 그 모든 어려움들은 이 사역에도 여전히 관련되어 있습니다.

제3항 이 사역이 필요한 이유들

이 사역을 수행해야 할 세 번째 이유는 이 사역의 필요성에 있습니다. 만약 이 사역이 꼭 필요한 일이 아니라면, 게으른 자들은 앞서 말씀드린 어려움들로 인해 자극을 받기보다는 오히려 낙담하게 될 것입니다. 제가 처음에 하려고 했던 것보다 더 많은 말씀을 드렸기 때문에, 이제는 이 필요성의 일반적인 근거에 대해 간략히 암시만 하고자 합니다.

1. 이 사역은 하나님께 영광을 돌리기 위해 필요합니다.

모든 그리스도인은 하나님께 영광을 돌리며 살아가는 것을 인생의 목적으로 삼기 때문에, 이 목적을 가장 효과적으로 증진시키는 방식이 있다면, 이를 기꺼이 받아들일 것입니다. 자신의 목적을 이루고 싶어하지 않을 사람이 도대체 누가 있겠습니까? 오, 친애하는 목회자 여러분, 만약 영국의 모든 교구에서 이 사역에 착수하고 여기에 성도들이 순복하며 우리 또한 이 사역을 열정적으로 훌륭히 이행한다면, 나라 전역에 끼칠 영광과 이를 통해 하나님께 올려드릴 영광이 얼마나 대단하겠습니까! 그래서 우리에게 있는 그 흔한 무지(無知)가 사라지고, 우리의 허영과 게으름이 생명 길에 대한 연구로 바뀌고, 각 상점과 가정에서 성경말씀과 교리문답서를 배우느라 분주하고 하나님의 말씀과 하나님이 하신 일을 이야기하느라 분주하다면, 하나님께서 우리 도시들과 이 나라를 얼마나 기뻐하시겠습니까! 하나님께서 각 가정에 친히 거하시며, 각 가정을 하나님의 기쁨으로 여기실 것입니다.

그리스도를 믿는 성도들 가운데 빛나는 것이 바로 그리스도의 영광이며, 성도들의 모든 영광이 그리스도의 영광입니다. 그러므로 많은 숫자로 또는 탁월함으로 성도들을 영예롭게 하는 것은 그리스도를 영예롭게 하는 것입니다. 요한계시록에 묘사되어 있듯이(계 3:12), 새 예루살렘이 그 모든 영광과 위엄 가운데서 하늘로부터 내려올 때에, 그리스도의 영광도 그 새 예루살렘 가운데 놀랍게 나타나지 않겠습니까? 그러므로 우리가 성도들의 수나 능력을 증대시킬 수 있다면, 이로써 우리는 성도들의 왕이 받으실 영광을 증대시키게 될 것입니다. 왜냐하면 예전에는 불순종과 불명예만 받으신 바로 그곳에서 하나님이 섬김과 찬양을 받으실 것이기 때문입니다. 그리스도 또한 그가 흘리신 피의 열매로 영광을 받으실 것이며, 은혜로우신 성령 또한 우리 안에서 활동하는 그 사역의 열매로 영광을 받으실 것입니다. 이처럼 중요한 목적에 요구되는 것은 우리가 이 수단들을 부지런하게 사용하는 것이지 않겠습니까?

모든 그리스도인은 다른 사람의 구원을 위해 자신이 할 수 있는 모든 것을 해야 합니다. 그러나 모든 목회자는 두 배의 의무를 지고 있습니다. 목회자

는 그리스도의 복음을 위해 구별되었으며, 이 사역에 "전심전력"(딤전 4:15)
하는 사람이기 때문입니다. 이 사역은 우리 성도들의 회심과 구원에 필수적
이라는 것을 우리는 알고 있습니다. 그리고 우리가 할 수 있는 한 이 목적을
이루기 위해 필요한 모든 것을 해야 한다는 일반적인 명령도 우리는 알고 있
습니다. 이런 것들은 더 이상 의심의 여지가 없는 우리의 의무입니다. 회심
하지 않은 자는 회심해야 할 필요성이 있다는 사실에 대해서 우리가 의심하
지 않기를 저는 소망합니다. 이 사역이 이 목적을 위한 수단이며, 가장 필요
한 수단인지 그 여부에 대해 별다른 증거가 없다면, 경험이 의심을 넘어 분
명하게 말해 줄 것입니다.

　공적으로 가장 수고를 많이 한 사람들이 성도들을 점검하도록 해서, 성도
들 대다수가 복음을 전혀 들어보지도 못한 것처럼 그렇게 무식하거나 경솔
하지는 않은지 확인해 보십시오. 제 경우에는 할 수 있는 한 분명하면서도
감동적으로 말하기 위해 연구를 합니다(진실하게 말하려는 연구 다음으로,
이 연구가 저의 주요 연구과제입니다). 그럼에도 불구하고, 제 설교를 8년이
나 10년씩 들은 사람들 중에서도 그리스도가 하나님인지 사람인지 모르고,
그리스도의 나심과 삶과 죽음의 역사에 대해 말해주면 예전에 전혀 들어본
적도 없다는 듯이 어리둥절해하는 사람들을 자주 만나게 됩니다. 복음의 역
사를 아는 사람들 중에서도, 복음이 요구하는 믿음, 회개, 거룩함 등의 본질
을 아는 사람은 몇 사람 되지 않을 것이며, 설령 안다고 해도 그것을 마음으
로 알고 있는 사람은 극소수이지 않겠습니까? 성도들 대부분은 그리스도에
대한 근거 없는 신뢰를 하고 있습니다. 세상이 그들의 마음을 장악해서 육신
을 따라 살고 있으면서도, 그들은 그리스도께서 자신들을 어떻게든 용서하
시고 의롭게 여기셔서 구원해 주시기를 바라고 있습니다. 그들은 이런 신뢰
를 의롭게 하는 믿음으로 여기고 있습니다! 제가 경험을 통해 알게 된 것은,
오랫동안 설교를 들었지만 별 유익을 얻지 못한 무식한 성도들에게는 과거
에 들었던 10년 동안의 대중 설교보다도 친밀한 30분의 대화를 통해 더 많은

지식과 더 많은 양심의 가책을 받게 되었다는 사실입니다.

공적으로 복음을 설교하는 것이 가장 뛰어난 수단이라는 것을 저도 알고 있습니다. 우리가 한 번에 많은 성도들과 이야기할 수는 없기 때문입니다. 그러나 사적으로 개별 죄인들에게 전하는 것이 일반적으로 더 큰 효과가 있습니다. 왜냐하면 아무리 쉽게 말하는 사람이라도 공적인 설교에서는 모든 성도들이 이해할 만큼 쉽게 말할 수 없지만, 사적인 대화에서는 충분히 쉽게 말할 수 있기 때문입니다. 공적인 설교에서는 아둔한 성도들이 요구하는 쉬운 표현이나 반복 표현을 사용하지 못하지만, 사적인 대화에서는 사용할 수 있습니다. 공적인 설교에서는 말이 길어지고 성도들의 이해력과 기억력의 한계를 넘어서는 이야기를 하기 때문에, 성도들이 우리의 말을 따라오지 못해서 혼란스럽거나 당황하기도 하며, 한쪽 귀로 듣고 저쪽 귀로 나가게 되어 결국 우리가 한 말을 알아듣지 못하게 됩니다. 그러나 사적인 대화에서는 우리의 사역을 점차적으로(gradatim) 밟아갈 수 있기에, 우리의 말을 듣는 자들이 우리를 따라오게 할 수 있습니다. 우리의 질문과 그들의 대답을 통해, 우리는 그들이 우리를 얼마나 이해하고 있는지, 다음에 우리가 무엇을 해야 할지 알 수 있습니다.

공적인 설교에서는 우리가 혼자 말하기 때문에 장황하게 말해서 성도들이 우리에게 집중하지 않습니다. 그러나 성도들이 토론에 참여하고 있을 때는 우리의 말에 쉽게 집중합니다. 그 뿐만 아니라, 우리는 그들의 반론에 대해 더 잘 대답할 수도 있고, 우리가 그들과 대화를 끝내기 전에 성도들로 하여금 약속하게 할 수도 있습니다. 이런 일은 공적인 설교를 통해서는 할 수 없는 일들입니다. 그러므로 결론적으로 말씀드리겠습니다. 공적인 대중 설교로는 충분하지 않습니다. 공적인 대중설교는 한 번에 많은 사람들을 회심시키는 효과적인 수단은 되겠지만, 하나님이 정하신 또 다른 수단인 사적인 대화를 통한 결과와 비교하면 그리 많은 수가 아닙니다. 이것은 제 경험을 통해 확신하게 된 것입니다. 만약 여러분이 이 사역을 게을리한다면, 여러분이 오래도록 연구하고 설교하더라도, 결국 헛수고가 될 것입니다.

2. 이 사역은 성도들의 안녕을 위해 필요합니다.

친애하는 목회자 여러분, 지금 여러분은 불쌍한 성도들을 보고 있으면서
도 여러분에게 도움을 요청하는 그들의 모습은 보지 못하고 있습니다. 여러
분이 이렇다는 사실이 믿겨지십니까? 늘 하던 것보다 더 많은 희생을 해서라
도 기꺼이 구할 필요가 없을 정도로, 여러분이 불쌍히 여길 수 없는 그런 죄
인들은 없습니다. 여러분은 그들을 상처입고 길가에 쓰러져 있는 사람처럼
볼 수는 없습니까? 그럼에도 무자비하게 그들을 지나칠 수 있겠습니까? 환
상 중에 마게도냐 사람들이 바울에게 "건너와서 우리를 도우라"(행 16:9)고
외쳤던 것처럼, 그들의 외침을 마게도냐 사람들의 외침으로 들을 수는 없습
니까? 그럼에도 그들을 도와주지 않을 수 있겠습니까? 말하자면, 여러분은
어떤 병원을 책임지고 있는 것과 같습니다. 이 병원의 이쪽 구석에는 쇠약해
진 환자가 있고, 저쪽 구석에는 신음하며 "오, 도와주소서. 주님의 이름으로
저를 불쌍히 여겨 주소서!" 하는 환자가 있고, 세 번째 환자는 미쳐 날뛰면서
자신과 여러분을 해치려고 합니다. 이런 상황에서도 여러분은 게으르게 앉
아서, 그들을 돕지 않겠다고 거절하겠습니까? 인간의 몸을 구하지 않아도 무
슨 말을 듣게 되는데, 인간의 영혼을 구하지 않으면 얼마나 더 심한 말을 들
을 수 있겠습니까? "누가 이 세상의 재물을 가지고 형제의 궁핍함을 보고도
도와 줄 마음을 닫으면 하나님의 사랑이 어찌 그 속에 거하겠습니까"(요일
3:17). 여러분은 그런 괴물도 아니며 완악한 사람도 아닙니다. 오히려 여러분
은 나병환자를 불쌍히 여기며, 헐벗은 자, 감옥에 갇힌 자, 외로운 자들을 긍
휼히 여깁니다. 여러분은 쓰라린 아픔이나 질병으로 고통 받는 자들을 불쌍
히 여깁니다. 그러면서도 무지하고 완악한 죄인들은 불쌍히 여기지 않을 것
입니까? 철저한 회개를 통해 시급하게 막지 않으면 어떻게 손 쓸 수도 없는
주님의 진노 가운데 있을 텐데, 이렇게 주님의 임재와 단절된 자들을 여러분

은 불쌍히 여기지 않을 것입니까?

오, 그런 자들을 불쌍히 여기지 않으려는 마음은 도대체 어떤 마음입니까? 그런 사람의 마음을 어떻게 부를 수 있겠습니까? 돌 같은 마음, 아주 딱딱한 바위나 금강석 같은 마음, 맹수 같은 마음, 또는 불신자의 마음이라고 부를 수 있을 것입니다. 완고한 자의 비참함을 믿는다면, 그런 자를 불쌍히 여기지 않는 것은 불가능합니다. 이것은 확실합니다. 회개치 않는 자가 받을 위험을 선포할 때, 여러분은 그들을 불쌍히 여기는 마음도 없이, 회개치 않는 자는 분명히 저주를 받을 것이라고 성도들에게 말할 수 있겠습니까? 만약 여러분이 그들을 불쌍히 여긴다면, 그들의 구원을 위해서 이 정도는 해야 하지 않겠습니까?

여러분의 목소리는 그런 사람들을 일깨우고 되찾는 수단으로 정해졌지만, 여러분 주위에 맹목적으로 파멸로 치닫는 사람들이 얼마나 많습니까? 아픈 사람을 구해야 할 의무를 일반 사람보다 갑절이나 지닌 사람이 의사입니다. 그런데 모든 이웃 사람들마저도 꼭 도와야 할 그런 상황에서 의사가 돕지 않는다는 것은 변명의 여지가 없습니다. 친애하는 목회자 여러분, 죄인들이 길거리에서 여러분을 찾아 외치는 소리를 여러분이 듣는다고 가정해 봅시다. "오 선생님, 저를 불쌍히 여기시고, 선생님의 조언을 구합니다. 저는 하나님의 영원한 진노가 두렵습니다. 저는 곧 이 세상을 떠나야 한다는 것을 알고 있습니다. 내세에서 제가 비참해지지 않을까 두렵습니다." 이런 불쌍한 죄인을 돕지 않겠다고 거절하겠습니까? 어떤 죄인이 여러분의 연구실 문 앞까지 쫓아와서 도와달라고 소리치면서, 하나님의 진노를 피할 방법을 말해주기 전에는 절대로 가지 않겠노라고 말한다면 어떡하겠습니까? 아무런 조언도 해주지 않은 채 그를 쫓아낼 마음이 여러분에게 있습니까? 여러분은 그렇게 할 수 없을 것이라 확신합니다. 도대체 왜 이래야 합니까? 통탄할 노릇입니다! 그렇게 도움을 요청하는 사람은 도움을 전혀 요청하지 않는 사람들보다 덜 비참한 사람들입니다. 정말 완악한 죄인은 여러분의 도움을 가장 필요로 하지만 그것을 전혀 기대하지 않는 사람입니다. 그런 죄인은 자신이 죽었다고 느낄 만큼의 생명도 없고, 자신의 위험을 볼 수 있을 정도의 빛도 가지지 못한 자이며, 자신을 불쌍히 여길 감각조차 없는 사람들입니다. 이런 사람이야말로 가장 불쌍히 여김을 받아야 할 자들입니다.

　여러분 주위에 있는 이웃들을 바라보십시오. 그리고 그들 가운데 얼마나 많은 사람들이 여러분의 도움을 필요로 하는지, 분명히 저주받을 위험에 처해 있는 자들이 바로 그들이 아닌지 생각해 보십시오. 여러분 주위에 알고 지내는 사람들 중에 회개하지 않은 자들이 여러분의 도움을 바라며 이렇게 외치는 소리를 듣는다고 가정해 보십시오. "우리가 지옥의 불길 가운데서 고통 받지 않도록, 당신이 여태까지 비참한 사람들을 불쌍히 여긴 것처럼 우리도 불쌍히 여겨주었더라면, 당신이 진심으로 우리를 불쌍히 여겨주었더라면."

　이제, 이런 식으로 소리치면서 여러분을 따라다니던 사람들을 위해 여러분이 하려고 했던 일들을 여러분의 성도들을 위해서 행하십시오. 그들의 상황을 알면서도 어떻게 여러분은 그런 사람들과 함께 걷고 말하고 기뻐할 수 있습니까? 여러분이 그들의 얼굴을 보면서 그들이 겪어야 할 영원한 고통에 관해 생각한다면, 엘리사 선지자가 하사엘을 보았을 때처럼(아람 왕 벤하닷이 자신의 병세를 물으러 신하 하사엘을 엘리사에게 보냈는데, 엘리사 선지자는 하사엘을 보면서 왕의 죽음과 이스라엘 사람들이 그에 의해 도륙될 것을 미리 내다보고 울었다. 왕하 8:7-11 ― 역주), 여러분의 눈에서는 눈물이 터져 나올 것이고, 죄인들을 들들 볶는 제일 성가신 권면들이 입에서 터져 나올 것이라고 생각합니다. 여러분은 아픈 성도들을 심방할 때, 그들의 회심에 관해 진지한 대화를 나누기도 전에, 이미 세상을 떠날 준비가 된 성도들을 보면 마음이 아프지 않습니까? 그러므로 주님을 위해서든 불쌍한 영혼들을 위해서든 그들을 불쌍히 여기십시오. 여러분 스스로 분발하셔서, 그들의 구원에 도움이 되는 것이라면 어떤 수고라도 마다하지 마십시오.

3. 이 사역은 우리 자신의 안녕을 위해 필요합니다.

이 의무는 여러분이 맡은 성도들의 안녕을 위해 필요할 뿐만 아니라, 여러분 자신의 안녕을 위해서도 필요합니다. 이 사역은 여러분의 사역입니다. 이 사역으로 인해, 여러분도 다른 사람들과 함께 심판을 받게 될 것입니다. 성도들이나 여러분이나 그리스도인으로서 가져야 할 부지런함과 충성심 없이는 구원받을 수 없는 것처럼, 여러분은 목회자로서의 부지런함과 충성심 없이는 구원받을 수 없습니다. 그러므로 여러분이 다른 사람들을 돌보지는 못한다 해도, 적어도 여러분 자신만은 돌보십시오. 이런 의무를 소홀히 했다가 책임 추궁을 받는 것은 얼마나 끔찍한 일인지 모릅니다! 그리고 영혼들을 배반하는 것보다 더 가증스러운 죄가 어디 있겠습니까? "네가 그 악인에게 말로 경고하여 그의 길에서 떠나게 하지 아니하면 그 악인은 자기 죄악으로 말미암아 죽으려니와 내가 그의 피를 네 손에서 찾으리라"(겔 33:8). 이 경고의 말씀이 두렵지 않습니까? 성실하지 않았던 목회자들은, 차라리 영혼에 대해서 책임진다는 것이 무엇인지 몰랐더라면 더 좋았을 텐데, 그리스도의 양 떼를 맡는 목자보다는 차라리 광부나 청소부나 땜장이가 되었더라면 더 좋았을 텐데 하면서 후회할 그날이 가까웠다고 저는 확신합니다. 저는 그날이 가까웠다는 것이 두렵습니다. 목회자는 자신이 지은 모든 죄뿐만 아니라, 자신이 책임져야 할 수많은 영혼들의 피값까지 책임져야 할 것입니다.

오, 친애하는 목회자 여러분, 성도들의 죽음과 마찬가지로 우리의 죽음도 가까웠습니다. 죽음은 다른 사람들에게도 끔찍한 일인 것처럼 성실하지 못한 목자들에게도 끔찍한 일입니다. 우리 모두는 죽어야만 하고 그것을 막을 방법이 없습니다. 어떤 지혜나 학식이나 대중적인 인기로도 시계를 되돌리거나 연기할 수 없습니다. 원하든 원하지 않든 우리 영혼들은 우리가 한 번도 가보지 않았던 그 세상으로 들어가야만 합니다. 그 세상에서는 우리가 어떤 대단한 인물이었는지, 이 세상에서 얼마나 중요한 사람이었는지에 따라 우리를 평가하지 않을 것입니다. 그때 우리가 이렇게 말할 수 있는 깨끗한

양심을 가졌으면 좋겠습니다. "저는 제 자신을 위해 살지 않았고, 그리스도
를 위해 살았습니다. 저는 제가 해야 할 수고를 마다하지 않았고, 제가 가진
달란트들을 감추어 두지도 않았으며(마 25:18), 성도들의 비참함을 숨기지도
않았고, 그 회복하는 길도 숨기지 않았습니다."

오 사랑하는 목회자 여러분, 우리에게 시간이 있을 때 그 시간을 기회로
생각하고서, 때가 아직 낮일 때 일해 봅시다. "밤이 오리니 그 때는 아무도
일할 수 없습니다"(요 9:4). 지금이 우리에게는 낮입니다. 다른 사람들에게
선을 행하는 것이 우리 자신에게도 선을 행하는 것입니다. 여러분이 편안한
죽음과 크고도 영광스러운 상을 받기 원하십니까? 여러분 앞에 추수할 일이
남아 있습니다. 마음의 허리를 동이고(벧전 1:13), 남자답게 강건하십시오(고
전 16:13). 그러면 여러분은 이렇게 승리의 말들을 남기며 생애를 마감하게
될 것입니다. "나는 선한 싸움을 싸우고 나의 달려갈 길을 마치고 믿음을 지
켰으니 이제 후로는 나를 위하여 의의 면류관이 예비되었으므로 주 곧 의로
우신 재판장이 그 날에 내게 주실 것이라"(딤후 4:7, 8). 만약 여러분이 "주
안에서 죽는 자들은 복이 있도다"(계 14:13) 하신 이들 사이에 들고 싶다면,
지금 수고하십시오. 그때가 되면, 여러분이 수고를 그치고 쉬리니, 여러분이
원하는 일, 즉 여러분이 행한 일이 뒤따를(계 14:13) 그런 일을 행하십시오.
여러분이 되돌아볼 때 끔찍할 만한 일들은 하지 마십시오.

제4항 이 이유들의 적용

이 사역을 감당해야겠다는 마음이 들게 하는 아주 강력한 이유들을 지금
까지 살펴보았습니다. 지금부터는 우리의 겸손과 분발을 위해서 이 이유들
을 적용해 보고자 합니다.

1. 오늘 우리가 주님 앞에서 피눈물을 흘리는 이유가 무엇입니까? 그 이유
는 이렇게 위대하고 선한 사역을 너무 오랫동안 우리가 소홀히 해왔으며, 여
러 해 동안 복음의 목회자로 자처하면서도 성도들의 영혼을 구원하기 위한

개인적인 가르침과 토론을 거의 하지 않았기 때문입니다! 만약 우리가 이 일에 좀 더 일찍 착수했더라면, 얼마나 많은 영혼들이 그리스도에게로 인도되고, 우리 회중들은 또 얼마나 기뻐했겠습니까? 그렇다면 우리는 왜 이 일을 일찍 시행하지 못했던 것입니까? 솔직히 말해, 이 길에는 많은 장애요인들이 있었습니다. 이 장애요인들은 지금도 여전히 있으며, 우리를 유혹하는 마귀가 있는 한, 그리고 빛을 거부하는 타락한 마음이 인간에게 있는 한 앞으로도 계속해서 존재할 것입니다. 그러나 가장 큰 장애요인이 우리 속에, 즉 우리의 어둠과 어리석음에 있지 않았다면, 그리고 우리가 우리의 의무를 내켜하지 않고 하나님의 사역을 위해 연합하기 꺼려하며 분열하지만 않았다면, 지금보다 훨씬 더 많은 일들을 했을 것입니다.

우리에게 이 사역을 명령하신 분은 과거나 지금이나 동일하신 하나님이시며, 우리가 불쌍히 여겨야 할 대상도 동일하고, 우리가 치리자들로부터 벗어날 자유도 동일하게 가지고 있습니다. 우리는 죄를 지었습니다. 지은 죄에 대해 우리는 이렇다 할 변명조차 할 게 없습니다. 의무가 너무나 크기 때문에, 죄도 무겁습니다. 그러므로 이 무거운 죄에 대해서 어떤 변명을 해야 할지 두렵기만 합니다. 자비의 하나님, 우리와 영국의 모든 목회자들을 용서해 주시고, 우리가 목회 사역에 게으른 것으로 우리를 벌하지 마소서! 하나님께서 우리의 모든 불성실함을 덮으시고, 영혼들의 피를 흘리게 한 우리의 죄를 영원한 언약의 피(히 13:20)로 씻기셔서, 목자장이 나타나실 때에(벧전 5:4) 그의 양 떼를 흩어버렸다는 정죄를 받지 않고, 평강 가운데 나타나기를(벧후 3:14) 원합니다. 그리고 하나님께서 하나님 교회의 목자들을 위해 변론해 주시고, 우리를 위해서라도 양 떼들을 가혹하게 대하지 마소서. 목자들이 자기 양들을 흩어지게 내버려 두었다고 해서, 목자들을 박해하고 침해하는 자들에 의해 목자들이 흩어지도록 내버려 두지 말아 주소서. 그리고 우리가 성도들의 영혼을 잘 돌보지 않았듯이, 하나님이 우리를 돌보지 않으시는 일이 없기를 원하며, 우리가 성도들의 구원을 위해 행하는 수고와 고난이 그들에게 과분하다고 생각했듯이, 우리를 향한 하나님의 구원이 우리에게 너무 과분하다고 생각하지 마소서!

우리는 이 땅의 죄와 우리에게 내려진 심판 때문에, 영국에서 많은 자복의 날들을 보냈습니다. 이를 인하여, 하나님이 목회자들을 좀 더 철저히 겸손하게 하시고, 목회자들의 게으름을 통회하게 하셔서, 이 땅 전역에서 며칠을 따로 정해 다른 사람들의 죄에 대해서만 통회하는 것으로 충분하다고 생각하지 않고, 자신의 죄에 대해서도 통회하는 시간을 갖기로 했다는 소식을 들었으면 합니다. 또 기대하기는, 우리의 이 엄숙한 국가적인 자복이 겸손하지 않은 지도자들에 의해 주도되었기 때문에 하나님께서 이 자복을 싫어하지 않으시길 바라며, 먼저 우리 자신의 죄가 용서받도록 해서, 우리가 다른 사람들의 용서를 간구하는데 좀 더 적합한 사람이 되기를 바라고 있습니다.

그리고 우리를 경고하기 위해 하나님이 최근에 다른 사람들에게 행하신 것처럼, 하나님께서 우리의 희생물들을 우리 얼굴에 배설물처럼 던지고, 우리를 땅의 배설물처럼 내버리지 않도록, 우리가 교만, 분쟁, 자기추구, 게으름 등을 배설물처럼 내버리기를 원합니다. 그래서 하나님으로부터 우리가 예전에 받았던 것보다 더 강렬한 자극을 받기 전에, 즉시 마음을 고쳐먹고 우리 일에 매진했으면 좋겠습니다.

2. 그러므로 친애하는 목회자 여러분, 이제 우리가 장래를 위해 해야 할 일이 무엇입니까? 우리의 게으른 육체를 부인하고, 우리 앞에 놓인 사역을 위해 우리 자신을 깨워 일어나는 것 외에 무엇을 더 하겠습니까? 추수할 것은 많되 일꾼이 적습니다(마 9:37). 빈둥거리는 자들과 방해꾼들은 많지만, 성도들의 영혼은 귀합니다. 죄인들의 비참함은 크고, 그들에게 가까이 다가오고 있는 영원한 비참함은 더욱 크지만, 천국의 기쁨은 이루 상상할 수 없으며, 성실한 목회자가 받을 위로도 작지 않습니다. 큰 성과가 나타날 때 그 기쁨만으로도 충분한 보상이 될 것입니다. 하나님과 성령의 동역자가 되는 것은 결코 작은 명예가 아닙니다. 인간을 구원하기 위한 그리스도의 피 흘림에

동참하는 것은 결코 사소한 일이 아닙니다. 빽빽한 적군을 뚫고 들어가 그리스도의 군대를 지휘하는 일이나, 위험한 광야를 지나도록 그 군대를 안전하게 엄호하는 일이나, 엄청난 폭풍과 바위와 모래와 암초를 통과하도록 배를 조종하여 안전한 항구로 무사히 안착하게 하는 일 등은 적지 않은 기술과 부지런함이 요구되는 일들입니다. 밭은 희어져 추수하게 되었습니다(요 4:35). 우리를 위해 많은 것들이 준비되어 있고, 우리가 예전에 보아온 그 어떤 때보다 더욱 평온하여 일하기에 좋은 때입니다. 우리는 이미 너무 오랫동안 쓸데없이 빈둥거렸습니다. 지금도 시간은 계속 흐르고 있으며, 우리가 쓸데없이 보내는 그 시간에도, 사람들은 죽어가고 있습니다. 그들이 얼마나 빠르게 다른 세상으로 떠나가고 있는지요! 이 모든 말들을 듣고도 이 의무를 감당해야겠다는 생각이 들지 않습니까? 이를 신속하고 끈기 있게 부지런히 감당해야겠다는 결심이 서지 않습니까? 여러분은 이 모든 것들을 동기와 의무로 받아들인 사람을 두고서, 그가 너무 염려한다거나 사서 고생한다는 식으로 생각하고 있습니까? 또는 자기도 장님인 사람이 어떻게 다른 사람에게 빛을 밝히는 적합한 도구가 될 수 있겠냐고 생각하고 있습니까? 또는 자기도 아무 감각이 없는데 어떻게 다른 사람들을 살릴 수 있겠냐고 생각하고 있습니까? 도대체 이게 무슨 말입니까!

사랑하는 목회자 여러분, 지혜의 사람들인 여러분이 어찌 그렇게 일반 사람들처럼 우둔합니까? 여러분이 이미 알고 있는 이 중요한 의무를 여러분이 감당해야 한다고 설득하는데 이보다 더 많은 말이 필요한 것입니까? 누군가는 하나님의 책에서 한 구절만 여러분에게 보여주면서 이 말씀이 바로 하나님의 뜻이라고 입증해 준다면, 다시 말해 이 사역을 통해서 성도들의 구원이 증진되는 경향이 있다는 것을 입증해 준다면, 여러분이 이 사역을 충분히 감당하려고 할 것이라고 생각하기도 합니다. 또 누군가는 이웃이 처한 비참함을 그저 여러분이 바라보는 것만으로도, 그들을 불쌍히 여겨 구원하려는 강렬한 열정이 여러분에게서 끓어오를 것이라고 생각하기도 합니다. 다리를 절뚝거리는 어떤 환자가 자신의 상처를 풀어헤치고 불구가 된 다리를 여러분에 보여주는 것만으로도, 여러분은 말없이도 마음이 동요될 것입니다. 마찬가지로 멸망이 가까운 영혼들을 보면 여러분의 마음도 움직이지 않겠습니까?

　의사들이 자신을 먼저 치료한다면 얼마나 좋겠습니까! 다시 말해서, 우리가 성도들에 대해 비판하면서 매일 설교하는 엄청난 불신앙과 어리석음이 우리에게는 없다면, 우리가 성도들에게 확신을 주려고 하는 바를 우리가 좀 더 굳건히 확신하고 있다면, 우리가 성도들에게 끼치고자 했던 그 놀랄 만한 것들에 우리가 좀 더 깊이 영향을 받는다면, 오 얼마나 행복한 교회이겠습니까! 우리가 매일 설교하는 그 영광스러운 것들이 우리의 영혼에 분명하고도 깊은 인상을 주기만 한다면, 우리의 설교와 우리의 개인적인 일상생활에 얼마나 큰 변화가 있겠습니까! 천국과 지옥, 이런 것들이 존재하는지 확실히 믿기도 전에, 자신들이 설교하는 교리의 중요성을 깨닫기도 전에, 천국과 지옥에 대해 설교하다니, 교회와 자신에게 얼마나 비참한 일입니까! 지각이 있는 사람이라면, 우리가 설교하고 말하는 주제들에 관해, 즉 영혼이 육체를 벗어나 의로우신 하나님 앞에 서서 변함없는 기쁨이나 변함없는 고통 속으로 들어간다는 것이 무엇을 의미하는지에 관해 생각할 때 놀랄 것입니다! 이 놀라운 생각들로 인해 죽어가는 사람들이 이것들을 받아들이다니요! 이런 주제들이 어떻게 설교되고 논의되어야 하겠습니까! 오, 이러한 일들에는 엄숙함과 진지함과 끊임없는 부지런함이 요구됩니다!

　이런 일들에 대해 다른 사람들은 어떻게 생각하는지 저는 잘 모릅니다. 하지만 제 경우를 말씀드리자면, 저는 저의 어리석음을 부끄러워하고 있습니다. 저는 저의 영혼과 다른 사람의 영혼을, "주님의 큰 날"(습 1:14 KJV)을 구하는 사람의 자세로 그렇게 대하지 않은 것에 대해 스스로도 의아해하고 있습니다. 다른 생각들이나 말들은 대체로 받아들이면서도, 왜 이런 놀라운 주제들이 내 마음을 사로잡지 못했는지 저도 이상합니다. 어떻게 제가 이런 주제들을 냉랭하고 가볍게 설교할 수 있었는지, 어떻게 성도들이 죄를 짓도록 내버려 둘 수 있었는지, 아무리 그들이 받아들이지도 않고 제 자신에게 어떤 수고나 고통이 따르더라도, 주님을 위해 그들에게 회개하라고 간청했어야 하는데 왜 그렇게 하지 않았는지, 저도 그저 놀랄 따름입니다!

강대상에서 내려올 때마다, 저는 좀 더 진지하고 열정적으로 설교하지 못한 것에 대해서 양심의 가책을 받습니다. 제 양심은 제 설교에서 미사여구나 우아함이 없었다거나, 호감 가지 않는 말을 사용했다고 저를 고소하지는 않습니다. 하지만 양심은 제게 묻습니다. "너는 어떻게 생명과 죽음을 그런 마음상태로 말할 수 있는가? 너는 어떻게 천국과 지옥을 그렇게 경솔하고 무기력한 방식으로 설교할 수 있는가? 너는 네가 말한 것을 믿고 있는가? 너는 진담으로 말하는가 아니면 농담으로 말하는가? 너는 성도들에게 죄가 그렇게 끔찍한 것이고, 바로 이 죄 때문에 엄청난 비참함이 성도들 위에 그리고 성도들 앞에 놓여 있다고 말하면서도, 너는 어떻게 네가 한 그 말에 전혀 영향을 받지 않을 수 있는가? 너는 그러한 성도들을 위해 울어야 하지 않는가? 네가 흘리는 눈물로 네 말문이 막혀야 되는 것 아닌가? 너는 통곡하면서 성도들이 지은 죄를 보여주며, 너의 생사가 달린 문제처럼 성도들에게 간청하고 간구해야 하는 것 아닌가?" 진심으로 말씀드립니다. 이것이 바로 제 귀에 울려퍼지는 양심의 소리입니다. 하지만 저의 영혼은 졸고 있으며, 좀처럼 깨어나려고 하지 않습니다.

오, 무감각하고 완악한 마음이 문제입니다! 오, 주님, 불신앙과 완악함에서 우리를 구해 주소서. 주님께서 우리를 구해 주지 않으시면, 어떻게 우리가 다른 사람들을 이 완악함에서 구하는 적합한 도구가 될 수 있겠습니까? 오, 주님께서 우리를 사용하여 다른 사람들의 영혼에 행하시려고 하는 일들을 먼저 우리의 영혼에 행하소서! 저는 병상에서 이해하는 내생(來生)과 강대상에서 이해하는 내생에 차이가 있다는 생각을 하면 혼란스럽기까지 합니다. 병상에 있을 때는 아주 크고 두려운 주제로 여겼던 이 문제(물론 저도 알고 있습니다. 죽음이 제 얼굴을 빤히 쳐다볼 때는 다시 또 그렇게 여기겠지요)가, 특히 매일 매 시간 죽음이 다가온다고 생각할 때는 그렇게 크고 두려운 문제였던 이 문제가, 어떻게 지금은 이렇게 가벼운 주제가 될 수 있다는 말입니까? 하지만 이런 생각을 한다 해도 지금 제 속에서 작동하는 죽음에 대한 이해는 예전만큼 회복되지 못할 것입니다!

오 사랑하는 목회자 여러분, 여러분도 저만큼 자주 죽음이라는 이웃과 충분히 대화를 나누고, 가끔씩은 여러분 자신도 죽음의 선고를 받은 경험이 있는데도, 여러분의 삶이 목회를 부지런하고 성실히 할 정도로 개혁되지 않았다면, 여러분의 양심이 편하지는 않았을 것입니다. 그리고 여러분은 여러분 안에서 자주 제기되는 이런 질문을 들었을 것입니다. "이것이 버림받은 죄인들을 향해 네가 가진 긍휼의 마음의 전부인가? 너는 이제 더 이상 그들을 찾아서 구원하려고 하지 않는가? 네 주위에 죽음의 자식들로 보이는 자들이 얼마나 많은지 보아라! 너는 그들의 회심을 위해 그들에게 무슨 말을 하고 무엇을 했느냐? 그들이 죽어 지옥에 가기 전에, 지옥에 가지 않도록 그들에게 진지한 말 한 마디라도 건넬 수 없는가? 그들을 구할 수 있는 시간에 네가 뭔가를 더 해보려고 하지 않았기 때문에, 그들이 거기서 영원토록 너를 저주하지 않겠는가?"

이러한 양심의 외침이 제 귀에 날마다 울려 퍼지지만, 주님께서도 아시다시피, 저는 이 외침에 거의 순종하지 못해 왔습니다. 자비로우신 하나님께서 저를 용서해 주시고, 저를 일깨워 주시기를 빕니다. 저와 마찬가지로 죄악된 게으름 속에 있는 대다수 하나님의 종들에게도 동일한 은혜를 내려주시길 빕니다. 솔직히 말해 부끄러운 일이지만, 누군가가 죽었다고 울리는 조종(弔鐘) 소리가 들릴 때마다, 제 양심이 제게 묻습니다. "영혼이 육체를 떠나기 전에 너는 그 영혼을 구원하기 위해 무슨 일을 했는가? 또 한 사람이 심판을 받으러 갔다. 그의 심판을 대비해 네가 그에게 준비시킨 것이 무엇인가?" 그런데 저는 지금까지 그들을 살리기 위해 돕는 일에 게으르고 돕기를 꺼려했습니다. 여러분이 시체가 되어 무덤 속에 누울 때, 여러분은 이렇게 생각하는 것 외에 달리 무슨 생각을 할 수 있겠습니까? '여기 몸이 있다. 그런데 영혼은 어디 있지? 영혼이 떠나가기 전에 영혼을 위해 내가 한 것이 무엇이지? 이것은 모두 내가 책임져야 할 부분이다. 내가 이에 대해 무슨 할 말이 있겠는가?'

오, 사랑하는 목회자 여러분, 이러한 질문들에 대답하는 것이 여러분에게는 작은 문제입니까? 지금은 작은 문제로 보이겠지만, 곧 작은 문제로 보이지 않을 그 시간이 다가오고 있습니다. "이는 우리 마음이 우리를 정죄할진대 하나님은 우리 마음보다 크시고"(요일 3:20, KJV)라는 말씀대로, 하나님은 우리의 양심이 행하는 정죄와 다른 정죄를 하실 것이며, 훨씬 더 엄격하게 우리를 정죄하실 것입니다. 하나님의 소리와 판결에 비하면 우리 양심의 소리는 조용한 소리이며, 우리 양심의 판결은 점잖은 판결입니다. 슬픈 일입니다! 양심이 보는 것은 하나님께서 보시는 것에 비하면, 우리가 짓는 죄와 비참함을 조금밖에 보지 못합니다. 지금은 작은 흙무더기처럼 보이는 것들이 나중에는 여러분의 영혼에 커다란 태산(泰山)처럼 나타날 것입니다. 지금은 티끌처럼 보이지만, 이것들을 좀 더 밝은 빛으로 (감히 말씀드린다면, 하나님께서 보시는 것처럼) 여러분이 볼 수만 있다면, 여러분의 눈 속에 있는 어마어마한 들보로 보일 것입니다(마 7:3). 양심이 우리를 고발할 때, 우리는 우리의 양심을 매수하거나 양심의 판결을 받아들임으로써, 좀 쉽게 우리의 양심에 맞출 수도 있고 변명할 수도 있습니다. 그러나 하나님은 그렇게 쉽게 상대할 만한 분이 아니시며, 하나님의 판결도 쉽게 받아들일 만한 것이 아닙니다. 우리는 설교합니다. "그러므로 우리가 흔들리지 않는 나라를 받았은즉 은혜를 받자 이로 말미암아 경건함과 두려움으로 하나님을 기쁘시게 섬길지니 우리 하나님은 소멸하는 불이심이라"(히 12:28, 29). 그러나 제가 괴물들을 가지고 여러분을 놀라게 하려고 한다거나 있지도 않은 위험이나 두려움들에 대해 말하고 있다고 여러분은 말하지 않을 것이기에, 저는 만약 우리가 오늘 이후로 이 위대한 사역을 고의적으로 게을리한다면, 이것이 우리에게 항의하여 들고 일어나서 우리를 정죄할 것이라는 그 분명하고도 확실한 사실을 여기서 밝히고자 합니다.

(1) 우리를 목회자로 서원하신 우리 부모님들이 우리를 정죄하며 말할 것입니다. "주님, 우리는 당신을 섬기도록 이들을 바쳤습니다. 그런데 이들은 이 목회직을 경하게 여기며, 자신만을 섬기고 있습니다."

(2) 우리를 가르쳤던 우리의 스승들과 우리를 개인적으로 가르쳐 주었던 가정교사들과 우리가 생활했던 학교들과 대학들과 우리가 공부하며 보냈던 그 모든 시간들이 우리를 심판하려고 항의하며 들고일어나서 우리를 정죄할 것입니다. 하나님의 사역을 하지 않는다면, 이 모든 일들을 왜 했냐고 말입니다.

(3) 우리의 학식과 지식과 목회적 은사들이 우리를 정죄할 것입니다. 하나님의 사역을 하지 않는다면, 이 모든 것들을 무슨 목적으로 받았냐고 말입니다.

(4) 영혼들을 책임지겠다던 우리의 자발적인 행동이 우리를 정죄할 것입니다. 왜냐하면 모든 사람들은 자신이 맡은 일에 신뢰가 가도록 성실해야 하기 때문입니다.

(5) 하나님의 교회를 위한 하나님의 모든 돌보심과 교회를 위해 그리스도께서 행하시고 고난받으신 모든 것이 우리를 심판하려고 항의하며 들고일어나서 우리를 정죄할 것입니다. 만약 우리가 게으르고 성실하지 않다면 말입니다. 우리의 게으름으로 그리스도께서 죽기까지 사랑하신 그 사람들을 우리가 파괴하였기 때문입니다.

(6) 성경에 있는 모든 교훈과 명령들, 도우심과 상급에 관한 모든 약속들, 징벌에 관한 모든 경고들이 우리를 심판하려고 항의하며 들고일어나서 우리를 정죄할 것입니다. 하나님은 이 모두를 헛되이 말씀하지 않았기 때문입니다.

(7) 성경에 기록된 예언자들과 사도들과 다른 설교자들의 모든 모범들과, 그 후대와 우리 주변에 그리스도의 신실하고도 부지런한 종들이 보여준 모든 모범들이 우리를 심판하려고 항의하며 들고일어나서 우리를 정죄할 것입니다. 이 모든 모범들은 우리가 이를 본받아 충성되고 부지런히 목회 사역을 감당하도록 우리에게 거룩한 경쟁을 부추기기 위한 것입니다.

(8) 우리 앞에 펼쳐진 성경책과 우리에게 우리의 의무를 직간접적으로 말해주는 우리가 공부하는 모든 책들이 게으르고 무익한 종을 정죄할 것입니다. 이 모든 참고서들과 지침서들을 우리가 헛되이 가지고 있는 것이 아니기 때문입니다.

(9) 우리가 성도들을 설득하기 위해 전한 말씀들이, 즉 두렵고 떨림으로 너희 구원을 이루라(빌 2:12), 생명의 면류관(약 1:12)을 얻기 위해, 그리고 천국을 얻기 위해 힘으로 그것을 차지하라(마 11:12, KJV), 좁은 문으로 들어가기를 힘쓰라(눅 13:24), 상을 받도록 이와 같이 달음질하라(고전 9:24) 등의 우리가 전한 모든 설교들이 신실하지 않은 자들에게 항의하며 들고일어나서 그들을 정죄할 것입니다. 이런 말씀들이 신실하지 않은 자들의 구원과 깊은 관련이 있다면, 그들의 구원을 돕기 위해 힘쓰고 애쓰며 지치지 않고 노력하기까지 그들을 책임지고 있는 우리에게도 관련이 있는 말씀이지 않겠습니까? 그들에게 수고와 인내가 가치 있는 것이라면, 우리의 수고와 인내도 가치 있지 않겠습니까?

(10) 죄의 악함과 자연적 상태의 위험성과 구세주의 필요성, 천국의 기쁨과 지옥의 고통들을 제시하기 위해 성도들에게 설교했던 그 모든 설교들이, 다시 말해 기독교 신앙의 진리들이 신실하지 않은 자들에게 항의하며 들고일어나서 그들을 정죄할 것입니다. 이런 설교들을 회고하며 그들은 슬퍼할 것입니다. "나는 성도들에게 그렇게 엄청난 위험과 소망들을 공적으로 말하지 않았던가? 그러고는 왜 더 이상 그들을 개인적으로 돕지 않았단 말인가? 도대체 이게 뭐란 말인가? 날마다 멸망에 관해 그들에게 말했으면서도, 왜

저토록 쉽사리 멸망에 빠지도록 그냥 내버려 두었던가? 크나큰 영광에 대해 말했으면서도, 왜 그들을 그 영광으로 인도하기 위해 개인적으로 돕는 말은 한 마디도 하지 않았던가? 이런 것들이 교회에서는 내게 큰 문제이더니, 집에 돌아오면 왜 그리도 내게 작은 문제가 되었던가?" 오! 이것이야말로 끔찍한 자기 정죄일 것입니다.

(11) 우리는 다른 사람들에게 다음과 같은 의무를 이행하라고 설득하기 위해 설교를 했습니다. 이웃들끼리는 날마다 서로 권면해야 할 의무가 있고, 부모와 주인들은 그의 자녀와 종들에게 천국의 도리를 가르쳐야 할 의무가 있다고 말입니다. 이런 의무를 감당하라고 우리가 전한 모든 설교들이 신실하지 않은 자들에게 항의하며 들고일어나서 그들을 정죄할 것입니다. 여러분은 최선을 다해 행하지 않으면서 왜 다른 사람들에게는 하라고 설득합니까? 여러분이 사람들에게 의무를 게을리하지 말라고 경고했다면, 여러분 자신에게는 더욱더 많은 경고를 해야 하지 않겠습니까!

(12) 우리가 신실하지 않다면, 우리가 섬김의 대가로 받는 우리의 모든 수입이 우리를 정죄할 것입니다. 자기 재미나 찾고 게으르게 앉아 있거나 자기를 위한 일만 하는 그런 종에게 도대체 누가 보수를 주겠습니까? 우리가 양털을 받는다면(신 18:4), 그것은 분명히 우리가 양 떼들을 돌보고서 받는 것이어야 합니다. 보수를 받는다면 우리는 일을 해야 할 의무가 있는 것입니다.

(13) 이 시대의 게으르고 추문에 휩싸인 목회자들에 반대해 우리가 제공했던 모든 증거들과 이들을 해임시키려는 모든 노력들이 그 신실하지 않은 자들을 정죄할 것입니다. "하나님은 사람의 외모를 보지 아니하시기"(행 10:34) 때문입니다. 만약 우리가 그런 죄를 짓는 후임자들이라면, 우리는 우리 자신을 전적으로 비판한 셈입니다. 우리가 그들을 따라한다면, 우리가 그들을 정죄한 것과 똑같이, 하나님과 다른 사람들도 우리를 정죄할 것입니다. 비록 우리가 그들이 행했던 것처럼 그 정도까지 악하지는 않다고 해도, 우리

도 그들과 비슷하다면 슬픈 일일 것입니다.

(14) 만약 우리가 신실하지 않다면, 이 시대의 게으른 목회자들에게 하나님이 우리의 목전에서 집행하신 그 모든 심판들이 우리를 정죄할 것입니다. 하나님은 게으른 목자들과 쾌락을 추구하며 빈둥거리는 자들의 콧구멍에 고약한 냄새가 나게 하지 않으셨습니까?(암 4:10, KJV). 우리가 게으르고 쾌락을 추구하는데도 하나님이 우리를 영화롭게 하시겠습니까? 하나님은 그런 자들을 물리치시고, 그들을 그들의 집과 강단에서 쫓아내시며, 여전히 살았으나 죽은 자(딤전 5:6)로 대하시며, 그들을 조롱거리로 만들어 이 땅에서 본보기로 삼지 않으셨습니까? 그런데도 감히 그런 자들을 따라하려고 합니까? 그들의 고통이 우리에게 경고가 되지 않습니까? 우리에게 본보기로 삼으시려고 이 모든 일들이 그들에게 일어난 것 아닙니까? 목회자들로 하여금 자기 부정과 부지런함을 일깨워주는 그런 것이 세상에 있다면, 우리는 이미 그런 것을 충분히 보았다고 생각합니다. 만약 여러분이 홍수로 옛 세상이 모두 물에 빠지는 것을 보았다면(창 6:17), 여러분은 그 옛 세상을 따라했겠습니까? 만약 여러분이 하늘에까지 불살라 올라가는 불길들을 보았다면(창 19:24), 게으름, 교만, 식탐 등과 같은 소돔의 죄악들을 여러분이 탐닉했겠습니까? 가룻 유다가 스스로 목매어 죽은 것과(마 27:5), 배가 터져 창자가 다 흘러나온 것을(행 1:18) 본 사람이라면, 도대체 누가 유다처럼 되려고 하겠습니까? 아나니아와 삽비라가 죽는 것을 본 사람이라면(행 5:1-11), 도대체 누가 거짓말을 하고, 거룩한 것을 훔치는 위선자가 되겠습니까? 그리고 주님께서 치셔서 맹인이 된 엘루마(행 13:11)를 본 사람이라면, 도대체 누가 복음을 반박하는 것을 두려워하지 않겠습니까? 그런 자들을 향해 노끈으로 채찍을 만드사 그의 성전에서 내쫓으시고(요 2:15), 티끌 같이 거리로 쏟아 버리는(시 18:42) 하나님을 우리가 이미 보고서도, 우리가 게으르고 자기를 추구하는 목회자들로 드러나서야 되겠습니까? 그럴 수 없습니다!(롬 3:4). 그렇게 되면, 우리가 몇 배나 더 큰 정죄를 받을 것이기 때문입니다(약 3:1. 영국 역사상

백스터가 이 책을 쓰던 시기처럼 영국이 그렇게 유능하고 신실하고 부지런하고 경건한 목회자들로 인해 축복받았던 시기는 없었던 것 같은 인상을 우리가 받지만, 여기서 백스터가 말했던 우려들이 얼마 지나지 않아 아주 침울한 방식으로 현실화되었다는 사실을 주목할 필요가 있다. 찰스 2세의 왕정복고 직후에 반포된 "통일령"[the Act of Uniformity]으로 인해, 거의 2천여 명의 탁월한 목회자들이 그들의 교회에서 쫓겨났으며, 쫓겨난 목회자들 가운데는 백스터도 들어 있었다. "푸른 나무에도 이같이 하거든 마른 나무에는 어떻게 되리요?"[눅 23:31]–원주).

(15) 마지막으로, 최근에 개혁을 위해서 영국에서 지켜진 모든 금식과 기도의 날들이, 고난의 이 사역에 동조하지 않으려 했던 개혁되지 못한 자들에게 항의하며 들고일어나서 그들을 정죄할 것입니다. 솔직히 말해서, 금식과 기도의 사역에 동조하지 않는 일은 우리의 죄를 가중시키는 것이기 때문에 생각만 해도 가슴이 떨립니다. 이 땅 위에 있는 나라들 중에서 우리가 행했던 것처럼 그렇게 오랫동안 금식과 기도로 엄숙하게 하나님을 따랐던 나라가 어디 있었습니까? 의회(3주 만에 해산된 단기의회와 구별되는 영국의회를 말한다. 1640년에 소집되어 1653년 혹은 1660년에 해산된 것으로 보는 장기의회. 스코틀랜드군의 침입에 대처하기 위해 소집되었으며, 개혁을 위한 청교도 혁명의 중심 무대였다 — 역주)가 시작되기 전에, 우리는 남몰래 얼마나 열심히 자주 기도했는지 모릅니다! 그 후 수년씩 우리는 함께 모여 의회의 명령대로 한 달에 한 번씩 금식하였으며(1642년 1월 장기의회의 요청에 의해, 찰스 왕은 매달 마지막 수요일을 금식의 날로 정하고 국민들에게 국가를 위하여 기도하도록 명했다. 이 관행은 1648년까지 6년 동안 지속되었다 — 역주), 정해진 이 날 외에도 우리는 자주 때를 정해 사적으로 금식할 뿐만 아니라 공적으로도 금식하였습니다. 그런데 이 모든 것들이 도대체 무엇을 위한 것이었습니까? 그동안 우리가 살펴본 여러 수단들이 무엇이든지 간에, 우리가 하는 모든 기도의 목적은 역시 교회의 개혁이었으며, 그 가운데서도 우리의 기도는 특별히 다음의 두 가지를 위한 기도였습니다. 하나는 신실한 목회사역을 위한 기도요, 다른 하나는

교회 내에서 권징을 실천하기 위한 기도였습니다. 그런데 우리가 원하는 모든 것을 가지게 되고 이 권징에 대한 자율권이 우리에게 주어져 우리가 바라던 권징을 실천하려고 하던 그때, 우리는 대중 설교만 하면 되고, 성도들을 가르치고 교리문답을 교육하는 수고스러운 일은 하지 않아도 되며, 권징 중에서도 좀 껄끄러운 부분은 전혀 실천하지 않아도 될 것이라는 이런 생각이 성도들의 마음뿐 아니라 우리의 마음도 생기지 않았습니까? 이런 생각을 하기만 해도 저는 놀라서 가슴이 두근거립니다. 인간의 마음이 얼마나 거짓됩니까! 도대체 어떻게 그럴 수 있습니까? 선한 사람들의 마음도 그렇게 거짓된 것입니까? 모든 인간의 마음이 그렇게 거짓된 것입니까?(렘 17:9, KJV).

솔직히 말해서, 저는 그 당시에 많은 군인들과 세속적인 사람들에게 이렇게 말했습니다(장기의회 당시 백스터는 군목이었다 — 역주). 비록 그들이 개혁을 위해 싸웠더라도, 일단 개혁의 주도권을 잡게 되면, 그들은 개혁을 싫어하고 개혁의 원수가 될 것이라고, 저는 확신을 가지고 그들에게 말해 주었습니다. 성도들은 이렇게 생각했을 것입니다. 그들이 교리문답 교육을 받고 개인적으로 교제를 나누며, 자신의 죄에 대해 사적으로나 공적으로 질책받고, 공적으로 죄를 고백하고 회개하거나 그렇지 않으면 회개치 않는 자로 외면당할 때, 그들은 이 권징의 멍에가 그들의 목을 죄는 것으로 생각하고, 이 모든 것을 경멸하며 말도 안 되는 것으로 일축하면서 그리스도의 멍에(마 11:29)를 포학한 폭정으로 여겼을 것입니다. 그러나 목회자들이 이 모든 것을 포기하고서, 아무것도 성도들에게 부과하지 않으리라고는 전혀 생각지도 못했습니다. 성도들을 권징하는 것은 고사하고, 성도들을 불쾌하게 하는 것도 두려워서 그냥 내버려 두었습니다. 따라서 모든 것이 예전과 똑같아지도록 만들었습니다.

오, 저는 지금까지 진지한 목회와 권징을 위해 간절히 기도하는 소리를 많이 들어왔습니다! 구원 그 자체를 위해 씨름하는 것처럼 그렇게 열심히 그들은 기도하였습니다. 실제로 그들은 자주 권징을 "그리스도의 나라, 다시 말

해 그리스도의 교회 안에서 그리스도께서 왕으로서 행하시는 직무"라고 일
컬었습니다. 그리고 권징을 바로세우는 것이 그리스도의 나라를 바로세우는
것이라 여기고, 그리스도의 나라를 위해서 설교하고 기도했습니다. 그러다
막상 그리스도의 나라를 마음껏 세울 수 있는 여건이 되자, 그들은 이 나라
를 세우는 것을 거부하려고 했습니다. 저로서는 도저히 생각할 수조차 없는
일이었습니다. 도대체 어찌된 일입니까! 그리스도의 나라가 이제는 특별히
중요하지도 않고 관심도 없다는 것입니까?

이 사안에 대한 우리의 마음을 아시는 하늘의 하나님께서 만약 그 무서운
음성을 우리가 기도하고 부르짖는 가운데 우리에게 발하신다면, 다시 말해
한 달에 한 번씩 하는 우리의 공적인 금식기도 중에 말씀하신다면, 모든 회
중들이 있는 가운데서 이렇게 응답하실 것입니다. "너희 거짓된 마음을 지닌
죄인들아! 내가 너희에게 주어도 너희는 가지지 못할 것을 위해 부르짖고,
너희 영혼이 싫어하는 것을 위해 너희의 목소리를 높여 간구하면서 나를 피
곤하게 하니, 너희야말로 대단한 위선자들이구나! 개혁이 무엇이냐? 죄인들
에게 허락된 나의 은혜와 나의 그리스도를 죄인들이 받아들이도록 그들에게
끈질기게 가르쳐서 확신을 주며, 나의 교회를 나의 말을 따라 치리하는 것이
아니고 달리 무엇이냐? 그러나 너희는 이런 일들을 해야 하는지 확신이 들지
않을 것이다. 왜냐하면 너희는 이 일들이 성가시고 사람들을 불쾌하게 만드
는 일이라고 생각했기 때문이다. 내가 너희를 구해 주었건만, 너희는 나를
섬기기를 원하지 않고 너희 자신을 섬기기를 원하고 있다. 개혁을 위한 자유
를 달라고 너희가 내게 열심히 간구한 것처럼, 나도 너희가 네 자신의 의무
를 이행하면서 교회를 개혁하도록 열심히 너희에게 부탁해야겠구나. 나는
너희가 간구한 자유를 주기 위해 모든 일을 다 행하지만, 너희는 너희가 해
야 할 일들을 여전히 행하지 않고 남겨 두려고 하는구나. 너희가 내 일을 감
당하기까지는 오랜 시간이 걸릴 것 같다."

주님이나 주님의 사자가 이런 응답을 하신다면, 충격이지 않겠습니까? 주

님이나 주님의 사자들이 지금 우리의 마음을 드러내 보인 것처럼 우리의 마음이 그렇게 될 것이라는 사실이 믿을 수 없는 일로 여겨지지 않습니까? 우리는 하사엘처럼 "당신의 개 같은 종이 무엇이기에 이런 큰일을 행하오리이까"(왕하 8:13)라고 말했으며, 베드로처럼 "모두 주를 버릴지라도 나는 결코 버리지 않겠나이다"(마 26:33)라고 말하지 않았습니까? 친애하는 목회자 여러분, 그런데 우리는 우리의 연약함을 보여주는 슬픈 체험을 하게 되었습니다. 우리가 그렇게 기도했던 개혁이었지만, 우리는 그 개혁 가운데서 까다롭고 희생이 요구되는 부분은 거부했던 것입니다. 그러나 그리스도는 조용히 우리에게로 돌아오셔서, 자비로우신 눈으로 우리를 바라보고 계십니다. 그러므로 즉시 밖에 나가서 심히 통곡하고(마 26:75), 더 심한 것이 생기지 않도록(요 5:14) 지금까지 우리가 해오던 것을 더 이상 행하지 말고, 이제부터는 지금까지 우리가 저버렸던 그분을, 심히 고민하여 죽게 되기까지(마 14:34) 수고하고 고통받으신 그리스도를 따라야 합니다!

여러분이 감당해야 할 의무로 서약하고 책임지고 있는 많은 것들 가운데서 이 사역을 성실히 감당하지 않으면 어떤 일이 벌어지는지에 관해 지금까지 말씀드렸습니다. 우리의 태만이 얼마나 변명할 수 없는 짓이요, 이에 대한 정죄가 우리에게 얼마나 크게 드러나게 될 것인지요! 친애하는 목회자 여러분, 참으로 이 사역이 여러분에게나 성도들에게나 또한 하나님의 영광을 위해서도 지극히 중요하다는 것을 제가 이해하지 못했다면, 이 사역에 대해서 이렇게 많은 말들로 여러분을 성가시게 하지도 않았을 것이며, 제가 지금까지 여러분에게 말씀드린 것처럼 그렇게 감히 신랄하게 말하지도 않았을 것입니다. 죽고 사는 문제에 직면하면 사람들은 보통 자신의 공손한 태도와 예의와 칭찬과 예의범절을 망각하기 마련입니다. 저는 이 사역이야말로 지금까지 제 인생에서 제가 착수해 보고자 했던 사역들 중에서 최고로 가장 위대한 사역이라고 생각합니다. 만약 이 사역에 대해서 여러분도 저와 같은 생각을 하신다면, 제가 말이 너무 많다거나 너무 신랄하다는 식으로 생각하지 않으리라 확신합니다.

　제가 예전(禮典) 문제를 개혁하고자 열심이었던 그때가 지금도 생생히 기억이 납니다. 그런데 만약 이 사역과 같은 본질적인 문제에 관해서 제가 냉담한 태도를 보인다면, 예전(禮典)에 개혁을 추진하던 그때의 열정과 비교해서 제가 가진 열정이 얼마나 앞뒤가 안 맞고, 균형도 맞지 않는 것으로 비쳐지겠습니까! 통탄할 노릇입니다! 몇몇 예전을 폐지하고 몇 가지 성직자의 의복과 몸짓과 형식들만을 바꾼다고 해서, 개혁이 종결되었다고 생각할 수 있겠습니까?(1559년과 1567년 사이에 벌어진 성직자 의복 논쟁[Vestiarian Controversy]을 통해 청교도들은 교회 예배시 설교자가 지정된 성복(聖服)을 착용하는 것을 폐지하자고 주장하면서, 예배 의식과 예전 등에 관한 개혁을 단행하였다 ― 역주). 사랑하는 목회자 여러분, 절대 그럴 수 없습니다! 영혼을 회심시키고 구원하는 일이 바로 우리가 해야 할 일입니다. 이 일이 개혁의 주요한 부분이며, 이 부분이 바로 사람들을 구원하는데 가장 큰 유익을 끼치고, 그들의 구원에 가장 크게 이바지하는 것입니다.

　친애하는 목회자 여러분, 지금 이 사역이 여러분 앞에 놓여 있습니다. 이 사역은 공적인 설교뿐만 아니라, 모든 양 떼들을 개인적으로 가르치는 일도 포함됩니다. 다른 사람들도 자신이 맡은 역할을 지금까지 잘 감당해 왔으며, 자신의 무거운 짐을 지금까지 지고 왔습니다. 이제 여러분이 역할을 감당하고 짐을 질 차례입니다. 얼마나 위대한 일들이 여러분의 손에 맡겨져 있는지, 그리고 여러분이 이 의무를 제대로 이행하지 못하게 되면 얼마나 많은 사람들이 잘못되는지, 그리고 여러분이 수고하지 않음으로써 얼마나 많은 손실이 있을지 여러분은 쉽게 알 수 있을 것입니다. 혹시라도 여러분이 행하는 수고가 인간의 영혼보다 더 귀하고 그리스도의 보혈보다 더 귀하다면, 그냥 가만히 앉아 계십시오. 그리고 무지한 자들이나 경건치 않은 자들을 보살피지 마십시오. 그 대신, 여러분 자신의 즐거움이나 세속적인 일들을 따라가면서 여러분 하고 싶은 대로 마음껏 하십시오. 죄인들이나 여러분의 육체를 기분 나쁘게 하지 마십시오. 여러분의 이웃이 흥하든 망하든 내버려 두십시오. 공적인 설교로 그들을 구원하지 못할 것 같으면, 그들이 망하도록 내버려 두십시오. 그러나 그래서는 안 될 것 같다는 생각이 든다면, 여러분 자신을 돌아보는 것이 최선입니다.

제2절 이 의무 이행의 반론들

제가 제안한 의무(개인별 교리문답 교육의 의무: 양 떼들을 개인적으로 지도할 것을 제안함)를 이행하는데 있어 예상되는 몇 가지 반론들에 대해 이제 대답하고자 합니다.

반론 1

우리는 성도들을 공적으로 가르치고 있습니다. 그런데 어떻게 우리가 또 성도들을 일대일로 가르칠 수 있겠습니까?

대답

여러분은 성도들을 위해 공적으로 기도하고 있습니다. 그렇다 해도 여러분은 그들을 위해 사적으로도 기도해야 하지 않습니까? 바울 사도는 모든 사람을 공중 앞에서나 각 집에서나 전하여 가르치고(행 20:20) 일깨어 밤낮 쉬지 않고 눈물로 각 사람을 훈계(행 20:31)하였습니다. 이 주제와 관련해서 우리의 경험이 더 큰 소리로 말하고 있는데, 우리가 더 많은 이야기를 해야 할 필요가 있겠습니까? 저는 제가 말할 수 있는 한 최고로 알아듣기 쉽게 말한다고 했지만, 지난 10년 혹은 12년 동안 제 설교를 부지런히 들어온 것으로 보이는 많은 성도들이 얼마나 모르고 있는지, 슬픈 일이지만 왜 그런 일이 벌어졌는지, 저는 날마다 의아해하지 않을 수 없습니다. 어떤 성도들은 삼위 하나님 한 분 한 분이 다 하나님이라는 것도 모르고, 그리스도는 하나님이며 또한 인간이라는 것도 모르며, 그리스도께서 인간 본성을 취하셨다가 승천하신 것도 모르고, 죄용서와 구원을 위해서 성도들이 무엇을 신뢰해야 하는

지도 모르며, 우리 신앙에 중요한 여러 가지 원리들에 대해서 전혀 모르고 있습니다. 솔직히 말하자면, 개인적으로 사적인 모임에 지속적으로 나오는 많은 성도들도 대체적으로 모르고 있기는 매한가지입니다. 하지만 사적으로 진행되는 한 시간 정도의 개인별 가르침은 그들이 지난 세월 동안 배우고 받아들였던 것보다 더 많은 것을 이해하고 받아들이는 것 같습니다.

반론 2

교구 내에 있는 모든 사람들이 다 교인도 아닐 뿐 아니라, 제가 그들을 목회적으로 돌봐야 할 책임도 없습니다. 따라서 제가 그 사람들로 인해 이 고생을 감내해야 한다는 사실에 저는 수긍하기 어렵습니다.

대답

(1) 여러분이 교구에 속한 모든 사람들을 한 명도 빠짐없이 모두 교회로 인도해야 할 의무를 가진 것은 아니지만, 그래도 여러분이 받는 통상적인 사례비는 교구민 전체를 가르치는 대가로 주어지는 것입니다.

(2) 사람들을 구원하고 교회에 유익을 끼치고 하나님께 영광을 돌리는 사역을 진작시키고, 이를 위해 최대한 힘을 쓰는 것은 모든 그리스도인의 공통적인 책임입니다. 그리고 이 목적을 목회적인 가르침을 통해 진작시키도록 최대한 힘을 쓰는 것은 모든 목회자들의 공통적인 책임입니다. 목회자라면 이 두 끈을 서로 묶어야 할 의무가 있습니다. 우리에게 이보다 더 강력한 의무는 없습니다. 이 사역이야말로 인간 영혼들에게 크게 필요한 분명히 도움이 되는 사역일 뿐만 아니라, 너무나 유익한 사역입니다. 그런데도 여러분은 이 사역을 이행해야 할 의무를 느끼지 못합니까?

반론 3

이 사역의 과정은 너무 많은 시간을 필요로 합니다. 그래서 혼자 연구해야 할 시간이 없어질 것입니다. 우리는 젊고 경험이 부족하기 때문에, 우리의 능력을 개선하고, 지식을 증진시키기 위한 시간이 많이 필요합니다. 그런데 이 사역의 과정은 전적으로 이를 불가능하게 합니다.

대답

(1) 이 사역을 하도록 우리가 설득하고 있는 사람들은 기독교 신앙의 본질을 이해하고 이를 다른 사람들에게 가르칠 수 있는 능력을 지닌 사람입니다. 이렇게 꼭 필요한 신앙의 근본적인 원리들을 전하는 것이 선호되어야 하지, 더 열등하고 덜 필요한 것들이 추가적으로 선호되어서는 안 됩니다. 저도 일반 지식을 높게 평가하며, 다른 사람들에게도 일반 지식을 가볍게 여기라고 하지 않습니다. 그러나 저는 영혼을 구원하는 일을 더욱 귀하게 여깁니다. 우리의 지상 목표인 이 사역은 이외의 다른 일이 방치된다 해도 반드시 행해져야 할 일입니다. 의사가 자신의 의술을 철저히 연구하여 자신이 행하는 의료시술의 근거를 밝힐 수 있으며 자기 앞에 쌓인 어려운 논쟁들을 무엇이든지 해결할 수 있다면 아주 바람직한 일일 것입니다. 가령 어떤 의사가 병원을 맡고 있는데, 그가 사는 도시에 전염병이 창궐하게 되었다고 합시다. 그런데 그 의사는 환자들을 왕진해서 사람들의 생명을 살리는 것 대신에, 발효(근대의학 이전에 질병은 각 장기에서 일어나는 화학 반응 과정의 장애, 특히 발효의 장애로 나타난다고 보았다. 그래서 발효 과정에 이상이 생긴 것을 질병으로 보았다 ― 역주)와 혈액순환과 수포와 기타 이와 비슷한 대단한 주제들을 연구하고 싶어한다고 합시다. 자기가 반드시 꼭 해야 할 연구가 있기 때문에, 치료를 위한 조언을 환자들에게 해줄 시간이 없다고 말하면서 환자들을 돌려보내 죽게 내버려 둔다면, 저는 그 의사를 먼저 할 일과 나중에 할 일도 구분하지 못하는 얼토당토않은 학생으로 여길 것이며, 자기가 하는 연구의 목표보다 연구의 부차적인 수단을 더 선호하는 사람으로 여길 것입니다. 솔직히 말해서, 저는 그 의사를 일종의 사회적으로 공인된 교양 있는 살인자로 생각할 것입니다.

하나님께서 피조물의 모든 행동들을 예정하셨는지 그렇지 않은지, 이성이

필연적으로 의지를 결정하는지 그렇지 않은지, 물리적인 인과율이나 도덕적
인 인과율 안에 하나님께서 은혜를 베푸시는지 그렇지 않은지, 자유의지가
무엇인지, 하나님께서 매개지(scientiam mediam[媒介知]. 예수회 신학자인
몰리나[Luis De Molina 1535-1600]가 도입한 용어로서, 인간의 '자유의지'와 하나
님의 예지를 조화하기 위해 사용했다-원주)를 가지고 계시는지, 다시 말해 악한
행위를 비난하는 적극적인 섭리를 하나님께서 사용하시는지, 그리고 아마도
여러분이 영혼들을 구원해야 할 그때에 꼭 연구하게 되는 그런 무수한 질문
들을 알지 못해도 인간 영혼들은 구원받을 수 있습니다. 하늘나라에 이르도
록 하십시오. 여러분의 성도들도 하늘나라에 이르도록 도우십시오. 그러면
여러분이 행하는 모든 연구로도 지금은 결코 알 수 없을 것 같던 이 모든 것
들을 어느 한순간에 깨닫게 될 것입니다. 이것이야말로 지식에 이르는 가장
신속하고도 확실한 길이지 않겠습니까?

(2) 비록 여러분이 광범위한 지식을 얻지 못한다 해도, 이런 식으로 부지런
히 실천하다보면 철저하고도 한층 탁월한 진보를 이룰 수 있을 것입니다. 비
록 여러분이 다른 사람들처럼 그렇게 많은 것을 알지 못한다 해도, 여러분은
위대한 진리에 대해서는 그들보다 더 잘 알게 될 것입니다. 죄인들의 구원을
위해 그들을 진지하게 대할 때, 여러분은 기독교의 구원하는 원리에 대해서
그 어떤 다른 연구들을 통해서 얻는 것보다 더 깊이 이해할 수 있게 될 것입
니다. 그리고 구원에 대한 지식을 좀 더 아는 것이 세상에 있는 지식을 전부
아는 것보다 더 가치 있습니다. 제가 하늘을 바라보며 도저히 가까이하기 어
려운 빛을 응시하면서 하나님에 대한 지식을 열망할 때, 제 영혼은 거기서
너무나 어둡고 멀리 떨어져 있음을 발견하게 됩니다. 그래서 이렇게 말할 수
밖에 없습니다. "나는 하나님을 알지 못합니다. 하나님은 제 너머에 계신 분
이며, 제 힘이 미치지 않는 곳에 계십니다." 하나님과 내생에 대해 어렴풋한
지식이라도 조금만 더 알게 된다면, 저는 제가 알고 있는 다른 지식과 기꺼
이 바꿀 수 있다고 생각합니다. 논리학이나 형이상학에 관해 한 마디도 알아

듣지 못해도, 또 학자들의 말을 하나도 알아듣지 못해도, 저는 제가 즉시 보아야 하는 것들을 제게 보여주시는 그 빛의 불꽃 하나라도 더 가졌으면 좋겠습니다. 제 생각엔 여러분이 영원한 것들과 신앙고백에 대해 가르치거나 교리문답 등을 진지하게 전해준다면, 여러분은 좀 더 많은 지식을 가지게 될 것이며(물론 좀 더 많은 것들에 관한 지식이 아닌), 여러분이 일상적인 것이거나, 혹은 재미있지만 그리 필요치는 않은 것들을 연구하면서 시간을 보내며 지혜를 얻는 사람들보다, 훨씬 더 지혜로운 사람으로 인정받을 것이라 생각합니다.

아마 우리가 이 사역을 끝내기도 전에 우리는 다음과 같은 사실을 알게 될 것입니다. 이 사역은, 목회자가 개인적으로 혼자 연구할 때보다 교회를 위해 훨씬 더 유능한 목회자가 되는데 더 많은 도움을 준다는 사실 말입니다. 자신의 연구와 더불어 실천과 경험을 더하는 사람이 의사든 법조인이든 성직자든 최고가 됩니다. 반면에, 하나님을 섬길 준비를 한다는 핑계로 평생토록 아직은 하나님을 섬기지 못한다고 거절하는 사람이나, 성도들의 영혼을 회복시킬 방법을 연구한다거나 성도들을 구원하는데 도움이 되는 능력을 좀 더 갖춘답시고 성도들의 영혼을 파멸하게 하는 사람은 하나도 쓸모없는 게으른 자로 인정될 것입니다.

(3) 물론 저는 이 사역을 주된 일로 생각합니다만, 그래도 한 말씀 더 드리자면, 저는 여러분이 좀 더 많은 것을 가졌으면 좋겠습니다. 왜냐하면 이 보조적인 학문들도 아주 유용하기 때문입니다. 그래서 말씀드립니다. 여러분은 이 둘을 감당하기 위해서 충분한 시간을 확보해야 합니다. 헛된 오락이나 일에 시간을 빼앗기지 마십시오. 쓸데없이 잠을 잔다든지 해서 일분이라도 헛되이 소비하지 않도록 하십시오. 여러분이 가진 힘으로 할 수 있는 모든 일을 해 보십시오. 그렇게 했는데도 다른 연구를 할 수 있는 충분한 시간이 나지 않는지 살펴보십시오. 이 위대한 사역을 감당하기 위해 여러분이 일주일에 이틀만 따로 떼어놓는다면, 나머지 나흘 동안 얼마든지 일반적인 연구

를 할 수 있는 시간을 확보할 수 있을 것입니다.

사실, 대학에서 수년 동안 공부한 사람들에게 있어서 일주일에 나흘이라는 시간은 논쟁과 설교를 준비하는데 적절한 시간이지 않습니까? 물론 저야 연약해서 그 정도 시간으로는 충분하지 않습니다. 그러나 제가 하나님께 감사한 것은, 제가 그렇게 연약한 사람임에도 불구하고 개인적인 가르침을 위해서 일주일에 이틀을 사용하고서도, 설교 준비를 위해서 일주일에 이틀이라는 시간을 확보할 수 있었다는 것입니다. 자, 보십시오. 어떤 과외의 일(일상적인 목회 사역 외에 하는 저술활동이나 다양한 종류의 전문적으로 하는 일 같은 것을 의미합니다)로 곤란을 겪지 않는 목회자들은, 자신이 하려는 마음만 있다면, 적어도 일주일에 두 번(이틀) 한나절은 이 일을 위한 시간으로 확보할 수 있으리라고 확신합니다.

(4) 여러 의무들이 함께 시행되어야 합니다. 가장 큰 의무가 우선시되어야 하겠지만, 이행할 수 있는 의무라면 그 어떤 것도 소홀히 해서는 안 됩니다. 의무들이 상호간에 반박되어서는 안 되고, 각 의무가 가진 고유한 위치를 알아야 합니다. 그럼에도 불구하고, 우리가 계속해서 연구할 수 없고, 무지한 자들을 가르칠 수밖에 없는 필연적인 상황이 생긴다면, 저는 한 영혼이라도 멸망시키는 죄를 짓기보다는 차라리 세상에 있는 모든 도서관의 책들을 폐기처분할 것입니다. 최소한 저는 이렇게 하는 것이 저의 의무라고 생각합니다.

반론 4

이 사역을 과정대로 이행하다 보면 우리의 에너지가 소진되기만 하고 휴식할 수 있는 시간이 나지 않아서, 우리가 건강을 해치지는 않을까 염려됩니다. 우리는 전적으로 다른 사람들과 애정 어린 교제를 계속해서 해야 하기 때문에, 집을 떠날수도 없고, 친구들과 만나 한나절도 마음의 긴장을 풀지도 못합니다. 그래서 우리는 다른 사람들에게 무례하거나 까다로운 사람으로 비쳐질 수 있을 것이며, 우리 자신도 피곤해할 것입니다. 항상 팽팽히 당겨진 활은 결국 부러질 위험이 있습니다.

대답

(1) 이런 반론은 자신의 이익을 추구하려는 육신의 항변입니다. 게으른 자들은 말합니다. "길에 사자가 있다"(잠 26:13)고 말입니다. 그리고 게으른 자는 춥다고 밭을 갈지 아니 합니다(잠 20:4, KJV). 만약 여러분이 혈과 육의 조언을 구하면, 중요한 의무도 없고 자기를 부인해야 할 의무도 없게 됩니다. 혈과 육은 이런 의무들에 반대하는 교묘한 이유들을 여러분에게 제공할 것입니다. 혈과 육이 제공하는 이런 식의 추론들이 타당했다면, 도대체 누가 그리스도를 위하여 자기 몸을 불사르게 내줄 수 있었겠습니까? 참으로 누가 그리스도인이 될 수 있었겠습니까?

(2) 우리는 휴식할 수 있는 시간을 가지면서도 여전히 이 사역을 감당할 수 있습니다. 몸이 다소 허약한 사람들이라면 건강을 위해서 식사 전에 한 시간이나 반 시간 정도 걷는 것만으로도 충분한 휴식이 될 수 있습니다. 저는 이같은 사실을 오랜 경험을 통하여 알게 되었습니다. 저는 수년 동안 건강이 아주 허약한 상태였고, 기력은 점점 떨어졌습니다. 제 병은 세상에 있는 거의 대부분의 사람들이 하는 만큼 운동을 해야 하는 병이었습니다. 그리고 지금까지 제 몸을 유지하는데 있어 운동이 최고의 수단임을 알게 되었습니다. 이런 이유로 저는 제가 알고 있는 사람이면 누구에게나 운동을 권하고 있습니다. 그리고 감사하게도 제가 앞서 말한 그 정도의 운동량으로도 제 건강은 잘 유지되고 있습니다. 물론 운동을 더 많이 하면 제 건강이 더 좋아질 수도 있겠지만 말입니다. 참으로 목회자들 가운데 제가 운동하는 만큼 운동하는 사람은 100명 중에 한 명도 되지 않을 것입니다. 그런 목회자를 저는 보지 못했습니다. 정말 저는 많은 목회자들을 알고 있습니다. 제가 그들에게 운동할 것을 권해 보지만, 그들은 웬만해서는 거의 운동을 하지 않습니다. 우리의 사역이 요구하는 한 우리의 건강을 유지하는데 필요한 만큼의 운동을 하

는 것도 우리의 의무라고 저는 확신합니다. 운동을 하지 않으면 하루치 사역
은 감당하겠지만, 앞으로 많은 날 동안 사역할 기회는 잃게 될 것입니다. 이
처럼 운동도 해야 하고, 우리가 맡은 의무도 행해야 합니다. 이 사역을 하기
위해 따로 떼어놓은 일주일 중 이틀 동안에도, 여러분이 몸의 건강을 위해서
한 두 시간 소요되는 걷기 정도는 못할 이유가 없습니다. 다른 날에는 더 많
이 걸을 수도 있습니다. 사람들 중에는 휴식 시간을 정해놓고 제한하지 않은
채, 사역을 위해 휴식 시간을 내는 것이 아니라, 자신의 쾌락을 추구하기 위
해 휴식 시간을 내는 사람들이 분명히 있습니다. 그런 호색가들은 기독교의
본질을 더욱더 연구하고, 육신을 추구하는 삶의 위험에 대해서 배우며, 특히
절제와 자기부인을 다른 사람들에게 설교하기에 앞서 자신이 몸소 이를 실
천할 필요가 있습니다.

만약 여러분이 자신만을 위한 기쁨을 가져야겠다고 생각했다면, 여러분은
성직에 발을 들여놓지 말았어야 했습니다. 왜냐하면 목회직은 하나님과 그
분을 섬기는 것을 기쁨으로 여기도록 요구하기 때문에, 목회자는 육체적인
기쁨을 극도로 억제해야 합니다. 여러분이 받은 세례는 육신을 대적하여(갈
5:17, KJV) 싸우겠다는 약속이지 않습니까? 그리스도인이 치르는 전투는 대
부분 육체와 영 사이의 싸움인 줄을 여러분은 알지 못합니까? 참된 그리스도
인과 회심하지 않은 사람 사이의 차이는 이런 것입니다. 참된 그리스도인은
성령을 통해 몸의 행실과 소욕을 죽이는 사람이며, 회심하지 않은 사람은 육
신을 따라 사는 사람(롬 8:13, KJV)입니다. 이것을 다른 사람들에게 설교하
는 것이 여러분의 직업인데도, 여러분은 자신의 기쁨을 추구해야겠다는 것
입니까? 만약 여러분이 자신의 기쁨을 추구해야겠다면, 부끄럽지만 복음을
전하는 것과 기독교에 대한 신앙고백을 포기하고서, 여러분 자신이 어떤 사
람인지를 고백하십시오. "육체를 위하여 심는 자는 육체로부터 썩어질 것을
거둡니다"(갈 6:8).

사도 바울은 말씀합니다. "그러므로 내가 이와 같이 달리되 정해진 것이

없는 것처럼 하지 아니하고 또 이와 같이 싸우되 허공을 치는 자같이 하지 아니하며 오직 내가 내 몸을 억제하여 복종시킴은 내가 다른 사람들에게 복음을 선포한 뒤에 어떤 방법으로든 내 자신이 버림을 받지 않게 하려 함이라"(고전 9:26, 27, KJV). 바울 같이 대단한 분들도 자기 몸을 억제하여 복종시켰는데, 하물며 우리 같은 죄인들이야 더욱 그렇게 해야 할 필요가 있지 않겠습니까? 우리는 우리 몸이 원하는 욕망을 실컷 채우고, 필요치도 않은 쾌락의 소욕을 우리 몸이 누리게 하려고 합니까? 사도 바울은 복음을 선포한 뒤에 자신이 버림을 받지 않을까 하고 두려워한 것이 틀림없습니다. 사도 바울이 그랬다면, 우리도 더더욱 이런 두려움을 가져야 하지 않겠습니까? 물론 쾌락 중에는 합법적인 쾌락도 있다는 것을 압니다. 우리가 사역을 하는데 유용하다면 합법적인 쾌락이라고 할 수 있습니다. 그러나 어떤 사람이 그런 쾌락을 위해서 귀중한 시간을 쓸데없이 낭비한다거나, 인간 구원이라는 이 위대한 사역을 소홀히 하면서도 이 일은 꼭 해야 할 일처럼 행동의 정당성을 주장하며 그 일을 하는 자신까지도 정당화한다면, 그 사람은 자신의 쾌락에 빠진 사람입니다. 이것은, 그리스도인이라면 가져야 할 공통적인 신실함에도 위배되고, 그리스도의 목회자가 갖는 신실함에는 더더욱 위배되는 사악함입니다. 그러므로 "하나님을 사랑하기보다는 쾌락들을 더 사랑하는"(딤후 3:4, KJV) 그 가련한 사람들은 하나님으로부터 사랑을 받고 있는지 확인해 봐야만 합니다. 우리는 "이 같은 자들에게서 네가 돌아서라"(딤후 3:5)는 명령을 받았으므로, 그런 사람들은 교회의 지도자가 되어서는 안 되고, 오히려 기독교 교회에서 나가는 게 더 나을 것입니다. 학생들에게 적합한 오락은 특별히 육체를 훈련하는 것으로 마련되어야 합니다. 왜냐하면 학생들 앞에는 마음을 즐겁게 하는 다양한 쾌락들이 있기 때문입니다. 부싯돌이 풀 베는 낫을 벼리는데 사용되듯이, 오락도 그렇게 사용되어야 합니다. 다시 말해, 사역에 필요한 용도로만 사용되어야 한다는 것입니다. 오락으로 우리의 귀중한 시간이 빼앗기지 않도록 우리는 주의하고, 가능한 한 아주 한

정된 범위 내에서만 오락을 취해야 합니다.

(3) 우리가 하는 이 수고는 우리의 건강을 크게 해치지 않을 것입니다. 이 수고는 바른 것이며, 진지하게 행해야 합니다. 그렇다고 해서, 이 수고가 우리 영혼을 크게 소진시키지는 않을 것입니다. 오히려 우리 영혼을 오로지 생기 있게 소생시키기만 할 것입니다. 보통 사람들이 어떤 문제에 대해서 하루 종일 말한다고 해서, 그 사람의 건강이 잘못되지는 않습니다. 그런데도 우리는 왜 건강이 잘못될까 염려하면서 다른 사람들의 구원에 관해서 말하지 않는 것입니까?

(4) 우리가 가진 힘과 시간을 하나님을 위해 쓰지 않는다면, 도대체 무엇을 위해 쓰겠습니까? 양초가 불 켜는데 사용되지 않는다면, 도대체 어디에 사용되겠습니까? 이와 마찬가지로, 우리는 불을 밝히는데 사용되어야 합니다. 우리 육신을 위해 살기보다는, 사람들이 천국으로 가는 길을 밝히고 하나님을 위해 살아가는 것이 더 합당하지 않습니까? 장수를 하든지 단명을 하든지 두 삶이 임종에 처할 때는 그들이 누린 기쁨 간에 별 차이가 없습니다! 만약 여러분이 오래 살려고, 해야 할 사역을 줄인다면, 여러분이 죽을 때 무슨 위로를 받을 수 있겠습니까? 많이 일한 사람이 오래 삽니다. 우리의 삶은 우리의 삶이 다할 때 우리가 행한 수고에 따라서 평가되지, 얼마나 오랫동안 살았는지에 따라 평가되지 않습니다. 세네카(Seneca)는 게으른 자에 대해 이렇게 말합니다. "어떤 사람이 거기에 있다고 해서 그가 거기에 살고 있는 것은 아닙니다. 그는 오랫동안 살고 있는 것이 아니라, 오랫동안 머무르고 있는 것입니다"(세네카가 쓴 「인생의 짧음에 관하여」 제7장[De brevitate vitae, VII]에 나오는 내용으로 정확하게 인용하면 다음과 같다. "그러므로 어떤 사람이 백발과 주름살이 있다고 해서 그가 오래 산 것은 아닙니다. 그 사람은 오래 산 것이 아니라, 오래 존재한 것뿐입니다" ― 역주). 우리가 죽음을 앞에 두고서 지난 삶을 돌이켜볼 때, 오랜 삶을 살았지만 불성실하게 살아왔다는 것보다는 짧은 시간이지만 성실하게 살아왔다는 것이 우리에게 더 위로가 되지 않겠습니까?

(5) 이제 방문과 문화적 교류에 대해 말씀드리겠습니다. 만약 이런 것들이 우리의 목회 사역보다 더욱 쓸모가 있는 것이라면, 여러분은 이런 것들을 위해 안식일을 범할 수도 있고, 이런 것들 때문에 설교를 빼먹을 수도 있고, 또한 이 개인적인 사역을 보류할 수도 있습니다. 그러나 이런 것들이 그렇게 쓸모 있는 것이 아니라면, 어떻게 감히 이런 것들을 핑계 삼아 이 중요한 의무를 소홀히 할 수 있겠습니까? 여러분의 친구들 때문에 하나님이 기다리셔야 합니까? 그 친구들이 귀족이거나 기사라거나 신사라 해도, 하나님보다 먼저 섬김을 받아야 합니까? 혹시 그들의 불쾌함이 하나님의 불쾌하심보다 여러분 마음에 더 큰 상처가 됩니까? 혹시 하나님께서 여러분의 게으름에 대해 여러분에게 질문하실 때, 여러분은 이런 말로 하나님의 추궁을 벗어날 수 있으리라 감히 생각하고 있는 것입니까? "주님, 저는 더 많은 시간을 영혼 구원을 위해 쓰고자 했습니다. 그러나 신사인 친구들을 제가 잘 접대하지 않으면, 그 친구들이 아주 섭섭해 할 것입니다." 만약 여러분이 아직도 사람들을 기쁘게 한다면, 결코 그리스도의 종이 아닐 것입니다(갈 1:10, KJV). 자기 삶의 목적을 육신을 기쁘게 하고 사람들을 기쁘게 하는 것으로 삼고 감히 살아가는 사람은 누구라도 저보다 더 담대한 사람입니다. 그리고 자신의 시간을 담대하게 아부나 하면서 보내는 사람은 자신의 시간을 어떻게 활용해야 하는지에 대해 별 생각이 없는 사람입니다. 오, 시간을 어떻게 선용해야 하는지 제가 확신한 바대로, 제가 그렇게 시간을 선용하도록 제 자신이 개선되었으면 좋겠습니다! 저처럼 자주 죽음에 직면했던 사람들이 자신의 시간을 귀하게 여긴다면, 저는 그런 사람들에 대해서는 그렇게 분개하지 않을 것입니다. 솔직히 말해서, 저는 시간이 남아도는 목회자들이나, 사냥이나 사격이나 볼링 같은 오락으로 두세 시간을 쓰거나, 실제로 이와 유사한 오락으로 거의 온종일 시간을 보내거나, 함께 앉아서 공허한 대화를 한 시간씩이나 하거나, 하루 종일 사교적인 목적으로 다른 곳을 방문하거나, 오랜 기간 여행을 떠나기도 하는 그런 사람들이 정말 이상하다는 것입니다. 오, 이런! 그들 주변에

그렇게도 많은 영혼들이 도와달라고 소리치고, 죽음은 우리에게 잠시도 쉴 틈을 주지 않는데, 도대체 이 사람들은 무슨 생각을 하고 있는 것입니까? 그들은 성도들과 함께 할 시간이 얼마나 짧은지 전혀 모르고 있습니다. 아무리 작은 교구라 해도 밤낮으로 온 힘을 다해 부지런히 해야 할 일이 너무 많습니다.

친애하는 목회자 여러분, 제가 노골적으로 여러분에게 말씀드려도 여러분께서 기꺼이 감수해 주셨으면 합니다. 만약 여러분이 영혼의 가치와 그들을 위해 흘리신 그 보혈의 귀중함과 그들이 받게 될 영광과 그들이 위험에 처해질 비참함을 전혀 인식하지 못한다면, 여러분은 그리스도인도 아니며, 따라서 여러분은 목회자가 되기에 정말 합당하지 않은 사람들입니다. 여러분에게 이런 인식이 있다면, 어떻게 여러분이 쓸데없는 휴식과 방문과 대화로 시간을 보낼 수 있겠습니까? 여러분이 해야 할 일이 손꼽을 수 없을 정도로 이렇게 많은데도, 어떻게 감히 한가로이 잡담이나 하면서 헛되이 시간을 보내며 빈둥거릴 수 있겠습니까? 시간이 얼마나 귀중한지요! 시간이 얼마나 빠르게 지나가는지요! 이내 곧 시간이 다 지나가 버릴 것입니다! 제 인생의 40년이 어떻게 지나갔는지 모르겠습니다(백스터는 1615년생으로서 1656년 발행된 이 책을 쓸 당시 40세였다 — 역주). 만약 하루하루가 한 달처럼 긴 시간이라 해도, 우리의 인생은 하루치 분량의 사역을 감당하기에도 너무나 짧은 시간이라고 생각합니다. 우리는 이미 많은 날들을 헛되이 보내지 않았습니까? 죽음을 앞둔 사람들을 만날 때마다 느끼는 것이지만, 그런 사람들은 완전히 바보가 아닌 이상 시간의 가치를 누구보다도 더 잘 알고 있습니다. 만약 그들이 소리를 쳐서 시간을 다시 되돌릴 수 있다고 한다면, 그들은 얼마나 크게 소리를 지르겠습니까? 만약 그들이 시간을 살 수 있다고 한다면, 그 시간을 사기 위해서 내놓지 못할 게 뭐가 있겠습니까? 그런데도 우리는 시간을 허송세월하려고 합니다. 게다가 하나님이 명하신 이 최고의 사역을 우리가 의도적으로 내팽개치려고 합니다. 아주 현명하게 보이는 사람들조차 여기에 미혹

됩니다. 오, 이 얼마나 어리석은 죄입니까! 자신의 목회적 의무에 관심을 가지고 자신이 하는 말의 중요성을 인식한, 정직하고 긍휼히 여기는 마음을 가진 사람에게 게으르고 헛되이 시간을 허비하는 것이 가능하겠습니까?

친애하는 목회자 여러분, 제가 조금 더 말씀드려야겠습니다. 다른 사람들은 필요치도 않은 것을 단순히 즐기기 위해서 시간을 보낼 수 있겠지만, 여러분은 그럴 수 없습니다. 왜냐하면 여러분이 맡은 일로 인해 여러분은 다른 사람들보다 더욱 엄격하게 이 사역에 임해야 하기 때문입니다. 전염병이 창궐하고 수많은 사람들이 의사의 도움을 갈구하며 생사의 갈림길에 서 있을 때, 의사가 자신의 건강 유지에 필요한 것보다 더 많은 휴식과 오락을 즐길 수 있겠습니까? 의사의 즐거움이 환자들의 목숨과 비교될 수 없듯이, 성도들의 영혼이 여러분보다 더욱더 귀합니다. 한 도시가 적들에게 포위되었다고 가정해 봅시다. 적들은 한편으로는 그 도시를 급습할 기회만 엿보고 있고, 다른 한편으로는 계속해서 수류탄을 던지며 도시에 불을 지르려 하고 있습니다. 그래서 어떤 사람은 성문을 지키는 의무를 맡았고, 또 다른 사람은 집에 붙은 불을 끄는 직무를 맡았습니다. 도시가 위험에 처해 있고, 도시의 여러 책임을 맡은 자들이 부지런히 움직이지 않으면 계속해서 불길이 번져 도시 전체를 삼킬 텐데, 여러분은 이 여러 의무를 맡은 자들이 휴식이나 오락을 즐기도록 시간을 허락하겠습니까? 여러분, 말씀 좀 해 보십시오. 이들 중에 한 사람이 자신의 의무를 뒤로한 채, "나 또한 혈과 육을 가진 사람입니다. 나도 휴식을 취하고 즐거운 시간도 좀 가져야겠습니다"라고 말한다면, 여러분은 그 사람을 너그러이 봐 줄 수 있겠습니까? 확신하건대, 어떤 피치 못할 사정이 아니고서는, 그렇게 말하는 사람을 여러분은 절대 용납하지 않을 것입니다. 이런 비유를 듣고서, "이 말씀은 어렵도다. 누가 그것을 들을 수 있으리요?"(요 6:60, KJV)라고 말하며 불평하지 마십시오. 이 말씀은 여러분에게 은혜의 말씀이기 때문입니다. 제가 다음 반론에서 대답을 통해 말씀드리겠지만, 이 모든 것들은 여러분의 사역이 잘되도록 하기 위함이라는 사실을 여러분이 알게 된다면, 여러분이 하는 모든 일들도 다 잘될 것입니다.

반론 5

저는 목회자들이 스스로 잡무를 떠맡아서 할 필요는 없다고 생각합니다. 목회자들은 부지런히 설교하고, 환자를 심방하고 다른 목회 의무들을 수행하며, 때로 그들이 대하는 사람들에게 선행을 베푼다면, 하나님은 굳이 우리에게 모든 성도들을 개별적으로 가르칠 것까지 요구하시면서, 우리의 삶이 짐스럽거나 노예상태가 되기를 원하지는 않으신다고 저는 생각합니다.

대답

이 의무가 얼마나 유용하고 중요한지, 그리고 하나님께서 이 명령을 얼마나 분명히 명하셨는지에 대해서 저는 앞에서 이미 말씀드렸습니다. 그런데도 여러분은 여러분이 할 수 있는 모든 선을 행할 것을 하나님께서 요구하지 않으신다고 생각합니까? 여러분은 죄인들이 죽음의 고통 가운데서 헐떡거리는 것을 보면서도 "하나님은 내가 그들을 구원하기 위해 스스로 고역(苦役)을 감당할 것을 요구하지 않으신다"고 말할 수 있겠습니까? 이것이 그리스도인이 할 말이며, 불쌍히 여기는 마음을 지닌 목회자가 할 말입니까? 오히려 이런 얘기는 세속적인 게으름뱅이나 극악무도하고 잔인한 사람들이 할 소리이지 않습니까? 하나님은 여러분이 이 일을 하도록 하셨는데, 정작 여러분은 하나님께서 여러분에게 이 일을 시키셨다는 사실을 믿지 못하는 것 아닙니까? 이것이 순종하는 자의 소리입니까, 아니면 반역하는 자의 소리입니까? 여러분의 육체가 여러분을 사로잡아 여러분이 승인한 의무에 순종하지 못하게 해서, "나는 나에게 기쁨이 되지 않는 것은 더 이상 순종하지 않겠다"라고 분명히 말하는 것이나, 여러분의 육체가 여러분의 의무임을 확신시켜 주는 증거를 여러분이 고의적으로 거부하도록 해서, "그 의무가 나에게 기쁨이 되지 않으면, 나는 그것이 나의 의무라고 믿지 못하겠다"라고 말하는 것이나 모두 같은 말입니다.

하나님을 섬길 때 자기 육체의 목적과 기쁨에 부합하는 가장 쉬운 부분은 귀중한 의무로 삼으면서, 이런 것들과 부합하지 않는 나머지 봉사들은 거부하는 것이 바로 위선자의 특성입니다. 이렇게 반대하는 말들은 위선의 말일 뿐 아니라, 추잡한 불신앙의 말이기도 합니다. 가장 높으신 하나님을 대적하여 그분을 섬기는 것을 노예상태와 고역이라고 부르다니, 이 얼마나 패역한 중상모략입니까! 그런 사람들은 그들의 주님과 그들의 사역과 그들이 받을 보상에 대해서 도대체 어떤 생각을 하고 있겠습니까? 신자다운 생각을 하고 있겠습니까, 아니면 불신자다운 생각을 하고 있겠습니까? 그들이 주님과 사역과 보상에 대해 이런 비열한 생각을 하고 있으면서도, 하나님께 영광 돌리고 하나님을 더욱더 잘 섬길 수 있겠습니까? 하나님을 섬기는 일을 노예가 하는 일로 여기는 사람들이 거룩함을 기뻐하겠습니까? 사람들을 부지런히 구원하는 일을 고역으로 여기는 사람들이 죄인들이 당할 비참함을 실제적인 것으로 믿을 수 있겠습니까? 그리스도께서 말씀하십니다. 누구든지 자기를 부인하고(마 16:24), 자기의 모든 소유를 버리고(눅 14:33), 자기 십자가를 지고 나를 따르지 않는 자는(눅 14:27) 능히 내 제자가 되지 못하리라(눅 14:33)고 말입니다. 그러나 이 사람들은 그리스도의 포도원에서 열심히 일하는 것과 모든 혜택과 격려를 받는 동시에 자신의 안락함을 포기하는 것을 노예상태로 여깁니다. 이런 생각은 모든 소유를 버리는 것과 너무나 거리가 먼 생각입니다! 자기 부인의 원수이자 참된 기독교의 원수인 그들이 어떻게 목회에 합당한 자가 될 수 있겠습니까?

그러므로 저는 교회의 주된 비참함이 바로 이 사실로부터 기인한다는 점을 말하지 않을 수 없습니다. 그 사실은 바로 너무나 많은 사람들이 그리스도인이 되기도 전에 목회자가 되었다는 것입니다. 만약 이들이 식사할 겨를도 없이(막 3:20) 사마리아 여인과 대화하기 위해 식사도 거르시며(요 4:8) 선을 행하시는 그리스도의 부지런함을 보았다면, 그들은 예수님을 꺼려하며

"이는 그가 미쳤다 함일러라"(막 3:21) 하고 말한 예수님의 육신적인 친구들과 같은 마음을 가졌을 자들이지 않습니까? 그들은 그리스도에게 이렇게 말했을 것입니다. 하나님은 이 모든 괴로움을 요구하지도 않으셨는데, 그리스도께서 스스로 고역을 감당하고 노예상태를 자처했다고 말입니다. 그리스도께서 낮에는 전적으로 복음을 전하시고, 밤에는 전적으로 기도하시는 것을 그들이 만약 보았다면, 그들은 그리스도의 이런 수고에 대해서 이와 동일한 비난을 퍼부었을 것입니다.

그들이 과연 그들이 전하고 있는 말씀을 진심으로 믿고 있는 것인지, 저는 이런 사람들에게 자신의 마음부터 살펴보라고 권면할 뿐입니다. 주님 안에서 죽는 자들(계 14:13)을 위해 준비된 그 영광과, 회심하지 않은 자들을 위해 준비된 그 고통을 여러분은 참으로 믿고 있습니까? 만약 여러분이 믿는다면, 그렇게 중요한 목표를 위해 수고하는 것이 너무 과하다고 어떻게 생각할 수 있습니까? 만약 여러분이 믿지 않는다면, 믿지 않는다고 말하고 포도원에서 나가십시오(마 21:39, KJV). 그리고 가서 탕자와 함께 돼지나 치십시오(눅 15:15)! 그리스도의 양 떼들을 먹이는(요 21:15) 임무를 맡지 마십시오!

친애하는 목회자 여러분, 여러분이 불평하는 이 일이 여러분 자신에게 유익하다는 것을 알지 못합니까? 여러분이 일을 많이 하면 할수록, 여러분은 더욱더 많이 받게 될 것입니다. 여러분이 지금 많이 내어 놓으면 놓을수록, 여러분은 더욱더 많이 받게 될 것입니다. 만약 여러분이 이런 기독교적 역설에 낯설어 한다면, 여러분은 이 역설을 다른 사람들에게 가르치는 임무를 맡지 말아야 했습니다. 현재 우리가 영적인 생활과 평화를 추구하는 대가로 우리가 받는 것은 보통 의무를 이행하는 과정에서 얻게 되는 것입니다. 그러므로 의무를 가장 충실히 이행하는 자가 하나님으로부터 가장 큰 상급을 얻습니다. 은혜는 베풀수록 풍성해집니다. 다른 사람들과 함께 하는 것보다 하나님과 함께 하고, 다른 사람들로부터 받는 것보다 하나님으로부터 더 많이 받는 것이 노예 상태입니까? 은혜로운 영혼에게 최고의 위안은 선을 행하고,

그 선을 행함으로 거룩한 것들을 받고, 자기 마음에 있는 그 거룩한 것들을 주위에 널리 베푸는 것입니다.

게다가 우리는 이후에도 더 많은 것을 받기 위해 준비하고 있습니다. 우리는 우리의 달란트로 이익을 얻기 위해 이 달란트를 사용하고 있습니다. 우리는 우리의 달란트를 활용하여 다섯 달란트를 열 달란트로 만들 것이고(마 25:20), 그래서 열 고을을 다스리게 될 것입니다(눅 19:17). 이 땅의 가장 먼 곳까지 가서 우리가 가진 미미한 것들을 금과 보석으로 바꿔오는 일이 고역입니까? 이런 사람들은 전적으로 부지런한 경건을 고역이라 말하고, 이것을 엄격하고 지루한 삶이라고 비난하면서, 이 모든 성가신 일들을 하지 않아도 사람이 구원받는 데는 아무런 문제가 없다고 믿는 자신의 불경함을 정당화하고 있는 것은 아닙니까? 그들은 목회 사역에 대해서도 이와 똑같이 말합니다. 그들은 이런 부지런함을 불쾌한 지루함으로 여기고, 이 모든 성가신 일들을 하지 않고서도 신실한 목회자가 될 수 있다고 믿고 싶어합니다.

이처럼 중요한 일을 게을리하는 것도 가증스러운 죄이지만, 이런 게으름을 찬성하고 이에 대해 전혀 개선의 여지가 없으며, 이 일은 전혀 의무가 아니라는 식으로, 이 의무를 반대하는 주장을 펴는 것도 모두 가증스러운 죄입니다. 영혼을 구원하기 위해 헌신해야 할 때도, 그들은 "하나님께서 이 일을 요구하신다고 나는 믿지 않는다"라고 말합니다. 이런 사람보다 더 나은 사람이 없어서 교회의 필요에 의해 이런 사람들을 어쩔 수 없이 사용하게 된다면, 이런 행동은 죄를 더 악화시키는 것입니다. "소금도 만일 그 맛을 잃으면 … 땅에도 거름에도 쓸 데 없어 내버리느니라"(눅 14:34) 하신 말씀처럼, 최소한 그런 자들은 쓰레기처럼 내쫓을 만하다고 저는 생각합니다. 그리스도께서도 이에 덧붙여 "들을 귀가 있는 자는 들을지어다"(눅 14:35)라고 말씀하셨습니다. 만일 그러한 목회자들이 욕을 먹고 비난을 받는다면, 그것은 자업자득(自業自得)입니다. 왜냐하면 자신을 간악한 사람으로 만든 것은 바로 자신이 저지른 죄악이기 때문입니다. 그들은 그리스도를 섬기는 일의 가치를 떨어뜨리면서, 동시에 자신의 가치도 떨어뜨린 것입니다. 그러면서 그들은 심판 날에 있을 더 큰 떨어짐을 준비하고 있는 것입니다.

반론 6

사도 바울이 살았던 시대는 우리 시대보다 더 많은 부지런함이 요구되던 시대였습니다. 그 당시에는 이제 막 교회가 생기기 시작했으며, 원수들도 많았고 박해도 엄청났습니다. 하지만 지금은 그때와는 전혀 상황이 다릅니다.

대답

이런 주장은 서재에만 처박혀 세상물정을 모르는 사람이 하는 말입니다. 오, 이런! 우리 주변에는 그리스도가 하나님이신지 사람인지, 그리스도께서 인간의 육체를 취하셨다가 하늘로 올라가셨는지 아니면 땅에 그 육체를 남겨두셨는지, 그들의 구원을 위해 그리스도께서 무엇을 행하셨는지, 죄용서와 영생을 위해서 성도들이 무엇을 신뢰해야 하는지 등에 대해서 모르는 사람들이 부지기수이지 않습니까? 우리는 강단에서 우리가 할 수 있는 최선을 다하지만, 우리가 하는 말을 전혀 믿지도 않고 이해하려고도 하지 않은 채 뻔뻔함과 무사안일과 육욕에 빠져 있는 사람들이 우리 주변에 수천 명도 더 되지 않습니까? 제멋대로 술을 퍼마시고, 세속적이고, 자기를 추구하고, 욕하고, 거룩한 삶을 증오하고, 해결책을 찾기보다는 차라리 죽기를 원하는 그런 자들도 얼마나 많습니까? 무지하고, 배우는데 더디며, 그리스도를 입으로만 고백하는 자들도 얼마나 많고, 또한 교회에 분란을 일으키고 미혹하며 문제를 일으키는 자들도 얼마나 많습니까? 그런데도 여러분은 이 개인적인 가르침이 필요하지 않다는 변명을 하기 위해서, 우리 시대는 매우 행복하기 때문에 이 사역이 필요하지 않다고 말한단 말입니까? 믿음과 경험 외에 무엇으로 이 반대에 대답할 수 있겠습니까? 우리 시대의 불쌍한 사람들을 생각하면서, 안으로는 더 잘 믿고, 밖으로는 더 많이 살피십시오. 제가 장담합니다. 그러면 여러분은 수고하지 않으려는 그 어떤 이유도 보이지 않을 것이고, 여러분에게 수고하라고 권하는 일이나 권해야 할 필요성도 없을 것입니다. 돌봐야 할 영혼이 한갓 100명뿐인 목회자라도, 그가 양심적인 목회자라면, 이 사역을 충실히 감당하기 위해서는 연초부터 연말까지(신 11:12) 꼬박 일해도 시간이 모자랄 것입니다. 경건하지 않은 사람들이 그리스도를 고백하기 때문에 덜 비참한 것입니까? 아니면 더 비참한 것입니까?

반론 7

만약 목회자들에게 그렇게 엄격한 법을 적용한다면, 교회에는 목회자가 하나도 남아 있지 못할 것입니다. 도대체 어떤 사람이 그런 고생스러운 삶을 선택하겠습니까? 또 어떤 부모가 그런 짐을 자녀들에게 지우려고 하겠습니까? 사람들은 이런 일을 회피하려고 할 것입니다. 왜냐하면 이 일을 감당하기에는 육체적으로도 피곤할 뿐만 아니라, 이 과제를 제대로 이행하지 못했을 경우에 양심의 가책마저 들기 때문입니다.

대답

(1) 여러분이 엄격하다고 말하는 이 법들을 제정하고 부과한 사람은 우리가 아니라 그리스도이십니다. 제가 이 법에 대해 침묵하거나 잘못 해석한다고 해도, 이 법이 완화되거나 이 법에서 여러분이 면제되는 것은 아닙니다. 이 법을 만드신 그분이 이것을 만드신 이유를 알고 계시기 때문에, 이 법에 순종하기를 기대하실 것입니다. 법을 만드신 이유를 알고 계셨으며, 이 법에 순종하기를 기대하실 것입니다. 무한히 선하신 그분이 악법이나 무자비한 법을 만들지는 않았을까 하며 우리가 질문하거나 의심해서야 되겠습니까? 그래서는 안 됩니다. 이 위대한 의무를 우리에게 부과한 것은 그분 안에 있는 순전한 긍휼 때문입니다. 환자들의 생명을 구하는 의사들에게, 그들이 병원에 있든 전염병 격리 병동에 있든 다른 환자들과 있든 자신의 최선을 다할 것을 요구하는 법이 있다고 한다면, 이 법 안에는 가혹함이 아니라 긍휼함이 있는 것이 아니겠습니까? 한번 보십시오! 여러분이 감내해야 할 수고와 고통

을 다소 덜어주려고 하나님께서 여러분 이웃의 영혼들이 멸망하도록 내버려 두어야 하겠습니까? 또, 이렇게 하는 것이 여러분에게 긍휼을 베푸는 것입니까? 만약 그렇게 맹목적이고 자기를 기만하는 사람이 세상을 다스린다면, 우리가 살고 있는 이 세상은 얼마나 비참한 세상이 되겠습니까!

(2) 목회자들을 충원하는 일은 그리스도께서 알아서 하실 것입니다. 이 의무를 부과하시는 그리스도는 성령으로 충만하셔서(엡 5:18), 사람들에게 자신의 규례를 지켜 행할(겔 36:27) 마음을 주실 수 있는 분이십니다. 그리스도께서 모든 사람을 여러분처럼 잔인하고, 무자비하고, 육신적이고, 자신만을 추구하는 자로 그렇게 내버려 두시겠습니까? 친히 우리의 구속 사역을 담당하시고, 우리의 죄를 담당하셨으며(벧전 2:24), 교회의 목자장으로서(벧전 5:4) 신실하셨던 그분이 자신의 사역을 이행할 도구가 없어서 자기가 행한 모든 수고와 고통을 헛되게 하시겠습니까? 그 누구도 이 일을 하지 않으려고 하기 때문에, 그리스도께서 이 모든 일들을 감당하시러 다시 내려오시겠습니까? 그리스도는 자기의 종이 될 사람들을 준비하셔서 자기의 학교로 인도하실 것입니다. 그 종들은 기꺼이 이렇게 수고하고 일하는 것을 기뻐하며(이렇게 살아가는 것을 여러분은 엄청난 고생이라고 여기지만), 이렇게 사는 것을 이 세상에서 가장 행복한 삶이라고 여기면서, 여러분의 안락함이나 육신적 즐거움과 절대 바꾸지 않을 것입니다.

영혼 구원과 그리스도의 복음 전파를 위하여 그들은 자신이 짊어진 짐의 무게와 낮의 열기를 기꺼이 견딜 것입니다(마 20:12, KJV). 그들은 그리스도의 남은 고난을 자기 육체에 채우며(골 1:24), 때가 아직 낮이매 일을 하며(요 9:4), 무슨 일을 하든지 마음을 다하며(골 3:23), 뭇 사람을 섬기는 자가 되며(막 9:35), 자기를 기쁘게 하지 아니하며, 각 사람이 이웃을 기쁘게 하되 선을 이루고 덕을 세우도록 하며(롬 15:2, 3), 여러 사람에게 여러 모습이 되어 아무쪼록 몇 사람이라도 구원하고자 하며(고전 9:22), 택함받은 자들을 위하여 모든 것을 참으며(딤후 2:10), 하나님이 만드신 영혼들을 위하여 크게 기뻐하므로 재물을 사용하고 또 자기 자신까지도 내어 줄 것입니다(고후 12:15). 설령 그들이 다른 사람들을 더욱더 사랑해서 그 사람들로부터 더욱 더 미움을 받는다 해도, 또 다른 사람들에게 진리를 말하는 것 때문에 원수 취급을 받는다 해도, 그들은 이 일을 감당할 것입니다. 그리스도는 그 마음에 맞는 사람을 구하여 자기 백성의 지도자로 삼으실 것이고(삼상 13:14), 그들은 "지식과 명철로 성도들을 양육"(렘 3:15)할 것이며, "어린 아이가 부모를 위하여 재물을 저축하는 것이 아니요 부모가 어린 아이를 위하여 하는"(고후 12:14) 그 마음을 가질 것입니다. 그런데 이게 무슨 말입니까? 데마처럼 여러분이 이 세상을 사랑하여 그리스도를 버렸다고 해서(딤후 4:10), 그리스도를 따르는 종들이 더 이상 없을 것이라고 여러분은 생각합니까?

만약 여러분이 그리스도를 섬기기가 싫다면, 여러분이 할 수 있는 더 나은 일을 찾아서 그 일로 벌어들인 이득에 대해 자부심을 가져도 괜찮다고 생각합니다. 그러나 여러분이 그리스도를 섬기지 않을 것이라며 그리스도를 협박하지는 마십시오. 그리스도는 목회자들뿐만 아니라 구원받을 모든 자들을 위하여 여러분이 엄격하다고 말하는 그 법들을 만드셨습니다. 그리스도의 제자가 되기를 원하는 모든 자들은 "몸의 행실을 죽이고(롬 8:13), 세상이 나를 대하여 십자가에 못 박히고(갈 6:14), 자기를 부인하고 날마다 제 십자가를 지고 나를 따를 것이니라"(눅 9:23) 하신 말씀을 실천해야 합니다. 이 모든 것에도 불구하고, 그리스도를 따르는 제자들은 끊이지 않을 것이며, 그리스도는 사람들이 자신을 섬기도록 하기 위해서, 겉으로만 보기에도 어려운 조건들을 그들에게 숨기지 않으실 것입니다. 그 대신, 그리스도는 그들에게 최악의 조건을 말씀하시고 나서, 그들이 그리스도를 따를지 아니면 따르지 않을지를 선택하도록 하실 것입니다. 그리스도는 그들에게 먼저 그 비용을 계산해(눅 14:28) 보라고 말씀하실 것입니다. 그리스도는 그들에게 "여우도 굴이 있고 공중의 새도 거처가 있으되 인자는 머리 둘 곳이 없다"(마 8:20)고도 말씀하실 것입니다. 그리고 세상에 화평과 형통(신 23:6, KJV)을 주려고 온 것이 아니라(눅 12:51), "참으면 또한 함께 왕 노릇"(딤후 2:12) 하고, "너희의 인내로 너희 영혼을 얻게"(눅 21:19) 하실 목적으로 그들을 부르시어, 우리가 넉넉히 이겨(롬 8:37) 승리자의 관(딤후 2:5)을 써, "아버지 보좌에 함께 앉은 것과 같이"(계 3:21) 하기 위해서 오셨다고 말씀하실 것입니다. 이 모든 것을 그리스도께서 그 택한 자들에게 행하실 것입니다. 이스라엘 백성들이 다윗에게 했던 것처럼, 즉 사울이 "이새의 아들이 너희에게 각기 밭과 포도원을 주겠느냐"(삼상 22:7)라고 말한 것 같이, 또는 세바가 "우리에게는 다윗 안에서 얻을 몫이 없으며 이새의 아들 안에서 얻을 상속 재산이 없도다. 오 이스라엘아, 각각 자기 장막으로 돌아가라"(삼하 20:1, KJV)라고 말한 것처럼, 여러분도 지금까지 그런 말을 그리스도에게 하지 않았습니까? 만약 여러분이 "다윗의 자손이여(마 9:27) 이제 너는 네 집이나 돌보라"(대하 10:16)라고 말한다면, 여러분은 그리스도께서 자신의 집을 돌보시는 것을 보게 될 것이며, 이제 여러분의 집은 여러분이 알아서 돌봐야만 할 것입니다. 그럼 제게 말씀해 보십시오. 그렇게 살다가 죽음과 심판의 때가 될 때, 어느 것이 더 이로운 거래이겠습니까? 그리스도께서 여러분을 더 아쉬워하겠습니까, 아니면 여러분이 그리스도를 더 아쉬워하겠습니까?

이 임무를 실패하면 어떻게 하나 하는 두려움에서 비롯되는, 양심의 가책에 대해 이제 말씀드리겠습니다. 첫째, 그리스도께서 가증스럽게 여기는 것은 우리의 자발적이지 않은 불완전함이 아닙니다. 그것은 바로 우리의 신실하지 않음과 의도적인 게으름입니다. 둘째, 여러분이 해야 할 일일 뿐만 아니라, 여러분이 할 수 있는 이 사역을 과연 감당할 수 있을까 하는 의심을 핑계 삼아 포도원을 뛰쳐나가는 것은 합당하지 않습니다. 하나님께서 요나를 좇아가신 것처럼, 하나님은 여러분을 뒤따라가서 그 폭풍으로 "스올의 뱃속에"(욘 2:2) 여러분을 넣으실 수도 있습니다. 여러분이 그 의무를 신실하게 실천할 수 없다는 것 때문에 그 의무를 회피하는 것은 결국 궁색한 변명으로 드러나고 말 것입니다. 사람들이 처음부터 일시적인 것과 영원한 것의 차이

와, 그리스도로 인해 그들이 얻게 될 것과 잃게 될 것을 생각해 보지 않았다
면, 다시 말해 오직 "보이지 않는 것들의 증거"(히 11:1)인 믿음을 가지고서,
믿음으로 행하고 보는 것으로 행하지(고후 5:7) 않았다면, 이 모든 반론들은
쉽게 해소되었을 것입니다. 그리고 우리의 혈과 육(엡 6:12)이 지닌 소욕을
충족시키자는 이런 항변들은 어린아이들의 추론이나 제정신이 아닌 사람들
의 말처럼 들렸을 것입니다.

반론 8

그러나 어쨌든 대부분의 성도들이 순종하지 않는다면, 이 모든 게 무슨 소
용이 있습니까? 그들은 교리문답 교육을 받으러 우리에게 오지 않을 것입니
다. 그들은 학교에 가기에는 자기 나이가 너무 많다고 말할 것입니다. 그러
므로 쓸데없이 그들을 괴롭히기보다는 차라리 그냥 내버려 두는 것이 나아
보입니다.

대답

(1) 너무나 많은 사람들이 자기 안에 있는 사악한 특성으로 인해 완고하다
는 것은 부인할 수 없는 사실입니다. "단순한 자들아, 너희가 어느 때까지 단
순함을 사랑하겠느냐? 비웃는 자들이 어느 때까지 자기들의 비웃는 것을 기
뻐하고 어리석은 자들이 지식을 미워하겠느냐?"(잠 1:22, KJV)라고 성경이
말씀하고 있기 때문입니다. 그러나 그들이 악해지면 질수록, 그들의 사정은
더욱더 슬퍼지며, 그들이 불쌍해지면 질수록, 우리는 그들의 회복을 위해서
더욱더 부지런해야 합니다.

(2) 성도들의 대부분이 너무나 완고하고 오만무례하게 된 것은 목회자 때
문일 수도 있습니다. 만약 우리가 마땅히 해야 할 바대로 우리 몸을 불살라
그들 앞에 빛을 비추기만 했더라도, 만약 우리가 납득이 가는 설교와 납득이
가는 삶을 살기만 했더라도, 만약 우리가 어떤 희생을 치르더라도 우리가 할
수 있는 모든 선한 일을 하려고만 했다면, 만약 우리가 더욱 유순하고 겸손

하며 더욱 애정을 갖고 관대하게 대해서, 우리가 세상적인 것들을 성도들의 구원과 비교해 대수롭지 않게 여긴다는 것을 성도들이 알게만 했다면, 우리는 지금까지 했던 것보다 더 많은 일들을 했을 것이며, 많은 사람들이 입을 다물었을 것입니다. 물론 사악한 자들은 여전히 사악하겠지만, 아마도 더 많은 자들이 유순해졌을 것이고, 아마 사악한 자들의 숫자도 줄어들었을 것이며, 사악한 자라도 예전보다는 더욱 잠잠해졌을 것입니다. 이 나라의 가장 능력 있고 최고로 경건한 목회자들이 시무하는 교구에도 다른 교구들과 마찬가지로, 유순하지 않고 냉소적인 성도들은 많다고 여러분이 말한다면, 저는 이렇게 대답하겠습니다. 그렇게 유능하고 경건한 목회자들은 너무 위압적이고 성도들과는 거리가 있는 자들로, 그들 중 몇몇은 매우 자비롭지도 않고 세속적이어서, 아무리 필요하고 유익한 사역이라도 그에 따른 희생을 감내하기 싫어하며, 공적으로는 아주 탁월하게 사역을 감당하지만, 사적으로는 거의 아무 사역도 하지 않는 사람들입니다. 그래서 그들은 자신이 행한 수고의 열매를 잘 거두지 못합니다. 그러나 경험이 우리에게 말해주듯이, 이렇게 공적인 사역이 잘 이루어지는 곳에서는 방해가 적기 때문에 한층 더 큰 성과를 낼 수 있습니다. 최소한 성도들이 존경심을 가지고 좀 더 정숙한 상태에서 더 잘 배우려고 하기 때문입니다. 하지만 이런 이유만으로 성도들이 모두 그럴 것이라고 기대할 수는 없습니다.

(3) 성도들이 고집이 세다고 해서 그것이 우리가 의무를 소홀히 해도 된다는 구실이 될 수는 없습니다. 그들에게 도움을 베풀어 보지도 않고서, 누가 우리의 도움을 거부할지 우리가 어떻게 알겠습니까? 도움을 베푸는 것은 우리의 본분이고, 받아들이는 것은 그들의 몫입니다. 만약 우리가 도움을 베풀지 않는다면, 그들은 우리에게 핑계를 댈 수 있습니다. 왜냐하면 그들은 우리의 도움을 거절하지 않았으니 말입니다. 따라서 우리는 변명의 여지가 없게 됩니다. 그러나 우리가 그들에게 도움을 베풀 때, 그들이 도움을 거절한다면, 그때는 우리가 해야 할 본분을 다 행한 것이며, 우리의 영혼은 구원받

게 됩니다(겔 3:18).

(4) 어떤 사람들은 우리의 도움을 거절해도, 또 어떤 사람들은 우리의 도움을 받아들이기도 할 것입니다. 우리가 아주 큰 수고를 한다고 해도, 그들을 도와서 이룬 성과는 우리가 행한 모든 수고에 충분한 보상이 되고도 남을 것입니다. 한번 생각해 보십시오. 우리가 행하는 공적인 설교를 통해서 모든 성도들이 지속적으로 변화되는 것은 아닙니다. 그렇다고 해서 이를 빌미로 공적인 설교를 포기해서는 안 되는 것과 같습니다.

반론 9

사람들을 회심시키기 위한 목적으로 하나님께서 명하신 주요 수단인 설교를 통해서도 사람들이 회심하지 않는데, 이런 개인적인 사역을 통해서 도대체 얼마나 사람들이 회심을 하겠습니까? "믿음은 들음에서 나며 들음은 그리스도의 말씀으로 말미암지"(롬 10:17) 않습니까?

대답

(1) 이 사역과정의 이점(利點)들에 대해서는 여러분에게 앞서 말씀드렸습니다. 그러므로 이 이점들에 대해서는 다시 말씀드리지 않겠습니다. 다만, 이 사역이 설교를 방해할 것이라고 생각하는 사람들을 위해서 몇 가지만 부가적으로 더 언급하고자 합니다. 이 사역은 여러분이 행하는 설교를 돕는 탁월한 수단이 될 것입니다. 의사가 환자의 질병을 파악하기만 해도, 의사는 이미 환자를 반은 치료한 셈입니다. 이와 마찬가지로, 여러분이 성도들의 상황에 대해 잘 알기만 해도, 여러분은 성도들에게 무엇에 관해 설교해야 하는지 알게 될 것입니다. 무지하거나 완고한 죄인들과 한 시간만 대화를 나누어도, 여러분은 한 시간의 설교준비를 위한 연구에 못지않은 유용한 설교 자료들을 얻게 될 것입니다. 왜냐하면 이런 대화를 통해서 여러분은 여러분이 무엇을 강조해야 하는지, 성도들이 반대하는 이유들에 대해서 어떻게 반박해야 하는지 알게 되기 때문입니다.

(2) 지금 이 자리에는 개인 면담을 설교와는 다른 것으로 생각하는 어리석은 사람들이 없기를 바랍니다. 도대체 무슨 말입니까? 우리가 설교를 한다고 해서 성도들이 모두 우리가 하는 말을 듣고 있습니까? 교리문답식의 질문과 대답으로는 설교가 되지 않습니까? 천명을 대상으로 설교를 하듯이 단 한 사람에게도 진심으로 설교할 수 있습니다. 여러분이 성경을 살펴보면 알겠지만, 우리가 이미 언급한 대로 신약에 기록된 대부분의 설교들은 면담하는 가운데 흔히 질문과 대답하는 방식으로 행해졌으며, 그것도 기회 있는 대로(갈 6:10, KJV) 한두 명이나 이 숫자를 전후로 한 사람들에게 행해진 것이었습니다. 그리스도 자신이 대부분 이런 식으로 자주 설교하셨습니다. 게다가 우리가 행하는 사역의 성과를 생각한다면, 우리는 성도들의 지적 능력까지도 고려해야 합니다.

그러므로 하나님의 뜻으로 보나 성경에 비추어 보나, 또는 바른 이성의 기준으로 보나, 이 사역에 대해 의심하고 시행하지 않을 하등의 이유가 없습니다. 그러나 세상과 육신과 마귀의 입장에서 이 사역을 비추어 본다면, 이 사역을 의심하고 탐탁지 않게 여길 이유들은 예상보다 훨씬 더 많을 것입니다. 그러나 이 모든 유혹에도 불구하고, 우리가 하나님을 의지하면서, 한편으로는 우리의 위대한 의무들을 바라보고, 다른 한편으로는 소망의 결과와 축복된 상급을 바라본다면, 우리가 물러서거나 겁낼 이유가 없다는 것을 알게 될 것입니다.

우리가 앞서 살펴본 본문 말씀(행 20:17-35) 안에 있는 도식들을 가지고 살펴봄으로써 이 의무에 대해 배워보겠습니다. 여기 우리 앞에 있는 이 교훈은 얼마나 대단한 교훈인지 모릅니다! 그러나 이러한 것들이 과연 그들의 의무인지에 대해서 의심하는 사람들은 이 교훈에 대해 얼마나 엉터리로 배우고 있는지 모릅니다! 솔직히 말해서, 사도 바울이 전한 이 교훈들 중에 몇몇 말씀들은 종종 제 눈앞에 어른거리고 제 양심에 감명을 주기 때문에, 저는 여기에서 저의 의무를 깨닫기도 하고 저의 게으름을 깨닫기도 합니다. 그래서 저는, 젊은 학생들이 다른 것들에 시간을 쏟기보다는 오히려 사도 바울의 이 연설을 1년 열두 달 계속해서 공부하는 게 더 가치가 있지 않을까 하고 생각합니다.

친애하는 목회자 여러분! 이 말씀을 여러분이 공부하는 방문에 써 놓으십시오. 큰 글씨로 직접 여러 군데 써 놓아서, 눈에 항상 잘 띄도록 하십시오. 우리가 이 중에 두세 줄만 배워도 우리는 아주 훌륭한 설교자들이 될 것입니다!

[a] 우리의 일반 사명 – 온전히 겸손한 마음과 많은 눈물로 주님을 섬김(행 20:19, KJV).

[b] 우리의 특별 사역 – 너희 자신과 모든 양 떼에게 주의를 기울임(행 20:28, KJV).

[c] 우리의 신조 – 하나님을 향한 회개와 우리 주 예수 그리스도를 향한 믿음(행 20:21, KJV).

[d] 가르치는 장소와 방법 – 나는 공중 앞에서 또 집에서 집으로 다니며 너희를 가르친다(행 20:20, KJV).

[e] 그의 부지런함, 진지함, 열정 – 나는 삼 년 동안 밤낮 쉬지 않고 눈물로 각 사람을 훈계하였다(행 20:31). 이것은 영혼들을 얻고 그들을 보호하기 위함이었다.

[f] 그의 신실함 – 나는 너희에게 유익한 것은 어떤 것도 숨기지 아니하였고(행 20:20, KJV), 내가 지금까지 회피하지 아니하고 하나님의 모든 계획을 너희에게 밝히 말하였다(행 20:27, KJV).

[g] 복음을 위한 그의 사심 없음과 자기 부인 – 나는 어떤 사람의 은이나 금이나 옷을 탐내지 아니하였으며 참으로 너희가 알거니와 이 손으로 나의 필요한 것들을 마련하고 또 나와 함께한 자들을 섬겼노라. 내가 너희에게 모든 것을 보여 주되 곧 너희가 마땅히 이렇게 수고하여 약한 자들을 지원하고

또 주 예수님께서 하신 말씀, 즉 "주는 것이 받는 것보다 더 복되도다" 하신 말씀을 기억하게 하였다(행 20:33-35, KJV).

[h] 그의 인내와 끈기 – 이 일들 중에 어떤 것도 결코 나를 움직이지 못하며, 내가 나의 달려갈 길과 주 예수님께 받은 사역을 기쁨으로 끝마치고자 하였다(행 20:24, KJV).

[i] 그의 믿음의 기도 – 내가 너희를 하나님과 그분의 은혜의 말씀에 맡기노니 이 말씀이 너희를 능히 든든히 세워 거룩히 구별된 모든 자들 가운데서 너희에게 상속 유업을 줄 것이다(행 20:32, KJV).

[j] 그의 순전한 양심 – 그러므로, 내가 이 날 너희를 데려다가 증언하게 하거니와 나는 모든 사람의 피로부터 깨끗하다(행 20:26, KJV).

이 모든 말씀을 여러분의 마음에 새기도록 하십시오. 그러면 더 저급한 것들을 이십여 년 간 연구한 것보다 더 많은 유익을 여러분 자신과 교회에 끼칠 것입니다. 물론 그 저급한 것들을 연구하는 것에 세상은 더 많은 박수를 보내겠지만 말입니다. 이런 말씀이 그 속에 없다면, 그 저급한 것들에 대한 연구는 여러분을 "소리 나는 구리와 울리는 꽹과리"(고전 13:1)로 만들 것입니다. 신실한 마음을 지닌 목회자들의 큰 장점은 바로 이것입니다. 즉, 하나님께 영광을 돌리고 영혼을 구원하는 것이 그들의 삶의 참 목표이며, 그 목표가 진정으로 그의 마음속에 있다면, 그 어떤 수고나 고통이 따르더라도 중단하거나 물러서지 않는 것입니다. 목표가 분명한 사람은 어떤 희생이라도 감수하기 때문입니다. 그런 사람이라면 다른 것은 다 잊어버려도, 이 교훈만은 여전히 간직하고 있을 것입니다. 한 가지만이라도 족하다(눅 10:42), 너희는 먼저 그의 나라와 그의 의를 구하라(마 6:33)는 교훈 말입니다. 그래서 그는 이렇게 말합니다. "내가 부득불 할 일임이라 만일 복음을 전하지 아니하면 내게 화가 있을 것이로다"(고전 9:16). 우리가 영혼들을 그리스도에게로 인도하기 위해서 우리가 행하는 모든 수고를 가장 효과적으로 덜어주고, 우리의 모든 짐들을 가볍게 해주고, 우리의 모든 고통들을 인내하게 만들고, 우리로 하여금 그 어떤 위험이라도 헤쳐 나가게 하는 것이 바로 이 말씀들입니다.

이 일과 관련해서 제가 예전에 다른 전쟁을 치를 때, 제가 속한 군대의 군기(軍旗)들에 적힌 내용들이 떠오릅니다. 다른 전쟁이라 해도, 여러 전쟁에 출전한 제 의도는 그리 다르지 않습니다(백스터는 청교도 혁명 기간 중에 종군 성직자로 여러 전쟁에 참전하였다. 그 목적은 청교도 신앙의 해방이었다— 역주). 한쪽 군기에는 "누구든지 자기 목숨을 구원하고자 하면 잃을 것이요 누구든지 나와 복음을 위하여 자기 목숨을 잃으면 구원하리라"(막 8:35)라고 적혀 있었고, 다른 군기에는 "자기 목숨을 지키기 위해 대의(大義)를 저버리지 말라"고 적혀 있었습니다. 하나님을 섬기는 자는 누구든 결코 하나님께서 실패자가 되지 않게 하신다는 것을 아는 사람은 하나님의 대의를 행하다가 겪는 그 어떤 위험도 두려워할 필요가 없습니다. 그리고 자기가 얻을 상이 자신이 희생한 것보다 훨씬 더 가치가 있다는 것을 안다면, 이 상을 얻기 위해 자기의 전 재산을 과감히 끌어모아서, 극히 값진 진주 하나를 사기 위해 자기의 소유를 다 팔 것입니다(마 13:46).

친애하는 목회자 여러분, 이제 저는 손익계산이 빠른 장사꾼들에게 이렇게 거래하라고 권면하거나, 교사들에게 이러한 보편적인 진리들을 더 이상 말하지 않으려고 합니다. 제가 이미 필요 이상으로 많은 말을 했기에, 그것으로 만족합니다. 이제 당연히 여러분은 이 사역을 최고의 부지런함과 신실함으로 행하기로 결심할 것이라 저는 기대합니다. 이러한 가정 하에, 저는 이 사역을 바르게 감당하는데 필요한 몇 가지 지침들을 이어서 말씀드리고자 합니다.

제3절 이 의무 이행의 지침들

우리 앞에 놓인 이 사역은 매우 중요한 사역이기 때문에, 만약 이 사역이 우리 손에서 그 출발부터 잘못되어 그만두게 된다면, 그야말로 유감천만(遺憾千萬)한 일이 될 것입니다. 우리가 접하는 세대는 다루기 곤란한 세대이며, 성령의 강력한 역사 없이 그들의 세속적인 마음을 바꾸기에는 우리의 능력이 부족하다는 것을 저도 알고 있습니다. 그러나 하나님께서는 보통 여러 수단들을 통해 역사하시며, 그의 종들이 행하는 합당한 노력을 축복하기도 하십니다. 이 사역이 목회자들의 잘못으로 어긋나지만 않는다면, 이 사역으로 인해 위대한 일들이 성취될 것이며, 어둠의 나라는 엄청난 타격을 받게 될 것입니다. 그래서 저는 두려워하지 않습니다.

주된 위험은 부지런하지 않아서 혹은 요령이 없어서 생깁니다. 부지런하지 않은 문제에 대해서는 제가 이미 많이 말씀드렸습니다. 요령이 부족한 문제에 대해서 말하자면, 제 자신도 너무 요령이 부족하기 때문에, 제가 지금 언급하는 지침들은 젊은 목회자들이나 목회에 경험이 없는 자들에게 적절할 것이라고 생각합니다. 그러므로 제가 지금 젊은 목회자들을 대상으로 말하고 있다는 점을 감안하고, 제가 언급하는 내용에 대해 여러분 나름대로 잘 새겨듣기를 바랍니다. 젊고 경험이 없는 목회자들의 숫자가 너무 많아서 그냥 지나칠 수 없기 때문에 몇 말씀 드리려고 합니다. 교회와 나라의 안위가 이 사역을 합당하게 이행하느냐의 여부에 달려 있다는 점에서 저는 매우 우려하고 있습니다.

여러분이 주의해야 할 쟁점은 두 가지입니다.

1. 성도들이 이 개인적인 교리문답 교육이나 가르침을 받는 과정에 수긍하도록 해야 합니다. 만약 그들이 여러분에게 나오지 않거나, 여러분이 그들에게 다가가는 것을 그들이 거부한다면, 그들이 무슨 유익을 얻을 수 있겠습니까?

2. 이 사역을 가장 성공적으로 달성할 수 있는 방법으로 이 일을 수행해야 합니다.

제1항 성도들이 이 훈련에 임하도록 하는 지침들

먼저 저는 성도들이 교리문답 교육이나 가르침을 받는 과정에 수긍하도록 하는 몇 가지 지침들을 제시하고자 합니다.

1. 목회자가 자신의 일상생활과 목회사역에서 스스로 모범을 보여서, 성도들에 대한 목회자의 능력과 신실함과 가식 없는 사랑을 성도들에게 납득시키는 것입니다.

가장 주된 방법이 바로 이것입니다. 만약 성도들이 목회자를 무식하다고 생각한다면, 그들은 목회자의 가르침을 경멸하고 자신들도 목회자만큼이나 똑똑하다고 생각할 것입니다. 그리고 만약 성도들이 목회자에 대해서 자신만을 추구하고 위선적이며 자신이 한 말을 중요하게 생각하지 않는 사람이라고 생각한다면, 성도들은 목회자가 하는 모든 말과 행동들을 의심하면서 목회자를 존경하지 않을 것입니다. 반면에, 목회자 자신이 소신을 가지고 행동한다는 것을 성도들이 확신한다면, 성도들은 목회자의 능력을 높이 살 것이고, 목회자를 존경할 것이며, 목회자의 조언을 쉽게 따를 것입니다. 성도들이 목회자가 공명정대하다고 확신할 때, 성도들은 목회자의 의도를 덜 의심할 것이며, 목회자가 사사로운 욕심 없이 성도들의 유익만을 추구한다고 성도들에게 알려질 때, 성도들은 목회자의 말을 잘 납득하게 될 것입니다. 저는 지금 가장 능력 있는 목회자들에게 이 말을 하고 있는 것이 아닙니다. 능력이 없는 목회자들에게 말씀드리고 있습니다. 그런 목회자들은 자신이 능력이 없어서 존경받지 못하는 것에 대해 절망할 수도 있습니다. 그러므로 여러분은 여러분의 능력을 키우기 위해 좀 더 연구하고 수고할 필요가 있습니다. 여러분의 능력 가운데 부족한 부분은 다른 자질로 충당해야 합니다. 그렇게 하면 여러분이 행하는 조언도 다른 목회자들의 조언처럼 성과를 얻을 수 있습니다.

만약 목회자들이 어떤 희생을 치르더라도, 성도들을 자기 몸처럼 사랑하는 것으로 그 유익을 얻는데 만족한다면, 그리고 목회자들이 체면을 버리고 성도들과 만나 친밀해지고 서로 사랑을 나누면서도, 신중한 태도를 지니고 그들의 능력에 따라 선한 사역을 풍성히 행한다면, 목회자들은 평상시보다 훨씬 더 많은 영향력을 끼칠 수 있을 것입니다. 우리는 우리 자신을 위해서 성도들의 유익을 구하지 말아야 하며, 그리스도께 더욱 많은 유익을 드릴 수 있도록 하고, 더 나아가 성도들이 구원을 얻을 수 있도록 해야 합니다. 성도들의 구원과 관련된 일이 아니라면, 성도들이 우리를 사랑하든 미워하든 큰 문제가 아닐 것입니다. 그런데 한번 생각해 보십시오. 한 부대를 맡고 있는 사령관이 그 부대 군인들로부터 미움을 받고 있다면, 과연 그 사령관은 군인들과 함께 큰 일을 할 수 있겠습니까? 성도들이 자신에게 조언해 주는 사람을 증오하거나 무시한다면, 어떻게 성도들이 그 조언에 대해 대단하게 여기리라고 생각할 수 있겠습니까? 그러므로 여러분은 성도들로부터 더 큰 존경과 사랑을 받도록 노력해야 합니다. 그러면 그들의 마음을 더 잘 얻을 수 있을 것입니다.

이렇게 질문을 할 사람들도 있을 것입니다. "이미 성도들로부터 사랑을 잃은 목회자는 어떻게 해야 합니까?" 이 질문에 저는 이렇게 대답하겠습니다. "목회자의 약점이나 비행 때문에 목회자를 미워하는 것이 아니라, 성도들이 너무 비열한 사람들이어서 성도들에게 유익을 끼치려고 애쓰는 것 때문에 미워한다면, 즉 목회자로서 해야 할 의무를 감당하는 목회자를 미워하는 것이라면, 인내와 유순함으로 계속해서 거역하는 자를 온유함으로 훈계하십시오. 혹 하나님이 그들에게 회개함을 주사 진리를 알게 하실지도(딤후 2:25) 모르기 때문입니다. 그러나 목회자의 연약함이나 사소한 것들에 대한 입장 차이나, 혹은 목회자에 대한 좋지 않은 선입견이 문제라면, 목회자가 먼저 모든 합법적인 수단들을 강구하여 그 선입견들을 제거하도록 노력해야 합니다.

만약 목회자가 그렇게 할 수 없다면, 목회자는 성도들에게 이렇게 말해야 합니다. "제가 수고하는 것은 저를 위한 것이 아니라, 여러분을 위한 것입니다. 그러므로 제가 전하는 하나님의 말씀에 여러분이 순종할 수 없다면, 제가 여러분에게 할 수 없었던 유익을 끼칠 수 있는 다른 목회자를 받도록 여러분이 동의해 주시기를 바랍니다." 이렇게 말하고 나서 거기에서 떠나십시오. 누가 이 성도들에게 더 적합할지, 이 목회자가 나을지, 아니면 저 목회자가 더 나을지 살펴보십시오. 순진한 목회자는 자기를 싫어하는 성도들과 함께 거할 수 없을 것이며, 성실한 목회자는 자신에게는 이익일지 몰라도 자신이 아무 유익도 끼치지 못하는 그곳에 머무르려고 하지 않을 것입니다. 그런 목회자는, 다른 목회자가 와서 성도들로부터 더 큰 사랑과 존경을 받으며 성도들에게 유익을 끼칠 수 있는데 자신이 그것을 방해한다고 생각하기 때문입니다.

2. 이 훈련의 유익과 필요를 성도들에게 납득시키는 것입니다.

이런 일반적인 준비가 다 되었으면, 그 다음으로 해야 할 일은 성도들이 이 사역이야말로 자신의 영혼에 유익하고 꼭 필요하다는 확신을 갖도록 최고의 효과적인 수단들을 사용하는 것입니다. 여러분의 제안에 성도들의 동의를 얻는 방법은 이것이 그들에게 좋은 것이며 유익하다는 것을 증명하는 것입니다. 그러므로 여러분은 사전에 이 목적에 맞는 강력하고 확신에 찬 설교들을 해야만 합니다. 일반적인 하나님의 진리를 아는 것과 그 중에서도 특히 첫째 기초 원리들을 아는 것이 얼마나 유익하고 필요한지를 성도들에게 보여주고, 나이 든 성도들도 다른 사람들과 마찬가지로 어떤 측면에서는 더욱더 알아야 할 의무와 필요성이 있음을 보여주십시오. 히브리서 5장 12절 (KJV)은 이렇게 말씀합니다. "시간으로 보건대 너희가 마땅히 가르치는 자가 되었어야 할 터이나 하나님의 말씀의 첫째 기초 원리들을 남에게 다시 배워야 할 필요가 너희에게 있나니 너희가 단단한 음식이 아니라 젖을 필요로 하는 자가 되었도다." 이 말씀은 우리의 현재 목적에 부합하는 몇 가지 주의

사항들을 우리에게 제시하고 있습니다. 다음과 같은 것들입니다.

(1) 하나님 말씀이 성도들의 교훈이 되어야 합니다

(2) 목회자들은 이 교훈을 가르쳐야 하고, 성도들은 목회자로부터 이 교훈을 배워야만 합니다.

(3) 하나님의 말씀에는 기초 원리들이 있으며, 이 기초 원리들은 구원받기를 원하는 자는 누구든지 모두 알아야만 합니다.

(4) 이 원리들을 첫째로 배워야 하며, 그것도 합당한 순서대로 배워야만 합니다.

(5) 성도들은 자신이 가진 지식을 가르침이라는 수단을 통해서 더욱더 풍성하게 해야 할 의무가 있습니다. 만약 성도들이 그렇게 하지 않는다면, 이것은 큰 죄입니다.

(6) 오랫동안 교회를 다녔지만, 이 첫째 기초 원리에 대해서 알지 못하는 사람은, 아무리 나이가 많아도 다시 배워야 할 필요가 있습니다.

이 히브리서 말씀을 통해 드러난 이 모든 것들은 확실한 것입니다. 이것들을 이용해서, 우리는 분명하고도 설득력 있는 많은 이유들을 가지고 성도들에게 공정하게 살펴볼 수 있는 기회를 제공해야 합니다.

첫째, 하나님의 말씀을 알아야 할 필요성이 있습니다.

둘째, 하나님의 말씀 중에서도 특히 기초 원리들을 알아야 할 필요성이 있습니다.

셋째, 이 기초 원리들은 특히 나이 든 자들에게 더 필요합니다.

나이 든 자들은 너무 많은 시간을 이미 악하게 허비하였으며, 나이가 들면 회개하겠다는 약속을 오래 전부터 해왔습니다. 이 늙은이들은 이제 젊은이들의 선생이 되어야 할 사람들입니다. 그러므로 그들의 무지는 갑절의 죄악이며 수치스러운 일입니다. 이제 그들에게는 배울 시간이 거의 얼마 남지 않았고, 죽음과 심판이 아주 가까웠습니다. 그들의 영혼도 다른 사람들과 마찬가지로 구원받느냐 멸망하느냐의 기로에 서 있습니다. 이러한 것들을 모르

고서 천국 길을 가기가 얼마나 어려운지 그들에게 납득시키십시오. 그 천국
길에는 수많은 어려움들과 원수들이 도사리고 있기 때문입니다. 세상일에서
도 지식이 없으면 할 수가 없고, 장사도 배우지 못하면 할 수가 없습니다. 배
우기를 거부하고서도 그리스도인이 된다는 것이 얼마나 모순적인지를 성도
들이 납득하도록 하십시오. 그리스도의 제자도 아니면서 어떻게 그리스도인
이라고 할 수 있습니까? 그리스도에게서 배우고 싶어하지 않는데, 어떻게 그
런 자가 그리스도의 제자가 될 수 있겠습니까? 그리스도를 섬기는 목회자에
게서 배우고 싶어하지 않는 자는 그리스도에게서도 배우고 싶어하지 않는
자입니다. 왜냐하면 그리스도는 친히 자신의 입으로 성도들을 가르치기 위
해 다시 하늘로부터 이 땅에 내려오지 않으실 것이기 때문입니다. 그리스도
는 목회자들을 임명하여 학교를 세우게 하시고, 그리스도 아래에서 성도들
을 가르치게 하셨습니다. 그러므로 그리스도의 목회자에게서 배우지 않겠다
고 말하는 성도들은 그리스도에게서 배우지 않겠다고 말하는 것과 같습니
다. 그리고 이 말은 그리스도의 제자도 되지 않을 것이고, 그리스도인도 되
지 않겠다고 하는 말과 같습니다.

　이 사역은 우리가 스스로 고안해서 부과한 독단적인 일이 아니라, 이 일을
해야 할 필요성이 있고, 우리가 능력이 되는 대로 양 떼 하나하나를 돌보지
않는다면, 그 양 떼들은 자기 불법 가운데서 죽으려니와 그의 피는 우리 손
에서 요구될(겔 3:18, KJV) 것이라는 사실을 성도들이 이해하도록 하십시
오. 이 사역을 고안하고 부과하신 이는 우리가 아니라 하나님이시므로, 이를
비난하는 것은 우리를 나무라는 것이 아니라 하나님을 나무라는 것임을 성
도들에게 보여주십시오.

　목회자들은 성도들이 멸망하지 않도록 애를 쓰는데, 성도들은 목회자가
성가시게 하는 것이 싫어서, 의도적으로 영악하게 목회자로 하여금 성도 자
신의 영혼을 내팽개치도록 그렇게 목회자에게 잔인하게 굴고 싶은지 성도들
에게 물어보십시오. 목회 사역의 본질과 교회에서 목회사역의 필요성과 모

든 양 떼들을 가르치고 인도하는데 있어서 목회사역이 어떻게 이뤄져야 하는지를 성도들이 충분히 숙지하도록 하십시오. 학생들이 학교에 가듯이, 성도들은 교회에 가야 합니다. 그러면 성도들은 그들이 이미 배운 것을 설명할 수 있게 되고, 또 일대일로 심화교육을 받는 것에 틀림없이 만족할 것입니다. 이런 교육이 성도들의 구원에 어떻게 도움을 주는지, 그들의 일생에 얼마나 유익한지, 그들의 마음을 허영심과 악한 마음에서 얼마나 보호해 주는지 성도들이 알도록 하십시오. 일단 이 사역이 성도들에게 유익한 것인 줄 알게 된다면, 이 사역을 좀 더 쉽게 받아들일 것입니다.

3. 교리문답서를 빈부에 관계없이 성도들의 각 가정에 배부하십시오.

성도들을 이해시킨 후에는, 빈부에 관계없이 교구 성도들 각 가정에 교리문답서를 한 부씩 배부해야 합니다. 그래야 성도들은 변명을 하지 못할 것입니다. 만약 성도들에게 직접 구입하라고 맡겨두면, 아마 절반도 구입하지 않을 것입니다. 그러나 우리가 이 문답서를 성도들의 손에 쥐어준다면, 이 책자를 받는다는 것 자체가 이 책을 배우겠다는 일종의 등록이 될 것입니다. 그리고 그들이 그 권면의 말씀(교리문답서가 목적으로 하는 바대로)을 읽기만 해도, 그들은 그 말씀에 수긍하게 될 것이고 순복하려는 마음이 생길 것입니다. 교리문답서를 배부하는 가장 좋은 방법은 먼저 목회자가 회중들에게 각 가정을 방문하겠다고 공포를 하는 것입니다. 그리고 나서 목회자는 각 가정마다 찾아가서 문답서를 배부하고, 성도들이 이 일을 감당하도록 설득할 기회를 얻어야 합니다. 이렇게 목회자는 성도들의 각 가정을 순회하면서, 각 가정에 사리를 분별할 수 있을 만한 나이(세례를 받고 성찬식에 참여할 수 있는 나이, 즉 세례준비 공부 반에 합당한 나이 — 역주)에 있는 성도들의 목록을 작성해야 합니다. 그래서 목회자는 자기가 돌보고 가르쳐야 할 사람이 누군지, 그리고 그 성도 다음에 돌보고 가르쳐야 사람이 누구인지를 알게 됩니다. 예전에 저는 교리문답서가 아닌 다른 책들을 성도들에게 배부하면서 각 가정들에게 이 책을 받으러 오라고 했었습니다. 그러나 이런 방식은 다소 혼란스러웠고 불확실한 면이 있었습니다. 그래서 지금 저는 더 나은 방법을 찾다가 이 방식을 채택하게 되었습니다. 그러나 회중이 적은 교회들은 어느 방식이든 상관없을 것 같습니다.

교리문답서를 구입하는 비용에 대해서는, 목회자가 재정적인 능력이 있다면, 목회자가 비용을 부담하는 것이 좋을 것 같습니다. 그러나 그러지 못할 경우에는 성도들 가운데서 재정적으로 가장 여유 있는 성도가 비용을 부담하도록 해야 합니다. 아니면 이 사역을 준비하는 통회의 날에 가난한 자들을 위한 헌금으로 교리문답서를 구입하도록 해서, 성도들이 평소보다 더 자유롭게 헌금하도록 하며, 그래도 부족한 재정은 이 사역에 애정을 가진 자들이 충당하도록 하면 좋을 것 같습니다.

이 사역을 진행하는 순서는 이러합니다. 교리문답서를 배부하고 나서, 성도들이 문답서를 익힐 시간으로 한 달이나 혹은 6주 정도의 시간이 지난 후에, 각 가정별로 순서를 정하는 것으로 시작합니다. 이렇게 전체 일들을 일괄적으로 함께 진행하면, 성도들은 좀 더 자발적으로 나오게 되고, 머뭇거리는 자들은 덜 부끄럽게 나올 수 있습니다.

4. 성도들을 온유함으로 대하고, 그들을 낙심케 하는 일은 최선을 다해 피하십시오.

(1) 성도들 가운데 이미 다른 교리문답서를 배운 사람이 있어서 우리의 문답서를 배우고 싶지 않다고 한다면, 억지로 우리의 문답서를 배우게 하지 않을 것이라고 성도들에게 공개적으로 말하십시오. 왜냐하면 정통 교리문답서들은 모두 그 핵심이 동일하기 때문입니다. 성도들에게 여러분이 이 교리문답서를 제시하는 단 한 가지 이유는 바로 그 간결성과 충족성입니다. 이 간결성과 충족성으로 인해, 여러분은 몇 마디의 적은 말로도 하고 싶은 많은 말들을 성도들에게 전할 수 있으며, 따라서 일하기에 더 쉽습니다. 그래도

성도들 가운데 다른 교리문답서를 배우기 원하는 사람이 있다면, 그들이 선택한 대로 하도록 하십시오.

(2) 기억력도 약하고, 이 땅에서의 남은 생도 얼마 되지 않고, 이제는 말을 들어도 생각도 나지 않는다고 불평하는 나이 든 성도들에게는 이렇게 말씀하십시오. 교리문답에 관한 너무 많은 것으로 그들을 괴롭힐 마음이 전혀 없으며, 그들에게 기대하는 것은, 자주 이 문답서를 읽는 소리를 듣는 것이고, 그들이 이를 이해했는지 보는 것이며, 그 내용들을 머리와 마음에 새기는 것입니다. 비록 내용을 기억하지는 못한다 해도, 충분히 해낼 수 있을 것입니다.

(3) 이 사역을 시작할 때 여러분이 대하는 사람들을 아주 온유하고 설득력 있게 대해서 그들의 마음을 사로잡도록 하십시오. 그러면 이런 소문이 퍼져서 여러분이 나중에 만나게 될 다른 사람들에게 고무적인 일이 될 것입니다.

5. 완고하고 불순종하는 사람들은 훈계하십시오.

마지막으로, 이 모든 일들을 다 했음에도 이 사역에 수긍하지 않는 성도들이 있다면, 그들을 경멸하지 말고, 그들을 찾아가 설득하십시오. 그들이 그렇게 생각하는 이유가 무엇인지 파악하고, 그들을 초대하여 그들에게 제공되는 도움을 무시하는 것이 얼마나 악한 일이며 위험한 일인지를 납득시키십시오. 한 영혼은 아주 귀중합니다. 따라서 한 영혼이라도 우리의 수고가 부족하여 잃어버리는 일이 있어서는 안 됩니다. 어떤 희망이라도 남아 있는 한 우리는 그들을 쫓아다녀야 하며, 달리 손을 쓸 방법이 남아 있는 한, 가망이 없다고 그들을 포기해서는 안 됩니다. 우리가 그들을 포기하기 전에, 우리의 최선을 다해 봅시다. 그러다가 우리는 그들의 고집에 경멸을 당하기도 해서, 그들을 포기하는 우리를 정당화하기도 합니다. 사랑은 참으며, 오래 기다립니다(고전 13:7).

제2항 이 훈련을 성공적으로 실행하기 위한 지침들

성도들이 와서 여러분의 가르침에 수긍하도록 하는 수단들을 사용하였다면, 다음으로 우리는 어떻게 하면 이 사역을 그들과 함께 가장 효과적으로 실행할 수 있을지 그 방법에 대해 생각해야 합니다. 제가 다시 말씀드리지만, 훌륭한 설교를 준비하고 행하는 것보다 기독교의 핵심적인 원리들을 무지한 자들에게 가르치고자 그들의 수준에 맞게 전하는 것이 훨씬 더 어려운 일이라고 저는 생각합니다. 이 사역이 몇몇 사람들에 의해 경멸을 받은 만큼, 저는 이 사역이야말로 목회자들의 은사와 영혼을 가늠해 볼 잣대이기도 하고, 여러 목회자들의 설교와 마찬가지로 이 목회자와 저 목회자 사이에 있는 차이점들을 아주 충실히 드러내 보여주리라 의심치 않습니다. 여기서 저는, 가장 학식이 높고 정통적이며 경건한 사람인 어셔 대주교(Archbishop Ussher)가 제 의도와 맞게 언급한 말들을 인용하고자 합니다. 완스테드(Wanstead. 런던 북동쪽에 위치한 교외지 — 역주)에서 에베소서 4장 13절을 본문으로 제임스 왕(James I of England) 앞에서 행한 설교입니다.

"통상적인 목회 사역 가운데서 교리문답의 주요 주제들을 이 나라 전역의 성도들에게 부지런히 가르치고 설명하라고 하신 폐하의 명령이 충실히 이행되고 있지 않습니다. 이에 대해 저는 폐하께서 애초에 의도하신 그 경건한 뜻이 이 나라 모든 곳에서 충실히 시행되기를 간절히 바랍니다"(이것은 어셔 대주교가 미드[Meath] 지역의 주교로 재임하던 1624년 6월에 행한 설교이다. 1625년에 그는 아르마[Armagh]의 대주교가 되었으며, 제임스 1세는 이 설교를 출판하도록 명령하였다-원주).

위대한 학자들은 그 명성에 비추어볼 때, 이처럼 허리를 낮게 구부려 그리스도 교리의 첫째 기초 원리들(히 5:12, KJV)과 기본들을 가르치는데 많은 시간을 허비하는 것은 자신과 전혀 어울리지 않는다고 생각할 수도 있을 것입니다. 그러나 전체 건물을 세워나가는데 있어서, 기초를 놓는 일이 기술적으로 가장 중요하다는 것을 그들은 생각해야 합니다. 이 기초를 놓는 일이야말로 건축의 가장 지혜로운 주요 걸작에 해당됩니다. 위대한 바울 사도는 이렇게 말씀하셨습니다. "내게 주신 하나님의 은혜에 따라 내가 지혜로운 주건축자로서 기초를 놓았고"(고전 3:10, KJV)라고 말입니다. 우리가 원한다면 언제든 우리 중에 가장 학식 있는 사람들에게 이 일을 한번 해보라고 합시다. 그러면 우리는 알게 될 것입니다. 이런 기초를 바르게 놓는 일(즉, 일반적인 성도들이 알아들을 수 있는 능력을 감안하여, 무지한 자라도 이 신비들을 다소 상당한 정도까지 이해하도록 하는 것)은 우리의 기술을 테스트하는 시금석이 될 것이며, 우리가 논쟁으로 토론하거나 여러 학파들 사이에 있는 미묘한 쟁점들을 다루는 것보다 더 수고스러운 일이 될 것입니다. 그래서 그리스도는 이 일을 감당하기 위하여, 어떤 사람은 그의 사도로, 어떤 사람은 선지자로, 어떤 사람은 복음 전하는 자로, 또 어떤 사람은 일반적인 목사와 교사로 삼으셔서, 무식한 자나, 유식한 자나, 믿는 것과 아는 일에 하나가 되도록 하셨습니다(엡 4:11, 13). 이 일을 소홀히 하는 것은 목회 사역 전반을 넘어뜨리려는 것입니다. 왜냐하면 이 기초가 놓이지 않는 한, 우리가 성도들에게 전하는 많은 설교들과 우리의 수고는 헛된 것이 되며, 이 첫째 기초 원리들 위에 세워져야 하는 모든 다른 교리들도 배울 수 없기 때문입니다.

이 사역을 바르게 시행하기에 필요하다고 제가 생각하는 지침들은 다음과 같습니다.

1. 성도들의 마음을 안심시키고 모든 거부감을 없애기 위해 일상적인 대화를 간단하게 나누십시오.

여러분의 성도들, 즉 한 가정이나 그 이상의 가정들이 여러분을 찾아오면, 간단한 인사로 그들의 마음을 안심시키고 불쾌하거나 내키지 않거나 낙담하는 마음들을 떨쳐버리도록 해서, 여러분의 가르침을 받아들일 준비를 하십시오. 여러분은 이렇게 말해도 좋습니다. "교우 여러분, 여러분 중에 어떤 분들은 제가 부과한 일들을 별나고 성가신 일로 여기실지도 모르겠습니다. 그러나 여러분에게 부탁드립니다. 이 일을 필요치 않은 일로 생각하지는 말아주십시오. 저 역시 이 일이 필요하지 않다고 생각했다면, 이런 일로 제 자신이나 여러분에게 폐를 끼치지 않았을 것입니다. 그러나 제 양심을 걸고 말합니다. 참으로 하나님은 그분의 말씀 속에서, 영혼들을 맡고 있다는 것이 무엇을 의미하는지, 멸망하는 자들의 영혼을 소홀히 돌본 목회자들에게 그 피값이 어떻게 내려질지에 대해서 엄숙하게 말씀하셨습니다. 그래서 저는 감히 그런 죄를 지을 수 없었습니다. 제가 지금까지 그래 왔던 대로 말입니다. 통탄할 노릇입니다! 이 세상에서 우리가 행하는 모든 일들은 천국에 무사히 이르기 위한 것입니다. 성도들이 천국에 안전하게 이를 수 있도록 돕기 위해서, 하나님은 목회자들을 성도들의 안내자로 세우셨습니다. 이 일이 제대로 잘되기만 한다면, 모두가 구원을 받게 되겠지만, 이 일이 제대로 되지 않는다면, 우리는 영원히 멸망하게 될 것입니다. 여러분과 제가 함께 있는 이 시간이 얼마나 짧은지 주님은 알고 계십니다. 그러므로 우리가 여러분을 떠나기 전에, 또는 여러분이 이 세상을 떠나기 전에, 우리의 구원과 여러분의 구원을 위해 우리가 할 수 있는 것을 행하는 것이 우리의 관심사입니다. 이 세상에서 행하는 모든 다른 일들은 이 일에 비하면 소꿉놀이 같고 꿈 같습니다. 여러분의 영혼은 죽음과 심판을 향해 치닫고 있으며, 어쩌면 지금 아주 가까이에 있을지도 모를 그런 상황에서, 여러분이 생업으로 행하는 수고들은 진흙으로 만든 쓰러져가는 오두막에 버팀대를 덧대는 것에 불과합니다. 그러므로 이런 시급한 일에 여러분이 도움을 받는다는 것에 대해 기뻐하시고, 제가 여러분에게 생고생을 시킨다고 생각하지는 말아주십시오. 이 세상의 부질없는 것들도 크나큰 고생을 해야 얻을 수 있는 법입니다."

　이런 취지로 말하면, 성도들이 좀 더 자발적으로 여러분의 말을 귀담아 들으려고 하고, 여러분의 가르침을 받으려고 할 것입니다. 그리고 그들이 알고 있는 것이나 행동하고 있는 바를 여러분에게 기꺼이 말해줄 것입니다.

2. 성도들을 한 사람씩 안내한 다음, 각 사람을 따로 면담하십시오.

여러분이 성도들 모두에게 이렇게 말한 다음, 성도들을 한 사람씩 안내해서, 성도들을 가능한 한 개인적으로 대면하여, 당사자가 하는 말을 다른 사람들이 듣지 않도록 면담하십시오. 다른 사람들 앞에서 자유롭게 말할 수 없는 사람들도 있고, 또 다른 사람들 앞에서 질문 받는 것을 꺼려하는 사람들도 있기 때문입니다. 아마 다른 사람들이 자신의 대답을 듣게 되면, 당황할까봐 두려워하기 때문일 것입니다. 다른 사람들보다 훌륭한 대답을 할 수 있는 사람들은 앞 사람이 나간 후에, 앞 사람이 대답한 내용을 듣고서 자기만큼 잘 대답하지 못한 그 사람을 즉시 흉보게 될 것입니다. 그래서 사람들은 낙담하기도 하고, 이 훈련을 꺼려하는 사람들은 이 일을 그만두려는 핑곗거리로 삼기도 할 것입니다. 그들은 이렇게 말합니다. "바보나 놀림거리가 되고 싶지 않아요." 그러므로 여러분은 이 모든 뜻하지 않은 위험들을 아주 세심히 피해야만 합니다. 저도 경험으로 알게 된 것이지만, 우리가 성도들을 홀로 있게 하려는 주된 이유는, 성도들은 다른 사람들 앞에 있을 때보다도 혼자 있을 때, 자신의 죄와 비참함과 의무 등에 대해 더 분명하고 솔직하게 직면하면서 인정하기 때문입니다. 그들이 진리와 마주하여 자신의 양심을 스스럼없이 대할 수 있는 기회를 여러분이 포착하지 못한다면, 여러분의 모든 계획은 좌절되고 말 것입니다.

그러므로 여러분이 각 개인을 따로 만나 편하게 말할 수 있는 장소를 마련했다면, 여러분이 면담하려는 사람은 따로 이 방에 있고, 나머지 다른 사람들은 다른 방에 머무르도록 하십시오. 오직 여자 성도인 경우에 한해서, 스캔들을 피하기 위하여 다른 사람들이 동석한 가운데 여자 성도와 대화하도록 해야 합니다. 이렇게 함으로써 별 유익을 얻지 못한다 해도, 어쩔 수 없습니다. 악의를 가진 자들에게 비난할 여지를 제공해서 사역 전체를 망치는 것보다는 차라리 이렇게라도 하는 것이 훨씬 낫습니다. 하지만 우리는 이런 식으로 일할 수도 있을 것입니다. 즉, 다른 사람들이 방 안에 같이 있다고 해도, 그들이 알아서는 안 되는 문제들은 낮은 목소리로 말하여, 그 대화를 듣지 못하게 하는 것입니다. 예를 들어, 다른 사람들은 그 방의 맨 가장자리에 앉힌다거나, 적어도 자기 식구들을 제외하고는 다른 사람들이 그곳에 동석하지 않도록 하십시오. 식구들은 서로 간에 친밀해서 흉보지는 않을 것이기 때문입니다. 그리고 무지한 자와 스스로 안심하고 있는 자와 악한 자들에 대해서는 아주 철저하게 심문(審問)하고 꾸짖으십시오. 그래야 여러분이 소신껏 사람들을 대한다는 분명한 근거가 마련될 것이고, 이런 소리를 듣게 되면, 여러분이 직접 언급하지는 않았지만 그 옆에 있던 사람들도 마음에 깨닫는 것이 있을 것입니다. 이렇게 작은 일들에도 주의를 해야 합니다. 왜냐하면 결코 작지 않은 이 사역의 성과가 이 작은 일들에도 달려 있으며, 작은 실수로 인해 큰 유익이 지장을 받을 수 있기 때문입니다.

3. 각 성도들이 교리문답에서 무엇을 배웠는지 확인하십시오.

성도들이 교리문답서를 통해 배운 바를 검토하고 각 질문에 대한 성도들의 대답을 들어 보십시오. 만약 그들이 교리문답서를 조금밖에 암송할 수 없다거나, 전혀 암송하지 못한다면, 그들이 사도신경과 십계명은 암송할 수 있는지 확인하십시오.

4. 성도들이 배운 바를 어느 정도로 이해하고 있는지 추가 질문을 통해 점검하십시오.

그러고는 가장 중요한 문제들을 몇 개 선택하여 추가로 질문함으로써 그들이 이 질문들을 얼마나 이해했는지를 점검하십시오. 이렇게 할 때는 다음과 같은 점들에 주의하십시오.

(1) 별로 필수적이지 않은 질문들은 제쳐 두고, 성도들이 가장 중요하게 생

각할 것 같은 질문들부터 시작하십시오. 예를 들어, "사람이 죽으면 어떻게 된다고 당신은 생각합니까? 세상의 종말 이후에 우리는 어떻게 됩니까? 당신은 죄를 지었고, 당신은 원죄를 가지고 태어났다는 사실을 믿습니까? 모든 죄의 대가는 무엇입니까? 죄지은 비참한 영혼들을 구원하기 위해 하나님께서 어떤 방법을 마련하셨습니까? 누가 우리를 대신해서 우리의 죄 때문에 고통을 받았습니까? 아니면, 우리가 스스로 우리 죄 때문에 고통을 받아야 합니까? 하나님께서 용서해 주시는 자들은 누구입니까? 누가 그리스도의 피로 구원받게 됩니까? 구원받게 될 모든 자에게는 마땅히 어떤 변화가 생기게 됩니까? 그리고 이런 변화의 결과는 무엇입니까? 우리의 가장 큰 기쁨은 어디에 있습니까? 우리가 가장 크게 마음을 쏟아야 할 것은 무엇입니까?"와 비슷한 질문들입니다.

(2) 그 자체로 비중 있는 질문이라 해도, 민감하거나 불필요하거나 모호하거나 아주 어려운 문제들을 질문할 때는 조심하십시오. 어떤 자만심이 강한 목회자들은 자신도 대답할 수 없는 질문을 하느라 분주하며, 그 질문에 대답할 수 없는 서투른 사람들을 비난하기도 합니다. 그런 목회자들은 이런 문제를 마치 생사가 달린 문제처럼 생각하기도 합니다.

여러분은 그들에게 "하나님이라는 존재가 무엇입니까?"라고 물을 수도 있습니다. 이런 문제는 여러분도 대답하기 까다로운, 얼마나 불완전한 질문인지를 생각하십시오! 여러분은 하나님이 어떤 분이라고 말하기보다는 하나님은 어떤 분이 아니라고 말할 수 있을 것입니다. 만약 여러분이 성도들에게 "회개가 무엇입니까, 믿음이 무엇입니까, 죄의 용서가 무엇입니까?"라고 묻는다면 어떻습니까? 목회자 자신이 이에 대해 바른 답을 얻기도 전에 성도들에게 이렇게 질문하는 목회자들이 얼마나 많은지 모릅니다! 이와 마찬가지로, 여러분은 성도들에게 중생이 무엇인지, 성화가 무엇인지에 대해서도 질문할 수 있습니다. 여러분은 이렇게 말할 수도 있습니다. "하나님이 어떤 존재인지, 회개가 무엇인지, 믿음이 무엇인지, 회심이 무엇인지, 칭의가 무엇인지, 성화가 무엇인지를 사람들이 모른다면, 어떻게 참된 그리스도인이 되어 구원을 받을 수 있겠는가?'라고 말입니다. 저의 대답은 이러합니다. 이것들이 정확하게 무엇인지 아는 것과, 다소 일반적이고 불분명한 지식이라 해도 이것들의 핵심과 그 효과를 아는 것은 서로 다른 것입니다. 그리고 이것들을 아는 것과 이것들을 표현하는 것도 서로 다릅니다. 일반적으로 통용되는 바로 이 명칭들은 명확한 개념 정의 없이도 성도들에게 무언가를 의미하고 있으며, 성도들에 의해 그 개념들이 표현되고 있습니다. 성도들은 그 개념이 의미하는 바를 부분적으로 이해하고 있지만, 그 개념을 다른 말로 정의할 수는 없는 것입니다. 예를 들어, 성도들은 회개와 믿음과 용서가 무슨 뜻인지 알고 있습니다. 말이 사용되는 관계에 따라서, 성도들은 이것들이 의미하는 바를 알고 있기는 하지만, 자기들만의 전형적인 촌스러운 응답 이외에는 이 개념들을 정의할 수 없을 것입니다. 성도들의 촌스러운 정의란 이런 것입니다. "회개하는 것은 회개하는 것이고, 용서받는 것은 용서받는 것이지요." 만약 그들이 "그것은 사면을 뜻합니다"라고 말한다면, 양호하게 응답한 것입니다. 물론 저는 그러한 질문들을 절대로 하지 말라고 여러분을 단념시키고 있는 것이 아닙니다. 특별히 하나님에 관한 문제처럼 대체로 잘 모르고 있을 것으로 추정되는 문제들은 조심스럽게 질문해야 합니다.

(3) 그러므로 여러분이 의미하는 바를 성도들이 파악할 수 있는 방식으로 여러분은 질문을 만들어야 합니다. 여러분은 그들로부터 훌륭한 정의를 기대해서는 안 되고, 단순한 답변만 기대해야 합니다. 말을 기다려서는 안 되고, 생각을 기다려야 하며, 그들의 대답이 단순히 "예" 또는 "아니요"가 되지 않도록 하며, 여러분이 마련한 두 가지 예시 중에서 하나를 단순히 고르도록 해서도 안 됩니다. 아래에 예로 든 질문처럼 이런 방식으로 물어서는 안 됩니다.

"하나님이라는 존재가 무엇입니까? 하나님은 우리처럼 몸과 피로 이루어져 있습니까, 아니면 하나님은 보이지 않는 영이십니까? 하나님은 사람입니까, 아니면 하나님은 사람이 아닙니까? 하나님에게는 시작이 있었습니까? 하나님은 죽을 수 있습니까? 믿음이 무엇입니까? 믿음은 하나님의 말씀 전체를 믿는 것입니까? 그리스도를 믿는다는 것이 무엇입니까? 그리스도를 믿는다는 것은 그리스도가 죄인들의 구세주라는 사실을 믿고 여러분을 용서하고 성화시키고 다스리며 영화롭게 하는 여러분의 구세주로 그분을 의지하는 것과 동일한 것으로 알고 참된 그리스도인이 되는 것입니까? 회개가 무엇입니까? 회개는 단순히 죄에 대해 후회하는 마음입니까, 아니면 죄를 버리고 마음을 바꾸어 죄에서 떠나 하나님을 향하는 것입니까? 아니면 회개에는 이 두 가지가 다 포함되는 것입니까?"

(4) 성도들이 여러분의 질문을 잘 이해하지 못하는 것 같으면, 여러분은 이와 비슷한 질문이나 부연 설명을 하는 질문을 통해서 그들의 대답을 유도해야 합니다. 그래도 성도들이 대답을 잘 못한다면, 여러분이 물은 질문의 대답을 다시 생각하면서 그들에게 "예" 혹은 "아니요"라는 대답 중에서 선택하도록 해야 합니다. 저는 종종 아주 무지한 몇몇 성도들에게 질문을 합니다. "여러분이 지은 죄는 너무 크고 중한 것들인데, 정말 용서받을 수 있을까요? 여러분은 이에 대해 어떻게 생각합니까?" 그러자 그들은 제게 이렇게 말합니다. "회개하고 제 삶을 개선하면 됩니다"라고 말하면서, 예수 그리스도에 대해서는 전혀 언급하지 않습니다. 저는 그들에게 더 묻습니다. "여러분의 삶을 개선한다고 해서 여러분과 하나님의 관계도 개선되고, 여러분이 과거에 지은 죄가 하나님께 충분한 배상이 될 것이라고 생각하십니까?" 그러면 그들은 이렇게 대답합니다. "우리는 그저 그렇게 되기를 바랄 뿐입니다. 그렇게 되지 않는다면, 이외에 우리가 뭘 더 해야 할지 모르겠습니다."

이런 대답을 할 정도라면, 이 사람들은 그리스도에 대한 지식이 전혀 없다고 누구나 생각할 것입니다. 왜냐하면 그들은 그리스도를 전혀 언급하지 않았기 때문입니다. 저는 정말로 그리스도에 대한 지식이 하나도 없는 사람들을 보기도 했습니다. 제가 그들에게 그리스도의 역사를 말해주면서, 그리스도가 어떤 분이고, 그들을 위해 무슨 일을 하셨는지, 어떤 고통을 받으셨는지 등을 말해주면, 그들은 이런 얘기들을 너무 생소하게 여기면서 깜짝 놀라곤 합니다. 어떤 사람들은 주일마다 교회에 나가긴 했지만, 지금까지 한 번도 이런 말을 들어보지도 못했고 알지도 못했다고 말합니다. 그러나 제 생각에 어떤 사람들은 제가 질문하는 바를 제대로 파악하지 못해서 저런 대답을 하는 것 같습니다. 그들은 제가 그리스도의 죽음을 당연한 것으로 받아들이고, 오직 이렇게 그들에게 묻고 있는 것으로 생각합니다. "그리스도께 속하긴 했지만, 그래도 여러분 입장에서 무엇이 하나님께 죄에 대한 배상이 될까요?" 이렇게 질문을 해도, 그들은 역시 서글픈 무지를 드러낼 뿐입니다. 그래서 저는 그들에게 질문합니다. "여러분의 선행이 하나님 앞에서 공로가 될 수 있습니까?" 그러자 그들이 대답합니다. "될 수 없습니다. 하지만 하나님께서 이 선행을 받아주셨으면 좋겠습니다." 제가 계속해서 "여러분은 그리스도의 죽음 없이도 구원받을 수 있습니까?"라고 물으면, 그들은 "구원받을 수 없습니다"라고 대답합니다. 그래서 제가 "그리스도께서 여러분을 위해서 무엇을 행하셨고, 어떤 고통을 받으셨습니까?"라고 질문하면, 그들은 "그리스도는 우리를 위해 죽으셨습니다"라고 하거나 "그리스도는 우리를 위해 그분의 보혈을 흘리셨습니다"라고 대답합니다. 이제야 그들은 구원에 대한 자신의 확신을 이런 질문들을 통해서 고백한 것입니다.

많은 사람들이 마음속에는 가지고 있지만, 말로 표현할 정도로 그렇게 성숙하지는 않습니다. 불완전한 교육과 지금까지 해보지 않아서, 그들이 생각하는 어떤 개념들을 어떻게든 표현하는 것을 그들은 낯설어 하고 있습니다. 그러므로 여러분은 일반인들에게 있어서 지식과 표현의 어려움을 겪는 이런 문제를 왜 예민하게 다루어야 하는지 그 이유를 알 수 있을 것입니다. 이런 경우는 배우려고 하고 개선해 보고자 하면서 자기에게 주어진 수단들을 기꺼이 사용해 보려고 하는 사람들에게도 마찬가지입니다. 심지어 오랫동안 경건하게 신앙생활을 해 온 성도들이라도 웬만큼 교양 있는 방식으로 자신을 표현할 수도 없으며, 또 자신의 입으로 표현하는 방법조차 배울 수 없었기 때문입니다. 제가 경험한 바를 말하자면, 자타가 공인하는 아주 경건한 그리스도인(나이 든 성도들)들이었는데, 그들은 제게 눈물을 흘리면서 자기들은 교리문답서에 나와 있는 말들을 도저히 배울 수 없다고 호소했습니다. 그들이 가진 장점들을 생각해 볼 때, 다시 말해 목회자로부터 탁월한 도움들을 받으면서, 40년, 50년, 혹은 60년 동안 함께 최고의 교제를 나누며 지속적으로 의무를 수행해 왔던 그들의 장점들을 생각해 볼 때, 목회자와 길어야 일 년 혹은 일주일밖에 그런 교제와 대화를 나누지 못한 불쌍하고 무지한 성도들에게서 우리가 무엇을 기대한다는 것은 무리임을 알게 되었습니다. 그리고 몇몇 성급하고 거만한 교수들이 하는 식대로, 그렇게 성급하게 그들을 포기해서는 안 된다는 것도 알게 되었습니다.

(5) 그들이 여러분의 질문에 대답을 할 수 없어 당황하는 것을 보게 된다면, 연달아 질문을 해서 그들을 너무 강하게 혹은 너무 오랫동안 다그치지 마십시오. 그렇지 않으면, 그들은 여러분이 자신들을 당황하게 하고 창피하게 만들 작정으로 그렇게 한다고 생각할 것입니다. 그들이 대답을 할 수 없다는 것을 알아차렸으면, 그들을 대신해서 여러분이 그들의 짐을 덜어준다는 생각으로 그 질문에 여러분이 대답하십시오. 여러분이 대신 대답을 할 때는 분명하고도 아주 쉬운 말로 하고, 있는 그대로의 사실을 그들에게 충분히 설명해 주십시오. 그래서 여러분이 그들과 헤어지기 전에, 여러분의 대답을 통해서 그들이 그 대답을 이해할 수 있게 하십시오. 이렇게 하려면, 여러분이 본격적인 질문에 들어가기에 앞서, 그 주제를 파악할 수 있도록 처음부터 하나하나 순서대로 이끌어 줄 필요가 있습니다.

5. 성도들의 지식을 점검한 다음,
계속해서 목회자가 직접 성도들을 가르치십시오.

여러분이 성도들의 지식을 다 점검한 후에는, 여러분이 직접 계속해서 그들을 가르치도록 하십시오. 이런 가르침은 그들의 능력에 맞게 시행되어야 합니다. 만약 기독교의 근본 원리들을 이해하고 있는 성도라면, 그에게 가장 필요하다고 생각하는 내용으로 진행하십시오. 복음의 신비들에 대해서 좀 더 설명하거나, 그가 의심하고 있는 의무들에 대해 근거를 제시해서 이를 확고히 하거나, 그가 소홀히 하고 있는 것의 필요성을 제시하거나, 그의 죄나 잘못을 지적하여 그가 강한 확신을 갖고 덕을 세우는 일을 하도록 권면할 수도 있습니다.

반면에, 무지한 사람인 경우에는 기독교 신앙의 핵심을 몇 마디의 말로 아주 쉽고 친숙하게 이야기해 주십시오. 물론 교리문답서에 이미 나와 있는 내용이지만, 좀 더 친숙한 방식으로 표현하면, 그가 이해하는데 훨씬 도움이 될 것입니다. 예를 들면 다음과 같습니다.

"여러분이 반드시 알아야 할 것은 이것입니다. 영원부터 한 분 하나님이 계셨습니다. 그분에게는 시작도 없고, 끝도 없습니다. 그분은 우리처럼 육체가 아니시고, 최고로 순수한 영적인 존재이십니다. 하나님은 모든 일을 아시고, 모든 일을 하실 수 있습니다. 모든 선함과 축복의 근원이십니다. 이 하나님은 한 분 하나님이지만, 삼위이십니다. 아버지, 아들, 성령으로 존재하시며, 우리의 지혜 너머에 계신 분이십니다. 또 여러분이 반드시 알아야 할 것은 이것입니다. 바로 이 한 분이신 하나님께서 그분의 말씀으로 세상 만물을 만드셨다는 것입니다. 하나님은 하늘을 하나님의 영광의 자리로 만드셨고, 하나님을 섬기도록 천군 천사들을 만드셨습니다. 그런데 이들 가운데 몇몇이 교만과 다른 죄로 인하여 그들의 높은 지위에서 떨어져 마귀가 되었으며, 그들은 영원히 비참한 상태에 처하게 될 것입니다.

"하나님은 땅을 만드신 후에, 하늘 아래 이 땅에서 가장 고귀한 피조물인 인간을 한 남자와 한 여자인 아담과 하와로 똑같이 만드셨습니다. 하나님은 이들을 아무 죄도 없는 완전한 인간으로 만드셔서, 에덴 동산 가운데 두셨습니다. 하나님은 이들에게 동산 가운데 있는 한 나무의 열매는 먹지 말라고 명령하시고, 그들이 그것을 먹는 날에는 정녕 죽을 것이라고 말씀하셨습니다. 그러나 스스로 맨 먼저 타락한 마귀가 그들이 죄를 짓도록 유혹하였습니다. 그들은 마귀의 유혹에 굴복하여 하나님의 법이 정한 저주 아래로 떨어지게 되었습니다. 그러나 지혜와 자비가 무한하신 하나님은 그의 외아들 예수 그리스도를 인간의 구속주로 보내셨습니다. 때가 차매 예수 그리스도는 성령의 능력으로 동정녀의 몸에서 나시어 인간이 되셨습니다. 그리스도는 약 33년간 유대인들 가운데서 이 땅에 사셨습니다. 사시면서 복음을 전파하시고 자신의 가르침을 드러내기 위해 많은 기적들을 행하셨습니다. 그리스도는 다리 저는 자와 맹인과 병든 자를 고치시고, 자신의 신적인 능력으로 죽은 자를 다시 일으키셨습니다. 마침내는 우리의 죄 때문에 우리가 받아야 할 저주를 친히 담당하시기 위해, 십자가에 달려 대속제물로 자신을 내어주셨습니다.

"이제 죄인들이 그리스도를 믿고 자신의 죄를 회개하기만 하면, 그리스도께서는 지난 모든 죄를 아낌없이 용서해 주시고 그들의 타락한 본성을 성화시키시어, 마침내 그들을 하늘나라와 영광으로 인도하실 것입니다. 그러나 만약 그들이 자신의 죄와 그리스도의 자비하심을 경홀히 여긴다면, 그리스도께서는 지옥의 영원한 형벌로 그들을 정죄하실 것입니다. 죽은 자 가운데서 삼 일만에 부활하신 그리스도께서는 그의 목회자들이 이 복음을 온 세상에 전하도록 정하셨습니다. 그리고 그의 모든 사도들에게 이 사명을 맡기신 후, 모든 사도들이 보는 가운데 친히 하늘로 올라가셨습니다. 지금 하늘에 계신 그리스도께서는 우리의 본성으로 성부 하나님과 함께 영광중에 계십니다. 이 세상 끝날에 그리스도께서는 우리의 본성으로 이 땅에 다시 오셔서, 죽은 자들을 다시 생명으로 일으키실 것이며, 그들 모두를 그리스도 앞으로 세우실 것입니다. 그래서 그들은 각각 선악 간에 그 몸으로 행한 것을 직고할 것입니다(고후 5:10; 롬 14:12, KJV). 그러므로 여러분이 구원받기를 원한다면, 여러분은 그리스도를 장차 올 진노에서 우리를 구할 유일한 구세주로 믿어야 합니다. 여러분은 여러분의 죄를 회개해야 합니다. 한 마디로, 여러분은 완전히 새로운 피조물(고후 5:17)이 되어야 합니다. 그렇지 않으면, 여러분은 절대 구원받지 못할 것입니다."

무지한 자를 여러분이 대할 때는, 이렇게 기독교의 원리들을 짧게 이야기해 주되, 여러분이 할 수 있는 가장 친근한 방식으로 말하고, 마지막에는 간략히 어떻게 적용해야 하는지 말해주는 것도 필요할 것입니다. 하지만 그들이 여러분의 말을 이해하지 못하는 것 같으면, 이 이야기를 다시 한 번 해주고 이제는 이 이야기들을 이해할 수 있는지 물어보아야 합니다. 그리고는 그들이 이것을 확실히 기억할 수 있도록 해야 합니다.

6. 성도들이 회심하지 않은 것 같으면, 그들의 상태를 파악하기 위해 몇 가지 신중한 질문을 하십시오.

그들이 무지한 자든 그렇지 않든 간에, 그들이 회심했는지 의심스럽다면, 다음으로 그들의 상태에 대해 몇 가지 신중한 질문을 해 보십시오. 그들에게 불쾌감을 주지 않으면서 이 일을 하는 가장 좋은 방법은, 그들의 마음을 누그러뜨리고 이 질문의 필요성을 그들이 납득하게끔 말해서, 그들이 이 질문을 받을 수 있는 마음의 준비를 하도록 하는 것입니다. 그리고 나서는 교리문답서에서 그들의 양심을 건드릴 수 있는 항목들을 골라 질문하십시오. 예를 들면 다음과 같습니다.

"여러분도 아시다시피, 성령께서는 하나님의 말씀으로 인간의 지성을 밝히시고, 그들의 마음을 부드럽게 하셔서 마음 문을 여시며, 그리스도 안에 있는 믿음을 통해 사탄의 권세로부터 하나님께로 그 마음을 돌리게 하셔서, '우리를 정결하게 하사 특별한 백성이 되게 하려'(딛 2:14, KJV) 하셨습니다. 그리고 여러분도 알다시피, 오직 이런 자만이 영생에 참여할 수 있습니

다. 지금 저는 누군가의 은밀한 비밀을 쓸데없이 엿보고 싶지는 않지만, 그
래도 성도들에게 구원의 문제에 관한 조언을 해주는 것이 목회자가 해야 할
일이고, 또 영생 혹은 영벌에 관련된 중요한 문제에서 실수를 범하는 것은
너무나 위험한 일이기에, 여러분은 제가 드리는 말씀을 허심탄회하게 들어
주시고 제게 대답해 주시기를 부탁드립니다. 질문 드리겠습니다. 여러분의
마음속에는 큰 변화의 체험이 한 번이라도 있었습니까? 아니면, 아직까지 없
었습니까? 하나님의 성령께서 하나님의 말씀을 통해 여러분의 지성에 들어
오셔서 여러분이 새로운 피조물이 되어 새로운 천국의 삶을 살아가는 체험
을 한 적이 한 번이라도 있었습니까? 여러분의 마음을 보시는 주님께서 그런
지 그렇지 않은지 다 알고 계십니다. 그러므로 여러분에게 간청합니다. 진실
하게 말씀해 주시기 바랍니다.”

만약 그가 회심하기를 원하고(왜냐하면 모든 사람은 죄인이기 때문입니
다), 자기가 지은 죄에 대해 통회하거나 이와 비슷한 감정을 지닌다고 여러
분에게 말하면, 여러분은 그에게 좀 더 구체적으로 참된 회심에 대해서 아주
알아듣기 쉽게 간단히 말해주십시오. 이런 식으로 다시 묻도록 하십시오.
“여러분이 구원을 받느냐 아니면 저주를 받느냐의 문제가 이 질문에 달려
있기 때문에, 혹시라도 여러분이 이런 중요한 문제에 실수하지 않도록 하기
위해서, 그리고 너무 늦기 전에 여러분이 진리를 발견할 수 있도록 하기 위
해서, 이와 관련해 몇 가지로 여러분을 시급히 돕고자 합니다. 하나님은 우
리를 공평하게 심판하실 것입니다. 그러므로 우리 또한 우리 앞에 놓인 하나
님의 말씀으로 우리 자신을 판단(심판, judge)해 볼 수 있습니다. 누가 천국
에 갈 것인지, 누가 지옥에 갈 것인지를 이 말씀이 가장 분명하게 우리에게
말해줍니다. 이제 성경은 회심하지 않은 자의 상태가 어떠한지를 우리에게
말해줍니다. 그들의 상태는 이러합니다. 그는 내생에서 주어질 하나님의 사
랑과 교제 안에 있는 큰 위로를 보지 못합니다. 그래서 그의 마음은 이생에

머물며 이생을 벗어나지 못합니다. 그는 육신의 자아, 즉 육체를 만족시키기 위해 살아가며, 그의 인생에서 주된 목적은 이 땅에서 만사형통하는 것입니다. 그가 생각하는 기독교는 단지 부수적인 것이며, 세상에서 더 이상 생명을 연장할 수 없을 때 저주를 받지 않으려고 믿는 것입니다. 따라서 그는 세상과 육체를 최고로 귀중히 여기며, 이것들을 가장 염두에 두고 있습니다. 하나님과 영광은 이것들 아래에 둡니다. 그가 하나님께 행하는 모든 봉사는 세상과 육체에 봉사하고 남은 것으로 드릴 뿐입니다. 이것이 바로 회심하지 않은 모든 사람의 경우입니다. 이런 상태에 있는 사람들은 모두 비참한 상태에 처한 것입니다. 그러나 진정으로 회심한 사람은 하나님으로부터 그의 영혼을 비추는 빛을 가진 사람입니다. 그 빛은 그의 죄와 비참함이 얼마나 엄청난지를 그에게 보여주고, 이 죄와 비참함이 그의 영혼에 큰 짐으로 여겨지게 합니다. 그리고 이 빛은 그리스도가 누구이며, 그리스도께서 죄인들을 위해 행하신 모든 일들을 보여주어, 그리스도 안에 있는 하나님 은혜의 풍성함을 찬양하게 합니다.

오, 이것이야말로 그에게 얼마나 기쁜 소식인지 모릅니다. 이처럼 하나님으로부터 버림받은 죄인들에게 여전히 소망이 있고, 그토록 수많은 엄청난 죄까지도 용서를 받으며, 용서를 받고자 하는 모든 사람에게 이런 용서가 주어지다니 말입니다! 그는 기쁨으로 이 메시지와 제의를 받아들입니다! 장차 다가올 때를 대비하여, 그는 자신과 자기가 가진 모든 것을 그리스도께 드려서, 그는 전적으로 그리스도의 소유가 되고, 그리스도께서 약속하신 영원한 영광에 이르기 위해, 그리스도께서 자신을 주관하도록 할 것입니다. 이제 그는 영광 중에 있는 성도들의 복된 상태를 볼 줄 아는 시각을 가지게 되어, 이 세상 모든 것을 그 영광과 비교해 볼 때, 분토와 배설물로 여겨(빌 3:8) 경멸합니다. 그는 자신의 기쁨과 소망을 하늘에 쌓아두기 때문에, 이생에서 벌어지는 모든 일들은 그 영광에 이르는데 도움이 되느냐 혹은 장애가 되느냐로 판단할 뿐입니다. 그의 삶에서 주요 관심과 주된 일은 내생에서 행복해지는 것입니다. 이것이 바로 진정으로 회심하여 구원받을 모든 자들의 경우입니다. 지금, 여러분도 이 경우에 속합니까? 속하지 않습니까? 여러분의 영혼에 이와 같은 변화가 일어났습니까? 여러분은 이것을 체험한 적이 있습니까?'

만약 그가 그런 변화를 체험하기를 원한다고 말하면, 몇 가지 구체적인 질문들을 이렇게 하십시오. "이제 제가 여러분에게 두세 가지 질문을 더 드리겠으니, 대답해 주시기 바랍니다.

(1) 여러분이 지금까지 살면서 범한 모든 죄들이 여러분의 마음에 슬픔이 되며, 그 죄로 인해 여러분이 영벌을 받을 만하다고 느끼고, 이런 무거운 짐을 자각하여 여러분은 자신을 하나님으로부터 버림받은 사람으로 여기면서, 구세주의 소식을 기쁨으로 받아들이고 여러분의 영혼을 오직 그리스도에게만 맡기며, 그분의 피로 용서받기를 간구한다고 여러분은 진심으로 말할 수 있습니까?

(2) 여러분의 마음은 죄로부터 완전히 돌아섰고, 여러분이 예전에 사랑했던 죄들을 미워하며, 여러분이 예전에는 전혀 마음에 없었던 거룩한 삶을 사랑하고, 여러분이 알고 있는 어떤 죄도 이제는 고의적으로 범하지 않으면서 살아가고 있다고 여러분은 진심으로 말할 수 있습니까? 어떠한 희생이 따르더라도 감수하고서, 여러분이 진심으로 버리고 싶어하지 않는 죄나, 여러분이 전혀 이행하고 싶어하지 않는 의무는 없습니까?

(3) 하나님이 주시는 영원한 기쁨을 지금까지 여러분의 행복으로 여겼으며, 그 기쁨이 여러분의 마음과 사랑과 열정과 관심 모두를 차지하고 있어서, 여러분은 하나님이 주시는 은혜의 능력으로 그 기쁨을 잃을 위험보다는 차라리 세상에서 여러분이 가진 것을 모두 버릴 결심이 되어 있으며, 이 기쁨을 얻기 위해 애쓰는 것이 여러분의 일상적인 일이자 주된 일이라고 여러분은 진심으로 말할 수 있습니까? 비록 여러분이 게으르기도 하고 죄를 짓기도 하지만 그래도 여러분의 주된 관심과 여러분의 전 생애를 통해 하고 싶은

것은 하나님을 기쁘시게 하고 그분을 영원토록 즐거워하는 것이며, 세상에 쓰고 남은 자투리를 하나님께 드리지 않고, 하나님께 쓰고 남은 자투리를 세상에 쓰며, 여러분이 하고 있는 세상의 일들은 여행자가 여행에 필요한 물품들을 준비하는 과정처럼 여기며, 여러분이 가야 할 집은 천국이라고 여러분은 진심으로 말할 수 있습니까?"

만약 그가 이런 질문에 긍정적으로 대답한다면, 사람이 마음으로 자기가 지은 죄를 미워하고, 자기의 행복을 다른 세상에 진심으로 쌓아두며, 눈에 보이지 않는 다른 세상을 위해 이 세상에서 살아가는 것이 얼마나 위대한 일인지를 그에게 말해 주십시오. 그리고 과연 진심으로 그러한지 실제로 보고 싶다고 여러분의 생각을 말하십시오. 그리고 나서는 여러분이 생각하기에 그가 소홀히 하고 있다고 가장 의심되는 의무들에 대해 말하고 있는 교리문답서의 몇몇 항목들을 그에게 제시하십시오. 그리고 그가 과연 그 의무를 이행하고 있는지 물으십시오. 예를 들어, 가정에서는 기도를 하고 있는지, 또는 개인적으로 기도하고 있는지, 주일을 거룩하게 보내고 있는지 등에 대해서 질문하십시오.

그러나 여러분이 이런 일을 행할 때 너무 서두른다거나, 아니면 최종 심판을 하는 것처럼 행세하지는 않는지 각별히 조심하기 바랍니다. 왜냐하면 어떤 사람이 완전히 하나님으로부터 버림받은 자인지 아닌지를 확인하는 것은 많은 사람들이 생각하는 것처럼 그렇게 쉬운 일이 아니기 때문입니다. 그러므로 여러분은 할 수 있는 한 이에 대한 절대적인 결론을 내리지 말고 이 사역을 감당하는 것이 좋습니다.

7. 성도들이 자신이 처한 비참한 상태를 자각하도록 그들의 마음에 감동을 주도록 노력하십시오.

무지해서 첫눈에 그 사람이 회심하지 않은 줄 알게 되었거나, 그의 영적인 상태를 알아보려는 추후의 질문들을 통해 알게 되었든지 간에, 그 사람이 여

전히 회심하지 않았다는 분명한 개연성을 여러분이 알게 되었다면, 여러분
은 그의 마음이 자신의 상태를 자각할 수 있도록 여러분이 가진 모든 기술을
다 동원해야 합니다. 예를 들면 다음과 같습니다.

"교우 여러분, 진심으로 저는 여러분의 상태를 지금의 상태보다 더 악화시
키고자 하지 않으며, 아무 이유도 없이 제가 여러분에게 두려움을 주려고 한
다든지, 사서 고생시키려고 하지 않는다는 것을 주님도 알고 계십니다. 그러
나 만약 제가 여러분에게 아첨이나 하면서 진실을 말하지 않는다면, 여러분
은 저를 믿을 수 없는 원수나 신실하지 않은 목회자로 여기시리라 생각합니
다. 여러분이 병이 나서 의사를 찾게 된다면, 아무리 최악의 상태라 해도, 여
러분은 의사가 여러분에게 진실을 말해 주기를 원할 것입니다. 지금 여러분
의 영적인 상태도 이와 마찬가지입니다! 여러분이 자신의 질병에 대해 알게
될 경우, 여러분은 두려움으로 병이 더 악화될 수도 있습니다. 그렇더라도
여러분은 여러분의 질병에 대해 알아야만 합니다. 모른다면, 여러분은 병에
서 절대 회복될 수 없습니다. 여러분이 여전히 그리스도인의 생활에 낯설어
하는 것 같아서 저는 심히 두렵습니다. 만일 여러분이 진정으로 그리스도인
이라면, 참으로 회심했다면, 여러분의 마음은 하나님과 내생에 초점을 맞추
어, 영원한 행복을 준비하는 것을 여러분의 주된 일로 삼을 것이고, 감히 악
한 죄 가운데 살려고 하지도 않고 살지도 않을 것이며, 어떤 의무도 소홀히
하지 않을 것입니다.

통탄할 노릇입니다! 그런데 여러분은 무엇을 행하셨습니까? 지금까지 여
러분은 여러분의 생애를 어떻게 살아오셨습니까? 여러분의 영혼은 구원받을
수도 있고 버림받을 수도 있으며, 영원히 천국에서 살 수도 있고 지옥에서
살 수도 있기에, 이 세상에서 여러분의 삶과 시간은 저 세상을 위해 준비하
는 목적으로 사용해야 한다는 것을 여러분은 몰랐습니까? 통탄할 노릇입니
다! 지금이라도 여러분이 알아야 할 텐데, 여러분은 여전히 무지하여 죽음에
대해 아무 준비도 하지 않고 있습니다. 도대체 여러분은 지나온 세월 동안

무엇을 하고 있었습니까? 만약 여러분이 이 땅에 마음을 둔 것처럼 그 정도로 하늘(천국)에 조금이라도 마음을 두었다면, 천국에 대해 지금까지 알았던 것보다 더 많이 알았을 것이고, 천국을 위해 더 많이 행했을 것이며, 천국에 대해 더 부지런히 질문했을 것입니다. 여러분은 이 세상에서 여러분이 생업으로 삼은 일들을 배울 수 있었습니다. 그런데 여러분이 조금만 관심을 가졌더라면, 하나님의 뜻을 좀 더 배울 수 있지 않았겠습니까? 여러분의 이웃들 가운데는 여러분만큼이나 이 세상에서 할 일도 많고 시간도 없었지만 하나님의 뜻을 좀 더 배운 사람들이 많습니다.

천국을 위해 여러분은 수고할 만한 가치가 없다고 생각하십니까? 아니면 어떤 수고나 고통 없이도 천국을 얻을 수 있다고 생각하십니까? 이 세상에서 사소한 것 하나라도 수고와 고통 없이는 얻을 수 없으며, 하나님은 여러분에게 먼저 그의 나라와 그의 의를 구하라(마 6:33)고 명하시지 않았습니까? 통탄할 노릇입니다! 교우 여러분, 여러분이 한 시간 전에 회심하지 않은 채로 죽었다면 어떻게 되었겠습니까? 여러분이 죽었다면, 여러분은 어떤 상태가 되어서, 지금쯤 어디에 있을까요? 슬픈 일입니다! 여러분은 지금까지 해오던 대로, 여러분의 영원한 상태를 위험에 처하게 할 정도로, 여러분은 자신에게 잔인하게 행동했습니다! 여러분은 무슨 생각을 하고 있었습니까? 여러분은 틀림없이 곧 죽게 될 것이고, 여러분이 행한 대로 심판받게 될 것이라는 사실을 알지 못했습니까? 여러분의 구원보다 더 중요하게 행해야 할 큰 일이나 신경 써야 할 큰 사업이 있었습니까? 여러분이 이 세상에서 얻을 수 있는 어떤 것으로 여러분이 죽을 때 위로를 받거나, 그것으로 구원을 받거나, 지옥의 고통이 감해지리라고 생각하십니까?"

이러한 것들을 특별히 진지하게 전해서, 그들의 마음에 새겨지도록 하십시오. 여러분이 그들의 마음을 얻지 못하면, 여러분은 아무것도 할 수 없습니다. 그 마음에 영향을 주지 못하면 곧 잊히기 때문입니다.

8. 성도들이 그리스도를 믿고 은혜의 외적인 수단들을 부지런히 사용하도록 말함으로써 권면을 끝내도록 하십시오.

실제적인 권면으로 이 모든 것들을 끝내도록 하십시오. 이 권면에는 반드시 두 부분이 포함되어야 합니다. 첫째, 그리스도를 믿을 의무에 관한 권면, 둘째, 장차 올 시간에 대비하여 은혜의 외적 수단들을 사용하면서 예전에 짓던 죄들을 짓지 말라는 권면입니다. 예를 들면, 다음과 같습니다.

"교우 여러분, 여러분이 그토록 서글픈 상황에 있는 것을 보니 제 마음이 아픕니다. 그런데 여러분을 그 상태로 내버려 두려니 제 마음이 더 아픕니다. 그러므로 주님을 위하여, 그리고 여러분 자신을 위하여, 제가 여러분에게 간청합니다. 장차 올 시간에 관하여 제가 여러분에게 말씀드리는 바를 염두에 두십시오. 주님은 여러분이 회심하지 않은 상태로 여러분의 생명을 거두지 않으셨습니다. 그래서 여러분에게는 아직까지 생명이 있고, 시간이 있습니다. 그리스도의 피로 말미암아 여러분에게 제공되는 구제책이 있으며, 다른 사람들에게 뿐만 아니라 여러분에게도 죄용서와 성화와 영생이 제공되었습니다. 이 모든 것이 주님의 크신 은혜입니다. 하나님은 마귀들에게 하셨던 것과는 달리, 죄를 지은 인간이 철저히 파멸하도록 내버려 두지 않으셨습니다. 죄용서와 영생을 주시는데 있어서 하나님은 여러분에게 뿐만 아니라 다른 사람에게도 예외를 두지 않으셨습니다.

만약 여러분이 죄에 대해 피 흘리듯 마음 아파하고, 회복을 위해 그리스도께 나아와 믿으며, 그리스도를 여러분의 구세주와 주님으로 여기고 여러분 자신을 그분께 맡기며, 장차 올 시간을 위하여 새로운 사람이 되기를 원하기만 한다면, 주님은 여러분에게 자비를 베푸시어 여러분이 지은 죄들을 용서해 주시며, 여러분의 영혼을 영원히 구원해 주실 것입니다. 그리고 이 말씀도 제가 드려야 할 것 같은데, 여러분에게 그러한 마음을 주시는 것은 하나님의 은혜로운 큰 역사임이 분명하기에, 만약 하나님께서 여러분을 용서하고 구원하고자 하신다면, 이러한 변화를 여러분에게도 일으키실 것입니다.

하나님은 여러분이 그 지은 죄를 가장 역겨운 것으로 여기도록, 즉 세상에서 가장 무거운 짐처럼 느끼도록 하실 것이며, 이미 하나님은 여러분이 하나님의 진노와 저주 아래에 있음을 알게 하셨습니다. 여러분이 그리스도의 피로 용서받지 않고, 성령으로 성화되지 않는다면, 여러분이야말로 하나님으로부터 버림받은 사람이라는 것을 알게 될 것입니다. 여러분이 그리스도께 속해야 하는 그 필요성과 여러분이 가진 모든 소망과 생명이 그리스도 안에 있다는 것도 알게 될 것입니다. 또, 이 세상과 이 세상이 여러분에게 줄 수 있는 모든 것이 얼마나 헛된 것인지도 알게 될 것이고, 성도들과 천사들과 함께 하나님의 영광을 바라보고 하나님의 사랑 속에 살면서 하나님을 찬양하는 것이 우리의 일이 되는 그런 천국에서, 여러분이 영생하며 하나님과 함께하는 모든 행복도 보게 될 것입니다. 이 사역에 여러분에게 완성되기까지 여러분은 비참한 사람이라는 사실을 저는 말씀드려야 하겠습니다. 만약 이 사역이 끝나기 전에 여러분이 죽는다면, 여러분은 영원히 하나님으로부터 버림받은 사람이 될 것입니다. 지금 여러분 앞에 소망과 도움의 손길이 있습니다. 하지만 그때가 되면 아무런 소망과 도움도 없을 것입니다.

여러분이 여러분의 영혼을 사랑하기에, 제가 이렇게 간청합니다.

첫째, 여러분은 지금 여러분이 처한 그 상황에 안주해서는 안 됩니다. 여러분의 마음에 구원의 변화가 역사할 때까지 마음을 놓지 마십시오. 여러분이 아침에 일어나면 이렇게 생각하십시오. '오, 만약 이 날이 내 생애의 마지막 날이라서, 내가 변화되지 않은 상태로 죽음을 맞는다면 어떻게 될까?' 여러분이 하는 일을 시작할 때는 이렇게 생각하십시오. '오, 내 영혼이 하나님과 화해하고, 하나님의 성령으로 성화되기 위해서는 아직도 해야 할 일이 얼마나 많이 남아있는가!' 여러분이 먹고, 마시고, 세상에서 여러분이 가진 것을 바라볼 때는 이렇게 생각하십시오. '내가 하나님의 원수요, 그리스도와 그의 영에게 낯선 자로 살다가 죽어 영원히 멸망한다면, 이 모든 것이 내게 무슨 유익이 될 것인가?' 여러분의 영혼이 변화되기까지, 이런 생각들이 아침저녁으로 여러분의 마음에 떠오르게 하십시오.

둘째, 여러분이 만약 이 세상의 보화보다 더 좋은 보화를 가지고 있지 않다면, 이 세상이 얼마나 헛된 것인지, 얼마나 빨리 여러분이 이 세상을 떠나 차가운 무덤과 영원한 비참함에 처하게 될지를 스스로 진지하게 생각해 보십시오. 하나님 앞에서 사는 것과 그리스도와 함께 다스리고, 천사들처럼 되는 것이 무슨 뜻인지도 생각해 보십시오. 이것이 바로 그리스도께서 여러분을 위해 쟁취하신 것이고, 여러분을 위해 준비하신 것이며, 여러분이 받아들이기만 한다면 여러분에게 제공되는 바로 그 생명입니다. 이러한 무한한 영광을 경홀히 여기고, 이보다 육신적 꿈들과 이 땅의 그림자들을 더 좋아하는 것이 미친 짓거리인지 아닌지 한번 생각해 보십시오. 여러분이 혼자 있을 때, 이런 생각을 하는 것을 습관으로 삼으십시오. 그리고 이런 생각들이 여러분의 마음에 늘 머무르도록 하십시오.

셋째, 이 행복과 이 구세주를 더 이상 지체하지 말고 바로 지금 받아들이시기를 여러분에게 부탁합니다. 여러분에게 이 영생을 주시는 주 예수님께 가까이 나아가십시오. 예수님의 이 제안이야말로 여러분을 행복하게 만드는 유일한 길인 줄 알고 이 제안을 기쁘고 감사하게 받아들이십시오. 그러면 여러분은 여러분이 지은 모든 죄들이 그분으로 인해 소멸될 것을 믿게 됩니다.

넷째, 여러분이 예전에 짓던 죄들을 치울 것을(히 9:26, KJV) 이제 결심하십시오. 여러분의 마음과 삶을 더럽혔던 것을 찾아내어 여러분에게서 제거하십시오. 마치 여러분의 위장에서 독을 끄집어 내듯이, 다시 그것을 뱃속에 넣을 생각조차 하지 마십시오.

이러한 변화가 여러분 안에서 역사하기까지 은혜의 여러 수단들을 부지런히 사용하여 자신에게 적용하십시오. 그런 다음에는 여러분이 확증하게 될 때까지, 그리고 마침내 완전해지기까지 이러한 수단들을 계속해서 사용하십시오. 이것들은 제가 여러분에게 하는 마지막 요구입니다.

⑴ 여러분은 스스로 이러한 변화를 여러분의 마음과 삶에 일으킬 수 없기

때문에, 여러분의 삶을 위해서 매일 하나님께 기도하며 간절히 간구하십시 오. 그러면 하나님은 여러분이 지은 모든 죄를 용서해 주시고, 여러분의 마음을 변화시켜 주실 것이며, 그리스도 안에 있는 하나님 은혜의 풍성하심과 하나님 나라의 영광을 여러분에게 보여주실 것입니다. 이러한 간구를 밤낮으로 하나님께 아뢰십시오.

(2) 죄의 유혹과 죄를 짓게 될 기회들을 피하십시오. 그리고 여러분이 예전에 사귀던 악한 친구들을 끊으십시오. 여러분은 하나님을 두려워하는 사람들을 친구로 사귀십시오. 그들이 천국으로 가는 길에 있는 여러분을 도와줄 것입니다.

(3) 주일을 공적으로나 사적으로 거룩한 훈련을 하는 시간으로 보내도록 특별히 주의하십시오. 여러분의 시간 중 단 10분도 낭비하지 마십시오. 하나님께서 특별한 목적으로 여러분에게 주신 가장 귀중한 시간을 낭비하지 마십시오. 여러분의 마음을 하나님께 집중하고, 그분으로부터 배우며, 여러분의 죽음을 위해 준비하는 시간이 되도록 하십시오. 이런 말을 듣고 여러분은 무슨 말을 하겠습니까? 지금 당장 이것들을 행하겠습니까? 아니면, 할 수 있는 한 버텨보겠습니까? 행하겠다는 취지의 약속을 저에게 하고서, 그 약속을 지키기 위해 지금부터 애써보겠습니까?"

여기서 확실히 해둘 것이 있습니다. 여러분이 할 수만 있다면, 성도들의 약속을 받아두십시오. 그래서 그들에게 개선의 의무를 지우십시오. 특별히 은혜의 수단들을 사용하여 그들의 친구를 바꾸고, 그들이 짓던 죄들을 끊게 하십시오. 이런 일들은 그들이 충분히 할 수 있기 때문입니다. 이러한 식으로 해서, 그들은 그들 가운데 아직까지 역사하지 않은 변화들이 성취되기를 기다릴 수도 있습니다. 그들의 약속을 들으시며, 그들의 이행을 기대하실 하나님의 임재 가운데 그들이 있다는 것을 주지시키면서, 이 일을 엄숙히 행하십시오. 나중에라도 기회가 있다면, 그들이 행한 약속을 일깨워 줄 수도 있습니다.

9. 성도들이 떠날 때는, 혹시라도 기분을 상하게 한 것에 대해 용서를 구하는 말로 그들의 마음을 달래주고, 여러분이 시작한 이 사역이 지속되도록 각 가정의 가장들이 참여하도록 노력하십시오.

성도들이 떠날 때는, 두 가지를 행하십시오.

(1) 상한 기분을 회복시키는 말로 그들의 마음을 위로해 주십시오. 예를 들면, 이러합니다. "제가 혹시라도 여러분에게 폐를 끼치고, 여러분에게 거침없이 대했다 해도 너무 불쾌하게 여기지 마시고, 널리 이해해 주시기 바랍니다. 이렇게 여러분을 대하는 것이 제게도 유쾌한 일은 아닙니다. 이 일이 참되고 반드시 필요한 일이라는 것을 몰랐다면, 저나 여러분이나 이런 수고를 하지 않아도 되었을 것입니다. 그러나 우리는 이 세상에 잠시 동안만 함께 머무를 것이라는 사실을 알고 있습니다. 우리는 이미 장차 올 세상에 거의 다다랐습니다. 그러므로 지금은 우리 모두가 주변을 돌아보고 하나님이 우리를 부르실 때 우리가 응답할 준비가 되어 있는지를 확인하는 시간입니다."

(2) 여러분이 동일한 사람들과 다시 대화할 기회를 금방 갖지는 못할 것이기 때문에, 여러분이 시작한 사역이 그들을 통해 마무리되도록 방법을 마련하십시오. 각 가정의 가장들이 주일마다 모든 식구들을 불러서 교리문답서에서 배운 것을 암송하게 하십시오. 그래서 그들이 배운 것이 모두 완전해질 때까지 지속적으로 실천하게 하십시오. 그들이 교리문답서를 정기적으로 암송하면서 자신들이 그것을 계속해서 듣는다면, 그들은 교리문답서를 잊지 않을 것입니다. 가장 현명한 자라 해도 「기독교 개요」(원제는 「하나님의 말씀의 첫째 기초 원리들[히 5:12, KJV], 즉 기독교 개요」 [First Principles of the Oracles of God, or, Sum of Christian Religion]로서, 백스터와 동시대에 살았던 영국의 성직자인 토머스 셰퍼드[Thomas Shepard, 1605-1649]의 비망록에서 발췌

한 책이다 — 역주)를 그 내용과 방법과 어휘들까지 그대로 기억하는 것이 아
주 큰 도움이 될 것입니다.

가정의 가장 본인이, 혹은 가족들을 살필 수 없는 가장을 둔 성도들이 교
리문답서의 일부만 배웠다면, 아직 그들이 배울 순서가 되지 않았다 해도 다
시 그들을 오게 해서 나머지 부분을 배우게 하든지, 아니면 유능한 이웃에게
로 보내어 그 이웃 앞에서 공부한 부분을 복습하게 하십시오. 이렇게 여러분
이 직접 이를 감당할 시간이 없을 때는 이런 사람들의 도움을 받도록 하십시
오.

10. 성도들 각 개인의 특성과 필요들을 메모한 교인명부를 작성하십시오.

여러분이 맡은 교구 성도들의 이름을 모두 책에 기록하여 여러분이 가지
고 있도록 하십시오. 교구 성도들이 교리문답서를 공부하러 왔을 때, 여러분
이 가진 교인명부에, 누가 왔고 누가 오지 않았는지, 그리고 성찬식과 다른
성례식(영국성공회는 성례전과 관련해서 개신교와 마찬가지로 세례와 성만찬을 중
요하게 생각하지만, 이 둘 외에도 로마 가톨릭과 동방정교회가 인정하는 7성례 중
나머지 다섯 개의 성례도 인정한다. 그래서 세례와 성만찬을 그리스도께서 직접 제
정하신 '대성사'라고 부르고, 나머지 다섯 개의 성례인 견진, 고백, 종부, 신품, 혼인
등을 '일반성사'라 부른다 — 역주)에 참석하지 못할 정도로 무지한 사람은 누
구고 아닌 사람은 누구인지 기록해 두십시오. 그리고 각 성도들이 필요한 것
들을 파악해서, 다음에는 그것을 적절히 채워주십시오. 그러나 너무 완고해
서 여러분에게 오려고 하지도 않고 배우려고 하지도 않는 사람들에게는, 견
진 예식 등과 관련된 가르침을 완강히 경멸하는 사람들을 대하는 것처럼 그
렇게 대하십시오. 즉, 성찬식이나 다른 예식들에서 그들과 거룩한 친교나 친
밀한 친교 등을 나누지 못하도록 금하는 것입니다. 어떤 목회자들은 그런 자
들의 자녀에게 유아세례를 허락하였습니다(저는 이를 반대했기 때문에 그들
의 마음이 좀 상했을 것입니다). 그러나 저는 이를 허락할 수 없습니다. 그

부모들의 믿음을 보고서 유아세례를 주어야 한다는 이유에서도 그러하고, 이처럼 반항하는 부모들의 독단적인 신앙 때문에라도 저는 감히 유아세례를 허락하지 않을 것입니다.

11. 이 훈련의 전체 과정을 통하여, 내용뿐만 아니라 태도도 그 목적에 합당하도록 유의하십시오.

여러분이 성도들과 면담하는 전체 과정을 통해서, 내용뿐만 아니라 태도도 그 바람직한 목적에 합당하도록 유의하십시오. 따라서 그 태도에 관하여 상세히 살펴보고자 합니다.

(1) 여러분이 대해야 하는 사람들의 성격에 따라 사람들 사이에 구별을 두어야 합니다. 젊은이들에게는 정욕에 대한 수치심을 크게 부각시키고, 금욕의 본질과 필요성을 보여주어야 합니다. 늙은이들에게는 이 세상에 대한 미련을 더 이상 갖지 말도록 하며, 그들이 변화할 때가 가까웠음과, 만약 그들이 무지한 상태로 회개치 않고 살다가 죽는다면, 그들의 죄가 그들을 얼마나 괴롭힐지 걱정하도록 하십시오. 사회적 지위가 낮은 사람이나 젊은이들에게는 좀 더 자유롭게 대해야 하며, 사회적 지위가 높은 사람이나 연장자들에게는 좀 더 경의를 표해야 합니다. 부자들에게는 이 세상의 헛됨과 자기 부정의 본질과 필요성, 그리고 장차 올 상태보다 현재의 상태를 더 좋아하면 어떤 저주를 받게 되는지와, 아울러 다른 사람들에게 선행을 함으로써 자신이 받은 달란트를 잘 사용해야 할 필요성까지 보여주어야 합니다. 가난한 자들에게는 복음에서 그들에게 주리라 하신 영광의 풍성함이 얼마나 대단한지를, 그리고 영원한 기쁨을 얻게 된다면, 지금 이 땅에서의 위로가 없어도 얼마나 잘 지낼 수 있는지를 보여주어야 합니다. 여러분은 또한 각 사람의 나이, 성별, 기질, 세상에서 하는 일이나 직업에 따라서 그들이 가장 범하기 쉬운 죄들, 즉 여성들의 경우에는 수다, 악담, 욕정, 악의, 교만 등이고, 남성들의 경우에는 술 취함, 야심(野心) 등의 죄들을 강조해야 합니다.

(2) 이해력이 부족한 사람들에게는 최대한 상냥하고 친밀하며 알아듣기 쉽게 말해야 합니다.

(3) 여러분이 하는 모든 말에 대해서 성경의 구절들을 근거로 제시하여, 여러분이 하는 말이 단순히 여러분의 말이 아니라, 하나님께서 여러분을 통해 그들에게 말씀하신다는 것을 그들이 알게 하십시오.

(4) 이 전체 과정을 최대한 진지하게 행해야 하겠지만, 특히 적용 부분에서는 더욱 그래야 합니다. 제가 무엇보다도 가장 우려하는 것은 일부 경솔한 목회자들이 이 사역을 되는대로 생명력 없이 피상적으로 행하여, 이 사역마저 그들의 다른 의무와 마찬가지로 단순히 형식적인 것으로 망가뜨려 버리지는 않을까 하는 것입니다. 성도들에게 냉랭하게 몇 가지 질문을 던지고, 그들의 생명과 감정에는 관심도 없이 그저 두세 마디 차가운 말들을 조언이랍시고 해준다면, 그 얘기를 듣는 사람들도 아무 감정이 생기지 않을 것입니다. 그러나 영혼을 귀중히 여기고 자기 앞에 놓인 기회가 어떤 것인지를 아는 사람은 분명히 속 깊은 진지함으로 이 사역을 끝까지 감당해낼 것이며, 그들에게 생사가 걸린 것처럼 열정적으로 이 사역에 임할 것입니다.

(5) 이 목적을 위한 사역을 감당하기 전이나 사역을 감당하고 있는 동안에도, 복음의 진리에 대한 믿음과 장차 올 눈에 보이지 않는 영광과 비참함에 대한 우리의 믿음을 일으키고 강하게 하는 것이 필수적입니다. 이를 위해서 우리의 마음은 특별한 고통을 받게 된다고 저는 생각합니다. 저는 이 사역이야말로 우리가 가진 믿음의 강도를 극단적으로 시험할 것이라고 확신합니다. 단지 피상적으로만 그리스도인이며 믿음의 기초가 견고하지 않은 사람들은 자신의 열정을 느낄 수 없을 것입니다. 특별히 그 의무가 일상적인 일이 되어버릴 때는 더더욱 그러할 것입니다. 왜냐하면 자신이 전해야 할 바로 그 일과 관련해서 그에게는 믿음이 없기 때문입니다. 가식적이고 위선적인 열정으로는 이런 의무들을 오래도록 감당해 내지 못할 것입니다. 불쌍하고도 무지한 영혼들과 면담할 때보다는 강대상에 있을 때 이 가식적이고 위선

적인 열정이 더 잘 드러날 것입니다. 강대상은 위선자를 위한 무대이기 때문입니다. 강대상과 언론과 다른 공적인 활동에는 으스댈 수 있는 공간이 주어지며, 그런 곳에서 여러분은 목회자로서 최고의 모습, 아마도 자신의 모든 것을 보여주려고 할 것입니다. 이런 부류의 사람들은 지금 우리가 당면한 이 사역을 효과적으로 수행할 수 없을 것입니다.

(6) 그러므로 우리가 이 사역을 개인적인 기도로 준비하는 것은 아주 적절합니다. 만약 시간이 허락되고 여러 명이 함께 있다면, 성도들과 함께 간단히 기도를 드림으로 시작하고 마치는 것이 유익할 것입니다.

(7) 가장 열띤 토론을 하는 중이더라도 성도들의 영혼에 대한 여러분의 사랑을 분명히 드러내면서 이 모든 일들을 수행하십시오. 이 사역 전체를 통해서 여러분이 목표로 하는 것은 오로지 그들이 구원받도록 하는 것이라는 사실을 그들이 느끼도록 하십시오. 거친 말들과 낙담케 하는 말들은 어떤 것이라도 피하십시오.

(8) 여러분이 시간이 부족해서 여기에 나온 지침대로 각 개인들과 충분히 면담할 수 없다고 해도, 가장 필수적인 부분들은 빠뜨리지 마십시오. 그래서 성도들 중에 서로 친구가 될 만하거나 서로의 약점들을 떠벌리지 않을 사람들을 몇몇 따로 모이게 한 후, 그들 모두와 관련이 있는 공통적인 내용들을 말해 주십시오. 성도들의 지적 상태와 영적 상태를 점검하고 그들의 죄와 괴로움을 고백하게 하고, 각자에게 특별한 조언을 해줄 때는, 반드시 개별적으로 해야 합니다. 그러나 불성실하게 되는 대로 한다거나, 너무 간략하게 해치워서, 이것이 하나마나한 일이 되지 않도록 주의하십시오.

12. 하나님께서 재정적으로 감당할 능력을 주셨다면, 가장 불쌍한 성도들에게는 헤어지기 전에 자선을 베풀도록 하십시오.

마지막으로, 하나님께서 여러분에게 재정적으로 감당할 능력을 주셨다면, 가장 불쌍한 성도들에게는 헤어지기 전에 여러분이 자선의 손길을 펼치십시오. 이 사역으로 인해 그들이 일해야 할 시간을 빼앗은 셈이므로 그들을 구제할 무언가를 주십시오. 특별히 최선을 다해 이 사역에 임한 성도들을 더욱 격려해 주십시오. 그리고 나머지 다른 성도들에게는 교리문답 공부를 다 마친 후에 무언가를 주겠다고 약속하십시오. 여러분도 가진 것이 없다면 남에게도 줄 수 없다는 것을 저도 압니다. 저는 지금 재정적인 여건이 되는 목회자들을 대상으로 말하고 있는 것입니다.

사랑하는 목회자 여러분, 이것으로 제가 하고자 하는 조언은 모두 다 말씀드린 것 같습니다. 이제 여러분이 실천하는 것만 남았습니다. 교만한 자들은 이 사역을 조롱할 것이고, 이기적이고 게으른 자들은 이 사역을 역겨워할 것이며, 심지어 화도 낼 것입니다. 하지만 저는 믿어 의심치 않습니다. 하나님은 죄와 사탄의 반대에도 불구하고 이 사역을 통해 수많은 그의 종들이 자신의 의무를 깨닫게 하실 것이며, 올바른 개혁적 사역을 촉진시키실 것입니다. 수많은 영혼을 구원하기 위해 이 사역을 맡은 목회자들에게 평화가 임하며, 전국에 있는 하나님의 종들에게 이들을 따르려는 마음이 생기게 하고, 하나님 교회의 순결성과 하나 됨을 증진시킬 수 있는 이 사역 위에 하나님의 축복이 함께 하시기를 기원합니다. 아멘.

● **독자 여러분들께 알립니다!**

'**CH북스**'는 기존 '**크리스천다이제스트**'의 영문명 앞 2글자와
도서를 의미하는 '**북스**'를 결합한 출판사의 새로운 이름입니다.

세계기독교고전 19

참 목자상

참된 목자

초판 1쇄 발행 2011년 7월 15일
2판 1쇄 발행 2016년 9월 23일
2판 4쇄 발행 2022년 8월 16일

발행인 박명곤 **CEO** 박지성 **CFO** 김영은
기획편집 채대광, 김준원, 박일귀, 이승미, 이은빈, 이지은
디자인 구경표, 한승주
마케팅 임우열, 유진선, 이호, 최고은
펴낸곳 CH북스
출판등록 제406-1999-000038호
전화 070-4917-2074 **팩스** 0303-3444-2136
주소 서울시 강서구 마곡중앙6로 40, 장흥빌딩 10층
홈페이지 www.hdjisung.com **이메일** main@hdjisung.com
제작처 영신사

"크리스천의 영적 성장을 돕는 고전"
세계기독교고전 목록

1 데이비드 브레이너드 생애와 일기
   조나단 에드워즈 편집

2 그리스도를 본받아 | 토마스 아 켐피스

3 존 웨슬리의 일기 | 존 웨슬리

4 존 뉴턴 서한집 – 영적 도움을 위하여 | 존 뉴턴

5 성 프란체스코의 작은 꽃들

6 경건한 삶을 위한 부르심 | 윌리엄 로

7 기도의 삶 | 성 테레사

8 고백록 | 성 아우구스티누스

9 하나님의 사랑 | 성 버나드

10 회개하지 않은 자에게 보내는 경고
   조셉 얼라인

11 하이델베르크 요리문답 해설 | 우르시누스

12 죄인의 괴수에게 넘치는 은혜 | 존 번연

13 하나님께 가까이 | 아브라함 카이퍼

14 기독교 강요(초판) | 존 칼빈

15 천로역정 | 존 번연

16 거룩한 전쟁 | 존 번연

17 하나님의 임재 연습 | 로렌스 형제

18 악인 씨의 삶과 죽음 | 존 번연

19 참된 목자(참 목자상) | 리처드 백스터

20 예수님이라면 어떻게 하실까 | 찰스 쉘던

21 거룩한 죽음 | 제레미 테일러

22 웨이크필드의 목사 | 올리버 골드스미스

23 그리스도인의 완전 | 프랑소아 페넬롱

24 경건한 열망 | 필립 슈페너

25 그리스도인의 행복한 삶의 비결 | 한나 스미스

26 하나님의 도성(신국론) | 성 아우구스티누스

27 겸손 | 앤드류 머레이

28 예수님처럼 | 앤드류 머레이

29 예수의 보혈의 능력 | 앤드류 머레이

30 그리스도의 영 | 앤드류 머레이

31 신학의 정수 | 윌리엄 에임스

32 실낙원 | 존 밀턴

33 기독교 교양 | 성 아우구스티누스

34 삼위일체론 | 성 아우구스티누스

35 루터 선집 | 마르틴 루터

36 성령, 위로부터 오는 능력 | 앨버트 심프슨

37 성도의 영원한 안식 | 리처드 백스터

38 웨스트민스터 소요리문답 해설 | 토머스 왓슨

39 신학총론(최종판) | 필립 멜란히톤

40 믿음의 확신 | 헤르만 바빙크

41 루터의 로마서 주석 | 마르틴 루터

42 놀라운 회심의 이야기 | 조나단 에드워즈

43 새뮤얼 러더퍼드의 편지 | 새뮤얼 러더퍼드

44-46 기독교 강요(최종판) 상·중·하 | 존 칼빈

47 인간의 영혼 안에 있는 하나님의 생명
   헨리 스쿠걸

48 완전의 계단 | 월터 힐턴

49 루터의 탁상담화 | 마르틴 루터

50-51 그리스도인의 전신갑주 I, II | 윌리엄 거널

52 섭리의 신비 | 존 플라벨

53 회심으로의 초대 | 리처드 백스터

54 무릎으로 사는 그리스도인 | 무명의 그리스도인

55 할레스비의 기도 | 오 할레스비

56 스펄전의 전도 | 찰스 H. 스펄전

57 개혁교의학 개요(하나님의 큰 일)
   헤르만 바빙크

58 순종의 학교 | 앤드류 머레이

59 완전한 순종 | 앤드류 머레이

60 그리스도의 기도학교 | 앤드류 머레이

61 기도의 능력 | E. M. 바운즈

62 스펄전 구약설교노트 | 찰스 스펄전

63 스펄전 신약설교노트 | 찰스 스펄전

64 죄 죽이기 | 존 오웬